Wolfgang Künzel

(Alexander Cain®)

Schlaf!

Klassische Hypnose lernen

Herzlichen Dank an alle Personen, die mich direkt und indirekt bei diesem Buch-Projekt mit Rat und Tat, insbesondere mit dem Lektorat unterstützt haben!

Verlag: hypnose-shop.de

2. Erweiterte Auflage, April 2011

Druck und Bindung:

QuickPrinter® INC.
www.quickprinter.de

Besuchen Sie uns im Internet:

www.hypnoseakademie.de

www.hypnoseshop.de

ISBN 978-3-93816-231-6

SCHLAF!

KLASSISCHE HYPNOSE LERNEN

AUTOR:

WOLFGANG KÜNZEL
(ALEXANDER CAIN®)

Inhaltsverzeichnis

Wer immer tut, was er schon kann, bleibt immer das, was er schon ist. (Henry Ford)

Die Bildung kommt nicht vom Lesen, sondern vom Nachdenken über das Gelesene. (Hilty)

Widmung

Ich möchte dieses Buch dem Delfin Gecko widmen!

www.dolphingecko.com

Ich wünsche der Menschheit, dass sie endlich aufwacht und allen Lebewesen dieser Welt Achtung und Respekt entgegenbringt.

Für den Schutz der Delfine und Wale!

Helfen Sie mit!

www.oceancare.org

Vorwort und Werdegang

Hypnose, ein faszinierendes Thema. Die Faszination hat mich bereits als Kind gepackt. Ohne Internet in Kulmbach im ehemals grenznahen Bereich (nahe der Grenze zur ehemaligen DDR) aufgewachsen, war ich auf die Stadtbücherei angewiesen um an Informationen zu kommen. Bücher in sehr kleiner Auswahl waren in den siebziger und achtziger Jahren meine Informationsquellen und dafür bin ich auch heute noch dankbar. Meine ersten Versuche auf dem Gebiet habe ich ca. 1977 im Alter von etwa zwölf Jahren durchgeführt. Mein Freund Wolfgang M. war mein erster Proband, der sich mir für meine Versuche zur Verfügung stellte. Nun, es war sehr interessant und auch spannend. Der große Erfolg sollte sich jedoch erst später einstellen. Einige Jahre später stellte sich Martina M., meine damalige Freundin, mir als Hypnotisand zur Verfügung und schier unglaubliche Dinge geschahen. So waren selbst PSI-Experimente völlig problemlos durchführbar. In einer Stadt mit weniger als 30.000 Einwohnern, in der sich die Jugendlichen untereinander kannten, sprach sich meine neue „Gabe" natürlich unglaublich schnell herum und so dauerte es nicht besonders lange, bis überall wo ich hinkam irgendeine Person saß, die ich mittels eines Auslösers in tiefe Trance versetzen konnte.

Das war in den achtziger Jahren natürlich etwas ganz besonderes: „Der kann hypnotisieren...!“. Nur brachte mir die „Gabe“ noch lange nicht den Durchbruch im Hinblick auf mein größtes Ziel: Ich wollte Showhypnotiseur werden und natürlich (in Zeiten von analogem, öffentlich rechtlichem Antennenfernsehen, wie ARD, ZDF, BRIII, DDR1 und DDR2, bereits im Fernsehen auftreten. Es sollten noch einige Jahre vergehen, bis sich mein Traum, den ich mir in „The Secret“-Manier schon damals als bereits erfüllt vorgestellt habe, tatsächlich erfüllen sollte. „Zufall“ würden einige sagen, oder „Es ist mir zugefallen“. Es war 1990, als ein Showhypnotiseur in Kulmbach in einer Discothek auftrat und kurz darauf für einen Zeitraum von drei Monaten nach Kulmbach zog. Genau in diesem Zeitfenster lernten wir uns kennen. Ich fuhr zwei oder dreimal mit zu seinen Veranstaltungen und bekam anschließend, nachdem er mich einfach ins kalte Wasser geschmissen hatte, zunächst einen Künstlernamen. Alexander Cain® war geboren, hierfür zeichnet die Schlagersängerin „Silvy O.“ verantwortlich, einen Managementvertrag. Bereits beim zweiten Auftritt hatte ich meinen ersten Pressebericht, nach einem halben Jahr sogar den ersten Fernsehbericht! Mein Ziel war erreicht! Natürlich ist die Showbranche kein Zuckerlecken und man bekommt nichts geschenkt. Trotzdem war es für mich weit mehr Erfüllung als mein vorher erlernter Beruf. Die Jahre vergingen, es ging auf und ab und insbesondere mein Wissen und die Erfahrung wuchsen mit jedem Auftritt. So bin ich schon sehr früh darauf gekommen, dass in moderner Literatur ein unglaublicher Unsinn über Hypnose geschrieben wurde. Ich war so froh, dass ich zum damaligen Zeitpunkt nicht die Möglichkeiten hatte, viel Literatur zu kaufen und zu lesen, sondern dass ich auf dem aufbauen musste, was ich mir autodidaktisch angeeignet hatte. In den folgenden Jahren kamen Auftritte in Europa und Übersee, in der Karibik. Es folgte die Veröffentlichung der ersten Hypnose-CD-ROM mit eigener Pressekonferenz, Rundfunk, TV, usw., und darauf folgten viele weitere TV-Sendungen. Und irgendwann kam der Zeitpunkt, an dem die Frau, die mich seit 1994 im Leben begleitet, und ich gemeinsam überlegten, wie es denn weitergehen solle. Neue Ziele mussten her! Weitere CDs entstanden und die Idee „Ausbildung" war geboren. Es war das Jahr 2002, als wir das erste Seminar „Hypnose und Hypnosetechniken" mit klassischer Hypnose in Deutschland angeboten haben und die Freie Gesellschaft für Hypnose e.V. (FGH) gegründet wurde. Im Gegensatz zur klinischen Hypnosetherapie hat der Showhypnotiseur ja grundsätzlich den Zwang, in kürzester Zeit den größtmöglichen Erfolg, was die Hypnosetiefe der Hypnotisanden angeht, zu haben. Also müssen die effektivsten Techniken eingesetzt werden. Begonnen haben wir damals in einem Hinterzimmer einer Gaststätte in Sindelfingen. Bereits kurz danach waren es jedoch bereits Vier-Sterne-Hotels und nach einiger Zeit wurde das Angebot um den „Hypnosecoach", inzwischen Hypnosecoach (HA)®, und weitere Ausbildungen erweitert. Im Jahr 2006 eröffneten wir das Ausbildungszentrum in Arnstorf, in Niederbayern. Hypnose ist inzwischen für viele etwas völlig normales geworden und daran sind meine Frau und ich nicht unbeteiligt. Seit vielen Jahren werde ich auch darauf angesprochen, doch endlich ein Buch zu schreiben. Viele Anfänge gab es seit dem. Es ist jedoch ein Unterschied, ob man ein Buch einfach abschreibt, was sehr häufig praktiziert wird, oder schreiben lässt, was ebenfalls sehr häufig praktiziert wird, oder wie in meinem Fall, von Anfang an, neben der Arbeit selbst schreibt. Ich lasse es mir trotzdem nicht nehmen und ich werde mich auch nicht zurücknehmen, wenn es um Dinge geht, die uns die offizielle Wissenschaft nicht erklären kann oder will.

Auch wenn in diesem Buch Dinge beschrieben sind, die sich viele Menschen nicht erklären können, so garantiere ich die Echtheit! Wenn Sie sich manche Dinge nicht vorstellen können, so versuchen Sie, Ihren Horizont zu erweitern. Testen Sie einfach das unmöglich Klingende. Aber lassen Sie nie die Vernunft außer Acht! Sie sind immer selbst für das verantwortlich, was Sie tun! Auch wenn Sie im Internet lesen: „Der Künzel ... bla bla bla". Es gibt genügend Neider, die meinen sie hätten die Weisheit mit dem Löffel gefressen oder sie sind dagegen, einfach weil es der Künzel sagt. Lassen Sie sich nicht beirren. Machen Sie Ihre eigenen Erfahrungen! Kontrollieren Sie meine Aussagen, so wie ich auch erst kontrolliere und dann glaube oder auch wieder verwerfe.

„Wer Fortschritte machen will, muss als erstes zweifeln, denn der Zweifel des Geistes führt zur Entdeckung der Wahrheit." (Aristoteles)

Wenn Sie irgendwann vom Hypnosefieber gepackt wurden und unter professioneller Anleitung die Techniken praktisch erlernen wollen oder die Kenntnisse noch extrem erweitern wollen auf den Gebieten der Hypnosetherapie oder der Showhypnose, dann bieten wir Ihnen in Arnstorf / Niederbayern im größten deutschen Hypnoseausbildungszentrum eine Ausbildung an. Wir würden uns sehr freuen, Sie bald dort begrüßen zu dürfen!

Auf unserer Homepage www.hypnoseakademie.de und unter www.hypnoseakademie.de/seminarliste.php finden Sie alle notwendigen Informationen.

Es freut mich sehr, dass Sie nun bereits die zweite, erweiterte Auflage meines Buches in den Händen halten. Ich wünsche Ihnen auch mit dieser Ausgabe viel Spaß beim Lesen und insbesondere viel Erfolg!

Wolfgang Künzel (Alexander Cain®)

Erste Auflage Mai 2010

Zweite erweiterte Auflage April 2011

Die Geschichte der Hypnose in Europa vom Mittelalter bis zur Moderne

Als ich endlich die Entscheidung getroffen hatte, ein Buch zum Thema Hypnose zu verfassen, war mir eines klar. Das Kapitel „Die Geschichte der Hypnose" sollte entfallen, da es in nahezu allen Büchern zum Thema nachzulesen ist. Die neuzeitliche Entwicklung der Hypnose und Recherchen in antiquarischer Literatur zum Thema, haben mich jedoch bewogen, dieses Thema nicht außer Acht zu lassen, da es für das Verständnis der verschiedenen Techniken sehr wichtig ist, und es tatsächlich auch bei diesem Thema, nicht zu vernachlässigende Verfälschungen gibt.

In allen Kulturen finden sich Berichte über Geisteszustände, die sich bei näherer Betrachtung als das, was wir heute als „Hypnose" bezeichnen, herausstellen. Auch wurden in Ritualen, usw. Manipulationen vorgenommen, um Menschen in solche Zustände zu versetzen. Bei der „Hypnose" handelt es sich also keineswegs um eine Erfindung oder Entdeckung der Neuzeit, sondern um uraltes Wissen, das jedoch im Laufe der Geschichte immer wieder mehr oder weniger in Vergessenheit geraten ist oder verfälscht, bzw. gar verboten wurde. Wie sich noch herausstellen wird, ist die Hypnose selbst auch gar nichts Besonderes. Das Besondere ist eher das manuelle Hervorrufen dieses Zustands, also das „Hypnotisieren". Hypnotische Zustände fanden mit der Verbreitung des Christentums zwar kein

Ende, es war jedoch zweifellos gesünder, nicht in einen Zustand der Tieftrance („Somnambulismus“) zu fallen. Die Möglichkeiten dieses Zustands, wie zum Beispiel Schmerzunempfindlichkeit, Heilung, etc. wurden im Mittelalter dem Teufel zugesprochen. Dies hatte höchst unangenehme Folgen für die Betroffenen. Zunächst wurden die Somnambulen „nur“ als vom Teufel oder Dämonen besessen angesehen. Später jedoch, wurden sie als Hexen bezeichnet. Es wurde ihnen ein Bündnis mit dem Teufel unterstellt und sie wurden regelrecht ausgerottet.

Noch sehr gut zurückzuverfolgen, da durch schriftliche Aufzeichnungen belegt, sind die Entdeckungen und das Wirken von Franz Anton Mesmer (1734-1815). Mesmer, ein gut gelehrter Mann, der neben Philosophie und Theologie auch Medizin studierte, war der Begründer des Begriffs „thierischer Magnetismus“. Der Begriff „Magnetismus“ ist insofern als Metapher zu verstehen, als zu diesem Zeitpunkt die Behandlung von Kranken mit mineralischen Magneten an der Tagesordnung war. Mesmer nahm nicht als erster an, dass es ein auch derzeit noch nicht messbares „Fluid“ gibt, das Auswirkungen auf den menschlichen Körper und die Psyche hat. Da die Wirkungen dieses „Fluids“ ähnlich waren, wie die der Mineralmagnete, nannte er es „thierischen“ Magnetismus. Auch seine Entdeckung selbst, hatte zunächst mit Magneten zu tun. So stellte er fest, dass Menschen in Trance fielen, als er mit Magneten über ihren Körper strich. Als er versehentlich die magnetischen Stäbe mit nicht magnetisierten Stäben verwechselte, bemerkte er, dass es nicht am Magneten selbst lag, und Hilfsmittel wie Eisenstäbe an sich auch nicht notwendig sind. Im Jahre 1775 veröffentlichte er seine Entdeckungen in Wien. Da Mesmer seine Entdeckung zur Behandlung von Krankheiten einsetzte, feindeten ihn die Ärzte Wiens derart an, dass er sogar aus Österreich ausgewiesen wurde und 1778 sein neues Domizil in Paris aufschlug. Der französische Adel empfing ihn mit großem Enthusiasmus, sein Ansehen wuchs immer mehr. Und 1780 eröffnete er seine eigene magnetische Heilanstalt. Nachdem er immer größeren Zulauf, insbesondere aus den höchsten Schichten der Bevölkerung, hatte, wurde 1784 von der französischen Regierung eine eigene Untersuchungskommission eingesetzt. Im Ergebnis wurde den Ärzten die Mesmersche Heilmethode verboten. Weitere Verhandlungen fanden im Jahr 1790 mit den Wirren der Revolution ein jähes Ende. Während Mesmer in seinem Heimatland weiter praktizierte, ging seine Saat in Frankreich zunächst weiter auf, wobei sich jedoch verschiedene Ansichten entwickelten. Eine Partei blieb bei der ursprünglichen Meinung der organisch-physischen Wirkung. Unter der Führung von Barbarin nahmen die „Spiritualisten" eine rein psychische Wirkung an und die „Société harmonique des amis réunis" des Marquis v. Puységur heilte durch den „hellsehenden Somnambulismus", möglicherweise ein Vorläufer heutiger analytischer Techniken. Im Laufe der französischen Revolution wurden jedoch auch diese Gesellschaften aufgrund angenommener oder tatsächlicher politischer

Verstrickungen freiwillig oder zwangsläufig aufgelöst. Erst im Jahr 1815 gründete der Marquis v. Puységur, der der Revolution entronnen ist, die „harmonische Gesellschaft“ um Mesmer‘s Lehren wieder aufleben zu lassen. Die Anfeindungen der Ärzte begannen von neuem. Auch andere Personen, die es verstanden, das Interesse des Publikums zu wecken, wurden lächerlich gemacht und verschwanden schnell wieder von der Bildfläche. In Deutschland wurden Mesmer's Lehren meist nur im Verborgenen angewendet. Interessante Namen, die hier auftreten, sind Johann Kaspar Lavater (1741-1801), der Astronom und Physiker Heinrich Wilhelm Matthäus Olbers (1758-1840, Olbers Paradoxon), Georg Bickers (1754-1823) und Arnold Wienholt (1749-1804), sowie Johann Lorenz Böckmann (1741-1802) und Eberhard Gmelin (1751-1809). Auch in Deutschland sorgten jedoch (nicht zum letzten Mal) politische Stürme dafür, dass Mesmer‘s Lehre, von seinen Anhängern „Mesmerismus“ genannt, nahezu in Vergessenheit geriet. Obwohl Franz Anton Mesmer vor etwas über 200 Jahren meinte, etwas völlig Neues entdeckt zu haben, ist es prinzipiell gar nichts Neues gewesen. Neu war nur der Name „thierischer Magnetismus“. In vielen anderen Kulturen, früher und auch heute, gab, bzw. gibt es Lehren von einer Art „Fluidum“, das den menschlichen Körper durchdringt. Ob man es „Od“, „Chi“, „Prana“, „Aura“, „Orgon“, „Odem“, „Od“, „Qui“, oder sonst irgendwie benennt, ist gleich. Alles sind Ausdrücke, die ein und dasselbe bezeichnen.

Weitere Begriffe, die zum damaligen Zeitpunkt geprägt wurden und die Missverständnisse darstellen, die sich bis heute gehalten haben, sind „Elektrobiologie“, „künstliche Neurose“, „künstlicher Nervenschlaf“, „Somnambulismus“, „Noctambulismus“, „magnetische Ekstase“, usw.. Der Begriff „hypnotize“ (deutsch „Hypnotisieren“) wurde 1843 von dem schottischen Augenarzt James Braid (1795-1860) geprägt. Er leitete diesen Begriff aus dem griechischen „Hypnos“ (=Schlaf) her, nachdem er die Entdeckung gemacht hatte, dass eine Überreizung der Augennerven zu somnambulen Zuständen führen kann. Braid ist jedoch im Gegensatz zur vorherrschenden Lehrmeinung **nicht** der Begründer des Begriffs „Hypnose“. Dieser Begriff existierte bereits vorher. Braid ist somit der Vorreiter der heutigen Fixationshypnose. Zum damaligen Zeitpunkt, als es noch keine wirksamen Betäubungsmittel gab, ein Segen für viele Menschen bei schmerzhaften Operationen. Französische Physiologen prägten wiederum den Begriff „Somnambulisme provoqué“ (künstlicher Somnambulismus), der die Erscheinungen zwar wesentlich präziser beschreibt, sich jedoch nicht durchsetzen konnte. Präziser ist der Ausdruck „**künstlicher** Somnambulismus“, aufgrund der Differenzierung zum „Idio“- und „Autosomnambulismus“. Während der Begriff „Hypnose“ heute alles beinhaltet, wird hier unterschieden. Zu den „Idiosomnambulen“ zählt man die Personen, die wissentlich und absichtlich einen somnambulen Zustand hervorrufen. Hierzu zählen z.B. Fakire, Trancemedien, usw. - heute würde man dies als Selbsthypnose bezeichnen. Die „Autosomnambulen“ Personen wiederum sind Menschen, die ohne eigenes Zutun in den somnambulen Zustand geraten, wie z.B. Schlafwandler und Schlafsprecher.

Zurück zu James Braid, denn hier beginnt meines Erachtens **einer der größten Irrtümer in der Geschichte der Hypnose**. Als Braid 1843 in einer Buchveröffentlichung die Begriffe „Neuro-Hypnotism“ (nervöser Schlaf) und „Neurypnology“ (die Lehre vom nervösen Schlaf) schuf, ging er einzig von seinen persönlichen Vermutungen aus. Er selbst wollte 1847 den Begriff „Hypnotism“ (Hypnose) in „Monodeismus“ (Konzentration auf eine Idee) wandeln, nachdem er erkannte, dass die hypnotischen Phänomene wie Katalepsie (Starrkrampf), Amnesie (Gedächtnisverlust) und Anästhesie (Betäubung) auch im Wachzustand zu erzeugen waren. Der Begriff „Hypnose“ hatte sich jedoch bereits in vielen Ländern verbreitet und ist, wie wir wissen, auch heute noch der Geläufigste (wenn auch grundsätzlich falsch). Doch was verstand Braid unter „Hypnose“? Wie bereits erwähnt, war James Braid Chirurg und Augenarzt. Seine Entdeckung war sicher phänomenal. Seine Auslegung des Phänomens war jedoch eher unwissenschaftlich. Mittels der Fixation glänzender Metallscheiben, übrigens eine Technik, die schon aus dem alten Ägypten überliefert worden ist, erzeugte er eine Ermüdung der Augen und eine Überreizung der Nerven. Die durch die Fixation auf einen Punkt einsetzende Trance bezog er in Anbetracht seiner Ausbildung auf die Nerven. Die Entdeckung Mesmer‘s wiederum, und die hierbei einsetzenden Trancezustände, bezog er auf die monotonen Streichungen und keineswegs auf ein Fluidum. Er, der Arzt, suchte eine rationale Erklärung für die Vorgänge beim Mesmerisieren. In Anbetracht der Persönlichkeiten, die Mesmer's Lehre verbreiteten, wollte er nicht gleich alles als Humbug hinstellen. Da er selbst jedoch weit bessere Erfolge mit seiner eigenen Methode der Fixation erzielte, versuchte er das Phänomen des „thierischen Magnetismus“ mit seiner eigenen Idee zu erklären. Es ist verständlich, dass unter den Wissenschaftlern eine Nervenüberreizung oder ein hypnotischer Schlaf aufgrund andauernder Konzentration auf eine Sache weit besser ankam, als ein angebliches Fluidum. Und so nahm das Verhängnis seinen Lauf. Während zunächst Braid's Fixationsmethode, zumindest bis zur Entdeckung chemischer Narkotika (z.B. Chloroform und Lachgas), bei den Ärzten Einzug hielt, geriet Mesmer's Lehre als mehr oder weniger widerlegt in Vergessenheit. Aus heutiger Sicht und eigener Erfahrung kann ich hierzu sagen, dass es sich beim „thierischen Magnetismus“ und Braid's Fixationshypnose um zwei völlig verschiedene Techniken handelt, die jedoch ein und denselben Zustand hervorrufen können und dass Braid mit seiner damaligen Annahme, den „thierischen Magnetismus“ erklären zu können, völlig falsch lag. Entschuldigen kann man das natürlich mit dem großen Enthusiasmus, den diese Entdeckung hervorrief. Da Braid's Theorie jedoch bei der Wissenschaft großen

Anklang fand, man hatte ja ein Phänomen entmystifiziert, ging die Geschichte der Hypnose zumindest wissenschaftlich, bzw. medizinisch einen völlig neuen Weg, ohne den Vorherigen noch weiter zu beachten.

Während die Medizin voranschritt und Hypnose zur Anästhesie unnötig wurde, wäre die Hypnose und insbesondere der somnambule Zustand nun langsam mehr und mehr in Vergessenheit geraten, hätte es nicht die heute so verteufelten Showhypnotiseure gegeben, die weiterhin auf Jahrmärkten die Phänomene zum Besten gaben.

Eine immens wichtige Entdeckung für die heutige medizinische Hypnosetherapie, die zunächst nichts mit Hypnose an sich zu tun hat, stammt von Emil Coué (1857-1926). Der französische Apotheker fand heraus, dass chemische Medikamente bessere Wirkung zeigten, wenn er seine Kunden von der hervorragenden Wirkung überzeugte. Andererseits konnte er den gegenteiligen Effekt erzeugen, wenn er abwertend darüber sprach. Er entdeckte die Kraft der Einbildung (sich ein Bild machen) und somit die Suggestion. Viele berühmte Sätze werden ihm zugesprochen, wie z.B.: „Jeder Gedanke, den wir uns zu eigen machen und der unseren Geist ausschließlich beherrscht, wird für uns zur Wahrheit und drängt darauf, Wirklichkeit zu werden.“, „Eine Krankheit befürchten heißt, sie zu verursachen.“, „Was ich befürchtet habe, ist zu mir gekommen.“, „Es geht weg, weg, weg...“, oder sicher der bekannteste: „Es geht mir mit jedem Tag in jeder Hinsicht immer besser und besser.". Coué's Entdeckung war sicher nicht neu. In vielen (Geheim-)Lehren wurde auch zu dieser Zeit die Visualisierung, usw. gelehrt. Jedoch schaffte Emil Coué den Weg an die Öffentlichkeit und damit auch zur Wissenschaft und zur Medizin. Coué verwendete und lehrte keine hypnotischen Techniken, seine Lehre wurde jedoch prägend für die Zukunft der Hypnose.

Mit dem zweiten Weltkrieg im 20. Jahrhundert geriet die Hypnose in Europa wieder in Vergessenheit. Wie das Schicksal des von den Nazis ermordeten Hypnotiseurs Erik Jan Hanussen (bürgerlich Hermann Chajm Steinschneider, 1889 – 1933)zeigt, war es eine sehr unsichere Zeit für Hypnotiseure. Showhypnose wurde unter Hitlers Führung verboten und die Entdeckungen der chemisch-pharmazeutischen Industrie, sowie die Lehre des Psychoanalyse Sigmund Freud's (1856-1939) und dessen spätere Ablehnung der Hypnose, machten die Technik im Bereich der Medizin in den Augen der Ärzte überflüssig. Es sollte nun lange dauern, bis sich beides wieder einigermaßen etablierte – jedoch wiederum auf völlig unterschiedliche Art und Weise.

Während der Facharzt für Psychiatrie M.D. Milton H. Erickson (1901-1980) 1957 die „Amerikanische Gesellschaft für klinische Hypnose" gründete, die sich erst 1978 auch in Deutschland etablierte, fanden Anfang der 70er Jahre auch wieder Showhypnosen in Deutschland statt. Um den weiteren Verlauf zu verstehen, muss man wissen, dass

Milton H. Erickson zunächst eigene Methoden entwickelte, nachdem er während seines Universitätsstudiums in Amerika mit der Hypnose in Berührung kam. Durch zweimalige Kinderlähmung war er seit 1953 an den Rollstuhl gefesselt. Sein psychiatrisches Wissen, sein Einfühlungsvermögen, sein hervorragender Ruf und nicht zuletzt die große Erwartungshaltung seiner Patienten und die daraus resultierenden Erfolge, machten ihn zum sicher bekanntesten Hypnotiseur dieser Zeit, obwohl die von ihm eingesetzten Techniken wieder völlig neuer Art waren und im Prinzip nur auf Suggestion (Worten, bzw. Visualisierungen) beruhten (vgl. Emil Coué). Die Erfolge, die er in Anbetracht seines Berufes im Rahmen der Psychotherapie hatte, gaben ihm natürlich Recht und so wurde er in Annahme, dass er eine ganz besonders wirksame Technik erfunden hätte, kopiert. Richtig ist, dass man Techniken kopieren kann. Wie sieht es jedoch mit Einfühlungsvermögen und einem vorauseilenden Ruf und daraus resultierender Erwartungshaltung aus? Alles Dinge, die bei reiner Suggestion sehr wichtig sind... Trotz allem ist es sicher sein Verdienst, dass Suggestion im Bereich der Psychotherapie Einzug gefunden hat. Ich verwende hierbei aus gutem Grund nicht das Wort „Hypnose", da diese Bezeichnung im ursprünglichen Zusammenhang nichts mit den heute häufig in der Medizin verwendeten indirekten Techniken zu tun hat. So wie man James Braid als Vater der Fixationshypnose ansehen kann, könnte man Milton H. Erickson als Erfinder der Konfusionstechnik (Verwirrungstechnik) bezeichnen. Keinesfalls jedoch als Vater einer „modernen Hypnose“, denn es handelt sich jeweils nur um Ausschnitte eines großen Ganzen. Trotzdem darf man Erickson's Verdienste nicht herabwürdigen. Er hat es zumindest geschafft, die indirekte Suggestion in der Psychotherapie zu etablieren.

Blenden wir um zur Showhypnose, die in Deutschland durch den Hypnotiseur „Cally“ (Karl-Heinz Busch) in den 70er Jahren zu neuer Blüte gelang. Die bei der Showhypnose eingesetzten Techniken wiederum entstammen etwas abgewandelt den Lehren von James Braid (Gruppenhypnose mit Fixationstechnik) und Franz Anton Mesmer (verschiedene Blitzhypnosetechniken). Ziel des Showhypnotiseurs war und ist der tiefe Somnambulismus und die damit eintretenden Phänomene. Leider waren Showhypnotiseure lange Zeit reine Entertainer, die zwar die Techniken beherrschten, sich damit jedoch nicht unbedingt mit großem Ruhm bekleckerten. Vor dem Start des deutschen Privatfernsehens im Jahr 1984 waren Bühnenshows jedoch die einzigen Wegbereiter der Hypnose in Deutschland. Das private und später auch das staatliche Fernsehen berichteten immer wieder über schier unglaubliche Phänomene, die jedoch von Medizinern immer wieder in Zweifel gezogen wurden. Die besten Zeiten für Showhypnotiseure, die auch ich noch mit meiner eigenen „Alexander Cain Hypnoseshow“ (1990-2004) erlebte, waren sicher die 70er bis in die 90er Jahre des 20. Jahrhunderts. Da die neue medizinische Hypnose kaum somnambule

Zustände kennt, wurden (und werden immer noch) Showhypnotiseure häufig als Scharlatane hingestellt. Die wissenschaftliche Ignoranz treibt hier immer noch auf einen neuen Höhepunkt zu, während sich die Medien, so meint man, nicht entscheiden können zwischen Sensation und wissenschaftlichem Hochmut.

Natürlich war gerade das Geheimnisvolle, das den Begriff „Hypnose" beherrscht, die Bühnenshow. Aber auch die sehr differenzierte Berichterstattung der Medien hat nicht dazu beigetragen, Hypnose zu etablieren. Im TV und bei Live-Shows wurden immer wieder Somnambule gezeigt, die die unglaublichsten Dinge verrichteten, während Mediziner dagegen wetterten und auch heute noch propagieren, dass kein Mensch in Hypnose irgendwelche Dinge tun würde, die gegen seinen Willen laufen. Man kann das verstehen, wenn man die völlig unterschiedlichen Techniken betrachtet, die jedoch alle denselben Namen haben: „Hypnose". Während die Psychotherapeuten mit Metaphern, Geschichten und einfachen Suggestionen arbeiten, um unbewusste Verhaltensweisen zu ändern, sind Showhypnotiseure gefordert, in kürzester Zeit, die unglaublichsten Phänomene zu produzieren. Den Medizinern wiederum kommt es in der Regel nicht darauf an, in kurzer Zeit Erfolg zu haben. Der kranke Patient bringt Geld, nicht der gesunde Mensch. Zudem kann man sich nicht einerseits von Showhypnose so distanzieren, dass man die Techniken als Humbug hinstellt, um andererseits genau dieselben ultraschnellen und effektiven Techniken einzusetzen. Dass sich die moderne Psychotherapie weiterhin in der Sackgasse befindet, dafür sorgen wiederum die Vertreter der verschiedenen Ärzte- und Psychotherapeutenvereinigungen, die sich lieber mit den Vertretern der klassischen Hypnose anlegen, anstatt mit ihnen zusammen zu arbeiten. Natürlich wäre es auch sehr fraglich gewesen, ob die inzwischen sehr bekannten Showhypnotiseure, ihre Geheimnisse verraten hätten. So liest man in deren Biografien sowieso häufig, dass sie angeblich in fernen Ländern von irgendwelchen Priestern eingeweiht worden wären. Es gab zwar auch in den 70er Jahren gute Literatur zum Thema, jedoch hatten die Autoren keine Möglichkeit, gegen die Lobby der Psychotherapie anzutreten. Erst im Jahr 2002, als in Deutschland von Margot Fraunberger unter meiner Mithilfe „Die Hypnoseakademie“ gegründet wurde und kurz darauf weitere Verfechter der klassischen Techniken hinzu kamen, gab es wieder regelmäßige Ausbildungen und Forschung, insbesondere auch auf wissenschaftlich noch nicht belegbaren Gebieten, betreffend der uralten Techniken in Deutschland. Da es inzwischen seitens der Psychotherapeuten jedoch Bestrebungen gibt, die Hypnose (oder das, was von ihnen als Hypnose bezeichnet wird) als anerkannte Heilmethode anerkennen zu lassen, bleibt abzuwarten, ob es möglicherweise in Zukunft wieder staatlich verordnete Maulkörbe gibt, oder ob die Techniken endlich revolutioniert werden können.

WAS IST HYPNOSE?

Die Frage der Fragen ist leider nicht so einfach zu beantworten. Wie im Kapitel über die Geschichte der Hypnose bereits ausgeführt, handelt es sich bei „Hypnose“ um eine Wortschöpfung, die inzwischen für allerlei verschiedene Bewusstseinszustände und Techniken verwendet wird. Während eine Krankheit in der Regel einen vordefinierten Verlauf nimmt, ist es bei der Hypnose sehr vom Hypnotiseur, der verwendeten Technik und der zu hypnotisierenden Person, sowie von verschiedenen Umweltfaktoren abhängig. Grundsätzlich gesehen ist die Hypnose ein veränderter Bewusstseinszustand, der zum Teil mit allerlei physiologischen Reaktionen einhergeht. Um den Zustand der Hypnose zu verstehen, müssen wir zunächst zwischen dem Wachbewusstsein und dem Unterbewusstsein unterscheiden. Ich möchte hier keine Wortspielereien (Unbewusstes, etc.) beginnen und ich sehe diese Unterscheidung auch nur bildhaft, da die Begriffe „Wachbewusstsein“ und „Unterbewusstsein“ niemals auch nur annähernd etwas über die gewaltigen Möglichkeiten und die Faszination der Schöpfung aussagen können. Auch möchte ich hier an dieser Stelle nicht in die Gehirnphysiologie eindringen oder andere Meinungen über den Sitz der verschiedenen Bewusstseinsschichten ausführen. Es würde die Sache nur unnötig verkomplizieren. Zum Verständnis des Zustands, den wir heute „Hypnose“ nennen, genügt es zunächst vollkommen, wenn wir uns über die Existenz mindestens zweier Bewusstseinsschichten im Klaren sind. Nennen wir diese der Einfachheit halber also „Wachbewusstsein“ und „Unterbewusstsein“. Während das Wachbewusstsein ausgeschaltet werden kann (z.B. im Tiefschlaf, bei Ohnmacht oder Bewusstlosigkeit), wäre das beim Unterbewusstsein ungesund, da das Unterbewusstsein unter Anderem alle unsere lebensnotwendigen Funktionen, wie Herzschlag, Atmung, Hauttemperatur, usw. steuert. Wie gesagt handelt es sich hier aus gutem Grund nur um eine bildhafte Darstellung, die die komplizierten physiologischen Vorgänge im Gehirn in keiner Weise erklären kann oder soll! Man muss kein Hirnforscher sein, um Hypnotisieren zu erlernen und Hypnose grundsätzlich zu verstehen. Wenn wir nun das Unterbewusstsein noch als eigenständig ansehen, wird das Bild etwas klarer. Der große Unterschied zwischen diesen beiden Bewusstseinsschichten ist der „Kritiker“. Unsere Kritikfähigkeit hat den Sitz im Wachbewusstsein und zwar zumindest zum größten Teil dort. Wenn man nun mittels geeigneter Techniken der klassischen Hypnose (Mesmerismus, Fixationstechniken, etc.) das Wachbewusstsein einschränkt, nimmt die Kritikfähigkeit entsprechend ab. Der Zugang zum Unterbewusstsein und damit unter Anderem auch auf unsere Körperfunktionen wird geöffnet. Da das Unterbewusstsein auch keineswegs als dumm, wie ein Computer ohne Software, bezeichnet werden kann, sondern stattdessen in präziser Logik und mit erstaunlicher Kreativität arbeitet, werden fantastische Möglichkeiten eröffnet, die selbst in der heutigen Zeit noch nicht wirklich erforscht sind.

Bei der Geschichte der Hypnose war von „Somnambulismus“ die Rede. Auch heute wird dieser Begriff in Verbindung mit der Hypnose noch verwendet. Er bezeichnet den tiefsten der verschiedenen Hypnosezustände. Zwischen dem völligen Wachzustand und der tiefsten Hypnose gibt es jedoch viele verschiedene Zustände. Man könnte nun 10, 20, 30 oder gar noch mehr unterschiedliche Phasen unterscheiden. Ich persönlich halte es jedoch für nicht unbedingt notwendig, zig Unterscheidungen zu treffen, zumal diese nur von sehr erfahrenen Hypnotiseuren, und dann auch meist nur mit unterschiedlichen Tests erkannt werden können. Durchgesetzt haben sich drei Begriffe und somit zunächst drei verschiedene Phasen der Hypnose, die für das Verständnis meines Erachtens zunächst auch ausreichend sind, da eine weitere Unterteilung alles nur unnötig verkomplizieren würde. Es schadet grundsätzlich nicht, sich diese Begriffe, insbesondere „Somnambulismus“ zu merken:

- **Somnolenz** (leichte hypnotische Trance)
- **Hypotaxie** (mittlere hypnotische Trance)
- **Somnambulismus** (tiefe hypnotische Trance)

Sehen wir uns diese Hypnosestadien einmal im Vergleich zum normalen Wachzustand an:

Wachzustand

Das Bewusstsein (Kritiker) ist voll aktiv

Unterbewusstsein

- Puls und Blutdruck befinden sich auf individuell normalem Level.
- Die Kritikfähigkeit ist voll vorhanden.
- Das Erinnerungsvermögen ist normal.

Somnolenz (leichte hypnotische Trance)

Das Bewusstsein ist leicht eingeschränkt

Unterbewusstsein

- Puls und Blutdruck sinken leicht.
- Der Hautwiderstand nimmt messbar zu.
- Die Kritikfähigkeit ist leicht eingeengt.
- Das Erinnerungsvermögen ist noch normal.
- Es tritt, je nach Induktion, körperliche Entspannung ein.

Hypotaxie (mittlere Hypnotische Trance)

Das Bewusstsein ist eingeschränkt

Unterbewusstsein

- Puls und Blutdruck sinken.
- Der Hautwiderstand nimmt weiter messbar zu.
- Die Kritikfähigkeit ist begrenzt.
- Das Erinnerungsvermögen kann bereits eingeschränkt sein.
- Es kann REM (Rapid Eye Movement = schnelle Augenbewegungen) auftreten.
- Es tritt eine Muskelrelaxation ein (Muskelentspannung).
- Katalepsie von Gliedmaßen (nach entsprechender Suggestion).
- Möglichkeit posthypnotischer Suggestion.

__Somnambulismus__ (tiefe hypnotische Trance)

Das Bewusstsein ist massiv eingeschränkt

Unterbewusstsein

- Puls und Blutdruck sinken.
- Der Hautwiderstand nimmt weiter messbar zu.
- Die Kritikfähigkeit ist nahezu ausgeschaltet.
- Es tritt Amnesie (Gedächtnisverlust) ein.

- Posthypnotische Suggestionen sind völlig problemlos.
- Möglichkeit von positiven und negativen Halluzinationen.
- Möglichkeit kompletter Persönlichkeitsveränderung.
- Möglichkeit darauf folgender Wachhypnose.

Während man die vorher benannten Hypnosephasen grundsätzlich in Verbindung mit einem Menschen mit geschlossenen Augen assoziiert, gibt es ein weiteres Stadium, das ich als „Wachhypnose“ bezeichnen möchte. Voraussetzung hierfür ist vorhergehender Somnambulismus, also sehr tiefe Hypnose. Lässt man einen Menschen in dieser Phase die Augen öffnen, oder irgendwelche Suggestionen mit geöffneten Augen posthypnotisch ausführen, ohne die Hypnose komplett aufzulösen, hat der Hypnotiseur weiterhin den sogenannten Rapport, also den kompletten Zugang zum Unterbewusstsein des hypnotisierten Menschen. Für einen außenstehenden Menschen erscheint der Hypnotisierte hellwach, auch wenn dieser seine Umwelt häufig wie aus der Ferne heraus wahrnimmt. Im Zustand der Wachhypnose ist der Proband absolut handlungsfähig und er ist sich seines Zustands auch nicht bewusst. Trotzdem hat der Hypnotiseur den kompletten Zugang zum Unterbewusstsein unter nahezu völliger Umgehung der normalen Kritikfähigkeit.

Wachhypnose (Wachzustand während tiefer hypnotischer Trance)

- Leichtes Schwäche- oder Schwindelgefühl.
- Augen sind geöffnet, ein Außenstehender kann die hypnotische Trance kaum erkennen.
- Puls und Blutdruck sind häufig unterhalb normaler Werte.
- Der Hautwiderstand sinkt (im Gegensatz zum Somnambulismus).
- Die Kritikfähigkeit gegenüber dem Hypnotiseur ist nahezu ausgeschaltet.
- Es tritt Amnesie ein.
- Suggestionen werden auch im Wachzustand ausgeführt.
- Möglichkeit von positiven und negativen Halluzinationen im Wachzustand.
- Möglichkeit kompletter Persönlichkeitsveränderung im Wachzustand.

Während die ersten beiden Stadien (Somnolenz und Hypotaxie) von den meisten Menschen in relativ kurzer Zeit erreicht werden können, hängt es beim tiefen Somnambulismus von mehreren Faktoren ab. Das wichtigste Kriterium ist meines Erachtens die verwendete Induktionstechnik. Die Techniken, die in der heutigen Zeit als „moderne Hypnose“ bezeichnet werden, bzw. „Hypnose nach Erickson“, sind in der Regel (außer bei extremer Erwartungshaltung) nicht geeignet, somnambule Zustände oder gar Wachhypnose beim Probanden zu erzeugen. Weiterhin spielen der Zeitfaktor, die Erwartungshaltung des Hypnotisanden und die verwendeten Vertiefungstechniken eine Rolle. Auf diese Faktoren werde ich an anderer Stelle jeweils gesondert eingehen.

Der französische Psychiater und Neurologe Hippolyte Bernheim (1837-1919) teilte die Hypnose in neun Kategorien ein (sechs Kategorien wenn die Erinnerung vorhanden ist und drei mit Gedächtnisverlust), die sicherlich zum Verständnis der Hypnose auch heute noch sehr interessant sind:

I. **Erinnerung beim Erwachen**

1. Betäubung, Somnolenz
2. Unmöglichkeit, die Augen spontan zu öffnen
3. Suggestive Katalepsie, mit der Möglich-

keit, den Zustand aufzuheben

4. Tiefe Katalepsie mit der Unmöglichkeit seitens des Hypnotisierten, den Zustand aufzuheben

5. Ungewollte, suggestive Muskelsteifheit

6. Automatischer Gehorsam

II. **Erinnerungslosigkeit (Amnesie) beim Erwachen**

7. Fehlen der Halluzinationsfähigkeit

8. Halluzinationsfähigkeit während der Hypnose

9. Halluzinationsfähigkeit während und nach der Hypnose

Etwas vereinfacht kann man die Hypnosestadien folgendermaßen darstellen:

Leichte Trance (Somnolenz)
Vollkommene physische Entspannung.
Katalepsie von Augenlidern und Gliedmaßen.
Vollkommene Erinnerung an alle Suggestionen.
Ausführung von einfachen Suggestionen, die keinerlei Abwehr hervorrufen.
Es ist leicht möglich, sich selbst aus dem Zustand zu lösen.

Mittlere Trance (Hypotaxie)
Ausführung (auch unlogischer) Suggestionen bei geschlossenen Augen.
Kataleptische Starre ist möglich.
Hypnotische Anästhesie durch Suggestion ist möglich.
Altersregression und Reinkarnation ist möglich.
Hypermnesie (extrem gesteigertes Gedächtnis).
Einfache posthypnotische Suggestionen sind möglich.

Tiefe Trance (Somnambulismus)
Positive und in sehr tiefer Trance auch negative optische und akustische, sowie Halluzinationen aller anderen Sinne sind möglich.
Posthypnotische Suggestionen sind möglich.
Ausführung auch unlogischer Suggestionen bei geöffneten Augen.
Oft vollkommene Amnesie (Gedächtnisverlust) für die Zeit der Hypnosesitzung.
Komplette Persönlichkeitsänderung durch Suggestion ist möglich.
Ein eigenes Lösen aus dem somnambulen Zustand ist nur bei äußerst unlogischen Suggestionen möglich, die strikt gegen den Willen des Hypnotisanden gehen oder dessen Gefühle verletzen.
Möglichkeit von Verbrechen unter Hypnose oder an Hypnotisierten.

Wachhypnose bei geöffneten Augen
Der Hypnotiseur kann alle Suggestionen geben, wie im somnambulen Zustand auch.
Suggestionen direkt aus dem Gespräch heraus sind problemlos möglich.
Ausführung auch unlogischer Suggestionen bei geöffneten Augen.
Oft vollkommene Amnesie (Gedächtnisverlust) für die Zeit der Wachhypnose.
Möglichkeit von Verbrechen unter Hypnose oder an Hypnotisierten.

Die Trancetiefe ist variabel. Eine Person, die eben noch in leichter Trance war, kann innerhalb von Sekunden eine mittlere oder sogar tiefe Trance erreichen. Dabei entwikkelt sich die Hypnose wie in diesem Bild. Man sinkt tiefer in Trance und wieder etwas heraus, daraufhin geht es noch tiefer und wieder etwas heraus. Eine richtige Wellenform entsteht.

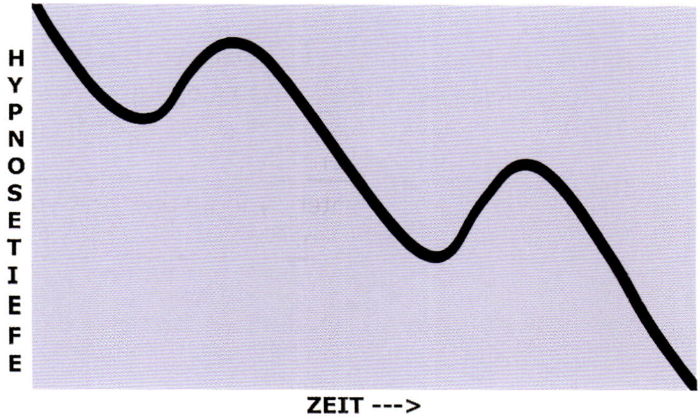

Die grössten Unwahrheiten zum Thema Hypnose

Insbesondere moderne Literatur zum Thema Hypnose ist ein Sammelsurium gewissen Unsinns zum Thema. Das liegt insbesondere daran, dass ein Plagiat anscheinend eher zum guten Ton gehört und viele Autoren der Meinung sind, das Rad nicht noch einmal neu erfinden zu müssen. In meinen Seminaren weise ich immer wieder darauf hin, dass gerne geglaubt wird, was irgendwo gedruckt wurde. „Es steht in der Zeitung..." oder „in dem Buch steht...", wird häufig zitiert, wenn man etwas glaubhaft versichern möchte. Doch macht es grundsätzlich keinen Unterschied, ob eine Unwahrheit gesagt oder gedruckt wurde, oder? In Zeiten des Internets und der Tastenkombinationen Strg-C und Strg-V sind Plagiate jedoch leider eher die Regel als die Ausnahme. Gibt man aus dem Buch „Die hohe Schule der Hypnose" von Kurt Tepperwein irgendwelche Sätze in der Suchmaschine „Google" ein, findet man zig Plagiate ohne Quellennachweis, inklusive den Quellen aus den zwanziger Jahren, von denen Kurt Tepperwein wortwörtlich abgeschrieben hat. Während Tepperwein noch aus alter Literatur abgekupfert hat, wird heute aus neuen Quellen plagiatiert. Genau diese Kopien unsinniger Ideen sorgen dann für sehr zweifelhafte Lehrmeinungen. Doch waren unsere Vorfahren wirklich so dumm, dass sie gewisse Dinge nicht bemerkt haben?

- **Das Unterbewusstsein kennt keine Negationen**

Glaubt man moderner Literatur, kennt das Unterbewusstsein die Worte „nein“ und „nicht“ nicht. Ebenso muss man jegliche Negationen vermeiden und selbst Worte wie „Entspannung“ wären verboten, da ja hier „Ent-“ und „Spannung“ vorkommen. Selbstverständlich wird es auch sofort für jeden nachvollziehbar erklärt, warum das so ist: „Denke nicht an einen rosa Elefanten!“ heisst der Satz. Was geschieht? Selbstverständlich erscheint das exotische Tier ähnlich der lila Kuh vor dem geistigen Auge. „Siehst Du! Dein Unterbewusstsein kann keine Negationen verarbeiten!“ ... und viele glauben daran ohne je darüber nachzudenken. Das führt dazu, dass man stunden- oder tagelang vor Suggestionstexten sitzt um jegliche Negation herauszufiltern. Es entstehen Wortkonstrukte, die kein Unterbewusstsein dieser Welt mehr versteht und kein Hypnotiseur, der diesen Unsinn glaubt, wird je auf die Idee kommen, bei einer Hypnosesitzung ernsthaft frei reden zu wollen.

Doch wie komme ich darauf, diese doch so nachvollziehbare und von vielen Akademikern vertretene Meinung zu kritisieren? Zunächst einmal glauben die Autoren ja anscheinend selbst nicht, was sie von sich geben, wenn sie in einem späteren Kapitel erklären, wie man mit Fingerbewegungen das Unterbewusstsein befragen kann und dieses zwei Antworten geben kann: „Ja“ und **„Nein“**, also eine Antwort, die es gar nicht kennen darf. Dann kommt noch hinzu, wie manche Akademiker „Wissenschaft“ auslegen. Wenn ich zu einer Person im hellwachen Zustand sage „Denke jetzt **nicht** an einen rosa Elefanten“, dann kommuniziere ich logischerweise mit dem Wachbewusstsein. Nun wird „wissenschaftlich korrekt“ daraus gefolgert, dass das Unterbewusstsein keine Negationen versteht. Das ist natürlich ein horrender Unsinn. Jedoch muss man einen Text auch verarbeiten und nicht nur konsumieren, um die Denkfehler zu erkennen.

Fazit: Das Unterbewusstsein kann Negationen problemlos verarbeiten, wie meine Erfahrungen der letzten Jahrzehnte und nach tausenden Hypnotisanden zeigen. Jedoch werde ich Suggestionen selbstverständlich positiv formulieren, genau so, wie ich dem Taxifahrer erkläre, wohin ich fahren möchte und nicht wo ich überall nicht hinfahren will. Wenn es beispielsweise um Einschränkungen geht, kann ich jedoch problemlos auch Negationen verwenden, wie z.B.: *„Du lässt Dich durch nichts stören. Du hörst nur noch meine Stimme und alles andere um Dich herum wird völlig unwichtig.“*

- **Der Mensch wird in Hypnose niemals irgend welche Dinge tun, die er im normalen Zustand nicht auch tun würde.**

  Es ist ein Mythos, der insbesondere wieder von den Vertretern der „klinischen-“ oder „modernen Hypnose“ geschürt wird. Dabei haben diese Personen aus ihrer Sicht sogar Recht, denn mit deren Methoden ist es tatsächlich kaum möglich, da der notwendige tiefe Trancezustand kaum erreicht wird. In tiefer Hypnose jedoch stellt es kein Problem dar, mit Hilfe einer Halluzination einen Menschen zu allen Dingen zu bewegen. Wichtig ist hierbei nur, dass man den Hypnotisanden mit Hilfe von Suggestionen in eine Situation bringt, in der er das Gewünschte tun würde.

- **Jede Hypnose ist eine Selbsthypnose!**

  Der Erfinder der Psychoanalyse, Sigmund Freud, war es, der diese Erkenntnis hatte, die auch heute noch gefeiert wird, da man über solche Erfindungen des Geistes nicht mehr nachdenkt, wenn eine sie aus der Feder einer Koryphäe stammt. Ähnlich wie die meisten Menschen der Meinung sind, dass die Relativitätstheorie bewiesen ist. Was, wie allein das Wort „Theorie“ besagt, nicht der Fall ist. Mit Hilfe der klassischen Hypnose kann man problemlos Zustände hervorrufen, die der Hypnotisand unmöglich selbst steuern oder kontrollieren kann. Die Kontrolle ist in diesem Fall nahezu ausschließlich in den Händen des Hypnotiseurs. Daran ändert auch nichts, dass sehr viele Autoren wieder nachplappern, was einer vorgesagt hat.

- **Eine Hypnose ohne Zustimmung ist unmöglich.**

  Auch wenn ich persönlich jegliche Hypnose ohne oder sogar gegen den Willen des Hypnotisanden ablehne, bedeutet es nicht, dass es nicht funktioniert. Es gibt sogar Techniken, die speziell darauf bauen, dass der Hypnotisand nicht damit rechnet hypnotisiert zu werden. Hierzu mehr im Kapitel „Hypnoseinduktionen".

- **James Braid war ein englischer Augenarzt, der das Wort „Hypnose" erfunden hat.**

  Es stimmt anscheinend, dass James Braid so hiess und das er sich als Arzt und Chirurg auch auf Augen spezialisierte. Jedoch wird jeder Schotte ein Problem damit haben, als Engländer tituliert zu werden. Noch viel schwerwiegender ist jedoch eine Aussage, die man derzeit in allen Lexika findet. Nämlich, dass James Braid das Wort „Hypnose" erfunden hätte. Wie aus einem alten deutschen Fremdwörterbuch hervorgeht, existierte der Begriff bereits viel länger. Wenn bereits im Kleinen solche Fehler begangen werden, wie sieht es dann im Großen aus? Wie soll man überhaupt noch erkennen, was richtig und was falsch ist? Nun, Vertrauen ist gut. Kontrolle ist besser und führt häufig zu neuen Erkenntnissen.

Hypnose F. 'Einschläferung' älter Hypnosis (Heyse[5] 1829), junge Bildung, gleichsam ein griech. ὕπνωσις zu dem lat.-griech. hypnoticus, woher unser hypnotisch (1780 Magazin f. Apotheker II Anmerkungen über die Vorschrift des Hypnotischen Pulvers). Die Wörter **Hypnotismus** und **hypnotisieren** sind Schöpfungen des englischen Arztes James Braid, der 1843 zuerst hypnotism und hypnotize anwendete (vgl. das NEDict. V 505).

- **Showhypnose ist Gruppenzwang.**

Auch diese Aussage stammt von Akademikern, bzw. wird insbesondere von diesen immer wieder veröffentlicht. Man muss sich dabei einmal vor Augen führen, dass eben diese Personengruppe, die solche Behauptungen aufstellt in der Regel noch nie eine Showhypnose durchgeführt hat. Mit der selben Legitimation könnte ich irgendwelche haarsträubenden Aussagen über Gehirnoperationen machen. Es gibt hierbei nur einen Unterschied. Dem Herrn Akademiker wird geglaubt, da wir bereits so erzogen werden. Das anerzogene Obrigkeitsdenken sorgt damit gleichzeitig für die Verbreitung von Unsinn. Interessanterweise ist das Thema „Doktorarbeit" in diesem Moment, in dem ich diese Zeilen schreibe, auch sehr aktuell. So geht es ja gerade um das angebliche Plagiat des Herrn zu Guttenberg. In dieser Diskussion hört man immer wieder, dass es anscheinend schon fast zum guten Ton gehört, abzuschreiben. Aber ist das Wissenschaft? Und insbesondere... solchen Menschen schenken wir wirklich häufig und häufig uneingeschränkt Glauben?! Sollten wir nicht wirklich zuerst einmal den Kopf einschalten, bevor wir uns von irgendwelchen Titeln blenden lassen?

Jeder Hypnotiseur, der mit klassischer Hypnose arbeitet und erfahren hat, wie schnell und einfach ein tiefes Hypnosestadium induzierbar ist, kann jedenfalls das Gegenteil beweisen.

Ein ganz besonderes Beispiel dieses Wahnsinns war in dem unter http://www.hypnose-dgh.de/intern.htm ehemals öffentlich zugänglichen Protokoll der Mitgliederversammlung der Deutschen Gesellschaft für Hypnose e.V. vom 21.03.2003 zu lesen (Namen wurden unkenntlich gemacht):

„Zum Thema Bühnenhypnose und der möglichen „Entlarvung“ eines Showhypnotiseurs im Rahmen des DGH-Forums des Jahreskongresses 2004 wird kontrovers diskutiert.

Dipl.-Psych. W. S. und Dr. R. melden starke Bedenken an.

Frau Dr. S. regt an, zusammen mit einem Showhypnotiseur auch den Kollegen Toni F. einzuladen, der als ausgezeichneter Zauberkünstler in der Lage ist, die Tricks des Showhypnotiseurs offen zu legen und ihn so zum Objekt der öffentlichen Blamage und Belustigung zu machen.

Frau Dipl.-Psych. H. berichtet davon, dass sie kürzlich die Möglichkeit gehabt habe, den Showhypnotiseur P. in der Dortmunder Westfalen Halle bei einem Auftritt zu sehen. Es sei eine Horrorvorstellung, dass ein derartiger Scharlatan durch den Auftritt im Rahmen des Forums in die Lage versetzt werde, anlässlich dieser oder ähnlicher Veranstaltung mit dem Prädikat „schon bei der Deutschen Gesellschaft für Hypnose aufgetreten" für sein zweifelhaftes Theater zu werben."

Sehr schade, dass es nicht zur Blamage der Damen und Herren Diplom-Irgendwas gekommen ist. Dies wäre der zwingende Erfolg der Angelegenheit gewesen. Auch wenn ich persönlich das Fachwissen dieses Showhypnotiseurs sehr anzweifle, kann er doch sehr tiefe Trancezustände problemlos und blitzschnell erzeugen. Wann ein Umdenken stattfindet, werden wir abwarten müssen.

- **Tiefe Trancezustände sind in der Therapie zu vermeiden.**

Sogar bei Ausbildungen zum Thema „Therapeutische Hypnose" wird häufig gesagt, dass tiefe Trancezustände zu vermeiden sind, oder bewusst vermieden werden. Diese Sprüche haben jedoch nur dann Sinn, wenn der Hypnotiseur selbst keine Ahnung von tiefer Trance hat und dieses Unwissen so taktisch überspielt. Über etwas was zu vermeiden ist, muss man nicht reden. So einfach ist das. Die tollste Begründung, die mir hierzu zugetragen wurde, war: „In einer tiefen Hypnose kann sich der Hypnotisand nicht erinnern und wie schaut denn das aus, wenn man hinterher das Gefühl hat, eine Stunde geschlafen zu haben!“.

Fakt ist, dass eine tiefe Trance zwar nicht notwendig ist für eine therapeutische Hypnose, wenn sie aber eintritt, ist der Zustand jedoch durchaus wünschenswert, da Suggestionen umso intensiver und länger anhaltend eintreten. Im Rahmen einer analytischen Hypnose, Regression oder Reinkarnation ist dieser Zustand sogar sehr erwünscht, da die Informationen, die man erhält, nahezu frei von Artefakten aus dem Wachbewusstsein sind. Somit kommen die Aussagen direkt aus dem Unterbewusstsein des Hypnotisanden. Einer eintretende Amnesie (Gedächtnisverlust) kann man problemlos mit der Suggestion: *„Du kannst Dich jetzt an alles erinnern, was innerhalb der letzten Stunde (z.B.) geschehen ist und was Du selbst gesagt und erlebt hast.“,* begegnen.

Voraussetzungen eines guten Hypnotiseurs

Welche Faktoren beeinflussen die Hypnotisierbarkeit ausgehend vom Hypnotiseur?

Kann man Hypnotisieren lernen? Das ist eine der meistgestellten Fragen und sie ist selbstverständlich mit „grundsätzlich ja“ zu beantworten. Es gibt jedoch gute und schlechte Hypnotiseure, ebenso wie es in jeder Berufssparte gute und weniger gute Vertreter gibt. Einen guten Vertreter der Zunft erkennt man an folgenden Kriterien:

- ***Intelligenz***

  Ein Hypnotiseur, der mehr als nur durchschnittlich sein möchte, benötigt Intelligenz. Es geht hierbei weniger um die Techniken der Hypnoseinduktion, sondern vielmehr um die Umsetzung von Suggestionen. Diese müssen auf jeden Fall gut durchdacht sein. Weitsicht und Intelligenz sind daher sehr wichtige Voraussetzungen für jeden Hypnotiseur. Kompetenz und Intelligenz gehören bei einem Hypnotiseur grundsätzlich zusammen.

- ***Selbstbewusstsein***

  Stellen Sie sich den Arzt vor, der aschfahl vor Ihnen steht und sagt: „Ich versuche jetzt einmal, Ihnen eine Spritze zu geben...“. Sicher würden Sie sich in diesem Moment umdrehen und fluchtartig die Praxis verlassen. Ähnlich verhält es sich sicherlich auch bei einem Hypnotiseur, der mit den Worten „Ich versuche jetzt einmal eine Hypnose bei Ihnen“ beginnt. Die Erwartungshaltung des Hypnotisanden wird sofort negativ und die Hypnose wird mit an Sicherheit grenzender Wahrscheinlichkeit nicht mehr funktionieren. Viel erfolgreicher ist der Hypnotiseur, der keine Zweifel am Gelingen lässt und selbstbewusst und freundlich auf den Hypnotisanden zugeht.

In früheren Zeiten haben Hypnotiseure immer wieder versucht, den Status eines Magiers aufrecht zu erhalten. Ich kann mich gut an die Aussage eines Showhypnotiseurs in einer Talkshow erinnern: „Das habe ich bei einem Mönch in Tibet gelernt...“. Auch zu meinen Entertainmentzeiten war es noch an der Tagesordnung, sich als etwas Besonderes darzustellen. Es wurde einfach erwartet und es war auch notwendig, um einen Status aufrecht zu erhalten, mit dem man im Entertainmentbereich Geld verdienen kann. Aus der Sicht des Hypnotisanden ist es jedoch klar. Wer wird sich von einer Person hypnotisieren lassen, der man entweder die Technik der Hypnose oder den richtigen Umgang damit nicht zutraut?

- ***Einfühlungsvermögen***

Obwohl es eine Technik darstellt, jemanden zu hypnotisieren, gehört auch eine große Portion Einfühlungsvermögen dazu. Der Hypnotiseur ist kein Maurer, der mit Steinen arbeitet. Er ist, insbesondere im Bereich der Lebensberatung oder Therapie, ein Mensch, dem innerste Geheimnisse offenbart werden. Der Hypnotiseur, der sich gut auf seinen Klienten einstellen kann, wird wesentlich erfolgreicher sein, als der 0-8-15 Hypnotiseur, der Jeden nach Schema F bedient. Auch im Bereich des Entertainments ist Einfühlungsvermögen extrem wichtig. Das Publikum bei öffentlichen Veranstaltungen ist in jedem Regierungsbezirk anders. Häufig muss man nur das Lokal wechseln, um ein völlig anderes Publikum vor sich zu haben. Ein falsches Auftreten vor dem Publikum kann den Erfolg der gesamten Veranstaltung beeinträchtigen. Insgesamt ist Einfühlungsvermögen in die Situation und in den Hypnotisanden ein extrem wichtiges Kriterium für den Erfolg einer jeglichen Hypnose.

- ***Verantwortungsbewusstsein***

Hypnose ist kein Spielzeug. Die Möglichkeiten, die sich mit Hypnose bieten, sind so extrem, dass wir noch keine Grenzen gefunden haben. Aus diesem Grund ist großes Verantwortungsbewusstsein angezeigt. Jeder Hypnotiseur muss sich völlig darüber im Klaren sein, welche Verantwortung er trägt, wenn er im Unterbewusstsein des Menschen „herumprogrammiert“. Es geht nicht darum, einfach irgendwelche Suggestionen ungeprüft abzulesen. Der gute Hypnotiseur weiß immer, welche Verantwortung er trägt und er wird sich entsprechend verhalten.

- ***Ruhige, klare Stimme***

  Es gibt Hypnoseinduktionen ohne Worte, jedoch wird man nur selten ohne die eigene Stimme auskommen. Eine klare, ruhige Stimme ist bei der Hypnose sehr wertvoll. Auch sollte man auf die Aussprache achten. Wichtig ist ebenfalls die fehlerfreie Aussprache. Aus diesem Grund ist es grundsätzlich ratsam, von Dialekten und Umgangssprache Abstand zu halten.

- ***Ordentliches Aussehen und Auftreten***

  Es sollte als selbstverständlich gelten, dass man als Hypnotiseur für viele Menschen auch eine Respektperson darstellt. Die Erwartungshaltung erfüllt man dahingehend am besten, wenn man sich ordentlich, aber nicht übertrieben, kleidet. Hierbei sollte man sich aber auch wohl fühlen, damit die eigene Kleidung nicht von der Hypnose ablenkt.

- ***Ruf und soziale Stellung***

  Ein guter Ruf und eine ordentliche soziale Stellung sollten selbstverständlich sein.

- ***Sicherheit im Umgang mit den Hypnosetechniken***

  Ein Hypnotiseur, der zur Hypnosesitzung von einem Blatt Papier ablesen muss, oder gar eine CD einlegt, ist selbstverständlich unmöglich. Der Hypnotisand erwartet selbstverständlich einen sicheren Umgang mit den Techniken. Jede Unsicherheit wird sich auf die Hypnotisierbarkeit des Hypnotisanden auswirken.

- ***Die eigene Fähigkeit, in Trance zu gehen***

  Jeder wirklich gute Hypnotiseur wird bei einer Hypnosesitzung selbst in einen zumindest leichten Trancezustand gehen. Das verstärkt die Bindung zum Hypnotisanden.

Voraussetzungen eines guten Hypnotisanden

Welche Faktoren beeinflussen die Hypnotiserbarkeit ausgehend vom Hypnotisanden?

- ***Intelligenz***

  Während der Hypnotiseur seine Intelligenz einsetzen muss, um die Hypnose richtig zu leiten, sind es bei Hypnotisanden Erfahrungswerte. Grundsätzlich ist Intelligenz immer hilfreich, wenn auch nicht zwingend notwendig. Ein intelligenter Mensch kann den Suggestionen des Hypnotiseurs besser folgen und Folge leisten.

- ***Vertrauen***

  Ein Slogan, den wir in der Hypnoseakademie seit Jahren verwenden, ist: „Hypnose ist Vertrauenssache!". Das trifft den Punkt insbesondere im Bereich der Therapie sehr gut. Man kann es nicht pauschalisieren, da es auch Hypnosetechniken gibt, die nicht auf Vertrauensbasis aufgebaut sind. Grundsätzlich sollte jedoch der Hypnotisand Vertrauen zum Hypnotiseur haben und umgekehrt, der Hypnotiseur zum Hypnotisanden. Wenn dieses beidseitige Vertrauen nicht vorhanden ist, sollte man zumindest keine therapeutische Hypnose durchführen.

- ***Konzentrationsfähigkeit***

Einige Hypnoseinduktionen (z.B. die Fixationsmethode) bedürfen einer guten Konzentrationsfähigkeit. Daher ist es grundsätzlich nie schädlich, wenn der Hypnotisand eine gute Konzentrationsfähigkeit besitzt.

- ***Bildhaftes Vorstellungsvermögen***

Die Sprache des Unterbewusstseins besteht aus Bild und Emotion. Je besser der Hypnotisand in der Lage ist, Suggestionen in eigene Bilder umzusetzen, umso besser wird auch die Hypnose funktionieren. Das bildhafte Vorstellungsvermögen ist sicher hilfreich, jedoch nicht zwingend notwendig.

- ***Positive und negative Vorerfahrungen***

Ein Hypnotisand, der bereits positive Erfahrungen mit der Hypnose gemacht hat, wird auch positiv in eine neue Sitzung gehen. Entsprechendes gilt bei negativen Vorerfahrungen.

- ***Sitzende oder liegende Position?***

Vor einer Hypnosesitzung sollte man klären, ob der Hypnotisand in sitzender oder liegender Position hypnotisiert werden möchte. Insbesondere die liegende Postion wird manchmal nicht gewünscht. Die stehende Position wird man in der

Regel nur bei Showhypnoseeinlagen wählen.

- ***Fähigkeit, die Kontrolle abzugeben***

  Eines der größten Probleme, eine tiefe Hypnose zu erreichen, ist die Fähigkeit die Kontrolle abzugeben. Solange der Hypnotisand versucht, die Hypnose oder den Hypnotiseur zu kontrollieren, wird eine tiefe Hypnose eher schwierig sein.

- ***Zuschauer bei der Hypnose***

  Es ist nicht jedermanns Sache, sich dabei zusehen zu lassen, wenn man gerade hypnotisiert wird. Das gilt gleichermaßen für fremde und für bekannte Personen. Jeder unbeteiligte Zuschauer kann Hemmungen auslösen. Hypnose ist eine sehr vertrauliche Angelegenheit und hier können zusehende Personen extrem störend wirken, selbst wenn das offiziell vom Hypnotisanden so gewünscht wird.

- ***Fähigkeit, Störungen auszublenden***

  Den Raum ohne jegliche Störungen wird es in der Praxis nicht geben. So kommt auch die Fähigkeit, Störungen ausblenden zu können, hinzu. Wer sich nicht stören lässt, ist auch leichter zu hypnotisieren.

Gefahren der Hypnose

Wie alles was wirkt, hat natürlich auch die Hypnose mehrere Seiten. Während sie zum Beispiel zur Belustigung, zur Hilfe im medizinischen Bereich, zur Lebenshilfe oder auch zur Erzeugung paranormaler Phänomene eingesetzt wird, bestehen jedoch grundsätzlich auch vermeidbare Gefahren, auf die ich im Folgenden hinweisen möchte.

Grundsätzlich können mit der Hypnose körperliche und auch psychische Schäden angerichtet werden. Man darf jedoch nicht vergessen, dass eine ordentlich durchgeführte und richtig aufgelöste Hypnose für den Hypnotisanden ungefährlich ist, sofern man einige wenige Dinge beachtet. Zur Vermeidung von Gefahren sollte man sie jedoch kennen, daher möchte ich auf verschiedene Punkte näher eingehen.

- **Physische oder psychische Schäden, die vom Hypnotiseur selbst und vorsätzlich verursacht werden**

  Lange Zeit war das Bild der Hypnose in den Medien von der sogenannten „kataleptischen Brücke“ bestimmt. Hierbei wird die hypnotisierte Person zunächst in den Zustand der Katalepsie (Starre) gebracht und dann meist über zwei Stühle oder gar Stuhllehnen gelegt. Als Höhepunkt steigt der Hypnotiseur zum Erstaunen des Publikums häufig auch noch auf den Körper drauf. Während das Mindeste, was der Hypnotisand davonträgt, ein ordentlicher Muskelkater ist, weidet sich der Hypnotiseur am zweifelhaften Ruhm. Ich habe persönlich häufig miterlebt, dass der Proband vor der zweifelhaften Aktion in keiner Weise über irgendwelche körperlichen Gebrechen befragt wurde. Häufig hat es die Hypnotiseure nicht interessiert, ob eventuell eine Schwangerschaft vorliegt, ob die Person kurz vorher eine Operation mit frischer Narbe hatte, Wirbelsäulen-, Hüft- oder andere Probleme vorliegen, oder gar die seltene Glasknochenkrankheit. Weitere verwerfliche Dinge waren und sind jegliche Art von direkter Körperverletzung, wie z.B. Nadeln, die ohne vorherige Zustimmung durch verschiedene Körperteile gesteckt werden, oder Rasierschaum in der Eistüte. Selbstverständlich verzichten jede ordentlich durchgeführte Showhypnose und natürlich auch jegliche Hypnosetherapie auf solche extrem gefährlichen Effekte.

- **Kreislaufkollaps aufgrund extremer Blutdrucksenkung oder Herz-/Kreislauferkrankungen**

Im Rahmen der Hypnose werden verschiedene Vitalwerte beeinflusst. Sehr wichtig hierbei sind Puls und Blutdruck, da diese Werte gesenkt werden können, was im Extremfall bis zum Kreislaufkollaps führen kann. Diese Gefahr sollte man nun nicht überbewerten. Mir ist kein einziger Fall bekannt, bei dem eine Person im Rahmen einer Therapie hierdurch zu Schaden gekommen wäre. Bei Showhypnosen hingegen, bzw. bei Induktionstechniken, die im Stehen durchgeführt werden, besteht eine grundsätzliche Gefahr. Aus diesem Grund muss der Hypnotiseur zumindest darauf gefasst sein, dass sein Proband Kreislaufprobleme bekommen könnte. In diesem seltenen Fall ist selbstverständlich sofort Erste Hilfe zu leisten. Wenn der Hypnotisand noch ansprechbar ist, ist die Hypnose, nachdem Puls und Blutdruck suggestiv erhöht wurden („Du spürst nun, wie sich Puls und Blutdruck wieder normalisieren / Du spürst nun, wie Puls und Blutdruck auf normale Werte ansteigen“).

- **Gefahr durch plötzliche Tiefenentspannung**

Gefahr durch Entspannung? Seit wann ist Entspannung denn gefährlich? Im Rahmen von Hypnoseinduktionen, die im Stehen durchgeführt werden, kann es sehr wohl gefährlich werden. Jegliche Hypnoseinduktion kann plötzlich und unerwartet zu einer völligen Entspannung und somit zum körperlichen Zusammenbrechen führen. Aus diesem Grund sollte(n) grundsätzlich eine oder mehrere Person(en) bereitstehen, um in einem solchen Fall helfen zu können.

- **Direkte oder indirekte Beeinflussung von Körperfunktionen**

Insbesondere in tiefer hypnotischer Trance (Somnambulismus) ist die direkte oder indirekte Beeinflussung von Körperfunktionen zwar möglich, jedoch unbedingt zu unterlassen. Der menschliche Körper ist wesentlich mehr als die Summe seiner Organe und man kann großen Schaden anrichten, wenn man an einzelnen Körperfunktionen oder Organen „dreht", insbesondere wenn man keine oder nur wenig Ahnung von den physiologischen Zusammenhängen hat. Eine Ausnahme hierbei ist die erwünschte Normalisierung von Puls und Blutdruck, wobei jedoch auch hierbei keinerlei Zahlenwerte angegeben werden. Vorsicht ist auch geboten, wenn die körpereigene Regulation, z.B. der Körpertemperatur, gestört wird. So kann die Suggestion von Wärme dann einen Schaden anrichten, wenn es tatsächlich sehr kalt ist, da die Suggestion zur Erweiterung der Blutgefäße und damit auf Dauer zur Unterkühlung des Körpers führt. In der Schulmedizin werden häufig Medikamente gegeben, um bestimmte Organe in der Funktion zu drosseln oder zu aktivieren. Beispiele sind hier Bauchspeicheldrüse oder Schilddrüse. Die direkte hypnotische Beeinflussung dieser Organe kann verheerende Folgen auf den ganzen Organismus haben und ist daher auf jeden Fall zu unterlassen.

- **Überanstrengung durch hypnotische Beeinflussung**

  Insbesondere im Bereich des Sports ist extrem darauf zu achten, dass durch die Hypnose keine körperlichen Grenzen überschritten werden. Der Körper verfügt über Kraftreserven, die im Falle der Todesangst aktiviert werden können, um den Menschen vor dem Tod zu retten. Diese Reserven können theoretisch mit entsprechenden Suggestionen aktiviert werden. Da es hierbei jedoch grundsätzlich auch zu schlimmen Verletzungen kommen kann, sind derartige Aktivitäten hoch gefährlich. Während wir im normalen Wachzustand noch Schutzmechanismen besitzen, die eine Überanstrengung verhindern, werden diese durch die Hypnose eventuell außer Kraft gesetzt. Aus diesem Grund ist es im Bereich der Sporthypnose unbedingt notwendig, die körperlichen Grenzen des Athleten zu kennen. Diese dürfen keinesfalls überschritten werden.

  Ein Beispiel wäre ein Gewichtheber, der beispielsweise 180 kg stößt und damit im Kopf an seiner Grenze angelangt ist. Rein körperlich wären jedoch 190 kg durchführbar. Mit Hilfe entsprechender Suggestionen ist es nun möglich, diese Blockade im Kopf zu durchbrechen, mit dem Erfolg, dass der Gewichtheber 190 kg stößt. Wenn der Hypnotiseur die körperlichen Grenzen jedoch nicht kennt, oder ohne Rücksicht auf Verluste das Meiste herausholen möchte, wird er die Grenze durch Suggestion überschreiten. Das Ergebnis sind dann möglicherweise Muskelfaser- oder gar Sehnen-, bzw. Bänderrisse.

- **Panik oder Todesangst durch Vorsatz oder Fahrlässigkeit**

Ein großes Thema in unserer Gesellschaft ist Angst. Während Angst einen Schutzmechanismus darstellt, wird eine übertriebene oder grundlose Angst als krankhaft eingestuft. Während mit Hypnosetherapien Ängste behandelt werden können, ist es auch sehr leicht möglich, gewollt oder ungewollt, Ängste zu erzeugen. Natürlich liegt es normalerweise nicht im Interesse des Hypnotiseurs, den Hypnotisanden in Angst und Schrecken zu versetzen. Doch kann dies selbst dann eintreten, wenn Vorsichtsmaßnahmen getroffen wurden und ein ordentliches Vorgespräch geführt wurde. Beispielsweise kann die Suggestion „Du befindest dich nun in Thailand am Strand" für den Einen die höchste Erfüllung darstellen und für den Anderen die größte Panik, wenn er z.B. den Tsunami im Jahr 2004 miterlebt hat. Wie extrem die Auswirkungen suggerierter Situationen sein können, haben wir in den 90er Jahren im Schlaflabor getestet. Angeschlossen an die komplette Messlatte (EKG, EEG, Atemfrequenz, Muskeltonus) habe ich zwei Versuchspersonen die Suggestion gegeben, dass sie im Flugzeug sitzen, dieses nun startet, die Reiseflughöhe erreicht und plötzlich die Triebwerke ausfallen. Der Puls stieg von 60 auf 140 Schläge pro Minute bis wir das Experiment abbrachen und ich die Triebwerke wieder anspringen ließ. Auch das EEG war für den Schlafforscher hochinteressant. Auf keinen Fall zur Nachahmung empfohlen, zeigte dieses Experiment eindeutig, dass Suggestionen Todesangst erzeugen können und diese auch gefährliche Züge annehmen kann, ganz abgesehen von dem Konfliktschock, den der Hypnotisand dabei erleidet. Es muss jedoch nicht gleich ein Flugzeugabsturz sein. Selbst einfache Suggestionen, wie „Du befindest Dich nun auf einem Rummelplatz", können Panik auslösen, wie es einem meiner Schüler geschehen ist. Die Dame, der diese Suggestion galt, ist auf einem Rummelplatz einer Vergewaltigung nur knapp entkommen und so kam auf der Stelle die Erinnerung und die entsprechende Emotion zum Vorschein.

- **Unklare oder mehrdeutige Suggestionen**

  Ein Paradebeispiel für eine mehrdeutige Suggestion wurde von unglaublich vielen Autoren übernommen: „Dein Kopf ist ganz klar und frei“. Auf den ersten Blick mag diese Suggestion wenig spektakulär, ja sogar sehr hilfreich sein. Insbesondere wenn man sie ungeprüft übernimmt und im Zustand der tiefsten Trance gibt. So geschehen ca. 2003, als mich einer meiner Schüler am Abend anrief und mir völlig aufgelöst mitteilte, dass seine Probandin nicht mehr weiß wie sie heißt, wo sie wohnt, wer sie überhaupt ist. Sie wusste also gar nichts mehr. Nur grundsätzliche Dinge, wie das Beherrschen der deutschen Sprache waren noch vorhanden. Völlig verständlich, dass mein Schüler total aus dem Häuschen war, insbesondere nachdem alle seine Versuche der Rücknahme fehlschlugen. Erst eine Regression mit einer regelrechten „Systemwiederherstellung“, die ich ihm am Telefon erklärte, brachte die Erinnerung wieder zurück. Für einen ungeübten Hypnotiseur stellt diese Herausforderung eine Katastrophe dar, für den Hypnotisanden erst recht, da es völlig unklar ist, wie lange die Wirkung der Suggestion anhält. Wie es dazu kommen kann, ist klar: Das Unterbewusstsein übersetzt alle Suggestionen wortwörtlich und zwar in Bilder und Emotionen. Ein Kopf der „klar und frei“ ist, kann also auch gedeutet werden wie ein Kopf, der „leer“ ist, wie es in diesem Fall geschehen ist. Ein weiteres Beispiel, das mir selbst im Rahmen einer Showhypnose-Veranstaltung geschehen ist, möchte ich auch nicht vorenthalten. Ein Teilnehmer in tiefer Hypnose saß auf einem Stuhl (sein suggeriertes Motorrad), die Ohren seines Vordermanns als Lenker in der Hand. In der Trance fuhr er wie ein Rennfahrer Motorrad und ich feuerte ihn über Mikrofon und Lautsprecheranlage richtig an. Man muss sich das so vorstellen, dass er mit Tempo 250 auf einem suggerierten Motorrad unterwegs war. Plötzlich sprang er vom Stuhl auf. Ich war total irritiert, da ich das Bild eines Motorradfahrers vor mir hatte, der bei dieser Geschwindigkeit niemals abgesprungen wäre. Natürlich hatte die unerwartete Reaktion einen Grund. In meinem Elan habe ich ihm neben der Suggestion, ein tolles Motorrad auf der Autobahn zu fahren, in’s Mikrofon gerufen: „Das ist ein ganz heißer Ofen!“. Während dem Publikum natürlich nichts aufgefallen ist, hat sich der Hypnotisand in diesem Moment den Hintern verbrannt. Schwer zu sagen, welche Folgen hier zu erwarten gewesen wären. Möglicherweise hätte es auch eine physische Reaktion einer Brandblase geben können, wenn ich die Suggestion nicht sofort zurückgenommen hätte. Das ist aber auch wiederum das Gute bei der Hypnose. Es gibt kaum etwas, was man nicht zurücknehmen kann.

Es können auch eindeutige Suggestionen in der Hypnose völlig falsch durchgeführt werden. Hierzu muss man wissen, dass das Unterbewusstsein grundsätzlich bereit ist, einer Suggestion Folge zu leisten. Auch dann, wenn es das aus Unwissenheit möglicherweise gar nicht kann. Wenn man im Rahmen der Suggestion Wörter und Begriffe verwendet, mit denen der Hypnotisand nichts anfangen kann oder die er gar nicht versteht, versucht das Unterbewusstsein trotz allem etwas zu produzieren. Aus diesem Grund ist es wichtig, dass Suggestionen nicht nur akustisch richtig verstanden werden.

- **Allergie durch Suggestionen oder gegebene Lebensmittel**

Insbesondere zu Demonstrationszwecken werden häufig irgendwelche Lebensmittel, wie zum Beispiel Zitronen gegeben, nachdem vorher ein Pfirsich, o.ä. suggeriert wurde. Sehr eindrucksvoll ist es für den Zuschauer, wenn der Hypnotisand herzhaft in eine saure Zitrone beißt. Was einerseits wie ein toller Spaß aussieht und auch den letzten Zweifler überzeugen kann, ist spätestens dann kein Spaß mehr, wenn man ungewollt eine Allergie auslöst. Dies kann geschehen, wenn man vorher nicht nach Allergien oder Unverträglichkeiten fragt und entweder das Allergen gibt oder suggeriert.

- **Schäden durch falsch durchgeführte hypnotische Analgesie oder Anästhesie**

Unter Analgesie versteht man Schmerzlinderung, Anästhesie ist Schmerzausschaltung. Beides ist mittels Hypnose möglich und häufig auch erwünscht (zum Beispiel in der Zahnarztpraxis). Hier ist insbesondere die hypnotische Lokalanästhesie (örtliche Betäubung) gefragt. Nun ist auf den ersten Blick eine Schmerzlinderung oder -ausschaltung etwas erstrebenswertes. Man muss jedoch immer daran denken, dass der Schmerz in erster Linie ein Alarmsignal darstellt, eine Warnung des Körpers. Schmerz ist nicht dazu da, damit der Mensch leidet, sondern um ihn zu schützen. So würde zum Beispiel ein Mensch mit einer Bänderdehnung im Fuß nie auf die Idee kommen, einen Dauerlauf zu machen, weil es viel zu schmerzhaft wäre und aus der Dehnung mit Sicherheit ein größerer Schaden entstehen würde. Würde man dieser Person nun aus Unwissenheit oder falschem Hilfsbedürfnis heraus die Schmerzen nehmen, wäre die Schutzfunktion des Schmerzes ausgeschaltet und die Gefahr einer weitaus größeren Verletzung so gut wie sicher. Derartige Dinge sind bereits geschehen. Nach einer Körperkatalepsie im Rahmen einer Hypnoseshow humpelte die Dame, auf die der Hypnotiseur zur persönlichen Selbstbeweihräucherung drauf gestiegen war. Der Hypnotiseur sah dies und anstatt die Dame aufzufordern, das Knie untersuchen zu lassen, suggerierte er ihr völlige Schmerzfreiheit im Knie. Am Ende kam es dann zur Meniskusoperation. Dies hätte leicht vermieden werden können, wenn der Hypnotiseur die unverantwortliche kataleptische Brücke nicht durchgeführt hätte oder die Dame zumindest zum Arzt geschickt hätte, anstatt sein Unvermögen mit hypnotischen Mitteln zu vertuschen.

- **Schäden durch ungewollte Hypnose**

  Es ist nahezu unmöglich, einen Computer durch einen Softwarefehler zu beschädigen oder gar zu zerstören. Ein irreparabler Schaden durch Hypnose ist mir bisher zwar nicht bekannt geworden, grundsätzlich kann es jedoch aufgrund fehlerhafter Suggestionen dazu kommen. Einer der gefährlichsten Umstände ist hierbei die ungewollte Hypnose, insbesondere da dieser Umstand auch durch Fahrlässigkeit seitens des Hypnotiseurs eintreten kann. Sehr häufig wird bei Hypnosesitzungen die so genannte „Fraktionierung“ eingesetzt, also die unterbrochene Hypnose. In TV-Sendungen und

Hypnoseshows sieht man zum Beispiel häufig, wie die Probanden mittels Fingerschnippen oder einem Tipp an die Stirn in Hypnose versetzt werden. Hierbei handelt es sich um Suggestionen, die vorher gegeben wurden und in dem Moment eintreten. Dieser Trigger wird in aller Regel und bei ordentlicher Ausbildung grundsätzlich so gegeben, dass die Wirkung niemals plötzlich und ohne Kontrolle eintreten kann. Wenn dies doch geschieht, sei es aus Fahrlässigkeit oder Vorsatz, ist die Gefahr für den Probanden riesig groß. Ein Trigger, der plötzlich und unerwartet eine Hypnose auslöst, kann im schlimmsten Fall zum Tod des Hypnotisanden und unbeteiligter Menschen führen, wenn er zum Beispiel beim Autofahren eintritt. Aus diesem Grund ist immer sehr darauf zu achten, dass jegliche posthypnotischen Trigger immer und grundsätzlich unter Kontrolle des Hypnotiseurs oder auch des Hypnotisanden eintreten können.

- **Nicht zurückgenommene Suggestionen**

Posthypnotische Suggestionen, also Suggestionen, die auch im normalen Wachzustand weiterhin eintreten, werden sowohl in der Therapie als auch insbesondere bei Showhypnosen eingesetzt. Beispielsweise wäre eine Raucherentwöhnung ohne posthypnotische Suggestionen kaum denkbar. Es werden jedoch manchmal zu Demonstrationszwecken, oder auch nur aus Spaß, Suggestionen gegeben, die im normalen Leben nichts verloren haben. Wenn solche Suggestionen nicht zurückgenommen werden, kann es zu folgenschweren Schäden kommen. Stellen Sie sich beispielsweise einmal vor, es wird ein fürchterlicher Juckreiz suggeriert, der immer dann eintritt, wenn der Hypnotisand ein bestimmtes Lied als posthypnotischen Auslöser hört. Bei Bühnenshows gehören derartige Suggestionen zum Standardprogramm. Wenn am Ende der Veranstaltung eine ordentliche Hypnoseauflösung folgt, oder die Suggestion örtlich und zeitlich begrenzt wurde, stellt das kein Problem dar. Jedoch habe ich schon viele Bühnenshows verfolgt, in denen gar keine Auflösung der Suggestion stattfand.

- **Drogen-, Medikamenten- oder Alkoholmissbrauch**

  Der Hypnotisand sollte in Bezug auf Alkohol möglichst nüchtern sein und auf gar keinen Fall psychoaktive Drogen zu sich genommen haben. Während ein zu hoher Alkoholpegel unter anderem auch die notwendige Konzentration beeinträchtigt, kann die vorherige Einnahme bewusstseinsverändernder Drogen oder Medikamente verheerende Folgen haben. Aus diesem Grund sollten Personen, die nicht völlig nüchtern in Bezug auf psychoaktive Stoffe sind, nicht hypnotisiert werden. Auch das Suggerieren von Drogen oder Medikamenten aller Art ist auf jeden Fall zu unterlassen!

- **Medikamentierung und Sedierung**

In manchen Fällen, zum Beispiel bei Angstpatienten in der zahnärztlichen Hypnose, aber auch bei allgemeinen Eingriffen mit hypnotischer Anästhesie (Empfindungslosigkeit), werden zur besseren Hypnotisierbarkeit Medikamente aus dem Bereich der Benzodiazepine gegeben, da sie unter anderem angstlösend und entspannend wirken. Selbstverständlich dürfen derartige Medikamente **ausschließlich** von medizinischem Fachpersonal verabreicht werden. In diesem Fall ist aufgrund einer möglichen Hypotoxie (Sauerstoffmangel) ein Pulsoximeter anzuwenden, um eine ständige Kontrolle von Puls und Sauerstoffsättigung zu haben. Ebenso ist bei der Anwendung solcher oder ähnlicher Medikamente eine entsprechende Ausstattung notwendig, um im Extremfall sofort Sauerstoff zuführen zu können.

- **Anpusten durch den Hypnotiseur**

Lange Jahre habe ich mich gefragt, wie die üblichen Verdächtigen dazu kommen, von allen Arten der Fraktionierung eine der Dümmsten zu benutzen: „Wenn ich Dir ins Gesicht puste, bist Du hellwach!". Häufig wird das auch noch mit einer Aufwachphase verwechselt, was dann in der Regel zu Kopfschmerzen, Schwindelgefühl, Desorientierung, etc. führt (siehe auch „Falsche oder fehlende Auflösung"). Wenn man der Schulmedizin glaubt und der Infektions**theorie**, dann könnte diese Aktion sehr schwerwiegende Krankheiten übertragen. Doch auch wenn sich diese Theorie irgendwann als falsch herausstellen sollte, ist es mindestens ekelhaft, wenn man den Atem fremder Menschen spürt. Es gibt tausende anderer Möglichkeiten der Fraktionierung (z.B. an der Schulter berühren, mit den Fingern schnippen), so dass es keine Option darstellt, jemandem ins Gesicht zu pusten.

Anfangs schrieb ich „habe ich mich gefragt". Richtig! Ich habe eine Erklärung für dieses Verhalten gefunden, wenn auch keine Rechtfertigung außer vorsätzlicher Dummheit. Im Rahmen meiner Forschungen zum „Father of Hypnotherapy" James Braid, habe ich auch dessen Werk „Neurypnology" von 1853 näher betrachtet. Hier beschreibt Braid nicht nur Phänomene, die wir auch aus der Showhypnose kennen, sondern auch, dass das Anpusten von kataleptischen Gliedmaßen die Katalepsie (Starre) aufhebt. Möglicherweise wurde dieses Phänomen überliefert und auf dumme Art und Weise umgesetzt. Daher bitte niemals nachmachen, auch wenn man diesen Unsinn auch heute noch häufig im TV beobachten kann.

- **Falsche oder fehlende Hypnoseauflösung**

  Jede Hypnose bedarf einer ordentlichen Auflösung! Doch was ist eine ordentliche Hypnoseauflösung? Glaubt man dem Auftritt einer Diplompsychologin vor Millionen Zuschauern im TV oder so manchen Showhypnotiseuren, dann genügt ein Fingerschnippen mit dem Ausruf „Hellwach!" oder „Du bist wieder im Hier und Jetzt!" (Wo bitteschön???). Das ist Unsinn! Durch die Hypnose werden verschiedene Körperfunktionen beeinflusst. Damit Körper und Geist wieder in „normalen Parametern" funktionieren können und es nicht zu Problemen kommt wie Desorientierung, Übelkeit, Schwindelgefühl oder Kopfschmerzen, bedarf es einer ordentlichen Hypnoseauflösung, wie sie in diesem Buch beispielhaft im entsprechenden Kapitel beschrieben ist. Nach einer ordentlichen Hypnoseauflösung gibt es keine Probleme und der Hypnotisand fühlt sich wohl. Fehlt diese Auflösung, wird sich meist zumindest Unwohlsein einstellen. Ein dauerhafter Schaden ist jedoch nicht zu erwarten.

- **Absolute Kontraindikationen**

  Ich halte es für schwierig, absolute Kontraindikationen zu definieren. Trotzdem sollte man auf jeden Fall den Nutzen abwägen, wenn man mit Personen arbeitet, die

  - unter Psychosen leiden.
  - unter dekompensierter Herzinsuffizienz leiden.
  - unter unkontrollierbaren Anfallskrankheiten leiden.
  - massive Herz- oder Kreislaufprobleme haben.
  - unter Drogen-, Medikamenten- oder starkem Alkoholeinfluss stehen.
  - nicht ausdrücklich selbst die Zustimmung zur Einleitung einer Hypnose gegeben haben. Dies wäre auch strafrechtlich relevant (Nötigung, Körperverletzung, etc.).

Verbrechen unter Hypnose und Verbrechen an Hypnotisierten

Was am Anfang des 20. Jahrhunderts noch völlig klar war, ist heute laut offizieller Lehrmeinung unmöglich. Heute wird den Leuten offiziell suggeriert, dass ein Mensch in der Hypnose ausschließlich Dinge tut, die er im ganz normalen Wachzustand auch tun würde. Das bedeutet, dass es eigentlich keine Verbrechen unter Hypnose geben dürfte, denn der Hypnotisand würde laut Lehrmeinung nur mit seiner eigenen Zustimmung und somit selbst verantwortlich agieren.

Das ist nicht richtig! Verbrechen unter Hypnose sind möglich!

Die derzeit noch offizielle Lehrmeinung beruht auf den von Medizinern induzierten ganz leichten Trancen. In leichter oder auch in mittlerer Trancetiefe ist es tatsächlich kaum möglich, einen Menschen Dinge tun zu lassen, die er im normalen Wachzustand nicht tun würde. Ganz anders verhält sich das jedoch in tiefer Trance. Es ist für einen Hypnosetherapeuten natürlich leichter, seinem Klienten oder Patienten zu erzählen, dass nichts geschehen kann, denn Ängste sind grundsätzlich kontraproduktiv für eine Hypnose. Auf der anderen Seite ist es natürlich Unsinn, zu glauben, dass Hypnose ausschließlich Positives bewirken kann.

Es gibt nun zwei Möglichkeiten, Hypnose zu missbrauchen:

1. Verbrechen unter Hypnose

2. Verbrechen an Hypnotisierten

Verbrechen unter Hypnose

Es liegt mir absolut fern, an dieser Stelle eine Anleitung zu geben. Auf der anderen Seite wäre es vermessen, zu glauben, dass jemand, der Hypnose missbrauchen möchte, nicht an die notwendigen Informationen kommt. Hinzukommend fühle ich mich aufgrund der gesteuerten Desinformation verpflichtet, die Wahrheit zu veröffentlichen. Hypnose ist Vertrauenssache! Das muss jedem Menschen klar sein!

In tiefer Trance, dem sogenannten Somnambulismus, ist es grundsätzlich möglich, dem Hypnotisanden Halluzinationen aller Sinne zu suggerieren. Auf diese Weise kann man den Hypnotisanden grundsätzlich zu allen Dingen bewegen, also auch zu Dingen, die der Hypnotisand im normalen Wachzustand niemals tun würde. Inzwischen habe ich mehrfach im deutschen Fernsehen vorgeführt, dass es problemlos möglich ist, jemanden in tiefer Trance zu Dingen zu bewegen, die die Person normalerweise nie tun würde. Ein besonders heftiges Beispiel war nach einer ähnlichen Sache für RTL II, 1997, z.B. im Jahr 2001 in der ARD bei der Sendung „Report aus Mainz“ zu sehen. Einer jungen Frau habe ich suggeriert, dass sie nun gleich, wenn sie die Augen aufmacht, in der Steppe ist und ein hungriger Löwe, der direkt vor ihr sitzt, sie fressen möchte. Sie öffnete ihre Augen und schoss mit einer Schreckschusspistole, die ich ihr im Rahmen der Suggestion überreicht hatte, sofort und mehrfach auf den Kameramann. Die Waffe war nicht geladen, es zeigte jedoch mehr als deutlich die Brisanz der Angelegenheit. Zwischenzeitlich wurde mein Vorstoß in dieser Richtung auch von anderen Kollegen, ebenfalls im deutschen Fernsehen, bestätigt. Es genügt demnach, den Hypnotisanden in eine Situation zu bringen, in der die gewünschte Tat als „normal" angesehen wird. So würde die Suggestion, dass sich der Hypnotisand vor einer Gruppe fremder Menschen ausziehen soll, sicher zur Beendigung der Hypnose führen. Die Suggestion, dass der Hypnotisand nun in seinem Badezimmer ist und das große Bedürfnis hat, zu duschen, würde hingegen mit Sicherheit genau zu diesem Ergebnis führen, denn es duscht sicher keiner angezogen...

Verbrechen an Hypnotisierten

Ebenso, wie es möglich ist, eine Person zu Dingen zu bewegen, die sie normalerweise niemals tun würde, so ist es möglich, Dinge zum Nachteil des Hypnotisanden zu suggerieren. Dies beginnt auch in früher Literatur bei sexuellen Übergriffen und endet bei überlieferten Mordversuchen von hypnotisierten Personen an anderen Menschen. Dazwischen ist das gesamte Spektrum denk- und auch machbar, von der Unterschrift unter Hypnose bis hin zu kompletter Mind-Control.

Dass solche Dinge in der heutigen Zeit geleugnet werden, mag mehrere Hintergründe haben. Aufgrund des Obrigkeitsdenkens hat es auch weiterhin Bestand. Vor Gericht haben Anschuldigungen, in der einen oder anderen Hinsicht, meist keinen Bestand. Genau aus diesem Grund ist dem Verbrechen an Hypnotisierten oder mittels hypnotisierter Personen auch grundsätzlich Tür und Tor geöffnet, sofern die Bevölkerung nicht über solche Möglichkeiten aufgeklärt ist.

Die öffentliche Meinung

Es gibt öffentlich sehr viele gegenteilige Meinungen. Die heutige Lehrmeinung besagt eben, dass ein Hypnotisand nur Dinge tut, die er im normalen Wachzustand auch tun würde und die totale Ignoranz einiger Kollegen sorgt für den Rest. „Es ist einfach falsch. Basta." Gleichzeitig wird völlig ignoriert, dass es zu früheren Zeiten, vor dem zweiten Weltkrieg sogar viele Gerichtsverfahren aus diesem Grund gab, wie zum Beispiel durch folgende Veröffentlichungen belegt ist:

Das Verbrechen in Hypnose und seine Aufklärungsmethoden, J. F. Lehmann, 1937

Verbrechen in Hypnose – Der Fall Franz Walter und zehn weitere Kriminalfälle, Editions Rencontre, 1967

Hypnose und Verbrechen, Ein Beitrag zur Phänomenologie der Suggestion und der Hypnose, Ernst Reinhardt Verlag, 1954

Das hypnotische Verbrechen und seine Entdeckung, Verlag der Academischen Monatshefte, 1889

Auszüge aus alter Literatur:

Auszug aus: „Die geheimen Mächte der Hypnose und Suggestion“ von Dr. Evans Gordon, Dresden, Rudolphsche Verlagsbuchhandlung (1921):

„Im Strafrecht hat die Hypnose ebenfalls eine vielfältige Bedeutung gewonnen.

Zunächst ist zu bemerken, dass natürlich aus einer mit Einwilligung vorgenommenen Hypnose keinerlei strafrechtliche Folgen abgeleitet werden können, es müsse denn gerade ein erheblicher Kunstfehler im Sinne des § 230 des Strafgesetzbuches vorliegen, der eine dauernde Schädigung nach sich zog. Aber auch dann ist noch zweifelhaft, ob in diesem Falle eine strafrechtliche Ahndung eintreten kann. Eine Hypnose ohne Einwilligung kann zunächst als eine Freiheitsberaubung im Sinne des §239 des St.-G.-B. betrachtet werden, ist aber, wie auch aus unserer ganzen Darlegung hervorgeht, nur in dem sehr seltenen Falle denkbar, wo es sich um eine plötzliche Hypnose, erzielt durch jähe Überraschung handelt. Mehr schon ins Gebiet des Wirklichen kommen wir, wenn wir die Hypnose in Verbindung mit den § 176 Abs. 2 erwähnen, der vom Mißbrauch weiblicher Personen in einem willenlosen Zustande handelt. Vorgekommen sind wohl ganz vereinzelt solche Fälle, aber es bleibt sehr zu bedenken, daß weitüberwiegend die Angaben der betreffenden weiblichen Personen mit Recht nur mit größtem Mißtrauen aufzunehmen sind, weil Hysterie, Sinnestäuschung, Halluzinationen diesen Personen oft Vorgänge als geschehen erscheinen lassen, die in Wirklichkeit gar nicht geschehen sind. Jedenfalls geht aus der Möglichkeit, solchen Beschuldigungen ausgesetzt zu sein, die Verpflichtung hervor, niemals Hypnose an weiblichen Personen ohne das Beisein Dritter vorzunehmen.

Für den Strafrichter kommt auch die Möglichkeit in Betracht, daß ein Geständnis im hypnotischen Zustand (auf Autosuggestion beruhend) abgegeben ist, daß gar nicht der Wirklichkeit entspricht. Wir haben da sogar einen Fall eines Justizmordes, wo ein Angeklagter unterm Einfluß solcher Autohypnose einen Mord zugestand, den er in Wirklichkeit nicht begangen hatte. Bei seinem später eintretenden Klarheitszustand nahm man die natürlich erfolgende Ableugnung der Tat als Simulation und so wurde der Unglückliche gehängt. - ....“

Auszug aus „Hypnose und Suggestion Wunder - Macht - Verbrechen“ von Professor Dr. Otto Gramzow, Falken-Verlag Erich Sicker, Berlin-Schildow (ca. 1933):

IX. Hypnose und Verbrechen

„Daß Hypnose und Verbrechen in bestimmten Verhältnissen miteinander verbunden sein können, leuchtet ohne weiteres ein. Drei Verhältnisse heben sich heraus, die aber manchmal ineinander übergreifen. Das erste Verhältnis als Verbrechen an Hypnotisierten zu bezeichnen. Hier kommen Sittlichkeitsverbrechen in Betracht, die fast ausschließlich von Laienhypnotiseuren an hypnotisierten weiblichen Personen begangen wurden. Der Heilmagnetiseur Szynsti brachte ein beschränktes Fräulein z.B. dazu, mit ihm in intime Beziehungen zu treten. Durch eine Scheintrauung, die er durch seinen Bekannten Martalski vornehmen ließ, fesselte er das Mädchen noch mehr an sich. Im Dezember 1894 wurde der Prozeß gegen Szynsti in München verhandelt. Vier Gutachter waren hinzugezogen. Grashey, v. Schrenk-Notzing und Preyer waren der Meinung, daß Szynsti die Liebe des Mädchens hypnotisch hervorgerufen habe, indem er ihm während der Hypnose erklärte, daß er es liebe. Hirt dagegen meinte, daß der Hypnose hier wohl nur geringe Bedeutung zukomme. Nach dem gesamten Tatbestand muß man zu der Ansicht kommen, daß es sich um normale Liebe mit starkem sexuellem Untergrunde bei dem Mädchen handelte. Vielleicht hat Szynsti später diese Liebe durch Suggestion verstärkt. Ihm lag ja hauptsächlich daran, das Vermögen des Mädchens in seine Hände zu bekommen. Das Gericht verneinte das Vorliegen von Hypnose, sondern verurteilte Szynsti wegen der Scheintrauung usw. zu 3 Jahren Gefängnis. -

Der Heilkundige Castellan beeinflußte ein Mädchen suggestiv so, daß es in den Zustand der Willenlosigkeit geriet. Er schleppte es dann in ein anderes Zimmer und verging sich an ihm. Sie hatte zwar eine Empfindung von dem, was in ihr vorging, konnte sich aber nicht rühren und auch nicht rufen oder schreien. - Von Schrenk-Notzing berichtet einen ähnlichen Fall. Ein Naturheilkundiger hatte ein junges Mädchen zu Heilzwecken hypnotisiert. Nach dem Erwachen befand sie sich in einer ihr sonst unbekannten Aufregung , so daß sie Böses ahnte. Eine Erinnerung an das mit ihr vorgenommene hatte sie nicht. Sie ging zu v. Schrenk-Notzing, um von ihm Aufschluß über ihren Zustand zu erhalten. Er versetzte sie in eine neue Hypnose. Da kam ihr die Erinnerung an die Vorgänge, deren Opfer sie geworden war. - Solche Fälle müssen jede weibliche Person zu größter Vorsicht mahnen. Jedenfalls sollte jede verlangen, daß bei der Hypnose ein einwandfreier Dritter, etwa ein Verwandter oder Angehöriger, anwesend sei. Einen ganz schlimmen Fall berichtet Dr. med. Ludwig Mayer, Heidelberg, in seinem Buch ‚Das Verbrechen in Hypnose' (J. F. Lehmanns Verlag, München). Die 17-jährige Alice E. fuhr im Jahre 1927 nach Heidelberg, um sich wegen eines Magenleidens in ärztliche Behandlung zu begeben. Im Abteil lernte sie einen jungen Mann kennen, dem sie Mitteilung über den Zweck ihrer Reise machte. Dieser Mann stellte sich ihr als ein Arzt Dr. Bergen vor. In Wirklichkeit war er ein gewisser W., der aber hinlängliche Kenntnisse über Hypnose besaß. Durch hypnotische Experimente brachte er Alice E. in eine solche Abhängigkeit, daß er sie sieben Jahre hindurch in sexueller und pekuniärer Beziehung rücksichtslos ausnutzen konnte. 1932 verheiratete sich Alice E.. Ihrem Mann kam die fortgesetzte ärztliche Behandlung verdächtig vor und er verlangte energisch Aufklärung. Da machte der angebliche Dr. Bergen den Versuch, ihn durch Alice E. beseitigen zu lassen. Die Frau unternahm im hypnotischen Auftrag des Bergen in wenigen Monaten vier Mordversuche an ihrem Gatten, die nur zufällig nicht zum Ziele führten. Schließlich wurde der angebliche Bergen verhaftet und zu zehn Jahren Zuchthaus verurteilt."

Der Fall der Alice E. zeigt bereits das zweite Verhältnis zwischen Hypnose und Verbrechen: Der Verbrecher benutzt Hypnotisierte als Werkzeuge.

Wer das Verbrechen unter Hypnose und an Hypnotisierten leugnet, hat entweder keine Ahnung, oder er lügt bewusst! Würden Sie sich in die Hände einer solchen Person begeben?

Das bedeutet nicht, dass man es an die große Glocke hängen sollte. Mit einem Messer kann man töten. Trotzdem wird ein Messer in der Regel als Werkzeug benutzt und niemand wird vor einem Küchenmesser öffentlich warnen. Auf der anderen Seite wird aber auch keiner die potentielle Gefahr eines Messers leugnen. Das ist der große Unterschied.

Aussagen unter Hypnose – Hypnose als Lügendetektor?

Es gab eine Zeit im TV, da waren Talkshows im Fünferpack pro Sender im Nachmittagsprogramm an der Tagesordnung. Zwecks Treuetest, usw. wurden Lügendetektoren eingesetzt, mehrfach haben die Redaktionen jedoch auch bei mir angefragt, um Personen unter Hypnose zu befragen. Ich habe die Anliegen regelmäßig abgelehnt, da ich im TV keine Fakes zeigen wollte. Der Grund ist, dass man auch in Hypnose problemlos die Unwahrheit sagen kann. Erst im somnambulen Zustand ist es möglich, den Hypnotisanden halluzinatorisch in eine Situation zu bringen, in der er voraussichtlich die Wahrheit sagen würde. Die Problematik ist jedoch, dass im TV-Studio drei Personen befragt werden sollten, die demnach alle drei somnambul hätten sein müssen. Die Gefahr, dass so etwas nicht funktioniert, ist zu groß, und aus diesem Grund habe ich diese Aktionen abgesagt.

Vor deutschen Gerichten gelten Aussagen unter Hypnose grundsätzlich als nicht zulässig.

Gut einsetzen kann man Hypnose indes bei Zeugenaussagen. Aufgrund der stark gesteigerten Erinnerung ist es möglich, dass sich Zeugen an Einzelheiten (zum Beispiel Autokennzeichen) erinnern, an die sie im normalen Wachzustand keine Erinnerung hatten. Selbstverständlich können diese Aussagen nur als Hilfe für die Ermittlungsarbeit herangezogen werden. Gerichtsverwertbar sind solche Aussagen, wie bereits erwähnt, nicht.

Kann Hypnose eine Straftat darstellen?

Die rechtliche Würdigung der Hypnose ist derzeit nicht völlig durchsichtig. Ich möchte aus diesem Grund einen Online-Aufsatz von Rechtsanwalt Michael Gerke aus Ratingen hinzuziehen (HRRS Onlinezeitschrift für Höchstrichterliche Rechtsprechung im Strafrecht, Ausgabe August/September 2009, S. 373 ff.). Rechtsanwalt Gerke beschreibt in seinem Aufsatz, dass je nach Einsatz der Hypnose verschiedene Paragraphen des Strafgesetzbuchs zum Einsatz kommen könnten. So zum Beispiel Körperverletzung, Freiheitsberaubung und Nötigung. Eine Hypnose ohne oder gegen den Willen des Hypnotisanden kann daher Geld- oder sogar eine Freiheitsstrafe nach sich ziehen. Eine weder fraktionierte, noch aufgelöste Hypnose könnte sogar als eine strafbare „Aussetzung“ geahndet werden.

Grundsätzlich gilt jedoch, Strafrecht hin oder her, dass man für alles was man tut, selbst verantwortlich ist!

Die Erwartungshaltung – die halbe Miete!

Es gibt so manche Philosophien in meinem Leben. Eine ist: „Wenn das andere können, gibt es keinen Grund, dass ich das nicht auch kann!". So habe ich damals, als ich begonnen habe, zu hypnotisieren, alle Menschen

total überrascht mit dieser „Gabe". Sie wussten nicht, dass es eine Technik ist. Alle waren der Meinung, dass es sich um eine seltene Gabe handeln müsse. Das wurde ja damals auch publikumswirksam von den meisten Showhypnotiseuren so in die Welt gesetzt. Kein Wunder, dass nach einiger Zeit allein mein Erscheinen schon die entsprechende Erwartungshaltung auslöste. Allein die Erwartung, hypnotisiert zu werden, ist eine große Hilfe, während die gegenteilige Erwartung in der Regel extrem kontraproduktiv ist. Doch wie kann man nun Erwartungshaltung erzeugen? Sehr einfach hat es hier natürlich der Showhypnotiseur. Im Rahmen einer öffentlichen Veranstaltung wird bereits vom Veranstalter Werbung gemacht und es gibt normalerweise entsprechende Werbeplakate (hier mein Plakat von 1997). Ein entsprechend im Tonstudio angefertigter Jingle und eine passende Ansage machen den Rest. Niemand zweifelt mehr daran, dass die Person, die jetzt erscheint, ein Hypnotiseur ist, ebenso wie niemand daran zweifelt, dass die Person im Kittel der Arzt ist.

Doch wie kann ein Lebensberater oder Therapeut die Erwartungshaltung nutzen? Als allererstes muss man den Klienten oder Patienten glaubhaft versichern, dass man Hypnose beherrscht. Auch der bekannte amerikanische Psychiater Milton Erickson war nicht nur aufgrund seines Wissens, sondern insbesondere aufgrund der Erwartungshaltung seiner Patienten so erfolgreich. Es ist auch unglaublich einfach, jemanden zu überzeugen. Ein Beispiel habe ich 2007 erlebt, als ich mit einem Kamerateam des TV-Senders RTL zu Dreharbeiten für die Sendung „Unglaublich – Die Show der Merkwürdigkeiten“ auf einem Frankfurter Flohmarkt unterwegs war. Während bei allen anderen das Kamerateam zu meiner Legitimation völlig genügte, war tatsächlich ein junger Mann skeptisch und sagte zu mir sinngemäß: „Hypnotiseur? Das kann ja jeder behaupten! Können Sie das beweisen?“. Ich war zunächst sehr überrascht aufgrund dieser unerwarteten Reaktion. Dann zog ich jedoch eine goldene Plastikkarte „Geprüfter Hypnotiseur“ mit meinem aufgedruckten Namen heraus. Die Reaktion war überwältigend: „Oh....! Tatsächlich!“. Ich war total perplex in diesem Moment, was ich jedoch nicht zeigte. Der Grund war, dass mich ein Kamerateam mit einer zigtausend Euro teuren Technik nicht legitimierte, eine

Plastikkarte für fünfzig Cent das jedoch tat. Es gilt also: Was gedruckt ist, wird geglaubt! Fertigen Sie sich Visitenkarten und Prospekte mit der Aufschrift „Hypnose“ oder „Hypnotiseur(in)“. Eine Visitenkarte mit der Aufschrift „Hypnotiseur“ ist ab sofort Ihr „Ausweis“. Wenn Sie Geschäftsräume oder eine Praxis besitzen, dann zeigen Sie den Leuten was Sie tun mit einem entsprechenden Schild.

Frau Holle

- Heilpraktikerin -

- Homöopathie
- Bioresonanztherapie
- Klassische Hypnose

Mo - Fr 10-12 und 14-18 Uhr

Weitere Möglichkeiten sind Mund zu Mund Propaganda (die beste und billigste Werbung), aber auch Werbung im Internet mittels einer eigenen Homepage oder in entsprechenden Portalen (z.B. www.hypnotiseure.com). Selbstverständlich ist hier wieder auf die entsprechenden Gesetze und Bestimmungen zu achten. So dürfen Sie z.B. keine Tätigkeiten bewerben, die Sie gar nicht durchführen dürfen, wie z.B. Linderung oder Heilung ohne Heilerlaubnis. Dies könnte zu wettbewerbsrechtlichen Klagen führen, aber auch zu einer Anzeige wegen Verstoßes gegen das Heilpraktikergesetz.

Das Allerbeste für die Erwartungshaltung ist grundsätzlich der Erfolg, der sich herumspricht. Um diese Mund zu Mund Propaganda zu erhalten, muss man natürlich nicht nur gut sein. Auch die Sympathie ist ein großer Faktor, den man niemals unterschätzen darf. Es spielt hierbei keine Rolle, ob man eine Gruppe im Rahmen einer Showhypnose hypnotisiert, oder eine Einzelsitzung im Rahmen einer Therapie. Der Unterschied zwischen einer Hypnose-CD und einem Hypnotiseur ist der, dass ein Hypnotiseur **individuell** auf seine Hypnotisanden eingehen kann. Er muss es jedoch auch tun, wenn er besser sein möchte, als eine Hypnose-CD. Die Individualität ist neben der Erfahrung und der Sympathie ein großer Faktor für den Erfolg.

Nun kann man hier noch zig Faktoren auflisten. Eines jedoch hat jeder selbst in seiner Hand und erfahrungsgemäß sind nur wenige dazu geboren: Die Selbständigkeit. Es gehört einfach mehr dazu, als nur hypnotisieren zu können. Es klingt immer sehr einfach und viele sehen die Selbständigkeit als traumhaft an. Doch vergessen sie hierbei, dass man sich ab sofort um alles selbst kümmern muss und dass man zumindest am Anfang weder Urlaub noch Wochenenden für sich hat. Ob man das mag und ob man die Hypnose, egal ob man Show oder Therapie durchführt, als Beruf wählen möchte, sollte man sich auf jeden Fall gut überlegen! Nur der- oder diejenige, der voll hinter seinem Beruf steht, wird auch beim Klienten auf Dauer die nötige Erwartungshaltung erzeugen.

Hypnose im Fernsehen

Es ist immer wieder spektakulär. Ein Hypnotiseur, der im Rahmen einer TV-Sendung Leute auf der Strasse hypnotisiert oder im Live-Studio vor Millionen von Fernsehzuschauern. Viele Zuschauer fragen sich „Ist das wirklich echt?“ oder „Wie macht der das nur?“. Ich habe selbst zig TV-Auftritte als Aufzeichnung oder live im Studio, sogar zur Prime-Time (Samstag, 20:15 Uhr) absolviert und kann daher sehr gut mitreden. Vorab möchte ich hierzu sagen, dass alle meine Auftritte im TV absolut echt waren. Bei einer einzigen Sendung nach Drehbuch, habe ich vorher das Drehbuch umgeschrieben, damit es auch wirklich echt und detailgetreu dargestellt werden kann. Ohne die nachträgliche Genehmigung des von mir geänderten Drehbuchs hätte ich den Dreh abgelehnt. Doch alle anderen Auftritte, ob als Aufzeichnung oder live, waren absolut echt. Ebenso habe ich bei TV-Auftritten bei Kollegen meist echte Hypnosedarbietungen gesehen. Es wäre auch ehrlich gesagt schwer gewesen, insbesondere im Live-Studio, *keine* Hypnose zu erzeugen. Doch wie läuft eine solche Sendung überhaupt ab? Das liegt in allerester Linie natürlich an der Produktionsfirma und am sogenannten „Format“ der Sendung. Es gibt neben einem eher seltenen Fake noch mehrere Möglichkeiten:

- Die Hypnotisanden werden vom Hypnotiseur mitgebracht.

- Die Hypnotisanden werden spontan aus dem Publikum ausgewählt.

- Die Hypnotisanden werden im Rahmen eines Castings nach mehreren Kriterien ausgewählt.

- Die Hypnotisanden werden spontan auf der Straße angesprochen.

In allen Fällen ist die Hypnose absolut echt, man hat jedoch in allen Fällen die Möglichkeit, sich die besten Hypnotisanden vorher auszusuchen. Damit ist eine TV-Hypnose grundsätzlich wesentlich einfacher, als jede Showhypnose in einer Discothek, in der man darauf angewiesen ist, dass sich aus einer Horde häufig alkoholisierter Jugendlicher genügend Freiwillige finden, die auch bereit und in der Lage sind, sich hypnotisieren zu lassen. Es ist unglaublich, welche Wirkung eine TV-Kamera auf den Menschen hat. Allein die Präsenz einer Kamera sorgt für eine unglaubliche Suggestibilität. Das darf man nicht mit Zwang vergleichen. Es geht hier wieder um stark erhöhte Suggestibilität aufgrund extremer Erwartungshaltung. Die Glaubwürdigkeit des Formats oder des Kamerateams spielt natürlich auch eine Rolle. Ein schönes Beispiel ist die Sendung „Unglaublich! Die Show der Merkwürdigkeiten“, die in einem sehr großen Kölner Studio produziert wurde. Ich war als Hypnotiseur in der Sendung und ich sollte zwei Personen aus dem Publikum hypnotisieren. Es wurde bei dieser Sendung extrem viel Wert darauf gelegt wurde, dass belegbar alles echt durchgeführt wird. So wurde ich vorher schon zwei Tage lang auf Herz und Nieren geprüft und regelrecht „ins kalte Wasser geschmissen“, indem ich spontan auf einem Frankfurter Flohmarkt wildfremde Menschen ansprechen und hypnotisieren sollte. Es war mir zur Verblüffung des Redakteurs sogar sehr recht, denn genau das war es, was meine Glaubwürdigkeit in den Augen des Redakteurs erst einmal erzeugen konnte. Es war natürlich sehr wichtig, dass mir zunächst die Redaktion glaubt und was könnte das besser belegen, als eine solche Aktion, die spontan geplant und somit nicht manipulierbar war. Natürlich war auch hier die Kamera meist ein Auslöser für große Erwartungshaltung.

Später, kurz vor der Live-Sendung in Köln, wurde ich im Foyer des Studios, in dem sich schon hunderte Zuschauer eingefunden hatten, von einem Warm-Upper, so nennt man die Leute, die vor der Sendung für gute Stimmung und für Applaus zum passenden Zeitpunkt sorgen, als einer der größten Hypnotiseure dargestellt, der in der Sendung auftreten wird. Wir haben also Freiwillige gesucht, die sich vorstellen könnten, sich hypnotisieren zu lassen und in der Sendung aufzutreten. So schnell konnte ich gar nicht schauen, als bereits eine ganze Menschenschlange im Gänsemarsch unterwegs war, einen Stock höher in die heiligen Gefilde des TV-Studios. Dort angekommen, begann ich nach einer kurzen Vorstellung und einem kleinen Beipackzettel mit meiner Hypnoseinduktion. Ich war froh, dass ich noch Helfer dabei hatte, denn so schnell und effektiv hatte ich vorher nur selten hypnotisiert. Es war schier unglaublich, wie schnell und tief die Freiwilligen in Hypnose sanken. So war es auch kein großes Problem mehr, mehrere Personen zu finden, die nicht nur tief in Hypnose waren, sondern auch zusätzlich vor der Kamera frei reden konnten, was für meinen Auftritt natürlich auch sehr wichtig war. Diese Personen wurden dann fraktioniert und mit einem Trigger versehen, damit ich nicht noch einmal hypnotisieren musste. Als dann ca. 1,5 Stunden später mein Auftritt begann, genügte es, die Hypnotisanden an der Stirn zu berühren um wieder die tiefe Hypnose herzustellen wie vorher. Der Effekt war wirklich phänomenal - und phänomenal einfach.

Während es extrem einfach ist, im Rahmen einer TV-Sendung zu hypnotisieren, muss ich jedoch klar stellen, dass eine TV-Sendung an sich nun keineswegs ein Kinderspiel darstellt. Es ist sehr wichtig, dass man textsicher ist und weiß, welche Suggestionen man in welcher Reihenfolge und mit welcher Formulierung geben möchte. Gleichzeitig muss man jedoch auch noch auf Vorgaben der Regie achten, also welche Kamera zuständig ist, bis zu welcher Linie und wohin man sich bewegen darf und insbesondere, wie viel Zeit man noch zur Verfügung hat.

Auch bei Aufzeichnungen wird in der Regel sehr viel Wert darauf gelegt, dass alles echt ist. Doch hat man hier noch einen weiteren Unsicherheitsfaktor. Der Film entsteht am Schnittplatz und er steht und fällt mit der Moderation.

So kann man selbstverständlich so schneiden und kommentieren, dass hinterher etwas völlig Anderes herauskommt. Ein gutes Negativbeispiel war eine MTV-Sendung. Ich wurde eingeladen, den MTV-home Moderator zu hypnotisieren. Schon nach wenigen Sekunden bemerkte ich, dass dem Moderator daran lag, keineswegs hypnotisiert zu werden. Auf Anweisungen reagierte er nicht, oder nur sehr unwillig. So hatte ich zunächst auch keine Chance. Doch hatte er mir vorher eine Generalvollmacht erteilt, dass ich ihn hypnotisieren dürfe, egal wie. Das war sein Fehler. Ich tat so, als wolle ich mich verabschieden, da es ja nicht geklappt hat. Er hat daraufhin seine Abwehr aufgegeben, was mir die Gelegenheit gab, ihn mit einer Schreckhypnosetechnik zu überrumpeln und gleich darauf hypnotisch am Boden „festkleben" zu lassen. Völlig entsetzt schaute er mich an, war die Sache doch so nicht geplant. Weiteren Suggestionen konnte er sich danach wieder mit mehr oder weniger Erfolg widersetzen. Für mich war die Angelegenheit daher klar. Mein Ziel war erreicht: Der Moderator war hypnotisiert. Gesendet wurde danach jedoch etwas völlig Neues. Zunächst sah man einen Zusammenschnitt mit der Moderation „So hätte RTL geschnitten...", bei der alles so aussah, als ob es zu 100% funktioniert hätte. Dann kam ein neuer Zusammenschnitt: „So schneiden wir...". In diesem Schnitt kam heraus, dass gar nichts funktioniert hat. Beide Varianten waren natürlich falsch. Das hätte ein intelligenter Mensch auch merken können, denn kein Hypnotiseur wird weiterhin und andauernd neue und kompliziertere Suggestionen geben, die nicht funktionieren, wenn schon einfachere Suggestionen vorher nicht umgesetzt wurden. Doch ist es für manche Personen tatsächlich wichtiger, dass ich im TV einen offensichtlichen Misserfolg hatte, wie die Inanspruchnahme der grauen Zellen. So funktioniert Manipulation! Während es dem normalen Zuschauer wohl herzlich egal war, wurden einige Hypnotiseure, die die Sendung sahen, dauerhaft manipuliert und glauben auch heute noch an's Christkind, hoppla, ich meine an das was findige Cutter nach Anweisung der Redaktion am Schnittplatz produzierten. Meine Anfrage im MTV-Forum nach einer ungeschnittenen Variante wurde natürlich nie beantwortet.

So möchte ich es dabei belassen, dass im TV alles möglich ist und jegliche Kommentare immer mit Vorsicht zu genießen sind. So haben auch schon viele Personen ein Statement über mich abgegeben, die mich gar nicht kennen. Allein eine laufende Kamera erzeugt häufig einen regelrechten Zwang, einfach das zu sagen, was der Redakteur oder die Redakteurin gerne hören möchte. Auch hier gilt also: Fernsehen ist Vertrauenssache! Doch sollte man erfahrungsgemäß eher dem Darsteller, als dem Kommentator trauen und grundsätzlich das Gehirn einschalten, bevor man etwas ungefiltert, wie in Trance, annimmt.

Rechtliche Hinweise

Ist Hypnose oder Showhypnose eigentlich erlaubt? Wie weit darf ich eigentlich gehen, wenn ich mit Hypnose helfen möchte? Wo sind die rechtlichen Grenzen? All diese Fragen werden mir immer wieder gestellt. Eine Antwort darauf ist jedoch nicht ganz so einfach, da es sehr große Unterschiede in den verschiedenen Ländern gibt. Während sogar medizinische Hypnose laut Auskunft eines spanischen Anwalts in Spanien anscheinend problemlos möglich ist, so wird es beispielsweise in Österreich problematisch, sofern man kein Arzt ist. In der Schweiz wiederum gibt es in jedem Kanton unterschiedliche Regelungen. Ich möchte Sie daher bitten, sich speziell für Ihr Land zu informieren. Zum Zeitpunkt dieser Auflage ist es in Deutschland so, dass grundsätzlich das „Gesetz über die berufsmäßige Ausübung der Heilkunde ohne Bestallung" oder auch „Heilpraktikergesetz" von 1939 zur Anwendung kommt. Insbesondere die folgenden Paragraphen sind hier von Bedeutung:

§ 1

(1) Wer die Heilkunde, ohne als Arzt bestallt zu sein, ausüben will, bedarf dazu der Erlaubnis.

(2) Ausübung der Heilkunde im Sinne dieses Gesetzes ist jede berufs- oder gewerbsmäßig vorgenommene Tätigkeit zur Feststellung, Heilung oder Linderung von Krankheiten, Leiden oder Körperschäden bei Menschen, auch

wenn sie im Dienste von anderen ausgeübt wird.

und

§ 5 Wer, ohne zur Ausübung des ärztlichen Berufs berechtigt zu sein und ohne eine Erlaubnis nach § 1 zu besitzen, die Heilkunde ausübt, wird mit Freiheitsstrafe bis zu einem Jahr oder mit Geldstrafe bestraft.

Den gesamten Gesetzestext finden Sie im Anhang.

Wichtig ist hierbei der Begriff „berufsmäßig". Berufsmäßig bedeutet nämlich ausdrücklich nicht „mit Bezahlung", denn viele sind der Meinung, dass eine kostenlose Durchführung nicht berufsmäßig wäre. Das ist definitiv falsch! Berufsmäßig wird alles ausgelegt, was außerhalb der Familie stattfindet und wie §5 besagt, handelt es sich hierbei nicht um ein Kavaliersdelikt. Was wiederum unter Krankheit fällt, kann man im ICD-10 nachlesen (Internationale Klassifizierung der Krankheiten). Natürlich geht die Meinung darüber stark auseinander, was eine Krankheit darstellt und was nicht. Während im Deutschen Ärzteblatt schon propagiert wurde, dass es das erklärte Ziel sein muss, aus jedem Gesunden einen Kranken zu machen, denn nur Kranke bringen Profit, so sieht ein Hypnotiseur ohne ärztliche Bestallung den Fall natürlich anders. Grundsätzlich sollte man jedoch darauf achten, nicht mit dem Gesetz in Konflikt zu kommen! So ist es grundsätzlich gefährlich, ohne Heilerlaubnis eine Flugangst oder eine Prüfungsangst zu behandeln. Völlig problemlos ist hingegen eine Hypnose zum Thema „Entspannt fliegen“ oder eine Hypnose zur „Prüfungsvorbereitung“. Das soll nicht bedeuten, dass man ab sofort jede Krankheit mit neuen Wortkonstruktionen umgehen soll. Ganz im Gegenteil! Sie sollten, wenn Sie Hypnose zur Heilung oder Linderung von Krankheiten einsetzen möchten, für eine entsprechende Erlaubnis sorgen, sofern das in Ihrem Land oder Bundesland nötig ist. In Deutschland wäre das zum Beispiel die Zulassung als Heilpraktiker oder Heilpraktiker für Psychotherapie, bzw. natürlich als Arzt. Eine weitere Möglichkeit wäre noch die Zusammenarbeit mit einem Arzt, der zusätzlich die Verantwortung übernimmt.

Ein gutes Beispiel, dass es manchmal gar nicht so einfach ist, zwischen Lebenshilfe und unerlaubter Heilbehandlung zu unterscheiden, ist Übergewicht. Es gibt Übergewicht und es gibt *krankhaftes* Übergewicht (Adipositas). Die Entscheidung, ob das Übergewicht nun als krankhaft gilt oder nicht, ist für einen medizinischen Laien oft nicht einfach zu unterscheiden. Es ist jedoch auch nicht so, dass jede Kleinigkeit sogleich verfolgt wird. Solange es nicht offensichtlich ist, gibt es normalerweise keine Probleme. Ebenso ist es mit der Raucherentwöhnung unter Hypnose. Da ein Vorstoß der Ärztekammer in Deutschland nicht funktioniert hat, ist Rauchen weiterhin *keine* Krankheit und die Raucherentwöhnung mit Hypnose ebenso problemlos.

Für Lebensberater, bzw. Hypnotiseure ohne Heilerlaubnis,

ist es in Deutschland und sicher auch in anderen Ländern zwar erlaubt, den Begriff „Hypnosetherapeut“ zu nutzen, andererseits impliziert dieser Begriff gleichzeitig den Begriff „Therapie“. Man erweckt dadurch auf jeden Fall den Eindruck, Hypnose zu Heilungszwecken einzusetzen und könnte somit schlafende Hunde wecken. Besser ist es auf andere Begriffe auszuweichen. Eine Möglichkeit nach der entsprechenden Ausbildung ist z.B.:

HYPNOSE COACH

Hypnosecoach (HA)®

Auch andere Begriffe sind selbstverständlich möglich. Es ist jedoch grundsätzlich darauf zu achten, dass man keine markenrechtlich geschützten Begriffe ohne Erlaubnis verwendet.

Bei allen Hypnosen im Bereich der Lebensberatung sollte man sich vorsichtshalber unterschreiben lassen, dass die ausgeübte Tätigkeit nicht die Tätigkeit eines Arztes oder

Heilpraktikers ersetzt. Das kann zum Beispiel folgendermaßen aussehen:

„Erklärung

Ich wurde darüber in Kenntnis gesetzt, dass die von Herrn/Frau XXX ausgeübte Tätigkeit keine Diagnose oder Behandlung im medizinischen Sinn darstellt und keine solche Diagnose oder Behandlung ersetzt. Die ausgeübte Tätigkeit ersetzt in keiner Weise die Tätigkeit eines Arztes oder Heilpraktikers."

Hypnosetherapie und Gewerbe

Für Lebensberater *in Deutschland* ist es wichtig, zu wissen, dass Hypnose im Bereich der Lebensberatung ohne medizinischen Hintergrund **gewerbepflichtig** ist! Sie benötigen also demnach einen Gewerbeschein. Sollte die zuständige Behörde aus Unwissenheit der Ausstellung eines Gewerbescheins als Hypnotiseur nicht zustimmen, können Sie sich auf folgendes Urteil berufen:

STRE 200050278

Urteil des Bundesfinanzhofs, 11. Senat, Urteil vom 02. Februar 2000, XI R 38/98

Hypnoseinduktionen

Die Einleitung der Hypnose nennt man „Induktion". Eine „Hypnoseinduktion" entspricht also einer Hypnoseeinleitung. Im Laufe der Zeit wurden sehr unterschiedliche Hypnoseinduktionen entwickelt, bzw. entdeckt. Das sind:

- Energetische Techniken (thierischer Magnetismus nach Franz Anton Mesmer)
- Verbale, suggestive Methoden mit oder ohne Fixation
- Konfusionstechniken (Verwirrung des Bewusstseins)
- Schreckinduktionen
- MTI Multiple Tiefeninduktion® (Kombination aus energetischer Technik und verbal-suggestiver Technik)
- Morphogenetischer Somnambulismus® (Hypnose unter Ausnutzung morphogenetischer Felder)
- „Moderne" (indirekte) Hypnose

„Du" oder „Sie", „Sie" oder „Ihr"?

Es gibt Induktionen ohne Worte. In aller Regel wird eine Hypnose jedoch spätestens beim Einsatz von Suggestionen eine persönliche Anrede benötigen. Benutze ich jetzt ein persönliches „Du“ oder doch lieber ein „Sie“, um auf Distanz zu bleiben? Ich persönlich liebe das persönliche „Du“ und ich verwende es daher auch in Seminaren und insbesondere bei der Hypnose. Prinzipiell halte ich auch **während der Hypnosesitzung** ein persönliches „Du“ für angemessen und hilfreich, da es keine künstliche Barriere aufbaut. In der Hypnose öffnet sich der Hypnotisand dem Hypnotiseur, somit ist es mit dem persönlichen „Du“ einfacher. Vor und nach der Hypnosesitzung sollte man jedoch Distanz wahren und wieder auf „Sie“ umschwenken.

Bei einer Gruppenhypnose habe ich immer wieder erlebt, dass Hypnose-Anfänger in der Mehrzahl hypnotisieren wollen: „Ihr konzentriert euch nun.... Ihr atmet nun tief ein ... und wieder aus...“. Man sollte sich jedoch einmal in die Lage der Hypnotisanden versetzen. Der Hypnotisand fühlt sich nicht als Teil einer Gruppe, sondern als Individuum und somit ist auch bei der Gruppenhypnose ein persönliches „Du“ angesagt.

Wenn der Hypnotisand ein Problem damit hat, mit „Du“ angesprochen zu werden, wäre zumindest zu prüfen, ob das notwendige Vertrauen vorhanden ist.

1. Energetische Hypnose

Um diese Induktionen verstehen zu können, müssen wir wissen, dass Lebewesen außer der grobstofflichen Hülle, die wir „Körper“ nennen, noch weitere feinstoffliche

Körper besitzen. Diese Energiekörper sind verbunden mit dem materiellen Körper und Manipulationen des Energiekörpers führen zu einer Reaktion des materiellen Körpers. Das kann wiederum unter Anderem zur blitzschnellen Einleitung einer Hypnose verwendet werden. Franz Anton Mesmer aus Meersburg war im 18. Jahrhundert ein Pionier dieser Techniken. Das, was sich „Wissenschaft“ nennt, hat jedoch dafür gesorgt, dass hier Wissen vernichtet, anstatt geschaffen, wurde. Es hat damals wie heute nicht ins Konzept gepasst und somit werden diese Techniken auch heute im Rahmen der medizinischen Hypnoseausbildung kommerzieller Stellen nicht verwendet.

Vorteile energetischer Hypnosetechniken:

- Extrem schnelle Hypnoseinduktion im Gegensatz zu verbalen Techniken.
- Jede Hypnosetiefe ist erreichbar, bis hin zum sofortigen tiefen Somnambulismus.
- Die Techniken sind mit anderen Techniken gut kombinierbar.
- Die Techniken sind extrem schnell erlernbar.
- Bereits die Faszination der Techniken trägt zur Hypnose bei.

Nachteile energetischer Hypnosetechniken:

- Die Techniken entsprechen selten der Erwartungshaltung des Hypnotisanden.
- Bei ungenügendem Schutz besteht die Möglichkeit, sich „energetisch zu infizieren“.
- Die Technik kann nicht zur Gruppeninduktion verwendet werden.

Ich möchte an dieser Stelle zwei verschiedene Techniken vorstellen. Alle energetischen Techniken bestechen durch ihre Einfachheit. Das ist wahrscheinlich auch der Grund, dass sie bis vor wenigen Jahren kaum eingesetzt wurden. Sicher werden auch viele Leser dieses Buches nicht in der Lage sein, „viel zu einfache“ Techniken einzusetzen. Außerdem sind die Gedanken vieler Menschen: „Wenn es wirklich so einfach ist, würde es ja jeder tun...“. Genau aus diesem Grund tun es die Wenigsten. Aber nun zur Beschreibung der ersten Technik:

Der Mensch hat eine linke und eine rechte Hand. Eine ist positiv (Plus) und eine Hand entspricht dem negativen Pol (Minus). Wenn Sie sehr sensibel oder sensitiv sind, können Sie das leicht erspüren. Halten Sie zunächst die linke flache Hand vor die Stirn in Höhe des Haaransatzes und erspüren Sie, ob Ihnen das Energie gibt, oder ob Sie das Gefühl haben, Energie aus dem Kopf abzugeben. Beim

Rechtshänder ist die linke Hand in der Regel „Minus“ und die rechte Hand entspricht „Plus“. Beim Linkshänder kann es auch umgekehrt sein, also die linke Hand entspricht dann „Plus“ und die rechte Hand „Minus“. Wenn Sie jetzt denken „Was für ein Schwachsinn...“, kein Problem. Keiner zwingt Sie, die Experimente zu machen und niemand zwingt Sie, neue Erfahrungen zu machen. Jede neue Erfahrung bedarf auch des freien Willens. Ab hier geht es also weiter für aufgeschlossene Menschen, deren freier Wille eine neue Erfahrung machen möchte.

Vor der Anwendung energetischer Techniken ist grundsätzlich eine ordentliche Erdung anzuraten. Hierzu steht man fest mit beiden Füßen auf dem Boden und stellt sich vor, dass die Füße Wurzeln in die Erde schlagen. Eine gute Erdung oder Verwurzelung leitet überschüssige Energien ab. Weiterhin sind alle Dinge, die energetisch blockieren, vom Körper möglichst zu entfernen. Das sind zum Beispiel Anhänger mit schwarzem Turmalin (Auraschutzstein), aber auch Zigaretten. Ebenfalls haben wir herausgefunden, dass bestimmte, vom Hypnotisanden getragene, Schutzamulette hinderlich wirken können.

(1) **Energetische Technik im Stehen oder im Sitzen (ohne Lehne)**

Der Hypnotiseur steht im rechten Winkel zum Hypnotisanden. Die Plus-Hand wird in einigem Abstand über den Kopf des Hypnotisanden gehalten. Die Augen des Hypnotisanden bleiben

geöffnet. Die Minus-Hand ist hinter dem Kopf des Hypnotisanden ohne den Kopf zu berühren. Der Hypnotiseur bewegt nun beide Hände parallel im 45 Grad Winkel, so als wäre ein Stab zwischen den Händen, nach hinten. Der Hypnotisand spürt in der Regel eine Kraft, die nach hinten zieht und muss unbedingt aufgefangen werden. Das übernimmt am besten eine zweite Person.

(2) **Zweite energetische Technik im Stehen oder Sitzen (ohne Lehne)**
Der Hypnotiseur steht im rechten Winkel zum Hypnotisanden, der die Augen geschlossen hat. Die Plus-Hand wird vor die Stirn gehalten, die Stirn dabei jedoch nicht berührt. Mit der Minus-Hand streicht man entlang der Wirbelsäule von oben nach unten und wieder zurück. Der Effekt kann sofort eintreten, es kann jedoch auch ein paar Sekunden dauern, bis der Hypnotisand zu schwanken beginnt und wie bei Version (1) nach hinten umkippt.

(3) **Dritte energetische Technik im Stehen oder Sitzen (ohne Lehne)**

Ganz ähnlich wie Technik (2). Eine Hand wird hierbei in Höhe des Nabelchakras (Solar-Plexus) vor den Bauch gehalten. Die andere Hand wird wie bei Methode (2) entlang der Wirbelsäule auf und ab bewegt. Die Augen können bei dieser Induktion auch geöffnet bleiben und schließen sich im Moment des Kippens.

Es sind keine Suggestionen notwendig. Man kann diese Induktion, ebenso wie alle anderen energetischen Induktionen auch, völlig ohne Worte durchführen. Das schließt natürlich nicht aus, dass man trotzdem Suggestionen gibt. Diese können sich zum Beispiel auf die Atmung beziehen, aber insbesondere auch auf das Gefühl, nach hinten gezogen zu werden:

„Atme nun tief ein ... und wieder aus. Atme tief ein ... und wieder aus (Atmung beobachten). Und langsam spürst Du nun mehr und mehr eine Kraft, die Dich immer stärker und stärker nach hinten zieht. Lass‘ es einfach geschehen, was geschehen möchte. Du wirst ganz sicher aufgefangen!“

2. Verbale suggestive Hypnose, mit oder ohne Fixation

Es handelt sich hier um die wohl bekannteste Form der Hypnoseinduktion, da sie durch viele Filme bekannt wurde. Fixationshypnose kennen wir im Zusammenhang mit dem Metronom oder dem Pendel, mit hypnotischen Scheiben, etc..

Vorteile verbal-suggestiver Techniken

- Die Technik kann für Einzel- oder Gruppenhypnose zum Einsatz kommen.
- Die Technik ist in allen Positionen einsetzbar (sitzend, liegend und stehend).
- Die Erwartungshaltung des Hypnotisanden wird voll erfüllt.
- Bei Einsatz von Fixation ist die Suggestibilität schnell erkennbar.
- Die Technik kann mit energetischen Techniken kombiniert werden (MTI Multiple Tiefeninduktion®).
- Besonders gut geeignete Technik für die Einleitung der Ersthypnose.
- Sehr sanfte Hypnoseeinleitung.
- Die Induktion ist auch wunderbar per Tonträger einsetzbar.
- Es ist jede Hypnosetiefe erreichbar, auch tiefster Somnambulismus.

Nachteile verbal-suggestiver Techniken

- Es ist relative Ruhe erforderlich.
- Relativ lange Induktionsdauer im Gegensatz zu den Schnellhypnosetechniken.

Die Fixationsmethode

Wie der Name schon sagt, hat die Fixationsmethode etwas mit dem Fixieren eines Punktes zu tun. Hier ist grundsätzlich alles geeignet, es gibt jedoch besonders gute und besonders schlechte, ja sogar gefährliche Fixationspunkte. Ein besonders guter Fixationspunkt ermüdet die Augen sehr schnell. Das ist zum Beispiel das Pendel, das oberhalb der Augen gehalten wird oder ein anderer Punkt in unmittelbarer Nähe der Augen. Es ist selbstverständlich darauf zu achten, dass es nicht zu Augenverletzungen kommt, beispielsweise aufgrund zu heller Fixationspunkte oder spitzer Pendel, die aus der Hand gleiten können.

Beispiele für gute Fixationspunkte:

- Abgerundetes Pendel oberhalb der Augen
- Finger oder Stift oberhalb der Augen
- Nicht zu helle Lampe (nie ultrahelle LED oder Laser!) in einigem Abstand
- Spezielle bewegte Grafiken (Hypnoskop)

Beispiele für schlechte Fixationspunkte:

- Niemals ultrahelle LED-Lampen oder gar Laser verwenden!
- Kerzenflamme
- Aufgemalte Punkte an Wand oder Decke

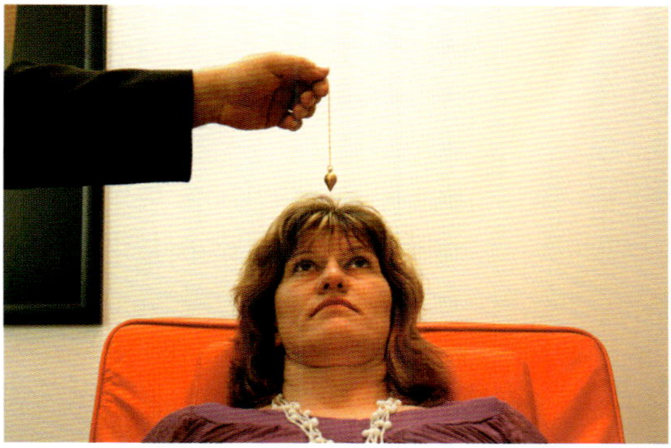

Die Fixationsmethode an sich ist uralt und bekannt aus den ältesten Überlieferungen und Zeichnungen. In neuerer Zeit (um 1850) jedoch war es der englische Arzt James Braid, der die Fixationsmethode wieder entdeckte und bekannt machte. Da in dieser Generation die klinische Hypnose vom Amerikaner Milton Erickson geprägt wurde, kann man die Wiedereinführung der Fixationstechnik sicherlich den Showhypnotiseuren zuschreiben. Die Entdeckung Braid's beinhaltete, dass die Fixation glänzender Objekte und somit die Konzentration in eine Richtung, einen Trancezustand hervorruft. Er hatte damit auch vollkommen Recht und insbesondere diese Technik ist es, die im Rahmen einer therapeutischen Ersthypnose wundervoll geeignet ist. Da die Film- und Fernsehmedien natürlich visuelle Eindrücke nutzen, wurde diese Technik auch sehr bekannt und somit werden nun, bei deren Einsatz, gleichzeitig sämtliche Klischees und natürlich die Erwartungshaltung des Hypnotisanden erfüllt. Zugleich ist die Fixationsmethode für den Hypnotiseur eine hervorragende Möglichkeit, neben der Suggestibilität, also der Fähigkeit Suggestionen anzunehmen, auch den Willen zu testen.

Um die Fixationshypnose einzusetzen, benötigt der Hypnotiseur keinerlei Hilfsmittel, er kann jedoch Hilfsmittel wie zum Beispiel ein Pendel als Fixationspunkt einsetzen.

Der Fixationspunkt sollte möglichst schnell die Augen ermüden.

Um die Ermüdung der Augen zu erreichen, kann man entweder einen Punkt direkt in der Nähe der Augen wählen, oder eine Lichtquelle in gewissem Abstand (am besten geeignet bei Gruppen-Fixationshypnose). Man hält also beispielsweise ein Pendel kurz vor und oberhalb der Augen. Sofern der Hypnotisand steht oder sitzt sollte der Kopf des Hypnotisanden gerade sein und nicht nach hinten gestreckt. Die Augen blicken nach oben. Wenn der Hypnotisand liegt, sollte man den Fixationspunkt hinter den Augen setzen. Ziel ist es, auch hier die Augen möglichst schnell zu ermüden. Als weiteres Hilfsmittel ist eine schöne Entspannungsmusik von Vorteil, da diese einen akustischen Konzentrationspunkt darstellt. Was nun folgt, ist eine Reihe von Suggestionen und die genaue Beobachtung der oder des Hypnotisandin/en. Hier muss man nun unterscheiden zwischen der Einzel- und der Gruppenhypnose. Bei der Gruppenhypnose wird der Text gesprochen, ohne auf die einzelnen Reaktionen einzugehen, denn das ist in diesem Fall nicht möglich. Bei der Hypnose einer einzelnen Person wird die Reaktion des Hypnotisanden hingegen genau reflektiert. Das heißt, man passt die Suggestionen den Reaktionen an. Während man den Fixationspunkt so setzt, dass die Augen schnell ermüden, beginnt man direkt mit Suggestionen wie „du spürst eine Müdigkeit in Deinen Augen“ oder „du spürst ein Brennen in Deinen Augen“. Die Müdigkeit und das Brennen treten sowieso ein, der Hypnotisand jedoch ist sofort vom Erfolg der Hypnoseeinleitung überzeugt. Die Erwartungshaltung steigt.

Beispiel einer Hypnoseeinleitung mit Fixation inkl. Hypnosemelodie:

Du konzentrierst Dich jetzt nur noch auf diesen Punkt, auf diese Melodie und auf meine Stimme. Konzentriere Dich nur noch auf diesen einen Punkt, auf diese Melodie und auf meine Stimme. Und langsam, ganz langsam spürst Du immer stärker und stärker ein Brennen in Deinen Augen und immer schwerer und schwerer werden Deine Augenlider.

Immer schwerer und schwerer werden Deine Augenlider. Und ich zähle nun langsam rückwärts von fünf bis null. Spätestens bei Null angelangt, werden sich Deine Augen schließen. Spätestens bei Null angelangt, möchtest Du Deine Augen nicht länger offen halten.

Fünf – Schwer wie Blei werden Deine Augenlider und immer stärker wird das Brennen in Deinen Augen.

Vier – Schwer wie Blei werden Deine Augenlider und Deine Augenlider beginnen zu flattern. Immer mehr und mehr beginnen Deine Augenlider zu flattern.

Drei – Immer stärker wird das Flattern Deiner Augenlider und Deine Augenlider zieht es nach unten. Mehr und mehr zieht es Deine Augenlider nach unten. Du kannst Deine Augen kaum noch offen halten.

Zwei – Noch schwerer werden Deine Augenlider. Immer müder und müder werden Deine Augen. Du möchtest Deine Augen nun nicht länger offen halten.

Eins – Deine Augen schließen sich nun und bleiben ganz fest geschlossen. Je öfter Du versuchst, Deine Augen zu öffnen, umso weniger wird es Dir gelingen.

Null

Falls die Augen nun geschlossen sind: Fest geschlossen sind Deine Augen. Und Du sinkst nun tiefer und tiefer in einen wunderschönen Zustand der absoluten Entspannung. Tiefer und tiefer.

Falls die Augen noch nicht ganz geschlossen sind: Schließe nun Deine Augen! Schließe nun Deine Augen!

Wenn die Augen auch auf Anweisung nicht geschlossen werden, kann man die Induktion abbrechen. Der Hypnotisand ist in diesem Fall nicht bereit für die Hypnose. Auch Angst kann eine große Rolle spielen. Das ist im Gespräch zu klären.

Wenn die Augen nun geschlossen sind, führt man wie folgt fort:

Ich zähle nun noch einmal rückwärts von Fünf bis Null, und mit jeder Zahl sinkst Du tiefer und tiefer, immer tiefer in diesen wunderschönen Zustand der absoluten Entspannung.

Fünf – Du hältst nun keinen Gedanken mehr fest! Lasse Deine Gedanken einfach nur kommen und wieder gehen. Halte nun keinen Gedanken mehr fest! Und mit jedem Atemzug, mit jedem Takt dieser Melodie, mit jedem Wort das ich sage, sinkst Du tiefer und tiefer in einen wunderschönen, angenehmen Zustand der absoluten Entspannung.

Vier – Entspanne Deinen ganzen Körper! Entspanne Deinen Kopf, Deinen Hals, entspanne Deinen Nacken, Deine Arme, Deinen Bauch, entspanne Deine Beine bis hinein in die Zehenspitzen. Entspanne Deinen ganzen Körper und konzentriere Dich nur noch auf diese Melodie und auf meine Stimme.

Drei – Das Tor zu Deinem Unterbewusstsein öffnet sich ganz weit und jedes meiner Worte wird sich ganz tief in Deinem Unterbewusstsein verankern. Jedes meiner Worte wird sich nun ganz tief in Deinem Unterbewusstsein verankern. Und jedes Mal dann, wenn ich Dich an der Schulter berühre, kannst Du Deine Augen öffnen. Jedes Mal dann, am heutigen Tag in diesem Raum, wenn ich Dich an der Stirn berühre (gleichzeitig an der Stirn oberhalb der Nasenwurzel berühren), sinkst Du augenblicklich noch tiefer in diesen wunderschönen, angenehmen Schlaf. Jedes Mal dann, wenn ich Dich an der Schulter berühre, kannst Du Deine Augen öffnen. Jedes Mal dann, am heutigen Tag in diesem Raum, wenn ich Dich an der Stirn berühre (gleichzeitig an der Stirn oberhalb der Nasenwurzel berühren), sinkst Du augenblicklich noch tiefer in diesen wunderschönen, angenehmen Schlaf.

Zwei – Du lässt Dich durch nichts stören! Weder ein Licht, noch ein Geräusch, nichts kann Dich stören! Du hörst nur noch diese Melodie und meine Stimme und mit jedem Atemzug, mit jedem Takt dieser Melodie, mit jedem Wort das ich sage, sinkst Du tiefer und tiefer, immer tiefer in diesen wunderschönen, angenehmen Schlaf.

Eins – Du fühlst Dich vollkommen wohl! Du hörst nur noch diese Melodie und meine Stimme. Nur noch diese Melodie und meine Stimme. Und mit jedem Atemzug, mit jedem Takt dieser Melodie, mit jedem Wort, das ich sage, sinkst Du noch tiefer in diesen wunderschönen, angenehmen Schlaf.

Null – Du bist vollkommen entspannt! Du hörst nur noch diese Melodie und meine Stimme und jedes Mal dann, wenn ich Dich an der Schulter berühre, kannst Du Deine Augen öffnen. Jedes Mal dann am heutigen Tag in diesem Raum, wenn ich Dich an der Stirn berühre *(gleichzeitig an der Stirn oberhalb der Nasenwurzel berühren)*, sinkst Du augenblicklich noch tiefer in diesen wunderschönen, angenehmen Zustand der absoluten Entspannung.

- Ende -

Hier folgt die Vertiefung, die Suggestionen und **grundsätzlich** die sichere Hypnoseauflösung. Bei Hypnotisanden, die bereits mehrfach hypnotisiert wurden, kann die Augenschlussphase auch problemlos weggelassen werden.

3. Schreckhypnose

Schreckhypnose gehört zu den Blitzhypnosetechniken. Diese Formen der Hypnoseinduktion können sogar gegen den Willen, bzw. ohne Wissen des Hypnotisanden eingesetzt werden. Es muss sicher nicht ausführlich ausgeführt werden, dass in diesem Fall nicht nur die moralischen, sondern auch die gesetzlichen Grenzen überschritten werden. Wenn der Hypnotisand mit der Hypnose grundsätzlich einverstanden ist, sind auch diese Induktionen eine wunderbare Sache, zumal sie sehr schnell sehr tiefe Hypnosezustände erzeugen können.

„Schreckhypnose“ hat wie der Name schon sagt, etwas mit einem Schrecken zu tun. Das darf man sich so vorstellen, dass die Aufmerksamkeit des Hypnotisanden auf einen bestimmten Punkt gerichtet wird und der Hypnotiseur plötzlich und unerwartet eine Aktion durchführt, die kurzfristig das Tor zum Unterbewusstsein öffnet. Genau in diesem Moment wird die Suggestion „Schlaf!!!“ gesetzt.

Vorteile der Schreckhypnosetechniken

- Die Techniken können grundsätzlich in jeder Position (sitzend, liegend, stehend) durchgeführt werden.
- Die Induktionen sind extrem schnell.
- Jede Hypnosetiefe ist erreichbar, bis hin zum sofortigen tiefen Somnambulismus.
- Die Techniken sind extrem schnell erlernbar.

Nachteile der Schreckhypnosetechniken

- Die Techniken entsprechen keiner Erwartungshaltung.

- Es kann zu einer blitzschnellen Entspannung und damit zu möglichen Verletzungen durch Sturz o.ä. führen.
- Für Hypnosetherapie sind die Techniken eher ungeeignet, außer z.B. bei ADHS.
- Eine Wiederholung der Technik ist häufig schwierig, da der Effekt dann nicht mehr neu ist.

Schrecktechnik I - Die Raketenstarttechnik

Der Hypnotisand wird aufgefordert, einen Arm (Rechtshänder den rechten Arm, Linkshänder den linken Arm) auszustrecken und auf Kommando gegen die Hand des Hypnotiseurs zu drücken. Der Hypnotiseur fordert den Hypnotisanden auf, die Augen zu schließen und einen Countdown von Fünf bis Null laut zu sprechen, während er gleichzeitig kräftig gegen die Hand des Hypnotiseurs drückt. Der Hypnotiseur zieht plötzlich (vor der Zahl Null) seine Hand weg, gleichzeitig tippt er an die Stirn des Hypnotisanden (unbedingt auf die Augen achtgeben) und schreit laut „Schlaf!“. Der Hypnotisand wird in der Regel sofort in einen Trancezustand gehen. Es ist jedoch sehr darauf zu achten, dass er aufgrund möglicherweise einsetzender ultraschneller Entspannung nicht stürzt. Sogleich kann man den Kopf in kreisende Bewegung versetzen und die Hypnose sofort vertiefen.

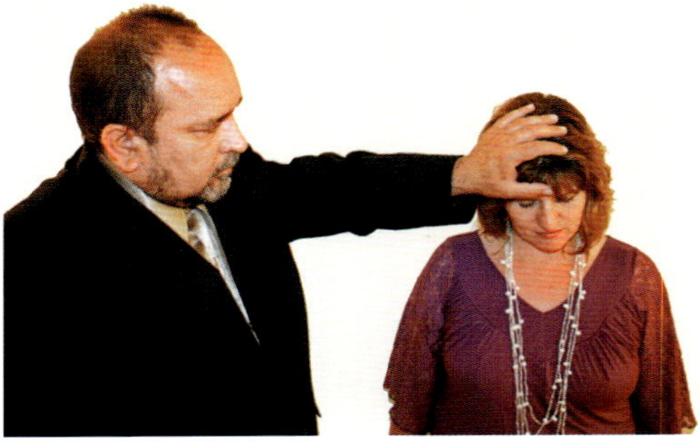

Schrecktechnik II

Der Hypnotiseur geht auf den Hypnotisanden zu und reicht ihm die rechte Hand zum Gruß. Anstatt jedoch die Hand zum Gruß zu schütteln nimmt der Hypnotiseur die rechte Hand das Hypnotisanden mit seiner linken Hand und schlägt leicht gegen den Kopf des Hypnotisanden verbunden mit der bekannten Suggestion „Schlaf!!!".

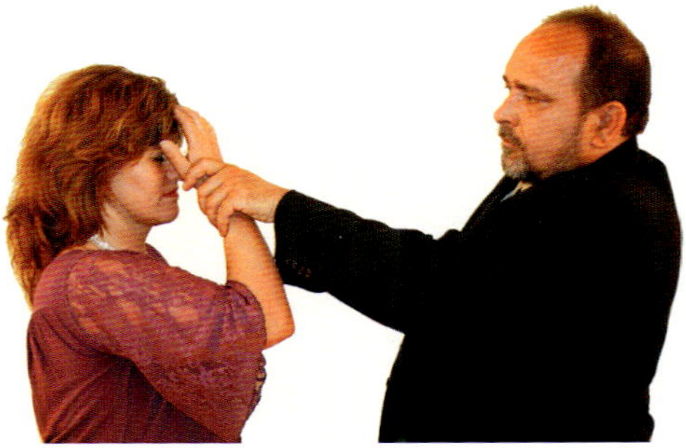

Schrecktechnik III

Man nähert sich von hinten, tippt an die Schulter des Probanden, der sich daraufhin umdreht. In diesem Moment tippt man an die Stirn oberhalb der Nasenwurzel und setzt sofort die Suggestion „Schlaf!!!“

Diese Technik funktioniert bei besonders suggestiblen Personen sehr gut. Sehr fraglich ist der therapeutische Nutzen, da man mit dieser Induktion, ebenso wie mit der folgenden, sehr schnell in Verruf geraten kann. Wie bei allen Blitzhypnosetechniken gilt hier natürlich auch und insbesondere dann, wenn man im Stehen hypnotisiert, dass man die Gefahr einer plötzlichen Muskelerschlaffung und die damit verbundene Verletzungsgefahr nicht vergessen darf! Man muss auch grundsätzlich darauf achten, dass man nicht versehentlich mit dem Finger die Augen des Hypnotisanden trifft.

Schrecktechnik IV

Diese Technik beruht auf Abbé Faria, einem der bekanntesten Hypnotiseure im 19. Jahrhundert. Sie dürfte jedoch uralt sein. Man lässt den Hypnotisanden entweder die eigenen Augen fixieren, oder die Handinnenfläche. Plötzlich und unerwartet schreit man den Hypnotisanden an: „Schlaf!!!".

Diese Technik lässt sich auch leicht umgeändert anwenden:

Der Hypnotiseur nimmt die Hand des Hypnotisanden und hält diese in einigem Abstand zu den Augen des Hypnotisanden, der sich auf die eigene Handinnenfläche konzentrieren soll. Man führt nun die Hand langsam auf die Augen zu und gibt die Suggestionen: „Schwerer und schwerer werden Deine Augenlider!" Während der Hypnotisand voll auf seine eigene Handinnenfläche konzentriert ist, greift der Hypnotiseur mit seiner freien Hand von hinten kommend an die Stirn und gibt die bekannte Suggestion „Schlaf!!!".

Schrecktechnik V – Die „Handshake"-Induktion

Man reicht dem Hypnotisanden die Hand und schwenkt die Hand hin und her oder man kreist mit der Hand, während man eine oder mehrere Fragen stellt, die der Hypnotisand ohne Überlegen sicher nicht beantworten kann (z.B. „Bitte rechne aus: Wie viel ist 72 geteilt durch

13?“). In dem Moment, in dem der Hypnotisand überlegt (ersichtlich z.B. an den Augen, die sich nach oben richten), tippt man an die Stirn und gibt laut die Suggestion „Schlaf!!!“.

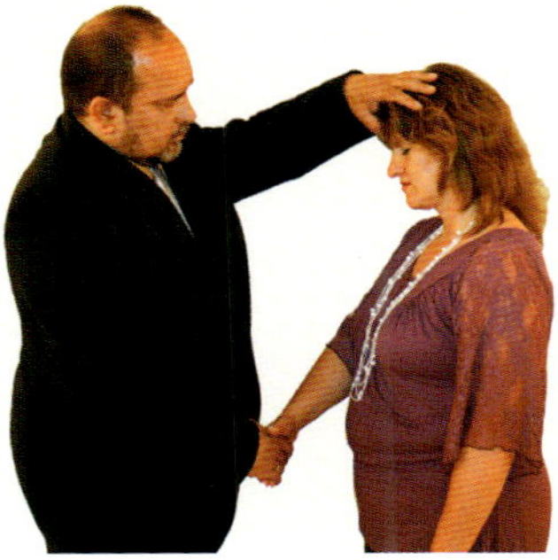

Schrecktechnik VI

Der Hypnotiseur bittet den Hypnotisanden, einen Arm auszustrecken. Der Hypnotiseur nimmt die Hand und hält damit den Arm des Hypnotisanden waagerecht. Der Hypnotiseur fixiert nun die Augen des Hypnotisanden und reißt plötzlich den Arm des Hypnotisanden nach unten. Genau im selben Moment wird die Stirn oberhalb der Nasenwurzel berührt und die Suggestion „Schlaf!!!" gegeben.

Allgemeines zu Schreckhypnose

Es gibt sehr unterschiedliche Meinungen zur Schreck-Blitzhypnose. Junge Leute, die gerade in ihrer Sturm- und Drang-Phase sind, sehen oft keinerlei Gefahren und finden sehr viel Gefallen an diesen Schnelltechniken. Grundsätzlich und richtig durchgeführt, sind diese Techniken auch nicht gefährlicher als alle anderen. Nur was ist eine richtige Durchführung? Grundsätzlich muss man immer darauf achten, dass der Hypnotisand nicht plötzlich zusammenbricht und sich dadurch verletzt. Dies kann plötzlich aufgrund sofort eintretender Entspannung geschehen, wenn man beispielsweise im Stehen hypnotisiert. Der Hypnotisand muss in diesem Fall festgehalten werden. Gleichzeitig kann man sofort die Suggestion geben: „Steh' sicher und gerade!".

Nach der Hypnoseinduktion ist die Hypnose sofort zu vertiefen. Dies kann man zum Beispiel durch kreisende Bewegungen des Kopfes hervorrufen und durch Suggestion: „Tiefer und tiefer sinkst Du in diesen wunderschönen, angenehmen Zustand der Entspannung! Immer tiefer!".

Die beschriebenen Hypnoseinduktionen können grundsätzlich überall durchgeführt werden. Es spielt hierbei keine Rolle, ob es hell oder dunkel ist, laut oder leise, warm oder kalt. So habe ich beispielsweise auf diese Art und Weise hypnotisiert, als ich mit einem Kamerateam eines großen TV-Senders im Februar 2009 bei eisiger Kälte in der Münchener Fußgängerzone hypnotisiert habe.

In der Therapie haben sich diese Techniken bisher nicht durchsetzen können. Das liegt sicherlich einerseits daran, dass ein Therapeut seine Klienten oder Patienten in der Regel nicht erschrecken möchte. Hinzukommend sind diese Techniken nur dann wirklich wirksam, wenn der Hypnotisand nicht darauf gefasst ist, die Techniken also nicht kennt. Verwendet werden diese Techniken häufig jedoch im Rahmen der Showhypnose.

Wie bei jeder Hypnose, ist auch bei Schreckhypnose in jedem Fall eine ordentliche Hypnoseauflösung notwendig, wenn die Hypnose beendet werden soll.

MTI Multiple Tiefeninduktion®

Insbesondere bei schwierigen Hypnotisanden, die nur langsam oder gar nicht auf die Induktion reagieren, ist die Kombination aus energetischer und suggestiver Technik geeignet, die ich MTI Multiple Tiefeninduktion® genannt habe. Es handelt sich hierbei um zwei eigenständige Induktionen, die parallel ausgeführt werden. Der Hypnotisand setzt sich hierzu am besten auf die Stirnseite einer Therapie- oder Massageliege. Man beginnt entweder mit der Fixationstechnik oder man lässt sofort die Augen schließen und beginnt mit der verbal-suggestiven Technik. *Gleichzeitig* hält man eine Hand vor den Bauch in Höhe des Solarplexus (den Bauch nicht berühren!) und streicht mit der anderen Hand entlang der Wirbelsäule, ebenfalls ohne direkte Berührung. Es bedarf einiger Übung, gleichzeitig die energetischen Striche auszuführen und die Suggestionen zu sprechen. Dafür ist es für den Hypnotisanden ebenfalls schwierig, sich gegen mehrere Dinge gleichzeitig zu wehren.

Während der Induktion spürt der Hypnotisand plötzlich eine Kraft, die nach hinten zieht. Da er jedoch nicht weiß, ob es zur Hypnose gehört oder nicht, können wir die Suggestionen entsprechend ein wenig anpassen:

„Du spürst nun mehr und mehr eine Kraft, die Dich immer stärker nach hinten zieht! Lass' einfach geschehen, was geschehen möchte. Es ist völlig in Ordnung und Du wirst ganz sicher aufgefangen..." Hierbei insbesondere den Kopf stützen!

Die gesamte Haltung ist nicht besonders angenehm für den Hypnotisanden, wenn der Oberkörper auf der Liege liegt. Aus diesem Grund wird gleichzeitig suggestiv etwas nachgeholfen: „Deine Beine sind zu jedem Zeitpunkt gut durchblutet!" . Sobald man fraktionieren kann, wird die Hypnose unterbrochen, damit sich der Hypnotisand nun ganz bequem hinlegen kann.

Morphogenetischer Somnambulismus®

„Das grenzt an Magie…“ habe ich zu einer völlig verblüfften TV-Redakteurin im Interview gesagt, die es live im Seminar „Showhypnose“ erlebt hat. Das war so nicht ganz richtig. Gedacht habe ich „Das IST Magie!“, doch wäre das für die geplante Fernsehsendung etwas starker Tobak gewesen. Doch was hat die Kamera hier verfolgt, was hat die erfahrene TV-Redakteurin und mein Seminarpublikum so in Erstaunen versetzt? Zu sehen war nicht besonders viel, zumindest nichts Spektakuläres. Es war eine Vorführung im Seminar. Fünf Personen stellten sich zur Verfügung, vor laufender Kamera hypnotisiert zu werden. Ich ging zu jedem Einzelnen hin, postierte die jeweilige Person an einem Platz, der mir geeignet erschien, gab die Anweisung, die Augen zu schließen und zog den Kopf ein ganz klein wenig nach vorne. Das war es was die Zuschauer und die Kamera sahen. Ich begann daraufhin mit einer suggestiven Hypnoseinduktion, bei der ich von Fünf bis Null zählte. Bereits nach wenigen Sekunden, ohne dass ich überhaupt mit der Hypnoseinduktion richtig begonnen hatte, mussten wir bereits drei der fünf Teilnehmer hinlegen, um ein Umkippen zu verhindern. Das was eigentlich als Hypnoseeinleitung gedacht war, wurde schließlich nur noch Vertiefung, denn die Trance war sofort eingetreten. Hinterher befragt, konnten nicht einmal die Teilnehmer sagen, warum sie so unglaublich schnell und ohne sichtbare Einwirkung in Trance gefallen sind. Das Geheimnis begründet sich in der „Familienaufstellung“, die durch

Bert Hellinger bekannt wurde. Dr. Joseph Fersch, ehem. Schüler Bert Hellinger's, der die Technik in den letzten zwanzig Jahren weiter entwickelt hat, bildete mich in der Technik der Familien- und systemischen Aufstellung aus. Schier unglaublich und faszinierend war es, was ich im Rahmen der Ausbildung erfahren habe. Und mein Drang, Neues zu entdecken, führte dazu, dass der „morphogenetische Somnambulismus®" ins Leben gerufen wurde. Diese Induktion stellt also nichts anderes, als eine Aufstellung dar, nur dass hier nicht Mutter, Vater, Oma, Opa, etc. aufgestellt werden, sondern der „Somnambulismus". Eine „kleine" Änderung jedoch gibt es. Während einer normalen Familienaufstellung wird den Protagonisten gesagt, wen oder was sie darstellen. In diesem Fall habe ich es nur **gedacht**!

Diese Technik funktioniert also folgendermaßen:

Der Hypnotisand wird an einen beliebigen Platz geführt und aufgefordert, die Augen zu schließen. Während man den Kopf etwas nach unten zieht, denkt man nur noch: „Du stellst jetzt den Somnambulismus dar!".

Es handelt sich hierbei um nichts anderes, als eine systemische Aufstellung! Eine faszinierende Methode, beruhend auf „morphogenetischen Feldern" und möglicherweise erklärbar mittels der Quantenphysik. Wichtig ist jedoch, dass man diese Methode trotz ihrer Einfachheit niemals unterschätzt! Es kann in kürzester Zeit dazu führen, dass der Hypnotisand das Gleichgewicht verliert oder in einen extremen Entspannungszustand gerät und dadurch stürzt. Man muss also grundsätzlich darauf gefasst sein und nötigenfalls festhalten, bzw. auffangen. Das gilt insbesondere dann, wenn man mit einer Gruppe arbeitet. Die Teilnehmer werden nebeneinander hingestellt, der Kopf etwas nach vorne, die Augen schließen lassen. Dann geht der Hypnotiseur von Person zu Person, berührt mit den Händen die Schultern und denkt „Du stellst den absoluten Somnambulismus dar!". Dieser Gedanke wird nicht mit heftiger Konzentration oder gar mit Gewalt gedacht, sondern wie ein Entschluss. Wie eine Feststellung. Hinter jedem Hypnotisanden muss eine weitere Person stehen, die den Hypnotisanden auffangen kann. Der Effekt kann nach wenigen Minuten, aber auch sofort eintreten. Manchmal ist es notwendig, dass man dem oder den Hypnotisanden noch einmal mitteilt, dass sie sicher aufgefangen werden, da sie sonst möglicherweise Angst vor dem Kippen bekommen. Bei dieser Technik kommt es nicht darauf an, dass der Hypnotisand sehr suggestibel ist. In meinen Hypnose-Seminaren stellt sich immer wieder heraus, dass auch Personen, die vorher kein einziges mal den hypnotischen Zustand erreicht haben, teils extrem schnell eine tiefe Hypnose erreichen können.

Da diese Technik ausschließlich auf Gedanken beruht, kann man sie grundsätzlich mit allen anderen Techniken kombinieren.

Wenn man die Technik „morphogenetischer Somnambulismus®" einsetzt, ist zusätzlich auch noch eine besondere, zusätzliche Auflösung erforderlich! So, wie man die Entscheidung trifft den Hypnotisanden in das Feld des Somnambulismus zu stellen, muss man diese Entscheidung auch wieder rückgängig machen. Das erfolgt zusätzlich und im Rahmen der Hypnoseauflösung mit (zum Beispiel) den folgenden Worten:

„Ich entlasse Dich nun aus dem Feld des Somnambulismus, so dass Du wieder ganz Du selbst sein kannst. Erde Dich nun! Lasse aus Deinen Füßen heraus Wurzeln wachsen und verbinde Dich ganz fest mit unserer Mutter Erde. Lasse nun die Energie und das Feld des Somnabulismus über Deine Füße in unsere Mutter Erde entschwinden."

Dieser Zusatz zur Hypnoseauflösung ist unbedingt erforderlich um sicher zu gehen, dass es nicht zu unerwünschten Effekten kommt, wie ein Zurückgleiten in den hypnotischen Zustand.

Vertiefungstechniken

Sobald die Hypnose induziert ist, wird sie vertieft. Es gibt hierfür die verschiedensten Techniken. Eine wunderbare Variante ist die verbale Vertiefung:

Beispiele:

„Tiefer und tiefer sinkst Du in diesen wunderschönen, angenehmen Zustand der absoluten Entspannung! Immer tiefer! Mit jedem Atemzug und mit jedem Wort, *das ich sage, sinkst Du tiefer und tiefer in diesen wunderschönen Zustand der absoluten Entspannung!"*

oder

„Entspanne Dich nun mehr und mehr! Jeder Takt dieser Melodie bringt Dich nun noch tiefer in diesen wunderschönen Zustand der absoluten Entspannung. Mit jedem Atemzug, mit jedem Takt dieser Melodie und mit jedem Wort*, das ich sage, sinkst Du noch tiefer in diesen wunderschönen Zustand der absoluten Entspannung!"*

Grundsätzlich kann man sich sehr viele Suggestionen ausdenken und zur Vertiefung einsetzen. Besonders gut geeignet sind Visualisierungen, die in irgendeiner Art und Weise nach unten führen:

„Du stehst am Anfang einer Treppe mit zehn Stufen und steigst nun ganz langsam, Schritt für Schritt, diese Treppe nach unten. Nach jedem Schritt atmest Du tief ein und

wieder aus. Mit jeder Stufe und mit jedem Atemzug sinkst Du tiefer und tiefer in diesen wunderschönen Zustand der Entspannung.“

So oder ähnlich kann man wunderbar verbal vertiefen. Es gibt jedoch auch andere Methoden der Hypnosevertiefung:

Gleichgewichtsverlagerung:

Wenn der Proband steht oder rückenfrei sitzt, kann man eine Gleichgewichtsverlagerung zur Vertiefung einsetzen. Grundsätzlich sind diese Maßnahmen mit Vorsicht einzusetzen, das heißt, man muss den Hypnotisanden unter allen Umständen auffangen!

„Wenn ich Dich gleich an der Stirn berühre, wirst Du wie ein Brett nach hinten umkippen. Ich werde dann hinter Dir stehen und Dich auffangen. Du sinkst dann augenblicklich noch tiefer, immer tiefer und tiefer in diesen wunderschönen, angenehmen Schlaf.“ - Jetzt hinter den Hypnotisanden stellen und ganz leicht im Rückenbereich berühren, damit er spürt, dass jemand hinter ihm steht. Dann wird der Hypnotisand von hinten an der Stirn berührt und selbstverständlich sicher aufgefangen. Hierbei ist auch grundsätzlich auf den Kopf zu achten.

Aus der sitzenden Position heraus ist ebenfalls darauf zu achten, dass insbesondere der Kopf sicher aufgefangen wird.

Arm fallen lassen:

Insbesondere aus stehender Position heraus, oder auf weichem (!) Untergrund kann man die Hypnose vertiefen, indem ein Arm zunächst angehoben und dann mit den Worten „Schlaf, tiefer und tiefer“ fallen gelassen wird.

Fraktionierung:

Man kennt es aus den Medien: Der Hypnotiseur berührt den Hypnotisanden (zum Beispiel) an der Stirn und der Hypnotisand sinkt im selben Moment in tiefe Hypnose. Das ist natürlich weder Trick noch Zauberei. Dieser Vorgang nennt sich „Fraktionierung“ (unterbrochene Hypnose) und ist einer der effektivsten Vertiefungstechniken. Gleichzeitig ist es ein Beweis für den Hypnotisanden, dass er tatsächlich hypnotisiert ist. Damit diese Technik funktioniert, sind sogenannte „posthypnotische Suggestionen“, also eine Programmierung, die auch nach der eigentlichen Hypnose noch wirksam ist, notwendig:

„Jedes Mal dann, wenn ich Dich an der Schulter berühre (jetzt nicht berühren), kannst Du Deine Augen öffnen. Jedes Mal dann, wenn ich Dich an der Stirn berühre (zeitgleich an der Stirn oberhalb der Nasenwurzel berühren), sinkst du augenblicklich noch tiefer, immer tiefer und tiefer in diesen wunderschönen, angenehmen Zustand der absoluten Entspannung!“

Diese Suggestion darf auch problemlos ein bis zwei Mal

wiederholt werden.

Wiederholung:

Das Schwierigste ist immer die Ersthypnose. Mit jeder erfolgreichen Hypnosesitzung wird der Hypnotisand immer tiefere Trancezustände erreichen. Natürlich gibt es auch einmal „schlechte Tage“, grundsätzlich kann man jedoch davon ausgehen, dass jede erfolgreiche Hypnose tiefer geht. Das liegt unter anderem auch daran, dass die Ängste und Zweifel mit jeder erfolgreichen Sitzung weniger werden, sofern es ein angenehmes Erlebnis war und die Hypnose im gegenseitigen Einvernehmen durchgeführt wurde.

Störungen zur Vertiefung verwenden:

Für einen Hypnoseanfänger muss es der Horror sein: Störungen. Häufig herrscht die Meinung vor, dass eine Hypnose nur funktioniert, wenn absolute Ruhe herrscht. Meist kann man sich gar nicht vorstellen, dass man die Menschen selbst bei Jubel, Trubel, Heiterkeit in Trance oder gar in einen somnambulen Zustand bringen kann. Dass es doch funktioniert, wissen meine Seminarteilnehmer am ersten Tag, denn es ist mir eine Freude, die Teilnehmer ins kalte Wasser zu schmeißen und unter „übelsten“ (lauten) Bedingungen hypnotisieren zu lassen. Nun kann man aber nicht nur unter solchen Bedingungen hypnotisieren, man kann sogar die Störung zur Vertiefung verwenden! Dies kann beispielsweise folgendermaßen aussehen:

„Jedes Mal dann, wenn ein Auto oder ein LKW vorbei fährt, sinkst Du augenblicklich noch viel tiefer in diesen wunderschönen Zustand der Entspannung...“

„Mit jedem Geräusch, das Du wahrnimmst, sinkst Du noch tiefer, immer tiefer und tiefer in diesen Schlaf!“

So kann der Zahnarzt beispielsweise Geräusche aus der Praxis zur Vertiefung einsetzen. Der Fantasie sind hierbei kaum Grenzen gesetzt.

Vertiefung mit Safe-Place:

Es gibt leider Tendenzen hin zur Hopplahopp-Hypnose. Zeit ist Geld heißt es oft und so wird gern darauf verzichtet. Auch haben manche Hypnotiseure gar keine Lust, sich den Mund fransig zu reden, oder sie kennen die Technik gar nicht. Einen Safe-Place (Wohlfühlraum) zu installieren, ist auch nicht bei jeder Hypnose notwendig. Das muss natürlich einmal klar gesagt werden. Trotzdem ist dieser Wohlfühlraum, der aus der „klinischen Hypnosetherapie“ heraus entstanden ist, eine schier geniale Erfindung. So weiß man insbesondere bei einer Therapie nie, ob man den Hypnotisanden möglicherweise in eine Situation bringt, in der er sich unwohl fühlt oder gar in Panik gerät. Ein Hypnotisand, der sich für eine Hypnosetherapie entschließt, hat sicherlich einiges an Problemen und wenn man anfängt, darin zu stöbern, kann man natürlich sehr schnell unangenehme Erfahrungen zu Tage bringen, mit denen der Hypnotisand möglicherweise in diesem Moment nicht klar kommt. Um hier vorzubeugen, installiert man im Rahmen der Vertiefung einen „Wohlfühlraum“:

„Du stehst oben an einer Treppe mit zehn Stufen. Diese Treppe führt nach unten (Bitte die Treppe nicht näher beschreiben, da sie sicher nicht dem ersten Bild entspricht, das der Hypnotisand bekommt). Ganz unten befindet sich eine Tür zu Deinem ganz persönlichen Wohlfühlraum. Ein Raum, in dem Du Dich absolut wohl fühlst, in dem Du absolut sicher und geborgen bist. Du steigst nun langsam, Stufe für Stufe diese Treppe hinunter. Mit jedem tiefen Atemzug steigst Du wieder eine Stufe hinunter und mit jeder Stufe, die Du hinunter steigst, sinkst Du immer tiefer und tiefer, immer tiefer in diesen wunderschönen, angenehmen Zustand der Entspannung. Zehn ... Neun ... Acht (auf die Atmung achten und mit jedem Atemzug herunterzählen) ... Drei ... Zwei ... Eins ... Null (zwischendrin darf man noch kurze Vertiefungssuggestionen geben). Du öffnest die Tür und betrittst nun Deinen ganz persönlichen Wohlfühlraum. Dieser Raum ist nach Deinem Geschmack gestaltet und in der Mitte befindet sich eine Wohlfühl-Couch, auf der Du es Dir nun ganz bequem machst. Jedes Mal dann, wenn Du diesen Wohlfühlraum betrittst, wird alles was vorher war, völlig von Dir genommen sein. Du wirst Dich in diesem Raum abs*olut wohl und sicher fühlen und du kannst ab sofort zu jedem Zeitpunkt, wenn Du es selbst für absolut notwendig erachtest, diesen Raum auch ohne Anweisung betreten. Auch jedes Mal dann, wenn ich Dich dazu auffordere, wirst Du ohne Verzöge-*

rung diesen Raum aufsuchen. In diesem Moment, sobald Du den Raum wieder betrittst, ist das was ich vorher zu Dir gesagt habe, völlig von Dir genommen und Du wirst Dich vollkommen wohl und sicher fühlen! (Wer einen weiteren Trigger einbauen möchte, kann auch das suggerieren) Das wird auch dann geschehen, wenn ich Dich am Knie/Ohr/Finger, etc. berühre. Usw."

Mesmerisieren

Franz Anton Mesmer war Ende des 18. Jahrhunderts der Star in der High Society. Seine Variante, Menschen in Trance zu versetzen, waren sogenannte „Mesmersche Streichungen". Hierbei wird mit der Hand über den Körper gestrichen, ohne diesen zu berühren. Sie kennen diese Technik bereits von der energetischen Hypnoseinduktion. Nun kann man diese Technik jedoch in etwas abgewandelter Form zur Vertiefung der Hypnose einsetzen.

Bei allen energetischen Techniken ist es sinnvoll, sich zunächst zu „erden". Hierfür stellt man sich vor der eigentlichen Aktion vor, dass aus den eigenen Füßen heraus Wurzeln in den Erdboden hineinwachsen. So dass man fest verbunden ist mit der Mutter Erde. Erst wenn man sich richtig geerdet hat, sollte man energetisch arbeiten. Andernfalls kann es geschehen, dass auf wundersame Art und Weise Symptome auf den Hypnotiseur „überspringen". Man sollte energetische Hypnose und insbesondere energetische Techniken grundsätzlich nur dann anwenden, wenn man auf der Höhe seiner Kraft ist. Insbesondere bei energetischen Induktionen oder Vertiefungen wird jedoch auch ein Energieausgleich stattfinden. Ein Hypnotisand, der wenig eigene Energie mitbringt, wird demnach dem Hypnotiseur Energie abziehen. Das kann bis zur Erkrankung des Hypnotiseurs führen. Eine vorherige Erdung kann dies zumindest lindern, in den meisten Fällen jedoch komplett verhindern.

Während die Technik des „Mesmerisierens" aus „magnetischen" Strichen bestand, also aus Streichungen parallel zum Körper, werden heute zur Vertiefung kreisende Bewegungen über den Energiezentren des Körpers, den sogenannten Chakren ausgeführt.

Zur Vertiefung der Hypnose wird **entgegen dem Uhrzeigersinn**, also links herum, gestrichen. Bei der Auflösung der Hypnose werden die entsprechenden Chakren wieder durch Streichungen **im Uhrzeigersinn** aktiviert.

DIE SIEBEN „OFFIZIELLEN“ HAUPT-CHAKREN:

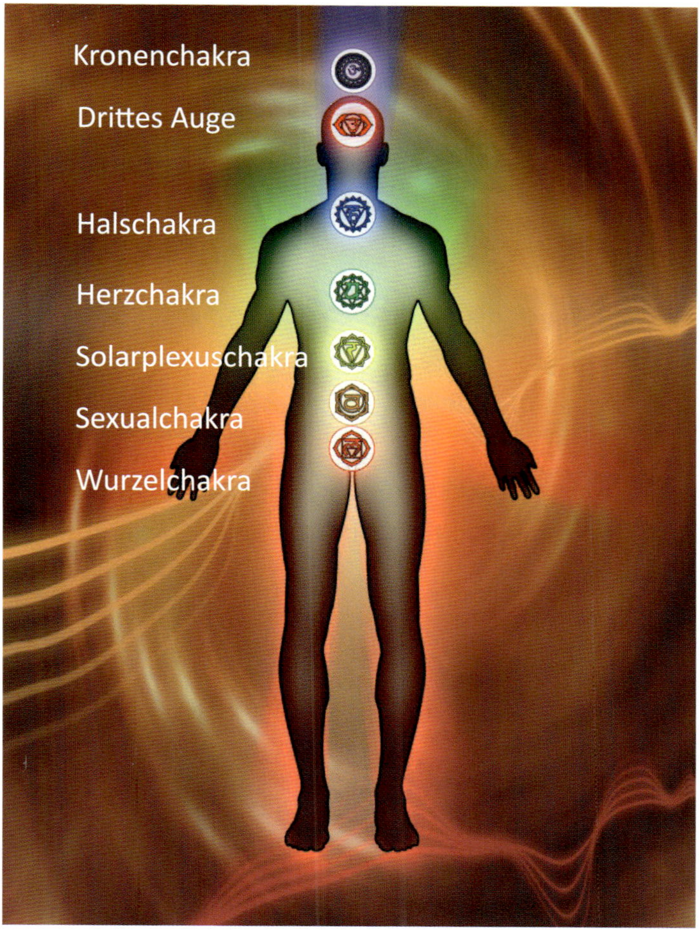

Das Wesen der Suggestion

Hypnose oder Trance ist das Eine, die Suggestion das Andere. Eine Suggestion ist die Einflussnahme auf unser Empfinden und Handeln, häufig durch Worte.

Ambroise-Auguste Liébeault (1823-1904) verstand unter dem Begriff Suggestion „die Auslösung einer Vorstellung, in deren Gefolge bestimmte physische oder psychische Erscheinungen auftreten".

Dr. Ludwig Mayer schreibt 1937: „Alle Erscheinungen, die im echten hypnotischen Suggestionszustand hervorgerufen worden sind, zeigen in hohem Maß das Moment der subjektiven Überzeugtheit der Versuchsperson. Die Versuchspersonen glauben fest an die Richtigkeit und Wirklichkeit ihrer Empfindungen und Handlungen. Es gelingt selbst durch die Aufforderung zur Überlegung, zur Kritik, zum Zweifel nicht, sie in ihrer Überzeugung irre zu machen. Deshalb hat man diese psychische Situation auch dahin definiert, dass die Suggestionen Überzeugungen **ohne ausreichende Motivierung** seien, deren Intensität in einem klaffenden Missverhältnis zu der sachlichen Berechtigung ihrer Motive steht. Ein weiteres Merkmal, das der Suggestion zugeschrieben wird, besteht in dem zwangsartigen Charakter, der der Ausführung der suggerierten Vorstellung anhaftet."

Prinzipiell wird der Mensch also unter Umgehung der Kritikfähigkeit getäuscht. Dies kann als so genannter „Placebo-Effekt“ die Selbstheilung des Organismus sein, oder in tiefer Hypnose (Somnambulismus) sogar eine komplette Halluzination aller Sinne.

Eine Suggestion bedarf keiner Hypnose, durch die Hypnose wird sie jedoch umso wirksamer. Ein gutes Beispiel ist die alltägliche Werbung. Am Beispiel der Waschmittelwerbung erkennen wir, welche Mittel eingesetzt werden. Wie weiß soll es denn noch werden? Mit der Qualität der Waschmittel kann nicht mehr wirklich geworben werden, also müssen andere Kriterien ausschlaggebend sein. Es wird demnach *suggeriert*, dass man dieses oder jenes Waschmittel kaufen müsse. Genauso verhält es sich mit anderen Waren, die nicht über Qualität verkauft werden können. Es muss ein Bedürfnis hervorgerufen werden und das kann man mittels Suggestionen erreichen. Wir können froh sein, dass die Werbung keine Hypnose einsetzen darf, denn dies wirkt aufgrund der Einschränkung der Kritikfähigkeit wie ein Suggestionsverstärker.

Suggestionen wirken auch im normalen Wachzustand – und sie wirken auf den gesamten Körper!

Stellen Sie sich einmal ihre Leibspeise vor, ihr absolutes Lieblingsgericht, wie es gerade vor Ihnen serviert wird. Stellen Sie sich vor wie es aussieht, wie es duftet und vielleicht sogar wie es schmeckt!

Merken Sie, wie Ihnen regelrecht das Wasser im Mund zusammenläuft? Ihr Magen produziert Magensäure in

Erwartung der kommenden Mahlzeit. Möglicherweise ändert sich sogar der Insulinspiegel im Blut! Doch was haben wir getan? Nichts! Ich habe Ihnen mittels weniger Sätze nur ein gutes Essen „suggeriert"! Völlig ohne Hypnose oder anderen bewusstseinsverändernden Mitteln habe ich eine Körperreaktion bei Ihnen hervorgerufen. Sicher, bei einem Menschen wird es eine heftige Reaktion hervorrufen, bei einem anderen Menschen wird die Reaktion weniger heftig ausfallen. Wir sind ja Individuen. Eine Reaktion wird es jedoch sicher auch messbar gegeben haben. Wenn bereits eine einfache Vorstellung, völlig ohne Hypnose, eine solche Reaktion hervorruft, wie wird es dann erst in Hypnose sein?

Grundsätzlich können wir davon ausgehen, dass die Wirksamkeit von Suggestionen von zwei Faktoren abhängt - einerseits von der Häufigkeit der Wiederholungen, aus diesem Grund ist Werbung auch so penetrant, und andererseits von der Hypnosetiefe. Die zunehmende Hypnosetiefe bietet jedoch noch weitere Vorteile. Je tiefer die Hypnose, umso weniger Kritik wird den Suggestionen entgegen gebracht. Dies geht so weit, dass man dem Hypnotisanden sogar eine andere Persönlichkeit suggerieren kann, die dieser problemlos annimmt.

Wichtig bei einer **hypnotischen Suggestion** ist, dass man darauf achten muss, **wortwörtlich** zu suggerieren. Suggestionen werden vom Unterbewusstsein wortwörtlich umgesetzt. Man muss daher unbedingt darauf achten, dass die Suggestion nicht zweideutig ist, oder missverstanden werden kann. Je tiefer die Hypnose ist, je intensiver der Kontakt zum menschlichen Unterbewusstsein ist, umso mehr muss man sich daran halten, damit es nicht zu unerwünschten Ergebnissen kommt. Grundsätzlich ist eine Kommunikation natürlich immer so zu gestalten, dass es nicht zu Missverständnissen kommt. Das ist bereits im normalen Leben so und seit es E-Mail und Internet gibt, kennt jeder auch die häufigen Missverständnisse, die, aufgrund nicht eindeutig gemachter oder interpretierter Aussagen, auftreten. Damit es klar wird, wie ich das meine, hier ein paar Beispiele:

Wie Sie wissen, war ich jahrelang auf den Bühnen dieser Welt als Showhypnotiseur unterwegs. Eine Show ist natürlich Entertainment, also Unterhaltung. Im Rahmen einer solchen Show habe ich einem der Probanden suggeriert, dass er auf einem Motorrad (ein Stuhl) sitzt. Sicher erinnern Sie sich. Dieses Beispiel habe ich bereits am Anfang des Buchs verwendet. Ein Helfer aus dem Publikum kniete sich davor und der Proband nahm dessen Ohren als „Lenker“ in die Hand. Auf meine Anweisung hin „fuhr“ er los. Gleich ging es auf die virtuelle Autobahn. „Dein Motorrad macht auch ein Geräusch, das ahmst Du nach!“ rief ich ins Mikrofon. Er fuhr mit seinem „Motorrad“ wie ein Profi und legte sich auch wunderbar in die virtuellen Kurven, bis ich in meinem Elan ganz laut rief: „Das ist ein ganz heißer Ofen!“. Im Publikum war jeder der Meinung, dass es sich um ein tolles Motorrad handelt. Mein Proband jedoch sprang sofort von seinem Stuhl, also dem suggerierten Motorrad hoch. Ich wiederum hatte das Bild eines Motorradfahrers vor meinem geistigen Auge, der gerade mit 200 Sachen auf der Autobahn unterwegs ist. Natürlich wird kein Motorradfahrer bei 200 km/h von seiner Maschine abspringen, daher war ich etwas irritiert. Im Rahmen einer Live-Veranstaltung ist natürlich vieles improvisiert. So auch diese Suggestion, die ich völlig unüberlegt im Elan der Situation gab. Erst als ich nachdachte, was ich zuletzt suggeriert hatte, wurde mir klar, was geschehen war. „Das ist ein ganz heißer Ofen" wird vom Unterbewusstsein wortwörtlich umgesetzt und somit hatte sich mein Proband suggestiv das Hinterteil verbrannt! Das war für mich ein Schlüsselerlebnis. Ich rannte gleich auf ihn zu und suggerierte ihm sofort: „Du hast Dich jetzt nicht verbrannt, Dein Hintern ist angenehm kühl, setz' Dich auf Dein Motorrad und fahr' weiter!". Daraufhin fuhr er auf seinem Stuhl weiter, als ob nichts geschehen wäre. Das Beispiel zeigt sehr gut, wie Suggestionen wortwörtlich umgesetzt werden. Unser Wachbewusstsein verknüpft den „heißen Ofen" mit einem tollen Motorrad, während das Unterbewusstsein mit der Suggestion auch gleich eine Verbrennung verbindet. Nicht auszuschließen wäre hier auch grundsätzlich die körperliche Reaktion, wie Brandblasen oder im schlimmsten Fall sogar ein Schock, der sofortiger ärztlicher Hilfe bedarf.

Wie sich nicht eindeutige Suggestionen auswirken können, zeigt auch das folgende Beispiel. Vor einigen Jahren rief mich am Abend einer meiner Schüler an. Er war fix und fertig und erklärte mir, dass während einer Hypnosesitzung irgendetwas schief gelaufen ist und er nun neben sich eine Frau hat, die nicht mehr weiß wie sie heißt, wo sie wohnt, wer sie überhaupt ist. Er war völlig außer sich und ich war seine letzte Hoffnung, da es zu diesem Zeitpunkt noch nicht die große Anzahl an Hypnotiseuren gab. Auf meine Nachfragen hin stellte sich heraus, dass er „nur" die Suggestion ***„Dein Kopf ist klar und frei"*** gab, wie sie in vielen Hypnose-Lehrbüchern steht. Nun, was bedeutet „klar und frei"? „Frei von Erinnerung" ist auf jeden Fall eine mögliche Interpretation, denn dieser Satz wird ja grundsätzlich zunächst interpretiert. Eine Wertung der Suggestion erfolgt in tiefer Hypnose so gut wie gar nicht mehr. Maximal bei Suggestionen, die beispielsweise das Schamgefühl extrem verletzen oder die völlig gegen die Persönlichkeit gerichtet sind, haben eventuell ein Abbruch der Hypnose und einen Rapportverlust zur Folge. In dem Fall meines Beispiels wurde die Suggestion angenommen und zwar mit durchschlagendem Erfolg. Dass ein Hypnoseanfänger mit einer solchen Situation überfordert ist, ist klar, denn auch Suggestionen wie: „wenn ich Dich an der Stirn berühre, hast Du alle Erinnerungen wieder" sind in einer solchen Situation oft nicht wirksam. Man kann das mit einem Computer vergleichen, bei dem die Festplatte formatiert wurde. Die Grundfunktionen des Computers sind noch vorhanden (BIOS), der Rest jedoch ist gelöscht. So war es auch in diesem Fall. Erst eine „Systemwiederherstellung“ brachte den gewünschten Erfolg. Ich erklärte ihm also, wie er mit der jungen Frau eine Regression (Rückführung) durchführen konnte. Die Dame wurde zurückgeführt zu dem Zeitpunkt, als sie noch alles wusste. Diesen Zustand haben wir dann in die Gegenwart „mitgenommen“. Somit war die Erinnerung wieder vorhanden und bis auf einen riesigen Schrecken beim Hypnotiseur, ist nichts zurück geblieben. Was aber, wenn kein erfahrener Kollege verfügbar ist? Der Zustand kann theoretisch extrem lange anhalten. Endstation wäre hierbei eventuell die Psychiatrie gewesen. Die Ärzte in einer solchen Institution können häufig mit solchen Dingen gar nicht umgehen, daher ist es absolut notwendig, jegliche Suggestionen gut zu durchdenken. Das gilt insbesondere dann, wenn die Suggestionen nach der Hypnose nicht genommen werden, damit sie dauerhaft bestehen bleiben.

Ein Beispiel, wie man es auf keinen Fall machen sollte, habe ich in einem Buch gefunden, dessen Autor meine persönlichen Hypnoseinduktionen anscheinend so oft gehört hat, dass er sie nur wenig abgeändert unter seinem Namen veröffentlichen musste. Leider ist das, was hinterher kommt extrem bedenklich, wie diese Beispiele belegen:

„Dein Unterbewusstsein erhält nun den strikten Auftrag, Dich mit Reichtum zu versorgen. Die unbekannten Kräfte Deines Geistes ziehen ab jetzt den Überfluss in Dein Leben.“

Überlegen wir einmal, was hier geschehen könnte. Was ist Reichtum? Bewusst werden wir wahrscheinlich an ein gut gefülltes Bankkonto denken. Unser Unterbewusstsein wird jedoch sicher etwas anderes wählen. Wir sind nicht auf der Welt, um reich, im Sinne von Geld, zu werden. Unter „reich" könnte unser Unterbewusstsein viel eher Erfahrungen meinen. Reich an Erfahrungen also beispielsweise und das auch noch im Überfluss! Erfahrungen sind wiederum wertfrei. Also werden es im Überfluss auch viele negative Erfahrungen sein, die diese Suggestion beschert. Der Hypnotisand wiederum wird gar nicht auf die Idee kommen, dass ihm die Ratschläge in dem Buch sicher keinen Vorteil bringen werden. Ganz abgesehen davon, dass ich nicht weiß, welche „unbekannten Kräfte" das Unterbewusstsein hier aktivieren sollen. Wenn, dann sollten es doch Kräfte sein, die das Unterbewusstsein auch kennt, oder?

„Es ist völlig egal was Du tust, Du wirst ab jetzt mit jedem Tag in jeder Beziehung reicher und reicher."

Überlegen Sie einmal selbst, was daraus entstehen kann... Noch ein Tipp: „...in jeder Beziehung".

An dieser Stelle warne ich auch ausdrücklich davor, NLP (Neurolinguistisches Programmieren) während einer tiefen Hypnose einzusetzen. Auch wenn es Literatur gibt, in der ich für diese Aussage lächerlich gemacht werde, bleibe ich ganz ausdrücklich dabei. Natürlich werden auch im

Rahmen der Neurolinguistischen Programmierung Suggestionen eingesetzt, die auch im Rahmen einer Tieftrance unschädlich wären. Als Anfänger kann man jedoch extrem schnell in die Falle gehen. NLP ist entwickelt worden, um das Bewusstsein, also die Kontrolle des Bewusstseins zu umgehen. Das ist bei der Hypnose bereits geschehen und somit nicht mehr notwendig. Da unser Bewusstsein völlig anders arbeitet, als unser Unterbewusstsein, sind die Ergebnisse daher oft nicht vorhersehbar. Wer sagt, dass es kein Problem darstellt, hat das hingegen entweder noch nie ausprobiert, oder er hat einfach nur Glück gehabt. Mit Professionalität hat es jedenfalls nichts zu tun. Daher sollten Sie unter allen Umständen NLP oder andere indirekte Techniken bei der tiefen Hypnose weglassen.

Doch wie macht man es nun richtig?

Grundsätzlich müssen wir, wie bereits gesagt, beachten, dass die Suggestionen wirklich eindeutig sind. Wichtig ist auch, dass die Suggestionen positiv formuliert sind. Wenn wir Taxi fahren, sagen wir dem Fahrer ja auch, wo wir hinfahren wollen, und nicht, wo wir nicht hinwollen. Selbstverständlich darf die Suggestion jedoch Einschränkungen aufweisen, die mit Negationen formuliert sind:

Beispiel: „Du fühlst Dich vollkommen wohl und hörst nur noch diese wunderschöne Melodie und meine Stimme. Du lässt Dich durch irgendwelche Geräusche **nicht** stören. Du sinkst mit jedem Atemzug, mit jedem Takt dieser Melodie und mit jedem Wort, das ich sage, immer tiefer und tiefer."

Manches Mal ist es gar nicht so einfach, das wirklich erwünschte Ergebnis zu erhalten. Um beim Beispiel „Geld" zu bleiben, da ich das als Negativbeispiel gewählt habe, sollten wir uns überlegen was Geld ist. Geld ist bedrucktes Papier, Metall oder auch eine Zahl im Computer. Mit Geld alleine können wir weder überleben, noch können wir damit etwas anfangen. Erst der Wert des Geldes ist es, der uns Möglichkeiten gibt. Die Möglichkeit, Geld umzuwandeln in materielle Güter oder Dienstleistungen, ist es, was Geld für uns wertvoll macht. Doch Geld alleine ist völlig wertlos. Also ist es prinzipiell auch Unsinn, Suggestionen zu geben, die für Geld sorgen sollen. Gehen wir doch einen Schritt weiter. Was wollen wir erreichen? Ist es nicht vielmehr so, dass wir glücklich sein wollen? Wenn man, um glücklich zu sein, Geld benötigt, wird das vom Unterbewusstsein automatisch berücksichtigt. Geld ist ja nur ein Mittel zum Zweck und wir sollten uns bei Suggestionen immer das Endergebnis, das erreichte Ziel, in diesem Fall also einen rundherum glücklichen Menschen vorstellen. Unmengen an Geld hatten die Leute im letzten Jahrhundert auch schon: Bei der Hyperinflation in der Weimarer Republik 1922-1923. Doch wie schon gesagt, was nützt das viele Geld, wenn die Kaufkraft fehlt?

Bei der klassischen Hypnose werden wir **direkte** Suggestionen geben. Das kann so direkt sein, dass wir bereits bei der Suggestion den Weg ganz genau vorgeben, oder so, dass wir das Endergebnis vorgeben und den Weg dorthin eingrenzen, bzw. dem Unterbewusstsein die gesamte Kontrolle über den Prozeß geben.

Ein Beispiel hierzu:

Prüfungen sind ein häufiges Thema. Um eine Prüfung zu bestehen, muss man nicht nur den Lernstoff beherrschen. Vielmehr ist es wichtig, bei der Prüfung selbst einen kühlen Kopf zu bewahren und die Angst vor dem Misserfolg zu überwinden. Wenn der Lernstoff sitzt, was natürlich Voraussetzung für den Erfolg ist, ist der Rest relativ einfach. Wir suggerieren mittels Bildern und positiven Emotionen die Prüfungssituation und das erfolgreiche Ergebnis. Damit geben wir dem Unterbewusstsein das Ziel, das erreicht werden soll, vor. Danach wird dem Unterbewusstsein auf direktem Weg suggeriert, wie das Ziel zu erreichen ist. Das kann beispielsweise folgendermaßen aussehen:

„Du siehst nun vor Deinem geistigen Auge die Situation der Prüfung. Es geht Dir gut und Du fühlst Dich vollkommen wohl, während nun die Prüfungsunterlagen ausgeteilt werden. Eine wohltuende Energie durchströmt Deinen Körper und Deinen Geist und Du spürst die Gewissheit, diese Prüfung voller Erfolg zu absolvieren. Voller Elan füllst Du mit der hilfreichen Unterstützung Deines Unterbewusstseins die Prüfungsunterlagen aus. ...

etc. etc. ... Die Prüfungsergebnisse werden bekannt gegeben. Du hast mit einem besonders guten Ergebnis bestanden! Ein wunderbares Gefühl der Freude durchströmt Deinen Körper und Deinen Geist. Bekannte und Freunde beglückwünschen Dich und das wunderbare Gefühl, das Dich durchströmt, wird immer intensiver... Dein UnterBewusstsein ***wird Dir ab sofort und in Zukunft*** *dabei helfen, sämtliche Prüfungen und ähnliche Aufgaben voller Erfolg zu meistern..."*

Das ist natürlich nur ein Gerüst, es zeigt jedoch, wie man mit Bildern und Emotionen direkte Suggestionen geben kann. Es wird die Richtung vom Hypnotiseur vorgegeben und es wird das Ziel (Endergebnis) vorgegeben. Dann wird die Anweisung erteilt, dieses Ziel zu erreichen. Auf welche Art und Weise, kann man natürlich weiter eingrenzen. Trotzdem werde ich einen Großteil der Weisheit des Unterbewusstseins überlassen.

Im Rahmen einer Showhypnose oder auch bei Tests der Hypnosetiefe wird man in der Regel nicht so weit ausschweifen. Hier werden die Suggestionen relativ kurz und knapp gegeben. Auch hierfür ein Beispiel, diesmal aus dem Bereich Showhypnose - die Suggestion einer Sprachblockade:

„Wenn ich Dich nun gleich wecke, öffnest Du Deine Augen, dann kannst Du Deinen eigenen Namen nicht mehr aussprechen. Um so öfter Du es versuchst, um so weniger wird es Dir gelingen. Eins, zwei, *drei,* öffne Deine Augen!"

Der Proband wird bei eingetretenem Somnambulismus seinen Namen nicht mehr aussprechen können. Hierfür muss man keineswegs um den heißen Brei herumreden. Die kurze, direkte Suggestion genügt vollkommen. Der Hypnotisand weiß zwar noch, wie er heißt, er kann den Namen jedoch nicht aussprechen. Wenn die Trance bereits tief genug ist, kann man einen Schritt weiter gehen: „Wenn ich Dich nun gleich wecke, öffnest Du Deine Augen, dann hast Du Deinen eigenen Namen vergessen, Du kannst Dich nicht mehr erinnern, wie Du heißt."

Selbstverständlich müssen die Suggestionen gleich wieder aufgehoben werden. Es handelt sich hier um Beispiele, um klarzustellen, dass das Unterbewusstsein problemlos Negationen verarbeiten kann und dass es extrem einfach ist, direkte Suggestionen zu geben. Für einen Hypnotisanden, der selbst nicht glaubt, in Trance zu sein, ist das mit Sicherheit ein sehr guter Beweis für seinen Zustand.

Der Glaube versetzt Berge...

... so heißt es im Volksmund und er hat vollkommen Recht. In heutiger Zeit gibt es viele Bücher und DVDs zum Thema, wie zum Beispiel „The Secret – Das Geheimnis". Bis auf Kleinigkeiten halte ich den Film für sehr gut, denn er zeigt, wie man es machen sollte, aber er zeigt auch, wie man Fehler begeht. Man kann das für die Hypnose sehr gut adaptieren. Jedoch sind wir mit der Hypnose einen riesengroßen Schritt weiter, als jeder, der nach „The Secret"- oder „Bestellungen beim Universum" -Manier versucht, zu glauben. Mit der Hypnose, und je tiefer um so besser, umgehen wir den Kritiker im Bewusstsein. Das Unterbewusstsein hingegen glaubt sowieso alles! Also ist es doch wirklich so einfach, oder? Wir versetzen uns oder unseren Klienten in Trance und suggerieren dann das gewünschte Ergebnis. Das Wichtigste dabei ist nur, dass es absolut **eindeutig** ist. Der Hypnotisand, bzw. sein Unterbewusstsein wird glauben, und die Macht unseres Unterbewusstseins wird dafür sorgen, dass sich der Glaube erfüllt (oder dass sich Berge versetzen). Natürlich funktioniert das nur in einem Rahmen, der auch erfüllbar ist und im Rahmen der Möglichkeiten. Es gibt zum Beispiel bisher in Hypnose noch keine Möglichkeit, Gliedmaßen nachwachsen zu lassen. Das heißt, wir kennen noch keine Möglichkeit, das zu bewerkstelligen.

Was aber passiert, wenn wir Suggestionen geben, denen der Hypnotisand nicht folgen kann, weil beispielsweise das nötige Wissen fehlt? In diesem Fall wird das Unterbewusstsein aus dem vorhandenen Wissen heraus versuchen, der Suggestion Folge zu leisten und genau hier könnte sich wieder eine theoretische Gefahr ergeben. So werde ich häufiger auf Drogenkonsum und Hypnose angesprochen und genau das möchte ich hier wieder als Beispiel für die Funktionsweise des Unterbewusstseins anbringen.

Nehmen wir einmal an, wir haben einen Hypnotisanden, Herrn Conny Welz (Name frei erfunden). Herr Welz hat noch nie in seinem Leben etwas von Drogen gehört, geschweige denn Drogen zu sich genommen. Einzig einen Film über das Halluzinogen LSD (Lysergsäurediäthylamid) hat er gesehen und dabei im Gedächtnis abgespeichert, dass man einen Horrortrip bekommen kann. Nun kommt der Hypnotiseur Ralf E. Stoffler (Name frei erfunden) auf die Idee, mit Conny Welz ein interessantes Experiment unter Hypnose durchzuführen. Nun, Hypnotiseur Stoffler sieht sich als etwas Besonderes an, obwohl er erst vor kurzem seine Ausbildung hinter sich gebracht hat. Aber er hat ja alle seine Lehrer übertroffen und so denkt er, wie so häufig, nicht nach und weist alle Warnungen als Unsinn von sich. Hypnotisand Welz geht tief in Trance und bekommt von Hypnotiseur Stoffler die Suggestion, dass er nun gleich einen „Joint" zu rauchen bekommt. Stoffler reicht Welz eine normale Zigarette, die Welz raucht. Gleichzeitig beginnt das Unterbewusstsein von Welz die Suggestion auszuführen, doch kennt das Unterbewusstsein von Conny Welz keinen „Joint". Einzig die Verknüpfung „Joint = Drogen" kann gefunden werden. Doch auch bei Drogen findet sich nicht besonders viel, außer „Drogen = LSD". Nun wird weiter verknüpft „LSD = Horrortrip", und um der Suggestion am nächsten zu kommen, wird Conny Welz einen Horrortrip bekommen, geliefert von seinem Unterbewusstsein, als Reaktion auf die Suggestion, dass er nun einen „Joint" raucht. Da Hypnotiseur Stoffler aufgrund mangelnder Erfahrung nicht weiß, wie man in einem solchen Fall reagiert und selbst in Panik gerät, landet Welz am Ende in der psychiatrischen Abteilung des Landeskrankenhauses. – Ende des hypothetischen Falls.

Das ist natürlich ein Extremfall, ich denke jedoch, dass gerade solche Beispiele die schier unglaublichen Möglichkeiten des Unterbewusstseins und insbesondere von Suggestionen aufzeigen.

Experimentelle Hypnose

Ich möchte an dieser Stelle ein paar weitere Beispiele nennen, um zu zeigen, wie Hypnose wirkt und wie **einfach** viele Dinge sind, wenn man die „Verkehrsregeln" kennt.

1. Zahnschmerzen

Grundsätzlich muss ich dazu sagen, dass Schmerzen erstens ein Alarmsignal sind und zweitens, dass es einen Verstoß gegen geltende Gesetze darstellt, wenn man das berufsmäßig ausübt. Insbesondere bei wiederkehrenden Schmerzen ist Alarmstufe rot angesagt! Bitte nehmen Sie das nicht auf die leichte Schulter und konsultieren Sie einen Spezialisten in diesem Fall. Auch bei Zahnschmerzen, wie in diesem Fall, sollte man vorsichtig sein, da sicher die Wenigsten zum Zahnarzt gehen, wenn es nicht mehr schmerzt. Nun aber zur wohl einfachsten „Schmerzweg"-Suggestion, die ich je getestet habe.

Es war ein Sonntag und meine Partnerin bekam plötzlich

starke Zahnschmerzen. Es gab grundsätzlich drei Möglichkeiten: Schmerzmittel, zahnärztlicher Notdienst oder Hypnose und einen Termin beim gewohnten Zahnarzt am nächsten Tag. Sie entschied sich für die Hypnose und so bekam ich Gelegenheit, wieder etwas Neues zu testen. Ich versetzte meine Partnerin auf ihr Geheiß hin in somnambulen Zustand und suggerierte sinngemäß wie folgt:

„Du kannst jetzt laut und deutlich mit mir reden. Mit jedem Wort, das Du selbst sagst, sinkst Du noch tiefer in diesen wunderschönen Zustand der Entspannung. Du gehst nun mit Deinem geistigen Auge zu dem schmerzenden Zahn. Siehst Du diesen Zahn deutlich vor Deinem geistigen Auge?“ – „Ja!“ – „Nun schau einmal unten an der Zahnwurzel. Da läuft der Nerv aus dem Zahn heraus. An diesem Nerv hängt ein kleines Kästchen mit einem Schalter und einer Kontrollampe. Die Lampe leuchtet und der Schalter steht in der Stellung ‚Ein‘. Siehst Du dieses Kästchen?“ – „Ja!“ – „Nun, schalte den Schalter aus und sag mir Bescheid, wenn Du ausgeschaltet hast!“ – „Ja, ich habe ausgeschaltet.“ – „Gut. Leuchtet die Kontrollampe noch?“ – „Nein.“ – „O.K. Der Schmerz wird jetzt vom Nerv bis zu diesem Kästchen geleitet. Da ist der Schalter auf ‚Aus‘-Stellung. Von dort aus geht es also nicht mehr weiter. Richtig?“ – „Ja.“

Danach folgte die Auflösung. Die Schmerzen waren ab diesem Moment völlig verschwunden. Am nächsten Tag habe ich vor dem Zahnarztbesuch diese Suggestion noch einmal wiederholt. Obwohl es sich um einen Weisheitszahn handelte, der entfernt werden musste, hat meine Partnerin nicht das Geringste gespürt und wollte die Zahnextraktion völlig ohne Betäubung durchführen lassen. Dem behandelnden Zahnarzt war das jedoch nicht geheuer. Er hatte absolut keine Erfahrung mit Hypnose. Er setzte aus diesem Grund trotzdem eine Injektion, da er der Sache nicht traute und nicht hätte arbeiten können.

2. Spielkarten an der Rückseite erkennen

Im Buch „Die hohe Schule der Hypnose" von Kurt Tepperwein kann man auf den ersten Blick sehr kuriose Suggestionen nachlesen. So unter Anderem auch „Karten an der Rückseite erkennen". Zu meinen Anfängen als Hypnotiseur, in den 80er Jahren des letzten Jahrhunderts, habe ich natürlich auch das testen müssen. Insbesondere auch

aus dem Grund, da ich sehr viele somnambule Hypnotisanden hatte, die sich gerne zur Verfügung gestellt haben und die von der Hypnose ebenso fasziniert waren, wie ich auch. Niemals vergessen werde ich wohl die Aktion, die ich in einer Gaststätte in der Nähe von Kulmbach mit meiner damaligen Partnerin durchgeführt habe. Nun, wir waren jung und wir waren in Partystimmung. Ich war zu diesem Zeitpunkt bereits als „Der Hypnotiseur" bekannt, doch meine Versuche mit paranormalen Phänomenen waren noch relativ unbekannt. Einer der Anwesenden jedoch hatte meine Experimente mit den Karten bereits miterlebt und so machte es die Runde: „Die Frau kann Karten an der Rückseite erkennen!". Natürlich war ungläubiges Kopfschütteln die erste Reaktion. Sehen wollte es dann aber doch jeder. Also holten wir, um jeden Betrug auszuschließen, ein frisches Päckchen Schafkopf-Spielkarten (32er Blatt). Weder ich, noch meine Partnerin bekamen die Karten je in die Hand. Das Kartenspiel war in Folie eingeschweißt und wurde von meinen Wettpartnern geöffnet. Wir hatten nämlich gewettet, dass ich für jedes Mal „Nicht Erkennen" ein Getränk zahle, während ich für jeden positiven Durchgang ein Getränk gewinne. Ich habe dann angewiesen, die Karten mit der Rückseite nach oben auf dem Tisch so zu verteilen, dass wir jede einzelne Karte vollflächig sehen können und dann eine der Karten umzudrehen. Es war damals die „Schellen 8". Dann wies ich an, diese Karte auch wieder umzudrehen und suggerierte sinngemäß wie folgt:

„Ich zähle gleich bis Drei. Bei Drei angelangt, öffnest Du Deine Augen. Ich zeige Dir dann eine Karte und Du siehst auf dieser Karte ganz deutlich ein leuchtendes, rotes

Kreuz. Du wirst dieses Kreuz jedes Mal sofort wieder erkennen, sobald Du diese Karte wieder siehst. Ein leuchtendes rotes Kreuz ist auf der Rückseite dieser Karte zu erkennen! Eins, zwei, drei, öffne Deine Augen!“

Ich deutete auf die Karte, ohne die Karte zu berühren, damit mir niemand einen Betrug unterstellen konnte. Dann durften die Mitstreiter die Karten gut durchmischen und wieder mit der Rückseite nach oben auf dem Tisch auslegen, so dass jede einzelne Karte vollflächig sichtbar war. Dann fragte ich meine Partnerin, wo die Karte mit dem roten Kreuz ist. Sie sollte nur hindeuten und die Karte nicht berühren. „Na, da!“ Volltreffer! Ich möchte es nun kurz machen. Nach dem siebten oder achten Mal gingen die Anderen mit dem Kartenspiel zum Mischen vor die Tür. Sie konnten es nicht fassen und meine Partnerin reagierte schon richtig gelangweilt. Sie fragte mich, was das soll. Denn für sie war das rote Kreuz ja sichtbar und sie hatte aufgrund der Hypnose keine Ahnung, dass nur sie es wahrnehmen konnte. Daher war es für sie natürlich eine dumme Frage, die ich andauernd wieder stellte. Übrigens, keine Sorge, ich habe die Getränke dann gespendet, denn so viel konnte ich unmöglich alleine trinken. ☺

Dieses Experiment hat nach weit über zwanzig Jahren auch Thomas Wenzl (Tom Ice), ein Ausbilder der Hypnoseakademie, mit einem unserer Seminarteilnehmer durchgeführt. Sie hätten die Gesichter der Anwesenden sehen sollen, als auch das funktionierte.

3. Der Nacktscanner

Zum jetzigen Zeitpunkt, in dem diese Zeilen entstehen, ist in Deutschland die Diskussion über sogenannte „Nacktscanner" an Flughäfen in vollem Gange. Diese Geräte sollen die Kleidung mittels Terahertzwellen durchdringen und so die nackte Haut sichtbar machen. Nun, während die Wissenschaft hier die angeblich neueste Entwicklung vorstellt und die Menschen über Sinn und Unsinn diskutieren, haben die Showhypnotiseure seit langem Mittel und Wege entdeckt, durch die Kleidung hindurch zu sehen!

„Wenn ich Dich wecke, siehst Du jede Person in diesem Raum, außer mir ☺, *splitternackt!"*

Diese Suggestion beinhaltet eine negative Halluzination. Etwas Vorhandenes wird weghalluziniert. Aus diesem Grund ist eine sehr tiefe Trance notwendig, damit es funktioniert. Nun hatten wir im Rahmen der Showhypnosen immer viel Spaß mit diesen Suggestionen, doch sind auch seltsame Dinge dabei aufgetreten. In einer Discothek in Bamberg (Oberfranken) beispielsweise, fing eine Frau, die diese Suggestion erhalten hatte, das Lachen an. Sie deutete auf eine Frau im Publikum und amüsierte sich köstlich über einen „Strich am Bauch", den sie genau beschrieb. In der Pause kam dann ein junger Mann auf mich zu und fragte mich, ob man das „echt" sieht, oder wie das sonst funktioniert. Hintergrund war der, dass diese Dame mit dem Strich am Bauch seine Verlobte war, die eine frische Narbe wegen einer Kaiserschnittgeburt hatte, die genau wie beschrieben aussah. Die beiden Frauen kannten sich auch nicht. Das Paar war nur zu Besuch und rein zufällig an diesem Abend in der Discothek.

Dieser Vorfall ist natürlich kein wissenschaftlicher Beweis. Soviel ist klar. Meine Experimente, die ich privat durchgeführt habe, haben jedoch ebenfalls ergeben, dass es für bestimmte Personen möglich ist, durch feste Materie zu sehen. Hinzu kommen die Ergebnisse meiner früheren Showhypnose-Kollegen, die ein wenig weiter gingen als ich und die Somnambulen aufforderten, Intimpiercings beim Publikum zu zeigen – mit Erfolg!

4. Die negative Halluzination

Noch einen großen Schritt weiter gegangen bin ich zum Beispiel 2007 in einer Live-Sendung von RTL „Unglaublich – Die Show der Merkwürdigkeiten". Ich erwähne das hier, da es nachvollziehbar ist und Videoaufzeichnungen darüber existieren. Im Rahmen meines Auftritts, bei dem zwei völlig somnambule Besucher der Show mitwirkten, die ich vor der Sendung hypnotisiert hatte, war auch eine negative Halluzination eingeplant. Also, vorhandene Dinge verschwinden zu lassen. Dies zeigte ich am Ende. Der Moderator der Sendung war Marco Schreyl. Ich suggerierte damals sinngemäß: „Wenn ich Dich wecke, ist die Sendung zu Ende und Marco Schreyl hat das Studio verlassen.“ Dann weckte ich meine Hypnotisanden und drückte Marco Schreyl ein Mikrofon in die Hand. Die beiden Somnambulen waren regelrecht entsetzt über meine neue Fähigkeit der Psychokinese, denn sie sahen das Mikrofon, das Marco Schreyl in der Hand hielt, schweben. Die Suggestion, dass er das Studio verlassen hätte, sorgte dafür, dass er nicht mehr wahrgenommen wurde. Das Mikrofon jedoch war weiterhin real für beide und so sahen sie das Mikrofon schweben. Auf diese Art und Weise kann man die unglaublichsten Dinge suggerieren. Interessant ist jedoch immer noch die Frage, ob ein Hypnotisand einem weg-halluzinierten Gegenstand ausweicht, oder nicht. Das habe ich bisher noch nicht getestet. Ich bin jedoch der Meinung, dass es von mehreren Faktoren abhängt, insbesondere jedoch von den verwendeten Suggestionen.

Der Suggestibilitätstest

Wie gut oder schlecht ist ein Mensch hypnotisierbar? Welche Personen aus einer Gruppe sind am leichtesten in den hypnotischen Zustand zu bringen? Diese Fragen wird man sich in seinem Leben als Hypnotiseur sehr oft stellen. Um diese Frage zu beantworten, kann man einen so genannten „Suggestibilitätstest" durchführen. Also einen Test, der ermittelt, wie gut oder schlecht ein Mensch auf Suggestionen anspricht. Dieser Test wird ohne vorherige Hypnoseinduktion durchgeführt, also im ganz normalen Wachzustand. Es wird getestet, wie gut oder schlecht das Bewußtein Suggestionen zulässt. Im Rahmen der Fixationsmethode ist die eigentliche Suggestion zum Beispiel unter anderem ein Suggestibilitätstest.

Ein ganz simpler Suggestibilitätstest ist der „Händefalttest":

Man fordert seinen Probanden auf die Hände zu falten (wie beim evangelischen Gebet). Dann schaut der Hypnotiseur dem Probanden am besten tief in die Augen. Bei einer Gruppe von Personen ist das selbstverständlich weder möglich noch nötig. Es geht nur darum, die Faszination zu steigern. Der Suggestionstext kann zum Beispiel wie folgt aussehen:

„Ich zähle nun rückwärts von fünf bis null und mit jeder Zahl spürst Du mehr und mehr, wie Deine Finger immer steifer und steifer werden. Spätestens bei Null angelangt

kleben Deine Hände komplett aneinander. Du kannst sie dann nicht mehr öffnen.

Fünf - *Mehr und mehr kleben Deine Hände aneinander. Deine Daumen, Deine Zeigefinger, Deine Mittelfinger kleben festen und fester. Immer fester. Deine Ringfinger werden steifer und steifer und Deine kleinen Finger werden steifer und steifer und kleben ganz fest aneinander. Mehr und mehr.*

Vier - *So, als ob man eine Tube Superkleber verwendet hätte, kleben Deine Finger und Deine Hände mehr und mehr aneinander.*

Drei - *Mehr und mehr klebt nun jeder einzelne Finger aneinander. Mehr und mehr kleben Deine Hände aneinander.*

Zwei - *Immer steifer und steifer werden Deine Daumen. Immer steifer und steifer werden Deine Zeigefinger. Immer steifer und steifer werden Deine Mittelfinger, immer steifer und steifer werden Deine Ringfinger, immer steifer und steifer werden Deine kleinen Finger. Immer steifer und steifer werden alle Finger und Deine Hände kleben mehr und mehr aneinander.*

Eins - *Noch steifer wird jeder einzelne Finger. Noch mehr kleben Deine Hände aneinander!*

Null - *Du kannst Deine Hände nun nicht mehr öffnen. Um so öfter Du es versuchst, um so weniger wird es Dir gelin-*

gen!

Gleich darfst Du versuchen, Deine Hände zu öffnen. Es wird Dir nicht gelingen! Versuche nun, Deine Hände zu öffnen!"

Je nach dem, ob man diesen Test mit einer oder mehreren Personen durchgeführt hat, wird man eine mehr oder weniger große Zahl Personen haben, die ihre Hände nicht mehr öffnen können. Das sind die Personen die sich als extrem suggestibel heraus gestellt haben. Man kann die Wirkung dieser Suggestionen direkt für die weitere Einleitung einer Hypnose verwenden. Diese wird dann extrem schnell eintreten. In manchen Fällen ist auch sofort eine spontane Wachhypnose eingetreten.

Die Rücknahme der Suggestionen kann im einfachsten Fall durch eine einzige Suggestion erfolgen: *„Wenn ich mit den Fingern schnippe, sind Deine Finger wieder ganz locker und Deine Hände kleben nicht mehr aneinander."* Grundsätzlich wesentlich besser ist jedoch die komplette Auflösung der Suggestionen mit einer korrekten Hypnoseauflösung.

Der Trancetiefetest

Ist er nun in Hypnose oder doch nicht? Besonders der Hypnoseanfänger wird immer wieder diese Frage stellen. Aber auch der Hypnotisand, der Hypnose mit Bewusstlosigkeit verwechselt, wird sich selbst diese Frage stellen. Im Rahmen einer Showhypnose ist das relativ schnell festgestellt, denn hier werden sofort im Anschluss an die Hypnoseinduktion Suggestionen gegeben, um die besten Probanden herauszufiltern. Dies sind in der Regel Bewegungs-, oder Sprachblockaden, oder auch unsinnige Suggestionen. Im Rahmen einer Hypnosetherapie würde so etwas natürlich etwas weit gehen. Der Hypnotiseur möchte ja ein Vertrauensverhältnis aufbauen und dieses nicht mit Showsuggestionen zerstören. Aus diesem Grund muss hier bei entsprechenden Suggestionen Show und Therapie auf jeden Fall getrennt werden. Doch es gibt Anzeichen, die ein Hypnotisand nicht spielen kann, oder in der Regel nicht vorspielen wird. Anzeichen, auf die ein erfahrener Hypnotiseur automatisch achtet, bzw. die mit entsprechenden Geräten gemessen werden können:

- REM (Rapid Eye Movement) – Schnelle Augenbewegungen
- Muskelerschlaffung im Gesicht
- Muskelerschlaffung am ganzen Körper
- Die Augäpfel drehen sich nach hinten.

- Die Pulsfrequenz sinkt.
- Der Blutdruck sinkt.
- Der Hautwiderstand erhöht sich.
- Die Frequenz der Gehirnwellen sinkt.
- Im somnambulen Zustand tritt ein Gedächtnisverlust ein.

REM (Rapid Eye Movement) – Schnelle Augenbewegungen

Bis vor einiger Zeit waren die Schlafforscher noch der Meinung, schnelle Augenbewegungen seien ein Zeichen, dass der Proband träumt. Inzwischen weiß man, dass es nicht ausschließlich beim Träumen auftritt. Gemeint ist die schnelle Bewegung des Augapfels unter den geschlossenen Augenlidern. Man erkennt diese Bewegungen sehr gut, wenn man darauf achtet. REM, so der Fachausdruck, kann bereits bei leichter Trance eintreten. Es ist also kein Zeichen, dass eine tiefe Trance anzeigt und es muss nicht zwingend eintreten. Wenn man REM beobachtet, kann man jedoch zumindest von einer Trance ausgehen.

Muskelerschlaffung im Gesicht

Aufgrund der Vielzahl der Muskeln in unserem Gesicht kann man eine Muskelerschlaffung natürlich auch besonders hier gut beobachten. Auch die Erschlaffung der Muskulatur ist kein spezifisches Zeichen tiefer Hypnose, ein erfahrener Hypnotiseur wird jedoch an der Gesichtsmuskulatur sehr gut erkennen können, wie weit die Hypnose bereits fortgeschritten ist. Leider ist ein Buch nicht besonders gut geeignet, es darzustellen, daher möchte ich Sie bitten, das in der Praxis genau zu beobachten.

Muskelerschlaffung am ganzen Körper

So wie man es besonders im Gesicht im Kleinen beobachten kann, so bemerkt man es im Großen am ganzen Körper. Insbesondere sollte man hierbei die Halsmuskulatur beobachten (der Kopf senkt sich oder legt sich zur Seite). Aber auch an den Händen und an den Füßen kann man sehr gut erkennen, wie der Körper reagiert. Füße, die vorher parallel nebeneinander lagen, klappen regelrecht auseinander, Hände entspannen sich sichtlich. Auch das ist schwierig mit Worten zu erklären, aber sehr gut in der Praxis erkennbar, wenn man darauf achtet.

Die Augäpfel drehen sich nach hinten

Es sieht im „schlimmsten Fall" aus wie eine Szene aus einem Horrorfilm: Die Augäpfel drehen sich nach hinten, bis man nur noch das weiße im Auge sieht. Danach schließen sich langsam die Augenlider. Jedoch keine Angst! Was manchmal richtig furchterregend aussieht, ist nur ein Zeichen tiefer Trance, dass eintreten kann, jedoch keinesfalls muss. Dieser Effekt tritt in allen Abstufungen ein. Auf der folgenden Abbildung sieht es noch relativ harmlos aus. Es gibt hierbei für den Hypnotiseur absolut keinen Grund, Panik zu bekommen. Es sieht nur extrem ungewöhnlich

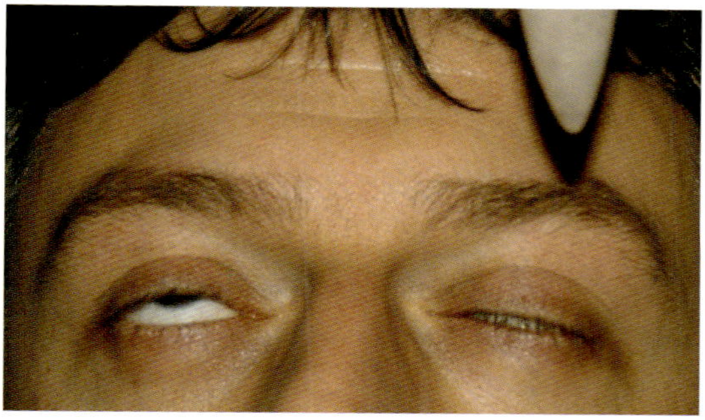

aus, ist jedoch ansonsten völlig ungefährlich. Auch Kontaktlinsenträger müssen hier keine Angst haben. Das, was hier bei geöffneten oder teilweise geöffneten Augen geschieht, passiert auch im Schlaf und ist auch im Schlaf nach Aussage von Augenärzten ungefährlich.

Die Pulsfrequenz sinkt

Mit eintretender Hypnose kann (!) die Pulsfrequenz sinken. Die Pulsfrequenz ist die Anzahl der Schläge des Herzens pro Minute. Um die Frequenz festzustellen, kann man die Anzahl der Herzschläge für zehn Sekunden am Handgelenk fest-

stellen und mit sechs multiplizieren, oder man verwendet einen Pulsfrequenzmesser. Es gibt sehr einfache Geräte im Bereich des Sports, ich bevorzuge in solchen Fällen

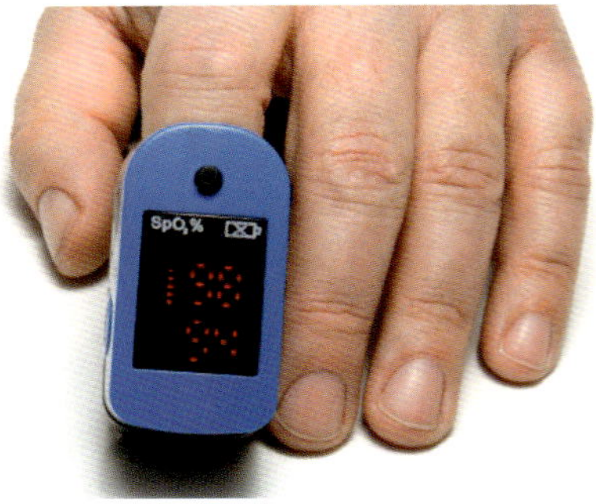

jedoch die inzwischen erschwinglichen „Pulsoximeter". Diese Geräte werden in verschiedenen Varianten und Größen angeboten. Normalerweise werden sie bei Operationen eingesetzt um dem Anästhesisten Puls und Sauerstoffsättigung des Blutes anzuzeigen, oder auf Intensivstationen in Krankenhäusern. Heute gibt es relativ günstige Geräte, die direkt am Finger angebracht werden, aber es gibt auch relativ teure stationäre Geräte, die normalerweise im klinischen Bereich eingesetzt werden. Natürlich benötigt man diese Geräte als Hypnotiseur nicht. Es gibt jedoch Klienten, die technische Spielereien lieben und bei diesen Klienten kann man hier natürlich mit Seriosität punkten. Weiterhin ist sehr gut erkennbar, ob und wie der Hypnotisand auf Suggestionen reagiert. Während bei der Einleitung und Vertiefung der Hypnose die Pulsfrequenz mehr und mehr sinkt, steigt sie bei einer Fraktionierung (Unterbrechung) der Hypnose oder auch bei Suggestionen, die den Hypnotisanden erregen, wieder an. Die Trancetiefe kann durch diese Geräte nicht angezeigt werden, nur eine relative Änderung.

Der Blutdruck sinkt

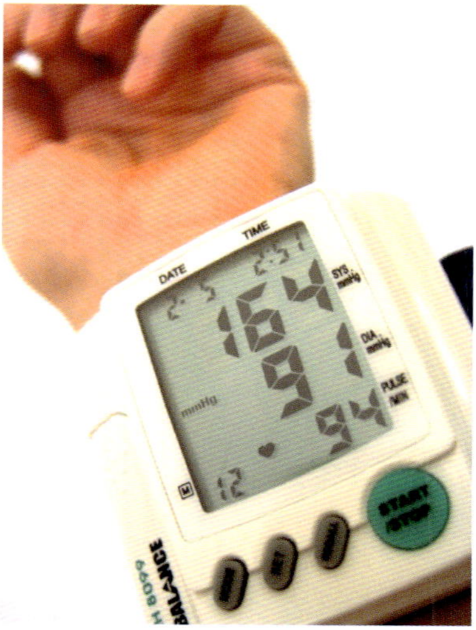

Ein Blutdruckmessgerät sollte grundsätzlich zur Ausstattung einer Hypnosepraxis gehören. Es gehört nicht zur Überwachung der Hypnose, jedoch ist in seltenen Fällen Vorsicht besser als Nachsicht. Da eine Dauerüberwachung des Blutdrucks derzeit ohne erheblichen Aufwand nicht möglich ist, ist der Blutdrucktest auf die übliche Manschette begrenzt. Mit moderner Elektronik ist es heutzutage problemlos möglich, den Blutdruck zu kontrollieren.

Ein Hypnotiseur wird in aller Regel darauf verzichten, den Hypnotisanden mittels Blutdruckmessung zu verunsichern. Bei Hypnotisanden mit sehr niedrigem Blutdruck sollte jedoch vorsichtshalber vor der Hypnose eine Messung stattfinden, da durch die Hypnose der Blutdruck häufig gesenkt wird. Ich empfehle die Messung während der Hypnose nur in Ausnahmefällen, da sie immer eine Störung darstellt. Die Trancetiefe kann durch die Änderung des Blutdrucks nicht festgestellt werden.

Der Hautwiderstand erhöht sich

Ein Parameter, der sehr gut ausgewertet werden kann, ist der elektrische Hautwiderstand. Dieser Wert ändert sich mit der Entspannung und kann sehr einfach gemessen werden. Hierfür gibt es entsprechende Geräte mit oder ohne Computerunterstützung in allen Preisklassen. Leider ist auch mit einem Biofeedbackgerät keine absolute Messung der Trancetiefe möglich. Die relative Änderung insbesondere während der Hypnoseinduktion, ist jedoch sehr gut möglich. Es gibt Geräte, mit denen man sogar eine Kurve aufzeichnen kann, die dem Hypnotisanden aufzeigen, dass sein Körper auf die Suggestionen reagiert hat. Ein erfahrener Hypnotiseur benötigt zwar keine Hilfsmittel, insbesondere für technikbegeisterte Hypnotisanden ist ein Biofeedbackgerät oder ein Hautwiderstandsmesser jedoch etwas Besonderes und daher grundsätzlich in einer Hypnosepraxis empfehlenswert.

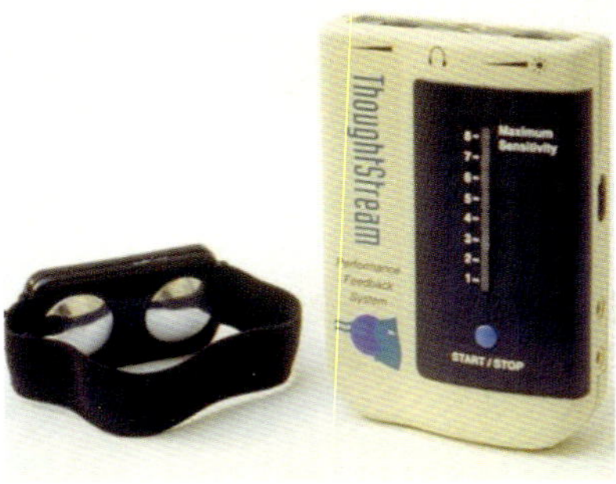

Die Frequenz der Gehirnwellen sinkt

Mittels EEG (Elektroencephalegramm) oder Neurofeedbackgeräten ist es möglich, die Frequenz an der Oberfläche der Gehirnrinde zu messen. Mit Hilfe des EEGs kann man Rückschlüsse auf die Trancetiefe ziehen. Leider sind entsprechende Geräte sehr teuer, die Handhabung ist kompliziert und die Auswertung eines EEGs bedarf ei-

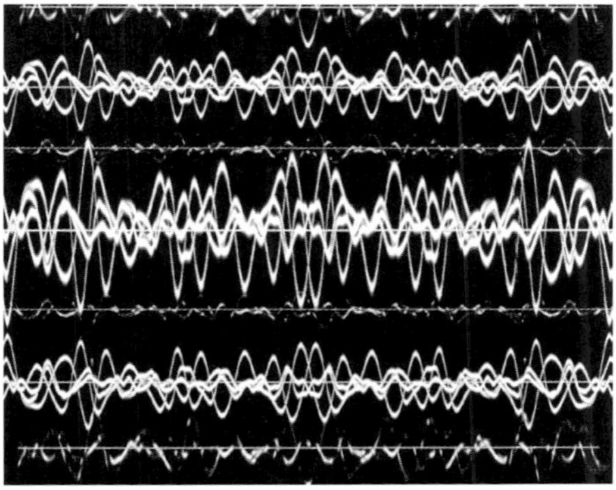

ner entsprechenden Ausbildung. Aus diesem Grund ist eine EEG-Auswertung maximal im klinischen Bereich und im Bereich der Hypnoseforschung sinnvoll.

Im somnambulen Zustand tritt ein Gedächtnisverlust ein

Ein Zeichen des somnambulen Zustands ist der teilweise Gedächtnisverlust (partielle Amnesie). Die Amnesie bezieht sich auf den Zeitraum, in dem der Hypnotisand im somnambulen Zustand war. Ob und an was sich der Hypnotisand erinnern kann, kann man mittels Befragung herausfinden. Wichtig ist, dass das Gedächtnis natürlich nicht wirklich gelöscht ist. Die Erinnerung ist vorhanden, sie wird jedoch nicht bewusst. Erst nachdem man entsprechende Suggestionen gegeben hat, wird sich der Hypnotisand wieder erinnern können. Die Erinnerung kann zwar auch nach der Hypnose wieder nach und nach zurückkehren, in der Regel muss der Hypnotiseur die Erinnerung durch Suggestion wieder geben.

Der suggestive Trancetiefetest

Grundsätzlich kann man, wie bereits erwähnt, die Trancetiefe nicht mit technischen Mitteln messen. Es sind Erfahrung und Beobachtungsgabe und es gehört der suggestive Trancetiefetest dazu. Hierbei werden Suggestionen gegeben, die eine entsprechende Trancetiefe benötigen. Werden diese Suggestionen ausgeführt, bzw. angenommen, kann man davon ausgehen, dass eine entsprechende Trancetiefe eingetreten ist. Unterschiede bestehen natürlich darin, ob man eine Showhypnose duchführt, eine Gruppenhypnose oder eine individuelle Einzelhypnose. Je nach Anforderung werden hier ganz unterschiedliche Tests angewendet.

Beginnen wir mit der Fraktionierung. Die Unterbrechung der Hypnose ist neben der Vertiefung der Hypnose auch ein wunderbarer Test. Eine funktionierende Fraktionierung deutet auf eine mindestens mittlere Hypnosetiefe hin. Zugleich zeigt es dem Hypnotisanden, dass er wirklich in Trance ist.

Insbesondere im Bereich der Therapie wird die Armlevitation mit Armkatalepsie angewendet.

Hierbei wird suggeriert, dass der Arm immer leichter wird und von einem Gasballon gezogen, nach oben steigt. Eine Gefahr besteht hierbei nicht. Nur sollte die Suggestion nicht bei Personen angewendet werden, die z.B. aufgrund eines Unfalls oder aufgrund einer längeren Ruhigstellung einmal eine Versteifung des Armes miterlebt haben. Die Suggestion könnte in diesem Fall negative Auswirkungen auf die gesamte Hypnosesitzung haben, bis hin zum Rapportverlust. Diese Fälle sind natürlich sehr selten, ich möchte es jedoch ansprechen, da ich entsprechendes selbst erlebt habe.

Die Suggestion für eine Armlevitation kann zum Beispiel folgendermaßen lauten:

„Ich binde nun einen Bindfaden an Dein Handgelenk (dabei das entsprechende Handgelenk berühren)*. An diesem Bindfaden hängt ein großer, kräftiger* ***Gas****ballon. Dieser Gasballon ist kräftig genug, Deinen Arm langsam zu heben und Du spürst nun, wie Dein Arm leichter und leichter wird und langsam, gezogen von diesem Gasballon, nach oben gezogen wird, solange, bis ich ‚Stop'* sage. *Immer höher und höher steigt der Arm und umso höher der Arm steigt, umso tiefer sinkst Du in diesen wunderschönen, angenehmen Zustand der Entspannung, und umso tiefer Du sinkst, umso höher steigt der Arm. Beide Arme sind wunderbar durchblutet. Du fühlst Dich vollkommen wohl, während Dein Arm immer höher und höher steigt. Ganz von alleine, gezogen von diesem Gasballon."*

Wenn der Arm eine entsprechende Höhe erreicht hat, stoppt man ihn mit dem Befehl „Stop!" . Dann streicht man ganz locker über den Arm des Hypnotisanden und suggeriert zum Beispiel:

„Du spürst nun, wie Dein Arm ganz steif wird. Vollkommen steif wird Dein Arm. Gut durchblutet sind beide Arme. Du fühlst Dich vollkommen wohl. Dein Arm ist nun völlig steif, aber das ist absolut in Ordnung. Du fühlst Dich vollkommen wohl. Und auch, wenn Du gleich Deine Augen öffnest, wird sich an diesem Zustand nichts verändern. Dein Arm bleibt genau in dieser Position und Du fühlst Dich zu jedem Zeitpunkt vollkommen wohl!"

An dieser Stelle kann man den Hypnotisanden mittels der Fraktionierung die Augen öffnen lassen. Die Suggestion funktioniert ab der mittleren Trancetiefe sehr gut. Wenn die Armkatalepsie (Starre) auch bei geöffneten Augen weiterhin anhält, kann man davon ausgehen, dass die Trancetiefe eher zur tiefen Trance hin tendiert oder bereits tiefe Trance eingetreten ist. Der Hypnotisand wird in diesem Fall nicht mehr behaupten, nicht in Hypnose gewesen zu sein und der Hypnotiseur weiß, dass er ab sofort problemlos mit seinen eigentlichen Suggestionen beginnen kann.

Es ist auf jeden Fall auch darauf zu achten, dass man die Suggestionen wieder rückgängig macht:

„Dein Arm wird nun wieder ganz locker (wieder leicht über den Arm streichen). Ich lasse jetzt langsam das Gas aus dem Ballon ab und Dein Arm erhält nun langsam seine Schwere zurück und sinkt wieder tiefer. Umso tiefer Dein Arm nun nach unten sinkt, umso tiefer sinkst Du in diesen wunderschönen Zustand der Entspannung. Tiefer und tiefer! Gleich schneide ich den Bindfaden ab. Der Bindfaden und der Gasballon sind dann vollkommen verschwunden und beide Arme sind wieder ganz normal. – Schnipp!" (Hier bitte nötigenfalls den Arm auffangen!)

Möchte man auf Somnambulismus testen, hat man mehrere Möglichkeiten. Entweder man erfährt mittels Befragung, dass der Hypnotisand keinerlei Erinnerung an das Geschehene hat, oder man gibt Suggestionen, die einen somnambulen Zustand zum Gelingen voraussetzen. Bei dem Thema Erinnerung ist darauf zu achten, dass der Hypnotisand grundsätzlich sagen wird, dass er sich an alles erinnern kann. Einen eventuellen Gedächtnisverlust wird er in der Regel nicht bemerken. Für den Hypnotisanden ist es eine durchgehende Zeitlinie. Daher ist die Fragestellung auch entsprechend zu beachten.

Suggestionen um einen somnambulen Zustand zu testen, sind in der Regel alle Suggestionen, die mit geöffneten Augen eintreten. Ein Beispiel ist die Sprachblockade.

Hierbei suggeriert man dem Hypnotisanden, dass er beispielsweise seinen Namen nicht mehr aussprechen kann: *„Wenn ich Dich an der Schulter berühre, kannst Du Deine Augen öffnen. Dann kannst Du Deinen eigenen Namen nicht mehr aussprechen. Je öfter Du es versuchst, umso weniger wird es Dir gelingen! Ich zähle gleich bis drei. Bei drei angelangt kannst Du Deinen Namen wieder ganz normal aussprechen."* Dann wird der Hypnotisand an der Schulter berührt und fraktioniert. Wenn er nach Aufforderung seinen Namen nicht mehr aussprechen kann, kann man einen Schritt weiter gehen. Zunächst wird wieder bis drei gezählt und der Hypnotisand aufgefordert nun seinen Namen zu nennen. Das kann er nach der Zahl drei problemlos tun. Mit einem Tip an die Stirn wird er wieder in Trance versetzt. Nun folgt eine weitere Suggestion: *„Wenn ich Dich nun wecke, hast Du Deinen Namen vollständig vergessen. Du kannst Dich gar nicht mehr erinnern, wer Du bist und wie Du heißt. Sobald ich bis drei zähle, ist Deine Erinnerung wieder vollständig vorhanden. Du weißt dann wieder wer Du bist und wie Du heißt.".* Nun wird der Hypnotisand wieder fraktioniert und nach seinem Namen gefragt. Spätestens, wenn diese Suggestion ebenso wirkt, kann man sicher von einem somnambulen Zustand ausgehen. Man zählt dann auch gleich wieder bis drei. Diese Wachsuggestion wird dann die vorherige Suggestion wieder aufheben.

Sicherlich handelt es sich hierbei nicht um therapeutische Suggestionen und im Rahmen einer Therapie wird man wohl auch selten den Namen vergessen lassen. Es handelt sich nur um ein Beispiel. Ebenso kann man jede andere Suggestion geben, die mit geöffneten Augen ausgeführt werden soll. Eher leichtere Themen sind hierbei Sprech- oder Bewegungsblockaden. Die Suggestion von positiven oder sogar negativen optischen Halluzinationen setzt hingegen eine extrem tiefe Trance voraus. Unter positiven optischen Halluzinationen verstehe ich hierbei die Suggestion von nicht vorhandenen Dingen. Eine negative optische Halluzination wäre das Verschwinden von Gegenständen oder Personen mittels hypnotischer Suggestion. Ein erfahrener Hypnotiseur wird solche Experimente häufig nicht mehr benötigen. Dieser erkennt zum Beispiel an der Entspannung der Gesichts- und Halsmuskulatur sehr viel.

Die Hypnoseauflösung

Die Hypnoseauflösung stellt in meinen Augen das Wichtigste dar! Eine ordentliche Hypnoseauflösung! Wird die Hypnoseauflösung nicht oder nur unzureichend durchgeführt, kann dies zu teils massiven Problemen führen!

Während der Hypnose verändern sich die Körperphysiologie und auch der Fokus des Hypnotisanden. Dies stellt sich für den Hypnotisanden meist so dar, dass er sehr entspannt ist und sich in diesem Zustand während der Hypnose auch wohl fühlt. Wenn nun die Hypnose aufgrund einer Störung, eines Schrecks oder möglicherweise gar nicht beendet wird, wird sich der Hypnotisand nach kurzer Zeit unwohl fühlen. Dies kann sogar zu teils extremen Kopfschmerzen, Schwindelgefühl und Übelkeit führen. Auch kann eine nicht oder unvollständig durchgeführte Auflösung zu einer Re-Hypnose führen. Sollte der Hypnotisand inzwischen eine Tätigkeit durchführen, die seine absolute Aufmerksamkeit erfordert (z.B. die Teilnahme am Straßenverkehr), ist klar, dass dies hochgefährlich werden kann.

Mit einer ordentlichen Hypnoseauflösung fühlt sich der Hypnotisand nach der Hypnose sehr wohl!

Eine Hypnoseauflösung ist extrem einfach durchzuführen, wird jedoch häufig von schlecht ausgebildeten Hypnotiseuren einfach weg gelassen. Mir ist sogar ein Fall bekannt geworden, bei dem eine TV-Volontärin mehrere Stunden übelste Kopfschmerzen ertragen musste, nachdem sie bei einer Hypnose von einem Ausbilder, der sogar angeblich Heilpraktiker für Psychotherapie ist, ohne Auflösung einfach aus der Hypnose gerissen wurde. Auf ihre Frage hin, ob das nicht aufgelöst werden muss, wurde verneint. Kopfschmerzen seien völlig normal... Das ist natürlich völliger Unsinn!

Eine sehr einfache Form der Hypnoseauflösung, bei der jede Suggestion wieder genommen wird (zum Beispiel für Übungshypnosen) ist die Folgende:

Beispiel einer Hypnoseauflösung nach einer Übungshypnose

„Ich zähle nun langsam bis drei. Bei der Zahl Drei angelangt, bist Du wieder hellwach und fühlst Dich vollkommen wohl und entspannt. Ich werde, bei der Zahl Drei angelangt, keinen Einfluss mehr auf Dich ausüben!

Eins - Dein Puls und Dein Blutdruck steigen nun auf optimale Werte an. Puls und Blutdruck steigen auf optimale Werte an.

Zwei - Deine Arme, Deine Beine, Dein ganzer Körper wird nun wieder leichter. Deine Augenlider werden wieder leichter. Puls und Blutdruck normalisieren sich. Gleich kannst Du Deine Augen öffnen, dann ist alles, was ich vor dieser Hypnoseauflösung zu Dir gesagt habe, wieder vollkommen von Dir genommen. Ich werde dann keinerlei Einfluss mehr auf Dich ausüben.

Drei – Du bist wieder hellwach! Öffne Deine Augen! Wach auf!"

Ich möchte an dieser Stelle darauf hinweisen, dass die Texte hier keine Zaubersprüche darstellen. Es gibt in der Hypnose keine Zaubersprüche und so dürfen die Texte selbstverständlich sinngemäß abgeändert und auch erweitert werden!

Im Rahmen einer Hypnosetherapie wird man natürlich Wert darauf legen, dass die vorher gegebenen Suggestionen auch bestehen bleiben. Die Auflösung nach einer therapeutischen Sitzung wird daher anders aussehen, als die nach einer reinen Showhypnose oder Übungshypnose. Auch hierfür ein Beispiel:

Beispiel einer Hypnoseauflösung nach einer therapeutischen Hypnose

„Ich zähle nun langsam bis drei. *Bei der Zahl Drei angelangt, bist Du wieder hellwach und fühlst Dich vollkommen wohl und entspannt.*

Eins - Dein Puls und Dein Blutdruck steigen nun auf optimale Werte an. Puls und Blutdruck steigen auf optimale Werte an. Deine Arme, Deine Beine, Deine Augenlider, Dein ganzer Körper wird nun wieder leichter.

Zwei - Alles, was ich zu Dir gesagt habe, wird sich nun ganz fest in Deinem Unterbewusstsein verankern und zu Deinem Wohl wirken. Und jedes Mal dann, wenn Du Dich wieder in meinen Räumen befindest, wenn Du selbst diesen wunderschönen Zustand der Hypnose erleben möchtest und ich Dich an der Stirn berühre, wirst Du augenblicklich noch tiefer, noch viel tiefer wie jemals zuvor, in diesen wunderschönen Zustand der Entspannung sinken. – Puls und Blutdruck sind nun wieder optimal! Und gleich öffnest Du Deine Augen und bist hellwach!

Drei - Öffne Deine Augen! Wach auf! Du bist hellwach und fühlst Dich vollkommen wohl!"

In aller Regel wird der Hypnotisand nach dieser Auflösung die Augen öffnen und sich auch vollkommen wohl fühlen. Der Körper ist jedoch nicht immer ein Turbo. Aus diesem Grund lassen Sie dem Hypnotisanden bitte ein paar Minuten Zeit, wenn er sich zu Beginn noch etwas „wacklig" fühlt. Dieses Gefühl sollte nach kurzer Zeit einem totalen Wohlempfinden weichen. Wenn dies nicht der Fall ist, sollte man auf jeden Fall die Hypnose noch einmal einleiten, was kein Problem darstellen dürfte, da der Zustand noch nicht wirklich aufgehoben ist, und die Hypnoseauflösung noch einmal wiederholen.

Selten, aber immerhin möglich, ist der Effekt, dass der Hypnotisand auf die Hypnoseauflösung nicht reagiert. Wichtig ist hierbei, dass der Hypnotiseur nicht in Panik gerät, denn es gibt in aller Regel gar keinen Grund dafür. Der Hypnotisand fühlt sich in diesem Moment so wohl, dass er gar nicht mehr aufwachen *will*. Es klingt zwar paradox, doch sollte man in diesem Fall die Hypnose noch weiter vertiefen und dem Hypnotisanden dann selbst die Kontrolle übergeben:

Beispiel einer Aufwachphase wenn der Hypnotisand nicht mehr aufwachen will

„Du sinkst jetzt noch tiefer, noch viel tiefer in diesen wunderschönen Zustand der absoluten Entspannung! Immer tiefer und tiefer! – Und nun spürst Du ganz von selbst, dass Du nun genug geschlafen hast. Von ganz alleine möchtest Du nun aus diesem wunderschönen Zustand wieder erwachen! Ganz von alleine wirst Du nun aus diesem wunderschönen Zustand wieder erwachen!"

Bitte lassen Sie dem Hypnotisanden in diesem Fall die Zeit, die er benötigt. Er wird bereits nach wenigen Sekunden oder Minuten die Augen öffnen.

„Du bist wieder im Hier und Jetzt!"

Regelmäßig höre ich diesen Satz, der mir genauso regelmäßig eine Gänsehaut beschert. Insbesondere dann, wenn der Satz anstelle einer ordentlichen Hypnoseauflösung verwendet wird, stelle ich mir die Frage, wer das verbrochen hat. Was bitte bedeutet: „Du bist im Hier!"? Und was soll bedeuten: „Du bist im Jetzt!"? Das ist grammatikalisch gesehen völliger Unsinn. Jedoch interessiert das Unterbewusstsein die Grammatik erst an hinterer Stelle. Vordergründig sind die Bilder, die erzeugt werden. Welches Bild können Sie sich vorstellen unter „Du bist im Hier“ und welches Bild ist „Du bist im Jetzt“? Nun, wenn ich daran denke, was aus „Dein Kopf ist klar und frei“ werden kann, dann kann ich mir vorstellen, dass so manches Unterbewusstsein aus „Du bist wieder im Hier und Jetzt“ auch irgendwelchen Unsinn produziert. Daher empfehle ich ein Umdenken und eine grammatikalisch richtige Aufwachphase!

„Eins, zwei drei – Hellwach!“

Oder... gesehen 2010 in einer Live-Sendung im deutschen Privatfernsehen am Mittwoch Abend und durchgeführt von einer Diplompsychologin: *Fingerschnippen* „Hellwach!“ - das war alles.

„Um Himmels Willen!“ ist mein Gedanke, wenn ich so etwas höre, oder auf Videos, bzw. live sehe. Bitte kommen Sie **niemals** auf die Idee, dass es sich bei diesem oder einem ähnlichen Satz um eine ordentliche Aufwachphase handelt! Dieser Satz wird allerhöchstens zu den am Anfang des Kapitels beschriebenen Unpässlichkeiten führen, also zu Schwindel, Übelkeit, Kopfschmerzen, usw., wenn die Hypnose nicht wie beschrieben ordentlich aufgelöst wird.

Hypnoseauflösung mit energetischer Aufladung und Schutz

Auch wenn für Sie „energetische Techniken" vielleicht nicht nachvollziehbar sind und diese Dinge rein wissenschaftlich derzeit nicht belegbar sind, sollten Sie respektvoll damit umgehen. Nur weil etwas nicht in das vorherrschende Weltbild passt, bedeutet das noch lange nicht, dass es nicht funktioniert oder gar Unsinn ist. Die folgende Hypnoseauflösung ist energetisch hochwirksam und kann, insbesondere wenn man als Anfänger etwas umstellt oder weglässt, heftige Auswirkungen haben. Aus diesem Grund bitte ich zunächst, vorsichtig damit umzugehen. Ich empfehle diese Auflösung, insbesondere bei Änderungen im Text, ausdrücklich nur erfahrenen Personen!

„Ich zähle nun langsam bis drei. Bei drei angelangt bist Du hellwach, fühlst Dich vollkommen wohl, ausgeruht und entspannt. Wenn Du magst, dann bitte Deine geistige Führung nun um Unterstützung für Dein Vorhaben.

Eins *- Ganz langsam spürst Du nun, wie sich Puls und Blutdruck normalisieren. Puls und Blutdruck normalisieren sich wieder. Und Du spürst nun, wie ein wundervolles, warmes Licht über Deinen Scheitel in Deinen Körper und Deinen Geist hineinfließt und Dir Kraft, Liebe und Energie gibt. Genau so viel, wie Du gerade benötigst. Immer genau so viel, wie Du gerade benötigst.*

Ein wunderschönes violettes Licht durchströmt nun jede einzelne Zelle Deines Körpers. Wundervolles violettes Licht durchströmt jede einzelne Zelle Deines Körpers. Neben dem violetten Licht durchströmt Dich nun auch ein wunderschönes gelbes Licht. Gelbes und violettes Licht durchstrahlen jede Zelle Deines Körpers. Gelbes und violettes Licht durchstrahlen jede Zelle Deines Körpers. – Das violette und gelbe Licht vereinen sich nun in ein ganz reines weißes Licht. Dieses weiße Licht durchströmt Deinen ganzen Körper und Deinen Geist. Es reinigt Deinen Körper und Deinen Geist und tritt dann bei den Füßen wieder aus, wo es von der Mutter Erde angenommen wird. Spüre, wie das weiße Licht jede Zelle Deines Körpers und Deinen Geist reinigt.

Das weiße Licht ändert nun seine Farbe zu einem hellen lindgrün. Das lindgrüne Licht durchströmt nun jede Zelle Deines Körpers und Deinen Geist. Wunderschönes lindgrünes Licht durchströmt Deinen Körper und Deinen Geist. – Ein weiterer Strahl mit himbeerrotem, herzenswarmen Licht tritt über den Scheitelpunkt in der Mitte Deines Kopfes ein und durchstrahlt Dich, genauso wie ein Strahl mit blauem Licht, dass Dir so viel Lebenskraft gibt, wie Du benötigst. Lindgrün, himbeerrot und blau durchstrahlen Deinen Körper und Deinen Geist und geben Dir Kraft, Liebe und Lebensenergie.

Es folgen ein goldener Lichtstrahl, ein weißer Lichtstrahl und ein silbernes Licht. Alle Lichtenergien durchströmen

Deinen Körper und Deinen Geist so lange Du sie benötigst. Sie geben Dir Kraft, Liebe und Lebensenergie.

***Zwei** – Deine Augenlider werden wieder leichter. Deine Arme, Deine Beine, Dein ganzer Körper wird nun wieder leichter. Bei drei angelangt, bist Du hellwach und Du kannst nun selbst entscheiden, welche meiner Worte Du für Dich behalten möchtest, die ab sofort und in Zukunft in Dir wirken werden.*

Atme noch einmal tief durch und gleich wirst Du aus diesem wunderschönen Zustand erwachen. Du wirst Dich völlig frisch, wohl, ausgeruht und entspannt fühlen.

Noch einmal erscheint ein Licht. Ein wunderschönes, göttliches, goldenes Licht, dass Dich komplett einhüllt und schützt. Schütze Dich mit diesem goldenen Licht und sehe nun, wie ein silbernes Licht die goldene Hülle nach außen hin verspiegelt und Dich vor allen negativen Einflüssen absichert und schützt.

***Drei** – öffne nun Deine Augen! Puls und Blutdruck sind wieder völlig normal! Wach auf! Du bist wieder völlig hellwach! Öffne Deine Augen!“*

Regression, Reinkarnation und Präinkarnation in Hypnose

Die Begriffe „Regression“ und „Reinkarnation“ bezeichnen die Rückführung im derzeitigen und in angenommene frühere Leben. Das Phänomen hierbei ist die Hypermnesie (extrem gesteigertes Gedächtnis), die eintritt. Betreffend der Reinkarnation, also der Rückführung über die Geburt (oder Zeugung, wie man will) hinaus, scheiden sich häufig die Geister. Für mich persönlich gibt es keine Frage. Ich habe inzwischen so viele persönliche Erfahrungen damit gemacht, dass es für mich persönlich eine Tatsache darstellt. Wenn Sie das anders sehen, dann ist das völlig in Ordnung! Ich bin kein Missionar und ich werde nicht beginnen, jemanden von etwas überzeugen zu wollen. Wenn Sie also aus religiösen oder anderen Gründen eine Wiedergeburt ablehnen, dann sehen Sie das alles mit einem Schmunzeln als Fantasie. Erlauben Sie mir jedoch den Einwurf, dass jede Religion dieser Welt die Wiedergeburt beinhaltet und dass Reinkarnation im Christentum erst durch einen Papst entfernt wurde, da diese nicht ins Konzept passte.

Ein Hypnotiseur sollte auf jeden Fall Ahnung von Regressions- und Reinkarnationstechniken haben, da es bei einer normalen therapeutischen Hypnosesitzung zu einer Spontanregression oder gar zu einer Spontanreinkarnation kommen kann. In einem solchen Fall muss man natürlich wissen, wie man sich verhält. Natürlich kann kein

Buch dieser Welt das Phänomen so nahe bringen wie die Praxis. Ich möchte jedoch einen kleinen Einblick in dieses absolut verblüffende Thema geben. Die „Präinkarnation" ist dabei relativ neu. Im Rahmen einer Reinkarnationssitzung habe ich erfahren, dass Zeit bei der Wiedergeburt keine Rolle spielt und man sehr wohl bereits in der Relativzukunft gelebt haben kann. Meine dahingehenden Experimente haben das bestätigt, einen Beweis hierfür kann ich jedoch nicht vorlegen. Daher bietet auch dieses Thema sehr große Kapazität für neue Erfahrungen.

Zunächst einmal definieren wir die Begriffe:

Regression:	Rückführung im jetzt gelebten Le ben.
Reinkarnation:	Rückführung in ein Leben, das vor diesem Leben gelebt wurde.
Präinkarnation:	„Rückführung" in ein Leben, das vor diesem Leben gelebt wurde, jedoch paradoxerweise in der Relativzukunft liegt.

Dann gibt es auch in der Hypnose verschiedene Techniken, wie man an die gewünschten Informationen gelangt. Zum besseren Verständnis rede ich hier von **Rück**führungen, auch wenn ich gleichzeitig die Präinkarnation, also im Prinzip eine zeitliche Vorausführung meine. Die darf man übrigens nicht verwechseln mit einer Zukunftsschau

(Präkognition), auch wenn eine solche damit prinzipiell möglich ist.

Technisch gesehen haben wir in der Hypnose zwei Möglichkeiten der Rückführung:

- Direkte Techniken, die **körperlich** erlebt werden.
- Indirekte Techniken, die **nicht körperlich** miterlebt werden.

Grundsätzlich sei jedoch gesagt, dass man vorsichtshalber bei jeder Technik als erstes suggerieren sollte: „***Egal was geschieht, Du wirst zu jedem Zeitpunkt die deutsche Sprache sprechen und auch verstehen!“*** – Diese Suggestion darf ruhig auch öfter wiederholt werden! Ich spreche hierbei unter Anderem aus eigener Erfahrung. Ich habe selbst erlebt, was passieren kann, wenn man diese Suggestion nicht gibt und sich der Proband plötzlich so stark mit einem Vorleben in einem fremden Land identifiziert (in diesem Fall das alte Ägypten), dass er die deutsche Sprache nicht mehr versteht. Im ungünstigsten Fall hat man dann einen Rapportverlust und der Proband ein größeres Problem…

So faszinierend jegliche Rückführung in Hypnose ist, so viel Respekt muss man dieser Technik entgegen bringen! Denken Sie einmal zurück in ihrem Leben. Sicher würden Sie in der Vergangenheit mehr als eine Situation wieder finden, die sie nicht noch einmal wieder erleben möchten. Vielleicht gibt es sogar Situationen, die Ihnen regelrecht Angst bereitet haben. Bei einer Rückführung weiß der Hypnotiseur zunächst natürlich gar nicht, in welcher Situation sich der Hypnotisand gleich wiederfinden wird. Daher ist sehr viel Erfahrung, zumindest aber eine gute Ausbildung, die auf solche Situationen vorbereitet, notwendig. Das gilt insbesondere in der Hypnosetherapie. Der Hypnotisand kommt aufgrund von Problemen in die Praxis. Bei der folgenden Rückführung ist es daher sogar sinnvoll, gerade die auslösenden Faktoren zu finden. Dass es sich hierbei häufig um Situationen handelte, die große Angst produziert haben, ist verständlich. Mit dieser Angst muss der Hypnotiseur gut umgehen können, um sie den Hypnotisanden einerseits noch einmal durchleben zu lassen und andererseits diese Erinnerung in ein „normales“ Erlebnis ohne Ängste zu transformieren.

In diesem Buch möchte ich weniger auf die therapeutischen Maßnahmen eingehen. Hierzu gehört einfach eine gute Ausbildung durch Praktiker. Es sind vielmehr die Phänomene, die ich ansprechen möchte und bestimmte, einfache Techniken.

In der TV-Talkshow „Arabella“, die vor einigen Jahren im deutschen Fernsehen lief, wurde ich einmal zum Thema Wiedergeburt eingeladen. Mit mir waren sehr hohe Persönlichkeiten anwesend: Nofretete, Mozart, Beethoven und viele weitere Personen, die steif behaupteten, die Wiedergeburt bekannter Persönlichkeiten aus der Geschichte zu sein. Dazu eine Therapeutin, die sichtlich stolz auf ihre Ausbeute war. Die Rückführungen dieser Frau wurden ohne Hypnose durchgeführt und ich denke ich kann mit Fug und Recht behaupten, dass es sich entweder um Schauspieler (hoffentlich), oder um bedauernswerte Geschöpfe handelte, die dieser Dame dann regelrecht hörig waren. In meiner eigenen Praxis habe ich höchst selten erlebt, dass sich jemand als die Wiedergeburt einer hochgestellten Persönlichkeit aus der Geschichte sah. Einmal jedoch habe ich eine Situation erlebt, die ich auch heute noch für zumindest phänomenal halte, selbst wenn es sich nur um Autosuggestion gehandelt haben sollte. Es geht hier um die angebliche Wiedergeburt von Enrico Caruso. Da es sich um eine Person handelt, die in der Öffentlichkeit einen gewissen Bekanntheitsgrad besitzt, werde ich selbstverständlich keinen realen Namen nennen, sondern ein Pseudonym verwenden. Nennen wir ihn Ludwig. Ich lernte Ludwig als Geschäftsführer einer kleinen Discothek in Bayern kennen, in der ich einen Auftritt hatte. Im Rahmen dieses Auftritts zeigte er uns seine wahrhaft phänomenalen Gesangskünste. Es ist nicht möglich, das, was wir dort erlebt haben, in Worte zu fassen, die jemand nachvollziehen kann. Einen solch gewaltigen Stimmumfang hatte ich vorher nicht einmal im TV, geschweige denn live erlebt. Es war Gänsehaut pur! So stand ich da mit offenem Mund, völlig sprachlos und er sagte zu mir: „Siehst Du, Singen ist mein Leben seit ich denken kann und ich will wissen warum!“. So kam es dazu, dass ich Ludwig zu mir nach Hause einlud zu einer Reinkarnationssitzung, die ich sicher nie mehr vergessen werde. Meine Hoffnung, dass er einen somnambulen Hypnosezustand erreichen kann, erfüllte sich und ich konnte ihn zurückführen in ein früheres Leben, das mit seinen derzeitigen Gesangskünsten in direktem Zusammenhang war. Hierfür mussten wir gar nicht weit zurück. Es war Anfang des 20. Jahrhunderts. Ludwig sah sich als Enrico Caruso, einen der wohl größten Tenöre seiner Zeit. Ich werde die Geschichte zunächst weiter erzählen und später auf die verschiedenen Techniken eingehen. Während man Reinkarnation beispielsweise im TV so kennt, dass jemand mit geschlossenen Augen da liegt und irgendetwas erzählt, so habe ich die Technik dahingehend weiter entwickelt, dass es kein Problem darstellt, den Hypnotisanden die Augen öffnen zu lassen. Man erlebt in diesem Moment eine komplette Persönlichkeitsveränderung! In diesem Fall war es ein Mann, den ich darum bat, etwas vorzusingen. Er schaute mich an, schüttelte mit dem Kopf und sagte zu mir: „Sagen Sie mal, Sie wissen wohl nicht wer ich bin?!" „Doch, Sie sind Enrico Caruso!" „Ja eben! Meinen Sie ich singe hier einfach etwas vor?" ... Darauf, bzw. auf eine ähnliche Reaktion war ich vorbereitet. So konnte ich kontern: „Aber Sie wissen anscheinend nicht, wer ich bin! Ich bin der örtliche Präsident!" ... „Oh, Entschuldigung, Herr Präsident, das ist natürlich etwas anderes!". Danach begann er eine Arie zu schmettern – in italienischer Sprache! Nachdem ich ihn wieder in die Gegenwart und sein heutiges Leben zurückgeholt hatte, zeigte ich ihm die Videoaufzeichnung der Hypnosesitzung. Er war total perplex. Worüber er jedoch besonders beeindruckt war, war die Tatsache, dass er eine Arie in einer ihm heute fremden Sprache gesungen hatte.

Immer wieder werde ich gefragt, ob es denn möglich sei, in Hypnose fremde Sprachen zu sprechen, oder ob man Sprachen aus früheren Leben mitnehmen kann. Mit fremden Sprachen in Hypnose habe ich direkt bei einer meiner allerersten Reinkarnationssitzungen Erfahrungen gemacht. Ein Freund von mir sah sich als englischer Earl, der ein großes Problem hatte. Er sollte standesgemäß heiraten, war jedoch in eine Frau aus dem normalen Volk verliebt, was schier unmöglich war. Irgendwann während der Hypnose dachte ich mir, dass ein englischer Earl natürlich englisch spricht, also sprach ich ihn in englischer Sprache an. Er antwortete mir ebenfalls in englischer Sprache, jedoch empfand ich seinen Dialekt etwas seltsam. Es war verständlich, jedoch war ich von meinen Sprachurlauben in England anderes gewöhnt. Gut, ich dachte mir zunächst nichts dabei, denn mit entsprechenden Slangs hatte ich, wie ich später ausführe, auch schon Erfahrungen. Erst nachdem ich ihn weckte und ihm das Band vorspielte, sah er mich total verblüfft an und fragte mich: „Wer hat denn das gesprochen?". Er konnte mir nicht glauben, dass er das selbst gesprochen hatte, da er selbst nie Englisch gelernt hatte. Doch ein paar Wochen später kam es noch dicker. Eine Freundin war bei mir zu Besuch, die in diesem Leben ein Sprachengenie ist und das als Fremdsprachenkorrespondentin auslebt. Ihr spielte ich das Band vor, ohne zu sagen, dass es sich um eine hypnotische Reinkarnation handelte. Sie war völlig perplex. Nicht weil ich mich in englischer Sprache unterhielt, sondern weil mein Gesprächspartner nach ihrer Aussage einen Dialekt aus dem Mittelalter sprach! Nun stellt sich die Frage, ob es auch möglich ist, solche Sprachkenntnisse mitzunehmen um sie dann auch im normalen Leben einsetzen zu können. Erlebt habe ich auch das. Zumindest waren die Kenntnisse ein paar Tage abrufbar. Da es sich jedoch um eine afrikanische Sprache handelte, mit der die Hypnotisandin im jetzigen Leben leider nichts anfangen konnte, verblasste die Erinnerung wieder. Ohne Hypnose habe ich jedoch auch selbst schier unfassbare Dinge erlebt. Im Alter von 15 Jahren war ich drei Wochen in Christchurch, nähe Bournmouth an der Südküste von England. Ich wohnte dort bei einer Gastfamilie. Als ich dort ankam und die Familie mich begrüßte, traf mich zunächst einmal regelrecht der Schlag. Ich verstand kein Wort. Das, obwohl ich bereits ein paar Jahre Englischunterricht im Gymnasium mit durchschnittlichen Noten erfahren hatte. Der Grund meines Unvermögens war, wie sich kurz darauf herausstellte, dass meine Gasteltern waschechte Schotten waren mit einem ebenso waschechten schottischen Slang, eigentlich eine eigene Sprache. Ich schlug in Gedanken die Hände über dem Kopf zusammen und fragte mich, wie ich nun drei Wochen durchstehen sollte, wenn ich nicht einmal „Yes" und

„No“ verstehen konnte. Doch es dauerte nur ungefähr eine Woche. Es ging schleichend voran, so dass es mir zunächst gar nicht auffiel, dass ich mich nach der kurzen Zeit mit meiner Gastfamilie fließend unterhalten konnte. Erst nachdem mich ein Engländer bat ich solle langsamer reden, da er meinen furchtbaren schottischen Slang sonst nicht versteht, wurde mir bewusst, dass hier etwas nicht stimmen konnte. Er glaubte mir nicht, dass ich Deutscher bin und selbst als er meinen Ausweis sah, schüttelte er mit dem Kopf und meinte, dass es völlig unmöglich sei. Einen positiven Nebeneffekt hatte es auch noch: Ich kam problemlos in jeden Pub hinein und unterhielt mich mit den Wirten, die regelmäßig die „German Students“ aus dem Lokal entfernten, da diese noch keine 18 Jahre alt waren. Nun, damals war es für mich ein Rätsel, das ich nicht lösen konnte. Auch brachte ich es nicht in Verbindung, dass ich bei Filmen, in denen die schottische Burg „Eilean Donan Castle“ gezeigt wird (z.B. Highlander 1986, James Bond – Die Welt ist nicht genug 1999) ganz seltsame Gefühle bekam. Heute weiß ich unter anderem, dass ich eine Inkarnation in Schottland durchlebt habe, in der Eilean Donan Castle eine sehr große Rolle spielte. Für mich ist es aus diesem Grund und aus anderen Erfahrungen heraus sicher, dass man Wissen aus anderen Inkarnationen mitnehmen kann, bzw. nötigenfalls darauf Zugriff erhält.

Nun aber zur Praxis. Bevor man Experimente in Richtung Rück- oder Vorausführung durchführt, sollte man sich grundsätzlicher und nicht zu unterschätzender Gefahren bewusst sein! Die größte Gefahr besteht immer im Rapportverlust. Da wir nicht wissen, was der Hypnotisand in der Vergangenheit (oder auch in der Relativzukunft) erlebt hat, müssen wir uns also absichern. Hierfür eignet sich der „Safe Place“ oder „Wohlfühlraum“, also ein virtueller Raum, in den man den Hypnotisanden sofort zurückschicken kann, sofern die Gefahr eines Rapportverlustes oder einer Panik besteht.

Wir müssen **zum Beispiel** mit folgenden **Gefahren** rechnen:

- Rapportverlust
- Panik
- Plötzliche Astralprojektion
- „Steckenbleiben“ in einer anderen Zeit oder einer anderen Existenz (Persönlichkeitsveränderung)
- Plötzlicher Verlust der Muttersprache
- Retraumatisierung (Wiederholung eines traumatischen Erlebnisses)
- Psychischer Schock

Das ist nur eine kleine Auswahl, die zeigt, dass es kein Späßchen ist, eine Rückführung durchzuführen. Es kann durchaus sehr ernste Auswirkungen haben, wenn man keine entsprechende, gute Ausbildung genossen hat. Das gilt insbesondere, wenn man dieses Verfahren nutzt um die Ursache von chronischen Krankheiten, Ängsten, usw. zu eruieren. Ich möchte an dieser Stelle auch keinesfalls Ängste vor einer wunderbaren Methode schüren. Respekt ist jedoch angebracht!

Die Kinoleinwandmethode

Als der Entschluss reifte, eine CD zum Thema „Reinkarnation – Rückführung in frühere Leben“ zu produzieren, war natürlich das Thema „Sicherheit“ ganz oben auf der Liste. Wie kann man verhindern, dass ein Hypnotisand alles körperlich noch einmal erlebt? Das Ergebnis meiner Überlegungen war die Kinoleinwandmethode. Hintergrund der Überlegung war, dass man von einem Film nicht körperlich betroffen sein kann. Also ließ ich den Hypnotisanden in einem ganz speziellen Kino Platz nehmen. In diesem Kino befindet sich ein Sitzplatz mit einer speziellen Fernbedienung, die den Kinofilm fernsteuern kann. Der Film, der abgespielt wird, ist ein Film über das oder die Leben des Hypnotisanden. Fragen die auftauchen, kann er mit einer virtuellen Infotaste beantworten und selbst üble Erlebnisse werden aus der Distanz betrachtet.

Natürlich kann es auch hierbei zu heftigen Emotionen kommen. Die Gefahr, dass sich ein Hypnotisand zum Beispiel in einem mittelalterlichen Folterkeller oder gar auf dem Scheiterhaufen wiedersieht und das auch noch zusätzlich körperlich wieder erlebt, besteht jedoch nicht mehr. Diese Methode ist selbstverständlich auch für Regressionen oder Progressionen zu nutzen. Insbesondere dann, wenn man noch wenig Erfahrungen hat, oder wenn die Gefahr besteht durch die Hypnose ein altes Trauma wieder aufleben zu lassen, ist diese Methode geeigneter als alle Methoden, die ein körperliches Erleben forcieren.

Die körperliche Regression

Als Regression bezeichnet man die Rückführung im derzeitigen Leben, bis zur Zeugung. Erklärbar sind diese Erinnerungen im Gegensatz zur Reinkarnation oder Präinkarnation mit der Hypermnesie (extrem gesteigertes Gedächtnis), die in Hypnose eintritt. Ob diese Erklärung tatsächlich stimmt, oder ob nicht auch andere Faktoren eine Rolle spielen, wäre noch zu klären. Sicher ist jedenfalls, dass eine Regression ein sehr interessantes Thema insbesondere für Therapeuten darstellt. Hierzu ein kleines Beispiel. Vor einigen Jahren wurde ich in ein Hamburger Nobelhotel an der Alster zu einem TV-Casting für Hypnotiseure eingeladen. Im Rahmen dieses Castings, dass mehr einer kompletten Produktion glich, führte ich meine Hypnotisandin, die ich wegen mangelndem Selbstwertgefühl hypnotisieren sollte, in ihre Kindheit zurück zu dem Zeitpunkt, als dieses mangelnde Selbstwertgefühl zum ersten Mal in ihrem Leben auftrat. Sie saß auf der Couch und fing plötzlich an, wie ein kleines Kind zu reden, als ich sie aufforderte mit mir zu sprechen. Auf die Frage, wie alt sie sei, antwortete sie „Drei...“. „Und was ist geschehen?“ - „Meine Mama ist gestorben“. Im weiteren Verlauf stellte sich heraus, dass sie ab dem Alter von drei Jahren von ihrer Großmutter aufgezogen wurde, die dann auch in jungen Jahren verschied. Im Endeffekt war es so, dass ihr im Leben kaum jemand gesagt hat: „Mädchen, das hast du gut gemacht!". Aber wie löst man dieses Problem? Da sie einen somnambulen Zustand erreichte, hatte ich mehr Möglichkeiten, als in der mittleren Trancetiefe und so entschied ich mich für eine ganz spezielle Lösung, die aber gleichzeitig auch für das Kamerateam etwas Abwechslung bedeutete. Ich suggerierte der inzwischen jungen Dame, dass sie gleich die Augen öffnen könne und dann ihre Mutter und die Oma ca. zwei Meter vor ihr stehen werden. Sie sollte die beiden dann erst einmal richtig toll begrüßen. Sofort, nachdem ich sie die Augen öffnen ließ, begann sie zu strahlen, stand auf und ging ca. zwei Meter nach vorne, wo sie die nur in der hypnotischen Halluzination vorhandene Mutter und die Großmutter unter Freudentränen umarmte. Ich suggerierte ihr nun, dass ihre Mutter und die Großmutter sie loben und ihr sagen, wie toll sie ihr Leben bisher gemeistert hat und dass sie ein sehr wertvoller Mensch ist. Danach ließ ich sie von Mutter und Großmutter verabschieden, vertiefte die Eindrücke, führte sie zurück in die Gegenwart und löste die Hypnose mit den posthypnotischen Suggestionen, dass sie ab sofort und in Zukunft täglich weiß, dass sie ein positiver und wertvoller Mensch ist, auf. Die zuständige Redakteurin war nicht nur regelrecht aus dem Häuschen, auch ihre Praktikantin war seitdem wie ausgewechselt, wie ich später erfuhr.

Das ist natürlich nur ein Beispiel von vielen. Möglichkeiten gibt es hier noch viele mehr, doch sind die meisten Anwendungen therapeutischer Natur und somit nur einem eingeschränkten Kreis zugänglich. Ist man jedoch Therapeut, dann bringt die Regression gewaltige Vorteile, zum Beispiel im Gegensatz zur Gesprächstherapie. Nur ein Problem hat man. Während eine Gesprächstherapie auch einmal 80-200 Stunden dauern kann und somit richtig Geld in den Geldbeutel spült, ist mit einer Regression das Problem möglicherweise bereits in einer Sitzung gelöst. Das kann natürlich ein Grund sein, davon abzusehen, wobei ich jedoch niemandem etwas Böses unterstellen möchte.

Zum näheren Verständnis möchte ich auch hier Suggestionsbeispiele bringen, doch warne ich grundsätzlich vor der Anwendung, wenn man keine entsprechende Ausbildung genossen hat. Auch aus einem Spaß kann ganz schnell bitterer Ernst werden, wenn man im Rahmen der Rückführung auf Dinge stößt, mit denen nicht einmal der Hypnotisand rechnet.

Für Regressionen, Reinkarnationen, usw. gilt: Je tiefer die Trance, desto besser die Ergebnisse. Umso tiefer die Trance, umso besser ist der erwünschte Kontakt zum Unterbewusstsein und somit zu den jeweiligen Erinnerungen. Es gibt selbstverständlich auch Regression und Reinkarnation in leichter Trance, nur sind die Ergebnisse dabei leicht durch Wunschdenken, bzw. durch das Wachbewusstsein im Allgemeinen manipulierbar. Das ist auch ein sehr grosser Schwachpunkt der „modernen Hypnose“. Da hierbei meist nur leichte Trancen erzeugt werden, ist es entsprechend schwierig, Ursachen zu erkennen und es ist noch schwieriger, Ursachen zu beseitigen. Aus diesem Grund sehe ich hierbei keinen Grund nur eine leichte Trance zu induzieren. Im Gegenteil. Ich persönlich bin der Meinung, dass insbesondere verdeckte Ursachen, in tiefer Hypnose leichter auffindbar und auch leichter behandelbar sind.

PSI-Phänomene

Grundsätzlich kann es bei jeder Hypnose zu PSI-Phänomenen kommen. Insbesondere geschieht so etwas jedoch auch bei Reinkarnationssitzungen. Aus diesem Grund halte ich dieses Kapitel für gut geeignet um dieses Thema anzusprechen. Unter PSI versteht man Parapsychologie, also Phänomene, die wissenschaftlich entweder nicht anerkannt oder noch nicht erklärbar sind. Darunter fällt zum Beispiel die Telepathie (Gedankenlesen), Psychokinese (Fernbewegung von Gegenständen) und vieles mehr. Im Rahmen dieses Buches bin ich bereits mehrfach auf derartige Phänomene eingegangen. Es ergeht nun jedoch an alle, die obrigkeitshörig sind oder meinen, die Wissenschaft wäre der Weisheit allerletzter Schluss, die Aufforderung, alles was ich ab sofort in diesem Kapitel schreibe, mit Abstand anzusehen.

Um es überhaupt verstehen zu können, habe ich bereits vor vielen Jahren meine ganz persönliche Theorie entwikkelt. So sehe ich den Körper als eine biologische Maschine an und das Gehirn als einen biologischen Computer.

Das Bewusstsein und unsere eigentliche Identität jedoch sehe ich im Energiekörper lokalisiert. Also in einem feinstofflichen Körper, der unseren materiellen Körper durchdringt. Dieses extrem einfache Modell einer sicher sehr viel komplexeren Wahrheit benutze ich jedoch sehr gerne, wenn ich versuche, gewisse Phänomene zu verstehen. Und auch in der Wissenschaft werden Spekulationen eingesetzt, um die Dinge zu verstehen. Zumindest bin ich mit meinem Modell bisher immer gut gefahren, da es auch die Reinkarnation und sogar Astralreisen oder Nahtodeserlebnisse beinhaltet und verstehen lässt.

Grundsätzlich haben paranormale Phänomene etwas besonderes, ja manchmal sogar etwas Angst einflößendes an sich. Viele Obrigkeitsdenker sind der Meinung, dass unsere Wissenschaft der Weisheit grundsätzlich und immer Recht hat und alles, was wissenschaftlich nicht erklärbar ist, wird weit, weit weg geschoben. Dabei bedient sich unsere Wissenschaft selbst häufig der unglaublichsten Methoden um das Grundgerüst bestehen zu lassen. Erkenntnisse, die nicht ins Konzept passen, werden einfach unter den Teppich gekehrt, um nur ein Beispiel zu nennen. Der geneigte Leser wird ganz sicher sehr viele solche Beispiele finden, wenn er nur danach sucht. Jeder, der es zulassen kann, dass hinter dem Tellerrand noch etwas anderes ist, wirde erstaunliche Entdeckungen machen. Eine Realität, die nur unseren Sinnen verborgen ist, so wie Funkwellen, die wir auch mit unseren Sinnen nicht wahrnehmen können. Beispielsweise kommt es bei Hypnosesitzungen nicht selten zu Fernwahrnehmungen oder gar zu außerkörperlichen Erfahrungen (OOBE). Jeder Hypnotiseur, der mehr als nur grundlegende Erfahrungen gesammelt hat, wird irgendwann spüren, dass bei der Hypnose eine schwer erklärbare, energetische Verbindung zwischen Hypnotiseur und Hypnotisand aufgebaut wird. Für den Hypnotiseur wird das schnell völlig normal, obwohl es alles andere als das ist, wenn man versucht es mit wissenschaftlichen Erkenntnissen dieser Zeit zu erklären.

Wichtig für den Hypnotiseur ist es auf jeden Fall, sämtliche Phänomene als „normal“, also als von der Natur gegeben anzusehen! Jede andere Sichtweise könnte Ängste beim Hypnotiseur erzeugen und somit nicht nur die gesamte Hypnosesitzung, sondern insbesondere auch den Hypnotisanden gefährden, der in einem solchen Fall nicht mehr ordentlich geführt werden kann. Genau das ist jedoch extrem wichtig in einem solchen Fall, da häufig der Hypnotisand selbst am meisten von den Phänomenen überrascht wird.

Wenn es jedoch darum geht, PSI-Phänomene zu erzeugen, sollte man sich so lange zurücknehmen, bis man auch Ahnung davon hat. Es gibt viele sehr spannende Experimente, jedoch muss man sich immer ins Bewusstsein rufen, dass man mit Menschen arbeitet und nicht mit Bauklötzen. Die Psyche des Hypnotisanden kann mit solchen Experimenten sehr schnell überfordert werden. Das gilt insbesondere dann, wenn man Experimente mit der

Astralebene durchführt.

Präinkarnation

Mit dem Begriff „Präinkarnation" bezeichne ich ein Phänomen, auf das ich vor kurzem im Rahmen einer Reinkarnationssitzung gestoßen bin. Die Hypnotisandin befand sich im Rahmen der Reinkarnation in einem Leben als sehr spirituelle Frau um das Jahr 1700 herum. Plötzlich erzählte sie mir, sie hätte aus der geistigen Ebene eine Information erhalten, dass Zeit eine Illusion sei und man häufig auch schon Leben in der relativen Zukunft gelebt hat. Ich fand diese Aussage sehr faszinierend. So hat es mir wieder einmal gezeigt, wie sehr wir in eingefahrenen Überlegungen gefangen sind. Es folgte natürlich gleich ein Experiment in diese Richtung mit sinngemäß folgenden Suggestionen:

„Wenn es ein Leben gibt in der relativen Zukunft, dass Du bereits gelebt hast, also nicht das momentane Leben als ..., sondern ein anderes Leben, dann begib Dich direkt zu einer schönen Situation in diesem Leben. Du kannst dann laut und deutlich mit mir reden und Du wirst zu jedem Zeitpunkt die deutsche Sprache sprechen und auch verstehen."

Hier ist ein Teil des Wortprotokolls aus dieser Präinkarnationssitzung im Dezember 2009:

"Wir wollen hier in Frieden leben, das ist ein gutes Leben.

Es gibt viel Technik.

Es gibt keinen Krieg.

Ich glaube vor ca. 1000 Jahren war der letzte Krieg.

Es gibt noch Krankheiten. Es gibt Maschinen, die das erkennen und behandeln. Der Mensch bekommt zum Teil seine individuelle Behandlung. Das macht alles ein Computer.

Es gibt sehr viel Spiritualität.

Die Leute werden auch wieder nach einem gewissen Schema zusammengeführt. Jeder behält ein bisschen von seiner Individualität und auf der anderen Seite trägt er einen kleinen Teil bei. Das macht jeder so und aus vielen kleinen Teilen wird ein ganz großer Teil. Seit ein paar hundert Jahren.

Es gab noch richtig Ärger um das Jahr 2000. Die Menschen haben einen großen Denkzettel bekommen. Man sagt bei uns es hat etwas von Oben eingegriffen. Die ganze Welt ist ins Ungleichgewicht gefallen."

„War das ein Polsprung?"

„Das kann ich nicht sagen. Es wird uns nur berichtet, dass die Menschheit sehr bestraft worden ist. Eine genaue Jahreszahl kann ich nicht sagen. Ich glaube 2015 oder 25? Ich glaube eher 2015. Viele Menschen sterben. Viele Men-

schen wurden in einen Hinterhalt gelockt. Hinterhalt – ihnen wurde etwas glaubend gemacht. Viele Menschen, die darüber nicht nachgedacht haben wurden so ins Unglück gestürzt."

„Wurden die Menschen gezwungen?"

„Nach außen hin nicht. Aber ich denke doch. Es waren verschiedene Sachen (der Hinterhalt). Es waren Menschen, die für sich selber keine Verantwortung übernehmen wollten. In keiner Weise."

„Sind die gestorben?"

„Ja!"

„Wer hat überlebt?"

„Menschen, die kein oberflächliches Leben geführt haben. Ich kann mich schlecht ausdrücken. Es wurde uns gesagt, es hätte ein Reinigungsprozess stattgefunden."

„Hat der Planet, die Erde, bei diesem Prozess mitgemacht?"

„Ja, so wird es uns überliefert. Es wird uns überliefert wie wenn unsere Erde auf seine Bewohner extrem ärgerlich war. Die Erde hat sich gewehrt."

„Was weißt Du noch darüber?"

„Das zum Teil einige bewohnte Gebiete, egal wo auf der

Welt, verschwunden sind, Geisterstädte entstanden sind."

„Was haben die Überlebenden damals getan? Weißt Du etwas darüber?"

„Sie mussten teilweise von ihren Ländern weggehen und woanders ganz neu anfangen."

„War es der Beginn einer neuen Spiritualität auf der Erde?"

„Ja, die Menschen mussten lernen großräumig umzudenken."

„Und sie sind bescheidener geworden."

...

"Hat sich das Leben an sich danach absolut grundlegend geändert?"

„Ja, auf jeden Fall. Die Menschen sind wieder bescheidener geworden. Das sind sie auch jetzt noch und wir leben hier gut. Wir haben alles. Wir haben auch Computer, aber wir besinnen uns aufs Wesentliche. Wir haben gelernt, dass wir unsere Welt und unsere Tiere schätzen und achten müssen."

„Wie tut ihr das?"

„Wir sehen Tiere nicht mehr als Belastung an, sondern wir kümmern uns liebevoll und diese Energie ist einmalig und auch was unsere Mitmenschen betrifft..."

Es waren noch weitere Aussagen dabei, auf die ich an dieser Stelle nicht eingehen möchte. Vielleicht kann jedoch ein anderer Hypnoseforscher ähnliche Ergebnisse erzielen? Auf jeden Fall gibt es hier noch extrem vieles zu erforschen.

Reinkarnationsforschung

Prof. Ian Stevenson gilt als einer der Pioniere der Reinkarnationsforschung. Als Wissenschaftler hatte er hiermit sicher einen schweren Stand. Reinkarnation ist wissenschaftlich schon aufgrund des mechanistischen Weltbilds für viele nur schwer vorstellbar. Auch Paul von Ward ist ein Reinkarnationsforscher, der einer sehr interessanten Theorie nachgeht. Von Ward geht der Theorie nach, dass bei einer Wiedergeburt gewisse Körpermerkmale wiederkehren können. Gerade in der heutigen Zeit kommen immer mehr Themen zum Vorschein, die vor ein paar Jahren noch links liegen gelassen worden wären. Das sich der gesamte Körper durch Zellteilung innerhalb eines Jahres komplett erneuert, ist Lehrmeinung. Warum jedoch Defekte wie Narben, etc. auch erneuert werden, darüber macht man sich inzwischen auch Gedanken. Die Quantenphysik darf herhalten für neue Phänomene, meist auch aus dem Mund von Menschen, die nicht einmal wissen was ein Quarks oder ein Neutron ist oder das Gedankenexperiment „Schrödingers Katze" kennen, aber egal. Es wird darüber geredet und vieles wird nun plötzlich für möglich gehalten, was früher undenkbar gewesen wäre.

Interessanterweise hat mich ein Kollege vor einiger Zeit darauf hingewiesen, dass ich einmal mein Konterfei mit dem von James Braid vergleichen solle. Ich möchte das hier nicht weiter kommentieren, halte es jedoch für bemerkenswert:

Foto: Bernhard Huber, www.bernhardhuber.com / Portraitzeichnung: James Braid

So wird uns die Zukunft sicher sehr faszinierende, neue Erkenntnisse bringen!

Die therapeutische Hypnose

Die therapeutische Hypnose im klassischen Sinn darf man unter gar keinen Umständen mit der „modernen“ oder „klinischen Hypnose“ verwechseln. Die klassische Hypnose ist die ursprüngliche, hocheffiziente, direkte Technik. Die „moderne Hypnose“ oder „klinische Hypnose“ ist eine indirekte Technik, die mit der klassischen Technik bis auf den Namen nicht mehr viel gemeinsam hat.

Die klassische, therapeutische Hypnose ist prinzipiell wie eine Computerprogrammierung. Das Bewusstsein wird eingeschränkt, der Zugang zum Unterbewusstsein hergestellt und

- fehlerhafte Programmierungen werden geändert.
- neue Programme werden hinzu gefügt.
- nicht notwendige Programme werden gelöscht.
- falsche Programme werden gelöscht.

Danach wird die Hypnose wieder ordentlich aufgelöst. Ähnlich wie der Zugang als Administrator auf einem Computer, der Programmierung und danach wieder ordentlicher Abmeldung.

Sogar bei Krebs oder Lähmung durch Schlaganfall oder Multiple Sklerose (MS) sind ganz besonders spektakuläre Erfolge mit Hilfe der Hypnose erzielbar. Viel bekannter sind jedoch die Erfolge bei der Raucherentwöhnung oder beim Abnehmen, sofern die Ursachen des Übergewichts bekannt sind und mit Hilfe einer Umstellung der körpereigenen Programme beseitigt werden können. Sehr große Erfolge werden jedoch auch bei der Behandlung der folgenden Leiden erzielt:

- spezifische und unspezifische Ängste
- Burnout Syndrom
- jegliche Wundheilung
- jegliche Stressbewältigung
- akute und chronische Schmerzen
- Schlafstörungen
- Potenzstörungen oder Impotenz
- Traumata
- Allergien
- jegliche Süchte
- viele sonstige psychische Störungen
- viele sonstige körperliche Probleme und Krankheiten

Diese Liste stellt selbstverständlich nur einen kleinen Anhaltspunkt dar. Diese Liste kann noch extrem erweitert werden. Doch auch im nichtmedizinischen Bereich, bzw. in der Lebensberatung ist die Hypnose genial einsetzbar.

Beispiele hierfür sind:

- Hypnose im Sport oder im Leistungssport
- Gesundheitsprävention
- Selbstbewusstsein erlangen und stärken
- entspannte Geburt mit Hypnose
- Aktivierung eigener Fähigkeiten und Potentiale
- u.v.m.

Ablauf einer therapeutischen Hypnose

Bevor wir mit einer therapeutischen Hypnose beginnen, gibt es ein **Vorgespräch**. In diesem Vorgespräch wird nicht nur geklärt aus welchem Grund der Hypnotisand gekommen ist, sondern insbesondere auch, ob der Hypnotisand bereits Erfahrungen mit der Hypnose hat. Wenn ja und wenn diese positiv waren, können wir uns mit der Induktion danach richten und die Technik verwenden, die der Hypnotisand bereits kennt. Weiterhin müssen wir klären, ob es irgend etwas gibt, was wir vermeiden müssen. Es muss geklärt werden, ob möglicherweise Ängste vor irgend welchen Dingen bestehen und an welchem Ort, bzw. unter welchen Umständen sich der Hypnotisand besonders wohl fühlt, um diese Ressourcen nutzen zu können. Ein ordentliches Vorgespräch ist nicht nur sehr wichtig, um mögliche Ängste und Ungewissheiten abzubauen, es ist auch die Voraussetzung für eine individuelle Hypnosesitzung. Im Folgenden sehen wir uns eine therapeutische Hypnosesitzung mit der Fixations- oder einer entsprechenden Methode an, die im Liegen durchgeführt werden kann.

Während des Vorgesprächs klären wir auch, ob sich der Hypnotisand auf einer Therapieliege auf dem Rücken liegend wohler fühlt, oder eine Relaxliege mit einer schrägen Lehne bevorzugt. Im günstigsten Fall haben wir beides verfügbar. Bei längeren Sitzungen sollte man auch klären, ob der Hypnotisand möglicherweise unter Diabetes leidet und eventuell nötige Medikamente genommen hat. Nachdem der Hypnotisand (und der Hypnotiseur ☺)

nötigenfalls noch einmal auf der Toilette war, wird er mit einer Decke abgedeckt, damit es während der Sitzung nicht zu kalt wird. Während der Hypnotiseur vor und nach der Hypnose die Distanz mit der Anrede „Sie" wahrt, einigt man sich während der Hypnose am besten auf ein persönliches „Du".

Als akustischen Konzentrationspunkt verwendet man nach meiner Erfahrung am besten eine schöne Hypnosemelodie. Wichtig ist, dass die Melodie nicht nervt und das die Lautstärke der Musik und der Takt der Geschwindigkeit der Herzfrequenz eines entspannten Menschen angepasst ist (z.B. 60 Takte pro Minute). Ein angenehmer Duft und eine gedimmte Lampe sind nicht notwendig, können jedoch ebenso unterstützend wirken.
Es folgt die eigentliche Hypnoseinduktion, die man im günstigsten Fall auswendig beherrscht und nicht ablesen muss. Nach oder während der Einleitung der Hypnose werden die Trigger gesetzt, die zur Fraktionierung notwendig sind:

„Wenn ich Dich an der Schulter berühre, kannst Du Deine Augen öffnen. Wenn ich Dich an der Stirn berühre, sinkst Du augenblicklich noch tiefer in diesen wunderschönen Zustand der absoluten Entspannung."

Damit der Hypnotisand hinterher auch glaubt, hypnotisiert worden zu sein, ist es sinnvoll dies zu belegen. Da Hypnose keine Bewusstlosigkeit darstellt und der Zugang zum Unterbewusstsein im Rahmen einer therapeutischen Hypnose sonst eher unspektakulär ist, wird dem Hypnotisanden mit geeigneten Tests gezeigt, dass der Hypnotiseur einen Zugang zum Unterbewusstsein geschaffen hat. Dies kann eine Fraktionierung sein, besser noch jedoch eine Armlevitation (siehe auch Kapitel „Der Trancetiefetest").

Wenn der Test erfolgreich verlaufen ist, werden die eigentlichen Wirksuggestionen gesetzt. Hier achtet man darauf, dass man positive Suggestionen benutzt. Das sind Suggestionen, die besagen was geschehen soll und wird. Einschränkungen dürfen auch mit negativen Suggestionen gegeben werden. Gerne verwende ich hierbei den Vergleich: „Wenn ich mich in ein Taxi setze, werde ich dem Fahrer auch sagen wo ich hin möchte und nicht, wohin ich überall nicht hinfahren will". Es macht Sinn, dem Hypnotisanden den Zustand zu suggerieren, wie es ist, wenn die Suggestionen gewirkt haben. Das wird verbunden mit positiven Emotionen. Also beispielsweise die Prüfung und das Bestehen der Prüfung in Verbindung mit positiven Gefühlen. Sehr wichtig hierbei ist grundsätzlich, dass man die Suggestionen eindeutig und nicht mehrdeutig gibt. Es dürfen und sollen auch gerne Auslöser gegeben werden, die die positiven Suggestionen in Zukunft und posthypnotisch unterstützen. Zum Beispiel:

„Jedes Mal dann, wenn Du Zigaretten siehst, werden sich meine Worte noch tiefer in Deinem Unterbewusstsein verankern und das positive Gefühl, rauchfrei zu leben, wird für Dich noch intensiver."

Ein erfahrener Hypnotiseur benötigt hierzu nicht zwingend fertige Suggestionstexte. Insbesondere ist man in diesem Fall davor bewahrt, fremde Fehler ungeprüft zu übernehmen. Zudem ist ein Hypnotiseur mit fertigem Suggestionstext auch nicht besser als eine Hypnose-CD. Also sollte das Ziel des Hypnotiseurs sein, dabei selbst in einen Trancezustand zu gehen und die Suggestionen frei und angepasst an den Hypnotisanden zu sprechen, und möglicherweise auch Informationen, die durch eine Befragung des Unterbewusstseins herausgekommen sind, gleich mit zu verarbeiten. Hierbei ist es immer hilfreich, gleich angepasst an die Sprache des Unterbewusstseins zu arbeiten, also mit Bildern und Emotionen. Man zeigt dem Unterbewusstsein das Ziel und den Weg. Den Rest erledigt das Unterbewusstsein selbst. Auch hier gilt: Es ist extrem einfach! Nichts ist schwierig! Nicht den Wald vor lauter Bäumen aus den Augen verlieren!

Am Ende der Sitzung wird dem Hypnotisanden ein weiterer Auslöser gesetzt, der jede weitere Hypnose erleichtern wird. Hierbei ist darauf zu achten, dass der Auslöser grundsätzlich nur in den Räumen der Hypnosepraxis und ausschließlich dann wirksam ist, wenn der Hypnotisand auch der Hypnose zustimmt.

Zum Schluss folgt eine ordentliche Hypnoseauflösung, bei der man sich auch gerne etwas mehr Zeit wie nur ein paar Sekunden lassen darf.

Das Ziel jeden Hypnotiseurs sollte es sein, effektiv zu arbeiten, also mit geringem Aufwand den größtmöglichen Erfolg zu erzielen. Nicht möglichst viele Sitzungen, sondern eine möglichst kleine Anzahl effektiver Sitzungen sorgen für eine positive Mund zu Mund Propaganda und somit für den Erfolg.

Damit eine therapeutische Hypnose auch von Erfolg gekrönt ist, ist es wichtig, dass eine innere Bereitschaft vorhanden ist. Der Wunsch, das Leiden zu beenden, muss auf jeden Fall seitens des Hypnotisanden vorhanden sein. Sprüche wie „meine Frau schickt mich" oder „ich muss jetzt..." sind bei einer Hypnose extrem kontraproduktiv. Erst der eigene Wunsch nach Beendigung des Leidens wird auch dafür sorgen, dass die Hypnose von Erfolg gekrönt ist, es sei denn, man möchte wirklich gegen das Innerste des Hypnotisanden handeln.

Therapeutische Hypnose ist genial ...
... wenn man den freien Willen respektiert!

Showhypnose

Als ehemaliger Showhypnotiseur mit ca. 15 Jahren hauptberuflicher Bühnenerfahrung steht es mir, im Gegensatz zu Akademikern mit Null Komma Null Bühnenerfahrung zu, dieses Thema etwas zu beleuchten. Ich habe an anderer Stelle in diesem Buch bereits mitgeteilt, was ich davon halte, wenn jemand über Dinge spricht von denen er gar keine Ahnung haben kann. Ein Redakteur macht das ständig aus beruflichen Gründen. Ein Arzt oder Psychotherapeut, der noch nie auf der Bühne stand und noch nie in seinem Leben eine Showhypnose durchgeführt hat, macht das aus anderen Beweggründen. Sicher nicht jedoch aus Nächstenliebe und nie habe ich es objektiv erlebt.

Ich möchte es auch gleich noch einmal wiederholen: Showhypnose ist kein Gruppenzwang, ist echt und sie ist sehr, sehr wertvoll! Ohne Showhypnose gäbe es heute sicher gar keine Hypnoseszene. Unter „wertvoll“ verstehe ich natürlich nicht die üblichen Verdächtigen, die Leute auf den Boden knallen lassen, ohne vorher nach möglichen Gebrechen zu fragen den Körper versteifen, um dann darauf zu steigen und nach einem herzhaften Pusten ins Gesicht auf nimmer wiedersehen verschwinden. Ich rede von ernsthafter, seriöser Showhypnose, die man als Unterhaltung ansehen kann und bei der keiner der Beteiligten möglicherweise einen bleibenden Schaden davonträgt. Genau diese Darbietungen sind es nämlich, die die moderne Menschheit überhaupt erst von der Hypnose überzeugt haben. Das Weltbild, das die moderne Wissenschaft geschaffen hat, beinhaltet Hypnose und deren Phänomene nämlich nicht mehr. Wie im Kapitel über die Geschichte der Hypnose ausgeführt, wurde Hypnose auch mehrfach wieder verboten und durch Kriege, etc. aus den Köpfen verbannt. Erst die Showhypnotiseure waren es, die Hypnose wieder in die Köpfe der Menschen gebracht haben. Auch wenn ich einige Machenschaften auf das schärfste verurteile, so darf insbesondere die Psychotherapie eher ein Loblied auf die Showhypnotiseure singen, die millionen von Straßenkilometern gefahren sind und tausende Auftritte absolviert haben, um Hypnose zu einem Teil zu dem zu machen, was sie heute ist. Inzwischen wird mit „moderner Hypnose“ oder „klinischer Hypnose“ zwar wieder Desinformationspolitik betrieben, den Boom der Hypnose an sich, wird jedoch auch das nicht mehr aufhalten.

Doch warum sind Showhypnotiseure so extrem erfolgreich in ihrem Tun, auch wenn einige Kollegen immer wieder öffentlich zeigen, dass sie fachlich keine Ahnung haben und Warnungen erfolgreich ignorieren? Wie in einem vorherigen Kapitel bereits beschrieben, spielt hier auch die immense Erwartungshaltung wieder eine große Rolle. Auch die verwendeten Techniken sind es, die eine Showhypnose von einer „klinischen“ oder „modernen“ Hypnose so extrem unterscheiden. Es werden hier direkte Techniken eingesetzt, die einen direkten Zugang zum Unterbewusstsein ermöglichen.

Zu Beginn einer jeden Showhypnose werden Freiwillige gesucht. In der Regel werden bis zu 20 verschiedene

Personen auf die Bühne geholt und mit Hilfe einer klassischen Hypnoseeinleitung oder mit Blitzhypnosetechniken hypnotisiert. Die große Anzahl resultiert daraus, dass man gleich darauf die Hypnosetiefe testet und dann nur mit Personen weiter arbeitet, die auch einen tiefen Somnambulismus erreicht haben. Bereits die Tests sind unterhaltsam. So werden beispielsweise die Hypnotisanden hypnotisch am Boden festgeklebt, unternehmen imaginäre Flugreisen oder wehren sich gegen nicht vorhandene Ameisen. Gleich darauf werden Suggestionen gegeben, die die Hypnotisanden bei geöffneten Augen durchführen sollen, um den somnambulen Zustand festzustellen. Wer diesen nicht erreicht hat, bzw. nicht hypnotisiert ist, darf in der Regel die Bühne gleich wieder verlassen. So bleibt nach kurzer Zeit der harte Kern übrig, mit tief somnambulen Personen, die im Rahmen der Show sehr häufig Dinge tun, die sie im normalen Wachzustand niemals tun würden. Das geht bis zu positiven oder negativen optischen, gustatorischen oder sonstigen Halluzinationen, oder auch bis hin zu posthypnotischen Befehlen, die noch lange nach der Show, jedoch begrenzt auf den Veranstaltungsort eintreten. Der Fantasie sind kaum Grenzen gesetzt. Ich warne jedoch davor, Dinge zu suggerieren, die man niemals selbst durchführen würde!

Zur Verdeutlichung möchte ich hierzu eine Straßenhypnose schildern. Ich war in Berlin unterwegs mit einem Kamerateam. Wir haben völlig fremde Menschen auf der Straße angesprochen, ob sie Interesse hätten, sich einmal hypnotisieren zu lassen. Selbstverständlich wurde ich den Leuten, die Interesse hatten, als bekannter Hypnotiseur

vorgestellt. Die Erwartungshaltung war dementsprechend hoch. Da eine energetische Hypnoseinduktion auch dann funktioniert, wenn man sie kennt, habe ich diese Variante gewählt. Außerdem ist diese Variante für Zuschauer spektakulärer, da der Hypnotisand steif wie ein Brett nach hinten umkippt.
Zunächst habe ich meinen Probanden aufgeklärt, dass wir nun gleich eine Hypnose durchführen werden und dessen Einwilligung geholt. Das ist wichtig um keine Straftat zu begehen. Dann habe ich aus reiner Vorsicht nachgefragt, ob mein Proband Medikamente nimmt, sich in ärztlicher oder psychiatrischer Behandlung befindet oder sonst irgendwelche Gebrechen, insbesondere Herz- oder Kreislaufbeschwerden hat. Das wäre dann ein möglicher Grund gewesen, die Hypnose aus Sicherheitsgründen nicht durchzuführen. Wir haben dann eine Isomatte auf den Gehsteig gelegt, ich habe meinen Probanden die Augen schließen lassen und mit einer energetischen Technik hypnotisiert. Zur Sicherheit wurde mein Hypnotisand von einer dritten Person sicher aufgefangen und auf die Matte gelegt. Es folgte sofort eine verbale Vertiefung:

„Tiefer und tiefer sinkst Du in diesen wunderschönen Zustand der Entspannung. Mit jedem Atemzug und mit jedem Wort das ich sage, sinkst Du immer tiefer! Du lässt Dich durch nichts stören. Du hörst nur noch meine Stimme. Alles andere wird nun völlig unwichtig und jedes mal dann, wenn ich mit meinem Finger schnippe, bist Du hellwach! Jedes mal dann, wenn ich Dich an der Stirn berühre oder das Wort „Schlaf!“ zu Dir sage, sinkst Du augenblicklich noch tiefer in diesen wunderschönen Zustand der ab-

soluten Entspannung!“

Der Hypnotisand lag am Boden auf meiner Matte und für mich war es nun erst einmal wichtig, zu erfahren, ob und wie tief die Hypnose eingetreten ist. Daher suggerierte ich zunächst, dass er am Boden festklebt:

*„Wenn ich Dich wecke, klebst Du am Boden fest! Du spürst, wie nun jedes einzelne Körperteil mehr und mehr am Boden festklebt (dabei Arme und Beine berühren)! Sobald ich mit den Fingern schnippe, kannst Du Deine Augen öffnen und wirst, wie mit Superkleber festgeklebt, mit dem ganzen Körper am Boden festkleben!“ *Schnipp* „Wach auf!“*

Nun folgte die Überprüfung. Das heisst der Proband wurde aufgefordert einmal zu versuchen aufzustehen. Nachdem klar war, dass er sich wirklich nicht bewegen konnte, habe ich ihn angesehen, bis drei gezählt, mit den Fingern geschnippt und aufgefordert, aufzustehen. Das konnte er daraufhin problemlos. Als er sicher auf seinem Platz stand, tippte ich ihn an die Stirn mit der Suggestion *„Schlaf! Steh‘ ganz sicher!“*. Gleichzeitig hielt ich ihn an der Schulter fest. Die nächste Suggestion war:

„Wenn ich mit den Fingern schnippe, kannst Du Deine Augen öffnen. Dann kannst Du Deinen eigenen Namen nicht mehr aussprechen!“

Nachdem auch diese Suggestion eingetreten ist, bin ich noch einen Schritt weiter gegangen:

„Wenn ich jetzt gleich mit den Fingern schnippe, hast Du Deinen eigenen Namen völlig vergessen! Du kannst Dich nicht mehr erinnern, wie Du heisst!"

Auch diese Suggestion ist mit geöffneten Augen eingetreten und somit war relativ klar, dass ein somnambuler Zustand eingetreten ist. Danach funktionierten auch Suggestionen wie:

„Wenn ich Dich jetzt gleich wecke, steht die Biene Maja direkt vor Dir. Das findest Du sehr lustig, dass eine so berühmte Biene vor Dir steht und Du darfst ihr auch gleich Fragen stellen!"

Für die Kamera haben wir noch weitere Suggestionen durchführen lassen. Dann wurden alle gegebenen Suggestionen wieder rückgängig gemacht und die Hypnose komplett aufgelöst.
Nun werden sich Viele Fragen, wo denn der Sinn ist, so etwas zu tun. Es gibt mehrere Möglichkeiten diese Frage zu beantworten. Einerseits ist es natürlich Unterhaltung für die Zuschauer. Andererseits ist es jedoch eine bewusstseinserweiternde Erfahrung für den Teilnehmer. Es kommt hinzu, dass sowohl der Hypnotisand, als auch ein Teil der Zuschauer von der Hypnose überzeugt werden, was ihnen zumindest indirekt hilft, da sie von der therapeutischen Wirkung der Hypnose ebenfalls viel eher überzeugt sind oder das zumindest für möglich halten.

Wichtig bei allen Aktionen ist jedoch, dass grundsätzlich die Sicherheit des Hypnotisanden an erster Stelle steht!

Beispielsuggestionen

Flugangst bewältigen mit Hypnose

Entspanne Dich nun! – Und während Du immer tiefer in diesen wunderschönen Zustand der Entspannung sinkst, entstehen Bilder vor Deinem geistigen Auge. Du befindest Dich nun auf einer Aussichtsplattform ganz in der Nähe eines großen Flughafens. Von hier aus kannst Du alles gut beobachten. Du siehst das Flughafengebäude und die Rollbahnen. Du siehst viele große Passagierflugzeuge. Einige große Flugzeuge rollen zur Startbahn, andere starten gerade und wieder andere setzen zur Landung an. Du siehst, wie elegant sich die Flugzeuge in die Luft erheben und mit welcher Leichtigkeit die anderen Flugzeuge zur Landung ansetzen. In Dir entsteht ein Gefühl von Freiheit und Lebensfreude, während Du diese Bilder immer deutlicher vor Deinem geistigen Auge siehst. Sieh diese Bilder nun in allen Einzelheiten vor Deinem geistigen Auge, während die positiven Gefühle immer stärker werden. Jedes startende Flugzeug vermittelt Dir ein Gefühl von Energie, Freiheit und Lebensfreude. Jedes landende Flugzeug vermittelt Dir ein Gefühl von Sicherheit. Lasse diese Eindrücke nun auf Dich wirken, während Du mit jedem Atemzug immer tiefer in diesen wunderschönen Zustand der Entspannung sinkst.

- Pause –

Diese Bilder verblassen nun wieder vor Deinem geistigen Auge. Du beobachtest ein letztes Flugzeug beim Landeanflug und mit jedem Meter, den dieses Flugzeug langsam sinkt und zur Landung ansetzt, sinkst auch Du noch tiefer in diesen wunderschönen Zustand der absoluten Entspannung.

- Kurze Pause –

Es entstehen nun neue Bilder vor Deinem geistigen Auge. Du unternimmst nun eine wundervolle Flugreise zu einem Ziel Deiner Wahl. Du betrittst nun selbst den Flughafen. In dem Augenblick, wenn Du die Abfertigungshalle betrittst, spürst Du, wie Dich eine vollkommene Ruhe durchströmt. Du entspannst Dich noch mehr und fühlst Dich vollkommen wohl. Du begibst Dich zum Checkin-Schalter der Fluggesellschaft und nimmst voller Freude Dein Flugticket zu Deinem Wunschziel in Empfang. Deine Ruhe und Entspannung wird noch tiefer. Du bist völlig ausgeglichen und fühlst Dich wohl, während Du zur Fluggastkontrolle gehst. Du siehst, wie alle Fluggäste intensiv kontrolliert werden und ein wunderbares Gefühl der Sicherheit durchströmt Dich. Du weißt, dass hier alles für Deine Sicherheit getan wird. Nun gehst Du selbst durch die Kontrollschleuse. Es ist alles in Ordnung und eine Beamtin lächelt Dich an und wünscht Dir einen guten Flug. Du befindest Dich nun schon im Sicherheitsbereich des Flughafens. Du hörst die Durchsagen, die auf die jeweils startenden Flugzeuge hinweisen. Du hast noch etwas Zeit und kannst Dich nun noch mehr entspannen. Du gehst zu einem Bistro, bestellst Dir Dein Lieblingsgetränk und genießt Dein Getränk. Mit jedem Schluck den Du nimmst, sinkst Du noch tiefer in diesen wunderschönen Zustand der Ruhe und Entspannung.

- Kurze Pause –

Es wird nun langsam Zeit, zum Abflug-Gate zu gehen. Du siehst die vielen Mitreisenden, die sich, so wie Du auch, auf das fantastische Ziel freuen. – Nun wird Dein Flug aufgerufen. Mit Deiner Bordkarte gehst Du zum Flugzeug, wo Dich bereits freundliche Flugbegleiter erwarten. Fühle Dich vollkommen wohl und spüre, wie Du mit jedem Schritt immer ruhiger wirst. Die anderen Fluggäste drängeln ein wenig, aber Du fühlst Dich vollkommen wohl, denn Du weißt, dass sie nur alle schnell zu ihren Plätzen wollen. Du begibst Dich nun auch zu Deinem Sitzplatz. Es ist nicht besonders geräumig, aber genau das erzeugt bei Dir ein Gefühl der absoluten Geborgenheit. In dem Augenblick, in dem Du Dich hinsetzt, spürst Du, wie Du noch viel tiefer in diesen wunderschönen Zustand der Entspannung sinkst. Während Du Deinen Sicherheitsgurt anlegst, freust Du Dich auf Dein Ziel. Die Flugbegleiter erklären nun die Sicherheitsmaßnahmen an Bord und Du weißt, dass alles Erdenkliche für Deine Sicherheit getan wird. Du erinnerst Dich und weißt, dass Fliegen die sicherste Fortbewegungsmöglichkeit der Welt ist und dabei entspannst Du Dich noch mehr. Mit jedem Atemzug, mit jedem Takt dieser Melodie und mit jedem Wort, das ich sage, sinkst Du noch tiefer in diesen wunderschönen Zustand der absoluten Ruhe und Entspannung. Die Triebwerke werden nun angelassen und das Flugzeug rollt langsam zur Startbahn. Du bist vollkommen sicher, ruhig und entspannt. Du machst es Dir in Deinem Sitz bequem und lächelst Deine Nachbarn an, während das Flugzeug langsam weiter rollt. Das Flugzeug hat nun seine Startposition erreicht. Es ist herrliches Wetter, aber Du weißt, dass auch Regen oder Schnee kein Hindernis darstellen, da die Sicherheitsvorkehrungen optimal sind. Noch tiefer sinkst Du nun in diese wunderbare Entspannung – und nun hörst Du, wie die Triebwerke lauter werden und Du spürst die gewaltige Kraft des Flugzeugs, die Dich ein wenig in den Sitz drückt. Es ist ein ungewohntes, aber angenehmes Gefühl und nach wenigen Sekunden hebt das Flugzeug ab und steigt nach oben. Während das Flugzeug nach oben steigt, sinkst Du noch tiefer in den wunderschönen Zustand der Entspannung und fühlst Dich vollkommen wohl – vollkommen wohl. Du weißt, dass nun das Fahrwerk eingefahren wird und dass die Klappen bewegt werden. Die Geräusche, die Du wahrnimmst, sind völlig normal und beruhigen Dich. – Es ist alles in Ordnung. Das Flugzeug erreicht sehr schnell seine Flughöhe und ein wunderbares Gefühl durchströmt Deinen Körper und Deinen Geist. Es ist herrlich, frei wie ein Vogel zu sein, aber gleichzeitig völlig sicher an Bord eines modernen Flugzeugs. Die Flugbegleiter kommen und reichen Getränke. Du fühlst

Dich vollkommen wohl. Du bist völlig sicher an Bord und fühlst Dich völlig geborgen. Du weißt, dass selbst Wind und Turbulenzen einem Flugzeug nichts anhaben können. Auch wenn es einmal schaukelt, so wie ein Schiff auf dem Wasser schaukelt, fühlst Du Dich vollkommen wohl, denn es ist völlig normal und natürlich. – Entspanne Dich noch mehr und genieße die Freiheit. – Fühle Dich vollkommen wohl. – Und der Flug nähert sich nun dem Ende. Das Flugzeug ist nun an Deinem Ziel angekommen und sinkt tiefer. Mit jedem Meter, den das Flugzeug langsam nach unten sinkt, sinkst auch Du immer tiefer in diesen wunderschönen Zustand der Entspannung. Wieder hörst Du verschiedene Geräusche aus unterschiedlichen Richtungen. Das Fahrwerk wird ausgefahren und es werden wieder Klappen bewegt. Es ist völlig normal und beruhigend, diese Geräusche zu hören, während das Flugzeug langsam tiefer und tiefer sinkt. Nun spürst Du, wie das Flugzeug auf der Landebahn aufsetzt und wie die Geschwindigkeit stark abgebremst wird. Du bist an Deinem Wunschziel völlig sicher gelandet. Du fühlst Dich vollkommen wohl. Vollkommen wohl. Du wirst durchströmt von einem wunderbaren Glücksgefühl. Und ab sofort, jedes Mal dann, wenn Du daran denkst, ein Flugzeug zu betreten und zu fliegen, wirst Du noch entspannter – dieses wunderbare Glücksgefühl wird sich noch schneller einstellen und das Gefühl von Sicherheit und Geborgenheit folgt gleich darauf. Jedes Mal dann, wenn Du selbst diesen wunderschönen Zustand erreichen möchtest, bequem sitzt oder liegst und ich die Worte „Entspanne Dich nun“ zu Dir sage, wirst Du noch tiefer in diesen wunderschönen Zustand der Entspannung sinken. Immer tiefer.

Du fühlst Dich vollkommen wohl, während Du nun von einem wundervollen goldenen Licht durchströmt wirst. Jede einzelne Zelle und Dein Geist werden nun durchströmt von einem wunderbaren warmen, goldenen Licht. Zusammen mit dem goldenen Licht erhältst Du Wissen und Vertrauen. Und jedes Mal dann, wenn Du einen Flughafen oder ein Flugzeug betrittst, wird sich ein wundervolles, angenehmes Gefühl der Ruhe und Entspannung einstellen. Ganz automatisch. Dieses Gefühl wird sich schon dann einstellen, wenn Du nur an Fliegen denkst. Mit jedem Mal wirst Du noch ruhiger und noch entspannter werden. Du wirst Dich vollkommen wohl und glücklich fühlen. Mit Deiner Entspannung und Freude steckst Du die Mitreisenden regelrecht an und das macht Dich glücklich.

Und jedes Mal dann, wenn Du selbst diese oder eine andere Hypnose-Sitzung gestartet hast, wenn Du ganz bequem sitzt oder liegst und wenn ich die Worte „Entspanne Dich nun“ zu Dir sage, sinkst Du augenblicklich noch tiefer – immer tiefer in diesen wunderschönen Zustand der absoluten Entspannung.

Beispielsuggestion

Stärkung des Immunsystems

Entspanne Dich nun – mehr und mehr! Immer tiefer sinkst Du in diesen wunderschönen Zustand der Entspannung. Und jedes Mal dann, wenn Du selbst wieder diesen wunderschönen Zustand erreichen möchtest, wird es Dir noch besser gelingen.

Und Du beginnst nun eine Reise durch Deinen Körper. Während Du immer tiefer in diesen Zustand der Entspannung sinkst, entstehen Bilder vor Deinem geistigen Auge. Du beginnst nun eine Reise durch Deinen eigenen Körper. Du bewegst Dich langsam von oben nach unten und bei Deiner Reise triffst Du immer wieder auf Soldaten, die vor Dir salutieren. Wenn Du auf einen oder eine Gruppe Soldaten triffst, hältst Du kurz an. Du weißt, dass diese Soldaten dafür zuständig sind, dass es Deinem Körper gut geht. Sie sorgen dafür, dass Du Dich wohl fühlst und glücklich leben kannst. Du freust Dich und Glück durchströmt Deinen ganzen Körper, wenn Du auf diese Soldaten triffst, die Dich respektvoll grüßen. Du sprichst mit ihnen und Du bedankst Dich bei ihnen, dass sie für Dich arbeiten. Sage ihnen, dass sie ihre Sache gut machen und motiviere sie. Sage ihnen, dass sie die Besten sind und wie stolz Du auf sie bist. – Bitte sie, das auch ihren Kollegen auszurichten. Es sollen alle erfahren, dass Du ihre Arbeit sehr schätzt.

Während Du mit ihnen sprichst, siehst Du, wie glücklich Deine Wächter darüber werden, dass ihre Arbeit von Dir anerkannt und geschätzt wird. Gehe durch Deinen ganzen Körper und sorge dafür, dass sich Deine Nachricht überall verbreitet. Wenn Du auf Deiner Reise auf irgendwelche Unstimmigkeiten oder Defekte in Deinem Körper stößt, bittest Du Deine Soldaten, es möglichst schnell zu beheben. Erkläre ihnen, dass es von großer Wichtigkeit ist, dass alles in Deinem Körper gut funktioniert und dass sie jederzeit Hilfe anfordern können, wenn sie benötigt wird. Spüre, wie Glück und Zufriedenheit Deinen ganzen Körper durchströmt!

- Pause –

Während Deine ganz persönlichen Soldaten und Helfer Deinen Körper weiterhin instand halten, verblassen nun diese Bilder wieder vor Deinem geistigen Auge. Glück und Zufriedenheit durchströmt Deinen ganzen Körper und Deinen Geist und dieses Glück motiviert Deine ganz persönlichen Helfer, auch in Zukunft beste Arbeit für Dich zu leisten.

- Kurze Pause –

Es erscheinen nun neue Bilder vor Deinem geistigen Auge. Eine wunderschöne Landschaft im Morgengrauen. Du siehst am Horizont die Sonne aufgehen und spürst die Kraft der ersten Sonnenstrahlen. Es ist wunderbar angenehm. Du atmest frische, klare Luft. Atme ganz ruhig, tief und gleichmäßig die frische, klare Luft ein – und alles Negative aus. Atme ganz ruhig, tief und gleichmäßig die frische, klare Luft ein – und alles Negative aus. Die Sonne steigt höher und höher und umhüllt Dich mit ihren wärmenden Strahlen. Während es immer heller wird, durchströmt Dich ein wunderbares Glücksgefühl und es wird immer intensiver je höher die Sonne steigt und je mehr Dein Körper und Dein Geist gereinigt werden.

- Pause –

Du fühlst Dich vollkommen wohl, während auch dieses Bild nun wieder in den Hintergrund geht. Es bereitet Dir große Freude, Deinen Körper gesund zu erhalten und dafür zu sorgen, dass Dein Immunsystem zu jeder Zeit korrekt und schnell reagiert. Jedes mal dann, wenn Du gesunde Nahrung oder Getränke, wie Obst, Gemüse, Tee oder ähnliches zu Dir nimmst, spürst Du, wie gut es Deinem Körper tut und das erfüllt Dich mit Freude. Du weißt, dass Du damit Deine Gesundheit optimal unterstützt.

- Kurze Pause –

Jedes Mal dann, wenn Du selbst diesen wunderschönen Zustand der Hypnose wieder erreichen möchtest, wenn Du ganz bequem sitzt oder liegst und wenn ich die Worte „Entspanne Dich nun“ zu Dir sage, wirst Du augenblicklich noch viel tiefer in diesen wunderschönen Zustand der Entspannung sinken.

- kurze Pause -

Ein weiteres Bild entsteht nun vor Deinem geistigen Auge. Du siehst Dich selbst. Kerngesund und voller Energie. Es begegnen Dir Freunde und Bekannte, die Dich bewundern und darauf ansprechen, wie gut Du aussiehst, wie Du Gesundheit und Energie regelrecht ausstrahlst. Es bereitet Dir Freude und Du fühlst es in jeder Zelle.

- Pause –

Ab sofort wird Dich Dein Unterbewusstsein noch besser dabei unterstützen, Deinen Körper gesund zu erhalten. Es wird Dir Freude bereiten, Deinem Körper das zu geben, was er benötigt, um bestens zu funktionieren. Es bereitet Dir Freude, wenn Du Dich gesund ernährst und für ausreichend Schlaf sorgst. Und mit jedem Atemzug frischer Luft wirst Du neue Energie tanken.

Beispielsuggestion

Erfolgreich eigene Ziele verwirklichen

Entspanne Dich nun – mehr und mehr. Und während Du immer tiefer sinkst, entstehen Bilder vor Deinem geistigen Auge. Du konzentrierst Dich nun auf Dein persönliches Ziel. Konzentriere Dich ganz genau auf die Situation, die eintritt, wenn Du dieses persönliche Ziel erreicht hast. Sehe vor Deinem geistigen Auge in allen Details die Vollendung Deines persönlichen Zieles. Spüre das Glücksgefühl, dass Dich dabei durchströmt. Spüre die absolute Befriedigung, die damit einhergeht.

-Pause-

Betrachte nun ganz genau den Weg, der Dich zu Deinem persönlichen Ziel führt. Sehe diesen Weg in allen Einzelheiten. Spüre und erlebe die absolute innere Überzeugung, dass Du dieses Ziel erreichst.

-Pause-

So, wie Du einen Weg entlanggehst und das Ende dieses Weges in absoluter Sicherheit erreichst, wirst Du mit Deiner absoluten inneren Überzeugung auch jegliche persönliche Ziele in Deinem Leben erreichen. Die unendliche Weisheit Deines Unterbewusstseins wird Dir zu jeder Zeit den Weg weisen und dafür sorgen, dass Deine positiven

Vorstellungen in allen Einzelheiten Erfüllung und Ausdruck erlangen. Du bist ein positiver Mensch – und die Allmacht Deines Unterbewusstseins verleiht Dir zu jeder Zeit Kraft, Zuversicht und Selbstbewusstsein. Du bist Dir selbst bewusst und Deine positive Ausstrahlung überträgt sich ganz automatisch auf Deine Umwelt. Dein Selbstbewusstsein und Dein positives Auftreten, sowie die Allmacht Deines Unterbewusstseins helfen Dir, all Deine Wünsche zu erfüllen und rundum glücklich zu leben.

-Pause-

Ab sofort stellst Du Dir immer wieder unmittelbar vor dem Einschlafen voller Freude die Erfüllung Deiner positiven Wünsche in allen Einzelheiten vor. Wenn es Dein Ziel ist, Reichtum zu erlangen, dann sehe Dich in einer Situation in der Du reich bist. Ist es dein Wunsch gesund zu sein, dann stelle Dir vor, wie Du gesund und kraftvoll durchs Leben gehst. Möchtest Du etwas anderes erreichen, dann stelle Dir die andere Situation so vor, als wäre sie schon eingetreten. Glaube an diese Situation mit ganzem Herzen. Glaube an die Erfüllung Deiner geistigen Fantasien und Dein Unterbewusstsein wird alles daran setzen, dass Du Deine persönlichen Ziele erreichst. Die unendliche Macht und Weisheit Deines Unterbewusstseins wird ab sofort für die Erfüllung Deiner Ziele in allen Einzelheiten sorgen.

Beispielsuggestion

Lerne ‚Nein' zu sagen

Durchsetzungsvermögen im Alltag

Während Du mit jedem Atemzug, mit jedem Takt dieser Melodie und mit jedem Wort, dass ich sage, immer tiefer sinkst, erscheinen nun Bilder vor Deinem geistigen Auge. Eine Person, die Dir nahe steht, bittet Dich um einen Gefallen. Vielleicht sollst Du dieser Person etwas leihen, möglicherweise sollst Du eine Arbeit verrichten, oder auch etwas ganz anderes, was Du in diesem Moment nicht tun möchtest oder nicht tun kannst. Sehe, wie diese Person auf Dich zu kommt und Dich auf diesen Gefallen hin anspricht. Höre zu, was die Person von Dir möchte und höre nun genau auf Dein inneres Gefühl. Das Bild wird immer konkreter und Dein Gefühl wird ganz deutlich. - Du spürst, dass es für Dich in diesem Moment besser ist, das Ansinnen abzulehnen. Andererseits weisst Du, dass die Person eigentlich von Dir erwartet, dass Du problemlos zusagst. Du spürst nun deutlich, wie sich Dein innerstes Gefühl und der Wille dieser Person widersprechen und Du spürst, wie Dich eine ungeahnte Energie durchströmt. Du bist Dein eigener Herr und Du entscheidest selbst, was Du tust und was Du nicht tust. Du spürst, wie in diesem Moment die Zuversicht und der Wille Formen annehmen. - Spüre die positive Energie, die Dich durchströmt, in allen Einzelheiten. - Das Bild wird nun noch deutlicher und Du siehst vor Deinem geistigen Auge, wie Du freundlich, aber bestimmt Deinem Gefühl folgst und eine Absage erteilst. Du fühlst Dich dabei wunderbar, denn Du hast das getan, was Dir gut tut. Spüre, wie Dich dabei ein unbeschreibliches Glücksgefühl und eine Energie durchströmt, die Dich so uneinnehmbar macht, wie eine Festung. Die andere Person respektiert Deinen Willen und Du spürst, wie bei dieser Person Dein Ansehen steigt, denn Du bist ein Mensch, der auf sein Gefühl hört und auch sagt was er will. Spüre dieses Gefühl der Zufriedenheit und Stärke in allen Einzelheiten!

- Pause -

Dieses Bild verschwindet nun, während Deine Zuversicht und Zufriedenheit weiter steigt. Du weisst, dass es viele Situationen, ähnlich wie die, die Du eben erlebt hast, geben wird und Dein Unterbewusstsein wird ab sofort entscheiden, wie Deine Meinung ausfällt. Du wirst ab sofort Deine Meinung vertreten, so wie es alle starken Persönlichkeiten tun. Du bist ein positiver Mensch, der seiner Meinung zu jeder Zeit, wenn es notwendig ist, Ausdruck verleiht. Die Allmacht Deines Unterbewusstseins wird Dir dabei helfen, zu entscheiden, was Du tun möchtest und was Du ablehnst. Du wirst zu jedem Zeitpunkt Deine Meinung mit innerer Sicherheit und positiver Kraft vertreten und Du spürst, wie glücklich Dich das macht.

- Pause -

Die unendliche Weisheit Deines Unterbewusstseins wird ab sofort entscheiden, in welchen Situationen es für Dich vorteilhaft ist, „Nein“ zu sagen, oder eine andere Meinung mitzuteilen. Du selbst triffst die Entscheidungen, nachdem Du das Für und Wieder schnell, aber sorgfältig abgewägt hast und es bereitet Dir Freude, Deine Meinung in allen Situationen zu vertreten.

- Pause -

Ein weiteres Bild erscheint nun in allen Einzelheiten vor Deinem geistigen Auge. Du siehst nun, wie Du von vielen Menschen bewundert wirst. Die Bewunderung kann man einigen Personen ansehen, bei anderen spürst Du, wie Du akzeptiert und anerkannt wirst. Du wirst anerkannt und bewundert, da Du voller positiver Ausstrahlung bist. Du vertrittst Deine Meinung in allen Lebenslagen und das verleiht Dir Stärke. Die Leute bitten Dich um Deinen Rat, anstatt irgendwelche Ansprüche an Dich zu stellen. Spüre, wie gut es Dir tut und wie ein wunderbares Gefühl Deinen ganzen Körper und Deinen Geist durchströmt. Sehe dieses Bild und spüre auch das wundervolle Gefühl nun wieder ganz deutlich.

- Pause -

Die unendliche Weisheit Deines Unterbewusstseins wird ab sofort dafür sorgen, dass Du zu jeder Zeit die richtige

Entscheidung triffst und Deine Entscheidung voller innerer Sicherheit und Energie mitteilen wirst. Auch wenn es einmal nicht der Erwartungshaltung Deines Gegenüber entspricht, wirst Du, wenn Du es als notwendig erachtest, Deine Meinung vertreten und freundlich, aber bestimmt sein. Du bist ab sofort völlig frei in Deinen Entscheidungen. Du weisst, dass Du Deine Entscheidungen nur vor Dir selbst verantworten musst und kannst. Das macht Dich glücklich, selbstbewusst und erfolgreich.

Beispielsuggestion

Stressbewältigung mit Hypnose

Du atmest nun ganz tief, ruhig und gleichmäßig, während Du immer tiefer und tiefer sinkst. Spüre mit jedem Atemzug, wie Liebe und Harmonie Deinen ganzen Körper und Deinen Geist durchströmt. Mit jeder Faser Deines Körpers spürst Du nun diese innere Ruhe so, wie Du sie ab sofort in jeder Situation wieder hervorrufen kannst. Tiefe Ruhe ist in Dir und Du spürst mehr und mehr die Harmonie die dein ganzes Wesen durchzieht. Du bist tief in dir selbst und fühlst die harmonische Verbundenheit all Deiner Kräfte. In Dir ist vollkommene Harmonie. Du ruhst voll und ganz in Deinem Selbst. Du bist durchstrahlt von Harmonie und Lebenskraft und mit jedem Atemzug spürst Du die Energie und Lebensfreude, die jede Zelle Deines Körpers und Deinen Geist durchströmt.

- Pause -

Du gehst nun noch tiefer in Dich selbst hinein. Du machst nun eine Reise tief in Dich selbst. Und auf Deiner Reise immer tiefer, wirst Du vielleicht feststellen, dass sich große und kleine Müllhalden in Dir befinden. Müll bestehend aus ungelösten Problemen, Unsicherheiten, Minderwertigkeitskomplexen, geistiger Müll, der in Dir abgeladen wurde und immer wieder zu Stresssituationen führen kann. Wenn Du einen solchen Müll festgestellt hast, dann wirst Du nun diesen Abfall aus Dir heraus befördern um frei zu leben. Du bist ein positiver Mensch. Gehe nun noch viel weiter in Dich hinein und betrachte Dir diese kleinen oder großen Berge von Müll - und nun erkennst Du vor Deinem Geistigen Auge, wie sich in Dir eine Armee von gut ausgebildeten Helfern, eine richtige Spezialtruppe bildet. Erschaffen von Deinem Unterbewusstsein. - Und du siehst nun, wie jeder Einzelne dieser Spezialtruppe nun hilft diesen Unrat abzubauen und hinaus zu transportieren. Du kannst Dich durch diese Hilfe immer mehr und mehr entspannen, immer mehr. Fleißig und voller Elan hilft diese, Deine eigene Arme in Dir, Dich immer mehr und mehr zu entspannen. Du siehst zu und hilfst vielleicht mit, das was dich stört, nach außen zu tragen und je mehr Du Dich von all den belastenden Müllbergen trennst, umso wohler und leichter fühlst Du Dich.

- Pause -

Jeglicher geistige Müll und frühere Anspannung sind nun aus Deinem Körper und aus Deinem Geist heraus transportiert. Anstelle von Unrat findest Du nun leere Stellen vor, Plätze, die Du ab sofort positiv nutzen wirst. Sehe vor Deinem geistigen Auge nun, wie Du an diesen Stellen Samen aussäst, Samen von wunderschönen, duftenden Pflanzen, die Deine positiven Gefühle ausdrücken. Liebevoll düngst und bewässerst Du diese Pflanzen und freust Dich über das Ergebnis: Die positiven Gefühle in Form der wunderschönen Pflanzen, die jetzt sprießen. Immer größer und größer werden die Pflanzen aufgrund Deiner liebevollen Pflege. Sie beginnen nun ganz herrlich zu blühen und zu duften. Mehr und mehr und mit jedem positiven Gefühl, das Du ihnen schenkst werden sie immer schöner und schöner. Du wirst diese wunderschönen Pflanzen, die Deine positiven Gefühle ausdrücken, weiterhin pflegen und dafür sorgen, dass sie immer wunderschön blühen und duften. Du bist ein positiver Mensch und genau so positiv und voller Ruhe gehst Du nun durchs Leben. Ruhe gibt Dir Kraft und Energie, Du wirst jeder Situation mit innerer Ausgeglichenheit und voller Ruhe voller innerer Harmonie gegenüber stehen. Du bist ein positiver Mensch, Du denkst nun nur noch positiv nur noch positiv. Jedes Mal wenn Du einen Termin wahrnehmen musst, wirst Du Dich rechtzeitig und voller Ruhe dorthin begeben, Du bist zu jederzeit ein positiver Mensch, der voller Ruhe und innerer Harmonie auf jede Situation reagiert. Ein Mensch voller innerer Energie und kraftvoller Ausstrahlung. Die unendliche positive Kraft Deines Unterbewusstseins durchströmt Deinen ganzen Körper und Deinen Geist. Immer mehr und mehr spürst Du Deine positive Energie sowie die Liebe, die Dich durchströmt. Du reagierst nun nur noch ausgeglichen und voller Energie. In jeder Situation fühlst Du Dich ausgeglichen und voller Ruhe. Lasse nun die positiven Kräfte in Dir wirken und fühle Dich vollkommen wohl!

- Pause -

Dein großer Wunsch und die Aufgabe Deines Unterbewusstseins ist es, Deinen Körper gesund zu erhalten. Dein Unterbewusstsein wird von nun an dafür sorgen, dass Du frei und voller Harmonie leben wirst. Du wirst nun jeder Situation voller Ruhe und Ausgeglichenheit gegenüber stehen. Und ab sofort, jedesmal dann, wenn Du mit Daumen und Zeigefinger ein „O" formst und sich Daumen und Zeigefinger berühren, wirst Du spüren, wie sich, egal in welcher Situation Du Dich befindest, eine wundervolle Ruhe und Harmonie einstellt.

Jedes Mal dann, wenn Du mit Daumen und Zeigefinger ein „O" formst und sich Daumen und Zeigefinger berühren, wirst Du spüren, wie sich, egal in welcher Situation Du Dich befindest, eine wundervolle Ruhe und Harmonie einstellt.

Hypnose und Aromatherapie

Düfte spielen für die menschliche Psyche eine ungeheuer große Rolle. Beispiele hierfür gibt es genug. Denken wir nur an den Duft des Lieblingsessens. Schon beginnt der Magen mit der Bildung von Magensäure und wir bekommen Appetit. Verdorbene Lebensmittel erkennen wir vor dem Aussehen bereits am Duft. Düfte können Stimmungen erzeugen und Erinnerungen hervorrufen. Düfte können angenehm und abstoßend sein. Düfte wirken direkt auf das limbische System und das Großhirn. Die Wirkung von Düften kann somit auch wunderbar in der Hypnosepraxis eingesetzt werden.

Wie funktioniert „Riechen“?

Ob Gasmoleküle für uns einen Geruch haben und ob dieser Geruch als angenehm, abstoßend oder auf andere Art und Weise empfunden wird, entscheiden mehrere Fakten. Im zentralen Riechorgan, der Nase, befinden sich die Rezeptoren, die zum Erkennen des Geruchs notwendig sind. So, wie ein Schlüssel ins Schloss passt, docken die Gasmoleküle an und das Vorhandensein des Moleküls wird über die Nerven an das Gehirn gemeldet. Hier wird darüber entschieden, ob und wie wir den Duft wahrnehmen. Erst ab einer gewissen Anzahl und Art an andockenden Molekülen wird der Duft an das Bewusstsein gemeldet. Ist die Konzentration zu gering, werden wir den Duft zwar unbewusst wahrnehmen und reagieren, die Reizschwelle zur

Bewusstwerdung wird jedoch nicht erreicht. Man kann also hier von einer unterschwelligen, subliminalen Wahrnehmung sprechen. Ebenso gibt es andere Duftstoffe, die gar nicht bewusst werden, jedoch umso stärkere unbewusste Reaktionen hervorrufen. Hierzu gehören zum Beispiel die menschlichen Sexuallockstoffe (Pheromone).

Frauen haben einen tausendfach stärkeren Geruchssinn, als Männer. Nicht nur die Parfumindustrie weiß das zu schätzen. Inzwischen gibt es einen milliardenschweren Markt für Duftmarketing, also die Verkaufsförderung mit Hilfe von meist in winzigen Konzentrationen, also subliminal eingesetzten, Düften.

Wie kann man nun Düfte mit Hypnose verbinden? Düfte erzeugen Stimmungen, Erinnerungen und Empfindungen. In einer Hypnosepraxis kann somit ein passender Duft oder eine Duftkombination für die verschiedensten Gebiete eingesetzt werden.

Möglichkeiten, die Düfte zu verteilen, gibt es mehrere. Bekannt und beliebt sind Duftlampen. Mit Hilfe einer Kerze wird Wasser in einer Schale erwärmt. Das wasserunlösliche Duftöl wird so langsam verdampft. Weiterhin gibt es Elektroverdampfer mit und ohne Ventilator und sehr aufwändige Geräte, die mikrochipgesteuert in einstellbaren Intervallen den Duft an die Umgebung abgeben.

Die Düfte selbst, können zwischenzeitlich künstlich hergestellt werden. Auf dem Markt werden Duft-und Parfumöle, sowie reine ätherische Öle angeboten. Diese unterscheiden sich in der Qualität. Duftöle werden in der Regel künstlich hergestellt und Parfumöle sind häufig Mischungen aus künstlichen und natürlichen Substanzen. Nur reine ätherische Öle werden ausschließlich aus Pflanzenteilen (z.B. Zweige, Blätter, Wurzeln, Blüten, Harz), meist durch Kaltpressung oder Wasserdampfdestillation gewonnen.

Ätherische Öle und die Wirkung auf die Psyche (Beispiele):

- Atlaszeder – Beruhigend, Hilfe bei Ängsten
- Basilikum – Entspannend, stimmungshebend, beruhigend
- Bergamotte – Angstlösend, entspannend, beruhigend
- Jasmin – Entspannend, harmonisierend, aphrodisierend
- Kamille – Entspannend, beruhigend
- Lavendel – Psychisch ausgleichend, beruhigend, schlaffördernd
- Lemongras – Erfrischend, stimmungs- und konzentrationsfördernd
- Limette – Stimmungsaufhellend, antidepressiv

- Mandarine – Beruhigend, besänftigend
- Melisse – Entkrampfend, beruhigend
- Muskatellersalbei – Öffnet das Unterbewusstsein – Hypnoseöl!
- Neroli – Lösend, beruhigend, antidepressiv
- Orange – Beruhigend, stimmungsaufhellend, antidepressiv
- Rosenholz – Antidepressiv, stimmungsaufhellend, beruhigend
- Ylang-Ylang – Antidepressiv, auflösend, beruhigend, aphrodisierend
- Vetiver – Erdend, euphorisierend
- Wacholder – Lösend, löst heftige Emotionen
- Zimt – Entspannend, regt die Traumwelt an, aphrodisierend

Ätherische Öle sind lichtempfindlich und flüchtig. Sie sollten aus diesem Grund grundsätzlich gut verschlossen und dunkel gelagert werden. Seit einiger Zeit ist ein kindersicherer Verschluss vorgeschrieben. Da die ätherischen Öle hochkonzentriert sind, sollte ein direkter Hautkontakt (es gibt Ausnahmen), sowie ein Kontakt mit Augen oder Schleimhäuten möglichst vermieden werden. Die innere

Einnahme kann je nach Öl zu starken Vergiftungserscheinungen führen. Ätherische Öle sind also kein Spielzeug und gehören schon gar nicht in Kinderhände. Für die Anwendung bei Massagen werden ätherische Öle mit duftneutralen Trägerölen gemischt. Für die Anwendung in der Duftlampe genügen wenige Tropfen. Man muss auch beachten, dass sich der Mensch an den Duft sehr schnell gewöhnt und dieser dann nicht mehr bewusst wahrgenommen wird. Es gibt daher keinen Grund, die Dosis der Beduftung ständig zu erhöhen, nur weil eine Gewöhnung beim Hypnotiseur eingetreten ist.

Welche Öle man einsetzt, ist vornehmlich dem persönlichen Geschmack und der gewünschten Wirkung vorbehalten. Grundsätzlich gilt jedoch: Weniger ist mehr! Ein durchdringender Duft kann eher abstoßend wirken, zumindest aber aufdringlich.

Die therapeutische Anwendung der ätherischen Öle (zum Zwecke der Linderung oder Heilung von physischen oder psychischen Krankheiten) ist grundsätzlich dem Arzt oder Heilpraktiker vorbehalten! Lebensberater haben jedoch kein Problem, wenn die ätherischen Öle in erster Linie zur Raumbeduftung eingesetzt werden. Ein möglicher therapeutischer Nebeneffekt darf jedoch nicht hervorgehoben werden.

Bezugsquelle reiner ätherischer Öle in großer Auswahl und bester Qualität: www.hypnoseshop.de

Merke!

- ✓ Es ist grundsätzlich Wohlbefinden zu suggerieren!
- ✓ Nie eine Suggestion geben, mit der man sich selbst nicht wohlfühlen würde!
- ✓ Suggestionen, die in Zukunft nicht mehr wirken sollen, werden am Ende der Hypnosesitzung restlos aufgelöst.
- ✓ Suggestionen, die auch nach der Sitzung noch anhalten sollen, werden am Ende der Sitzung wiederholt.
- ✓ Suggestionen sind besonders wirksam, wenn sie mit den zugehörigen Bildern und Gefühlen gekoppelt sind.
- ✓ Posthypnotische Trigger dürfen NIEMALS unkontrolliert eintreten.
- ✓ Die Wirksamkeit von Suggestionen ist abhängig von der Annahme durch den Hypnotisanden, der Häufigkeit der Wiederholung und der Trancetiefe.
- ✓ Eine Suggestion KANN ein Leben lang anhalten, selbst dann, wenn sie nur ein einziges Mal ausgesprochen wurde.
- ✓ Bei Suggestionen betreffend bestimmter Körperteile (z.B. Armkatalepsie) bewirkt eine leichte Berührung des Körperteils eine Verstärkung der Suggestion. Die Berührung erogener Zonen ist hierbei jedoch strikt zu vermeiden.
- ✓ Nach der Hypnoseauflösung wird der Proband

nicht sofort entlassen. Nach einem kurzen Nachgespräch erkundigt man sich grundsätzlich noch einmal nach dem Empfinden (insbesondere darauf achten, dass der Kreislauf stabil ist). Nötigenfalls ist die Hypnoseauflösung zu wiederholen!

- ✓ Suggestionen werden vom Unterbewusstsein wortwörtlich angenommen. Insbesondere Umgangssprache ist zu vermeiden!

- ✓ Besonders bei somnambulen Hypnotisanden muss man stets beachten, dass auch während der Wachphase in der Fraktionierung Suggestionen wirksam werden können. (Wachhypnose)

- ✓ Der Proband wird während der Hypnosesitzung nicht alleine gelassen. In dringenden Ausnahmefällen kann man darauf hinweisen, dass man kurz den Raum verlässt und in wenigen Augenblicken wieder zurück sein wird.

- ✓ Vorhersehbare Störungen werden in den Suggestionstext eingebaut und können zur Vertiefung verwendet werden.

- ✓ Der Proband sollte vor der Hypnosesitzung noch einmal zur Toilette gehen.

- ✓ Bei Verwendung von Hintergrundmusik ist darauf zu achten, dass der Proband die Musik als angenehm empfindet. Die Lautstärke muss angepasst sein (nicht zu laut!).

- ✓ Ich wünsche Ihnen alles erdenklich Gute und viel Erfolg! ☺

Anhang

Gesetz über die berufsmässige Ausübung der Heilkunde ohne Bestallung (Heilpraktikergesetz)

HeilprG

Ausfertigungsdatum: 17.02.1939

Vollzitat:

„Heilpraktikergesetz in der im Bundesgesetzblatt Teil III, Gliederungsnummer 2122-2, veröffentlichten bereinigten Fassung, das zuletzt durch Artikel 15 des Gesetzes vom 23. Oktober 2001 (BGBl. I S. 2702) geändert worden ist"

Stand: Zuletzt geändert durch Art. 15 G v. 23.10.2001 I 2702

Textnachweis Geltung ab: 1.1.1975

Eingangsformel Die Reichsregierung hat das folgende Gesetz beschlossen, das hiermit verkündet wird:

§ 1

(1) Wer die Heilkunde, ohne als Arzt bestallt zu sein, ausüben will, bedarf dazu der Erlaubnis.

(2) Ausübung der Heilkunde im Sinne dieses Gesetzes ist jede berufs- oder gewerbsmäßig vorgenommene Tätigkeit zur Feststellung, Heilung oder Linderung von Krank-

heiten, Leiden oder Körperschäden bei Menschen, auch wenn sie im Dienste von anderen ausgeübt wird.

(3) Wer die Heilkunde bisher berufsmäßig ausgeübt hat und weiterhin ausüben will, erhält die Erlaubnis nach Maßgabe der Durchführungsbestimmungen; er führt die Berufsbezeichnung „Heilpraktiker".

§ 2

(1) Wer die Heilkunde, ohne als Arzt bestallt zu sein, bisher berufsmäßig nicht ausgeübt hat, kann eine Erlaubnis nach § 1 in Zukunft ... erhalten.

(2) Wer durch besondere Leistungen seine Fähigkeit zur Ausübung der Heilkunde glaubhaft macht, wird auf Antrag des Reichsministers des Innern durch den Reichsminister für Wissenschaft, Erziehung und Volksbildung unter erleichterten Bedingungen zum Studium der Medizin zugelassen, sofern er seine Eignung für die Durchführung des Medizinstudiums nachweist.

§ 3 Die Erlaubnis nach § 1 berechtigt nicht zur Ausübung der Heilkunde im Umherziehen.

§ 4 -

§ 5 Wer, ohne zur Ausübung des ärztlichen Berufs berechtigt zu sein und ohne eine Erlaubnis nach § 1 zu besitzen, die Heilkunde ausübt, wird mit Freiheitsstrafe bis zu einem Jahr oder mit Geldstrafe bestraft.

§ 5a

(1) Ordnungswidrig handelt, wer als Inhaber einer Erlaubnis nach § 1 die Heilkunde im Umherziehen ausübt.

(2) Die Ordnungswidrigkeit kann mit einer Geldbuße bis zu zweitausendfünfhundert Euro geahndet werden.

§ 6

(1) Die Ausübung der Zahnheilkunde fällt nicht unter die Bestimmungen dieses Gesetzes.

(2)

§ 7 Der Reichsminister des Innern erläßt ... die zur Durchführung ... dieses Gesetzes erforderlichen Rechts- und Verwaltungsvorschriften.

§ 8

(1) Dieses Gesetz tritt am Tag nach der Verkündung in Kraft.

(2) Gleichzeitig treten § 56a Abs. 1 Nr. 1 und § 148 Abs. 1 Nr. 7a der Reichsgewerbeordnung, soweit sie sich auf die Ausübung der Heilkunde im Sinne dieses Gesetzes beziehen, außer Kraft."

Quellennachweis:

Charles Baudouin, Das Wesen der Suggestion, Carl Reissner Verlag Dresden, 1926

Carl Haensel, Franz Anton Mesmer – Leben und Lehre, S. Fischer Verlag Berlin, 1940

G. W. Gessmann, Magnetismus und Hypnotismus, A. Hartleben's Verlag Wien, ca. 1890

Dr. Ludwig Mayer, Das Verbrechen in Hypnose, J. F. Lehmanns Verlag München/Berlin, 1937

Kurt Tepperwein, Die hohe Schule der Hypnose, 1977

H. Schulz und O. Basler, Deutsches Fremdwörterbuch, Erster Band A-R, Verlag von Karl J. Trübner, Straßburg 1913

Protokoll der Mitgliederversammlung der Deutschen Gesellschaft für Hypnose e.V. vom 21.03.2003

Online-Aufsatz von Rechtsanwalt Michael Gerke aus Ratingen hinzuziehen (HRRS Onlinezeitschrift für Höchstrichterliche Rechtsprechung im Strafrecht, Ausgabe August/ September 2009, S. 373 ff.)

Die geheimen Mächte der Hypnose und Suggestion, Dr. Evans Gordon, Dresden, Rudolphsche Verlagsbuchhandlung (1921)

Hypnose und Suggestion Wunder - Macht - Verbrechen, Professor Dr. Otto Gramzow, Falken-Verlag Erich Sicker, Berlin-Schildow (ca. 1933)

Fotos:

Wolfgang Künzel, Andreas Fraunberger, Bernhard Huber, Foto Mautner (Dingolfing), Die Hypnoseakademie –

Rob Byron, Carolina K Smith MD, Sven Weber, Argus, Andrea Danti – fotolia.com

Die Hypnoseakademie

– Das Original –

Die Hypnoseakademie ist Vorreiter auf dem Gebiet der klassischen Hypnose. Viele Schulen und Dozenten sind aus dem Ausbildungsinstitut entstanden, dass 2002 von Wolfgang Künzel und Margot Fraunberger gegründet wurde.

Die Hypnoseakademie bietet Ihnen ständig die folgenden Ausbildungsinhalte:

- Grundseminar Hypnose und Hypnosetechniken (inkl. Blitz- und Schnellhypnosetechniken aus diesem Buch)
- Aufbauseminar Hypnosecoach (HA)® für therapeutische Hypnose
- Aufbauseminar Analytik und Rückführungstechniken
- Aufbauseminar für zahnärztliche Hypnose
- Aufbauseminar Ängste und Phobien
- Aufbauseminar Kinderhypnose
- Aufbauseminar Showhypnose
- Therapeutisches Handlesen
- Coach für systemische Aufstellungen

Lernen auch **Sie** die hier im Buch vorgestellten Techniken von Profis wie Wolfgang Künzel persönlich! Grundseminare finden im gesamten deutschsprachigen europäischen Raum statt.

Hypnose-CDs von Alexander Cain®

Erhältlich bei www.hypnoseshop.de

- Schlank durch Hypnose
- Nichtraucher Durch Hypnose
- Sicher in die Prüfung
- Erfolgreich in der Schule
- Aufmerksam und ausgeglichen
- Effektiv lernen
- Fremdsprachen lernen
- Frei von Stress
- Schutz bei magischen Angriffen
- Spass beim Sex
- Lebe Deine sexuellen Fantasien
- Selbstbewusstsein erlangen und stärken
- Sport macht Spass
- Ein- und Durchschlafen mit Hypnose
- Mit Hypnose zum Traumkörper
- Der Weg zur harmonischen Beziehung
- Spass auch ohne Alkohol
- Schüchtern? Nein Danke!
- Erfolgreich eigene Ziele verwirklichen
- Astralreisen mit Hypnose
- Lerne ‚Nein' zu sagen
- Stressfrei zum Zahnarzt mit Hypnose
- Entspannt fliegen mit Hypnose
- Reinkarnation - Rückführung in frühere Leben
- Stärkung des Immunsystems
- Brustvergrösserung mit Hypnose
- Aktiviere Deinen 6. Sinn
- Motivation im Aussendienst ... etc.

wie vorher. Seit ich ihn gestern Nacht in seinem Zimmer gesehen habe und Gauthier mich mit meinen tiefsten Sehnsüchten konfrontiert hat, empfinde ich in seiner Gegenwart wieder so viel mehr als Enttäuschung oder Wut.

So ein Mist. Das Aufflammen alter Gefühle kann ich jetzt gar nicht gebrauchen.

KAPITEL 17

EIN FÜNKCHEN SCHÖNHEIT

Nachdem wir den Tag mit Fußmarsch hinter uns gebracht haben, machen wir am Abend Rast in einer weiteren Herberge. Thierry hat unsere Augen wieder verändert, und dieses Mal geht es ihm besser, also sitzen wir nach dem Essen gemeinsam an der Feuerstelle der Schenke.

»Könnte man Gauthier nicht ein Messer in die Brust rammen und das war es dann?«, fragt Giselle und nimmt einen Schluck aus ihrem Weinglas.

Ob sie Rotwein trinkt, weil der aussieht wie Blut?

»Man kann ihn nicht töten«, antwortet Thierry. »Nicht auf normale Weise. Viele haben das versucht. Ich selbst habe ihn sogar schon mithilfe meiner Kollegen ›getötet‹, aber er ist nur Stunden später wieder aufgetaucht, als wäre nichts passiert.«

»Schade.«

»Ich werde das erledigen«, versichere ich und halte meine Hände ans Feuer, in der Hoffnung, dass sie dadurch eine normale Temperatur erreichen.

Rafael starrt mich mit großen Augen an. »Bist du … sicher? Es heißt, es gebe keinen mächtigeren Zauberweber als ihn.«

»Fluchweber«, korrigiert Thierry, was ich mit einer Grimasse quittiere. »Gauthier war nicht immer so. Bevor er sich in den verbotenen Künsten verloren hat, war er das, was ich heute bin.«

»Ein hinterhältiger Betrüger?«, hake ich nach.

Er wirft mir einen bösen Blick zu. »Der königliche Zauberweber.«

Diese Enthüllung überrascht mich. Obwohl mir klar war, dass Gauthier einmal ein Zauberweber gewesen sein muss, hätte ich nicht gedacht, dass er ausgerechnet diese Position innehatte. Ob er sich diese Ehre auch so unrechtmäßig erschlichen hat wie Thierry?

»Wenn er eine so prestigeträchtige Stellung hatte«, meint Giselle. »Wieso ist er dann zu dem geworden, was er ist? Warum der Fluch?«

Thierry seufzt. »Er hat verbotene Zauber praktiziert. Aus einem dieser Zauber ist der Schattenfluch entstanden.«

»So wie der Blutfluch?«

Er nickt. »Gauthier war sehr angesehen, aber die schwarze Magie hat ihn verändert. Seine Machtgier hat ihn geblendet. Niemand kann ihn mehr zur Vernunft bringen.«

»So was passiert, weil ihr Zauberweber eitel seid und glaubt, euch gehöre die ganze Welt«, meint Giselle.

Thierry presst die Lippen aufeinander. »Was soll das heißen?«

Giselle lächelt verheißungsvoll. »Eure Magie hebt euch von Geburt an von anderen ab. Ihr habt unvorstellbare Macht. Ihr altert äußerst langsam. Ihr könnt euer Aussehen beliebig verändern und seid dadurch schöner als jeder normale Mensch. Ist es da verwunderlich, dass es in euren Reihen jene gibt, die nach mehr streben? Ihr habt nie die Grenzen eines gewöhnlichen Lebens kennengelernt.«

Ich mustere Thierry. Ob er schon immer so ausgesehen hat wie jetzt? Wir haben nie über sein Aussehen gesprochen, aber laut ihm müssen Zauberweber stets Stärke und Autorität ausstrahlen. Das gilt besonders, wenn man der Zauberweber der Königin ist. Inzwischen müsste er um die fünfzig, vielleicht sechzig Jahre alt sein, obwohl er überhaupt nicht so wirkt. Wie alt er wohl werden kann? Wie alt werde *ich*, nachdem so viel Magie ihre Spuren bei mir hinterlassen hat?

»Sie hat … recht«, meint Rafael. »Ihr kennt keine Grenzen. Aber ihr legt sie für andere fest. Ihr bestimmt, wer zu gefährlich für die Welt ist, während ihr selbst eine Gefahr darstellt und keine Regeln kennt.«

Giselle leert ihr Glas in einem Zug. »Das stimmt. Wir haben zwar eine Königin, aber deine Leute mischen sich ständig in politische

Angelegenheiten ein. Wie lange mag es dauern, bis aus Saintoux ein zweites Sirvarien geworden ist? Bis die Zauberweber auch ganz offiziell dieses Land beherrschen?«

Auf Thierrys Stirn erscheinen tiefe Falten. Sie zeugen von seiner Unzufriedenheit, und ich wette, ihm gefällt nicht, dass die anderen seinesgleichen auf diese Art kritisieren.

»Niemand wird die Königin absetzen, und ganz bestimmt kein Zauberweber«, protestiert er. Natürlich verteidigt er seine Leute, denn er hat sie stets in einem positiven Licht gesehen.

Darüber Giselle nur müde. »Behauptest du jetzt.«

Das Knistern des Feuers lässt mich in Gedanken versinken. Anders als Thierry bin ich nicht überzeugt davon, dass die Zauberweber ihren Platz kennen. Ich habe am eigenen Leib erfahren, wozu sie fähig sind. Nichts könnte mich das vergessen lassen. Die Schmerzen, die Hoffnungslosigkeit und die Finsternis. Als ich daran denke, kommt mir der Raum, in dem wir sitzen, plötzlich viel zu klein und viel zu eng vor. Wie das Gefängnis, in dem ich so lange gesteckt habe.

»Ich gehe an die frische Luft«, verkünde ich und stehe abrupt auf.

Rafael sieht unglücklich aus, weil er mit der Vampirin und dem Zauberweber allein zurückbleibt. Absurd, dass ausgerechnet ich, die von allen als Monster gefürchtet wird, für ihn die angenehmste Gesellschaft bin.

Thierry folgt mir mit seinem Blick, sagt aber nichts, also schlängele ich mich zwischen den Tischen hindurch. Was würde ich dafür geben, wie früher in einer warmen, belebten Schenke zu arbeiten. Es war nicht immer leicht, aber das Leben kam mir damals trotzdem so simpel vor.

Ich öffne die Tür und trete in die Nacht. Abends, wenn die Dunkelheit sich über das Land gesenkt hat, ist es kalt draußen. Die Herberge ist von einzelnen Bäumen umgeben und liegt an einem See, der im Mondlicht glitzert. Hier draußen fühle ich mich befreit und kann endlich wieder atmen.

Ich schlendere am See entlang, weg von der Herberge. In den Gräsern zirpen Grillen und der frische Wind lässt die Blätter der Bäume rascheln. Trotz des Schattenfluchs ist es idyllisch, ein Paradies inmitten der Finsternis. Außerdem spüre ich keine Verfluchten in der Nähe.

Nach einem längeren Spaziergang bleibe ich stehen und starre auf den See. Dann, aus einem Impuls heraus, schließe ich die Augen.

Ich beginne zu tanzen, zu einem Lied in meinem Kopf, das Vater uns vor langer Zeit vorgesungen hat. Einfach so, weil es sich richtig anfühlt.

Es ist das erste Mal seit einer gefühlten Ewigkeit. Das erste Mal seit der Gefangenschaft. Zuerst war ich eingesperrt, dann auf der Flucht, immer mit meinen Verfolgern im Nacken. Da war nicht daran zu denken, genauso wenig wie im Gefängnis von Pontilliard. Ich habe lediglich in meinen Träumen getanzt, wenn sie es zugelassen haben. Meistens waren es Albträume, aber manchmal war ich zu Hause, in dem kleinen Wäldchen beim Dorf, in dem ich glücklich gewesen bin.

Meine Bewegungen sind fließend und geschmeidig. Ich genieße den Wind im Nacken, fühle ihn an meinen Fingerspitzen und spüre den festen Untergrund, auf dem ich stehe. Seit die schwarze Magie durch meine Adern fließt, ist mein Körper stärker geworden, und trotz all der Zeit auf engstem Raum fühle ich mich genauso beweglich wie vorher.

Ein Lächeln schleicht sich auf meine Lippen. Das hier, dieser kleine Moment, macht mich glücklich. Diese Leichtigkeit habe ich lange nicht mehr gespürt, ein Fünkchen Schönheit inmitten all der finsteren Hässlichkeit. Wenn ich tanze, bin ich nicht das Schattenmädchen, nicht das Ungeheuer und nicht die einzige Rettung des Landes. Wenn ich tanze, dann bin ich einfach nur ich.

Ich drehe mich um die eigene Achse, springe, lande sanft und vollführe ausschweifende Bewegungen mit meinen Armen, ohne die Augen zu öffnen, weil ich jeden Schritt spüre, als läge er mir im Blut.

Noch eine letzte Drehung, dann bleibe ich stehen, hebe die Lider. Der See liegt still vor mir, als würde er schlafen.

Jemand klatscht langsam und ich fahre erschrocken herum.

»Du bist immer noch sehr gut.«

Thierry steht im Schutz der Bäume und starrt mich an. Von ihm beim Tanzen beobachtet zu werden fühlt sich schmerzlich vertraut an. Früher habe ich es gehasst, vor Publikum aufzutreten. So selbstbewusst ich auch abseits der Bühne gewesen bin, so sehr habe ich unter meiner Nervosität gelitten, wenn ich vor anderen tanzen sollte. Bei Aufführungen habe ich jeden zweiten Schritt vergessen und war katastrophal. Irgendwann wollte ich nicht mehr für andere tanzen, also bin ich in den Wald gegangen und habe dort geübt, versteckt vor Zuschauern. An diese Zeit denke ich gern zurück. Im Frühling war der Wald immer herrlich grün und überall blühten Sträucher und Blumen, die man nur dort findet. Ich habe den erdigen Geruch und den Wind in meinem Haar geliebt.

Als ich Thierry eines Tages zwischen den Bäumen entdeckt habe, ist mir ein spitzer Schrei entwichen. Mein Kopf wurde ganz heiß und ich habe ihm zugerufen, er solle mich nie wieder beim Tanzen beobachten, weil ich nicht mehr für andere tanzen würde. Bei seiner Antwort sind Tausende Schmetterlinge in meinem Bauch umhergeflattert.

Warum nicht? So viel Talent und Anmut sollte man nicht verstecken.

Es hat aufrichtig geklungen, nicht wie ein plumpes Kompliment. Thierry war immer kühl und unnahbar, nie aufdringlich.

Ich kann nicht für andere tanzen. Dabei kann ich mich nicht konzentrieren.

Er hat den Kopf schief gelegt und mich fragend angesehen. *Wenn du so vor Leuten tanzen kannst, ohne dass du dir ihrer Anwesenheit bewusst bist, kannst du auch so tanzen, wenn du weißt, dass sie da sind. Du musst es nur üben.*

Vor ihm habe ich viele Male getanzt, wenn wir uns im Wald sahen, wo er sich oft wegen seiner Forschungen aufhielt und sich Notizen machte. Ich habe mich bei ihm wohlgefühlt, weil er mich verstand wie niemand sonst. Ich habe mich sicher gefühlt. Aber was ist jetzt von unserer damaligen Verbindung übrig?

»Schade, dass du kein Geld bei dir hast«, rufe ich. »Sonst könntest du für die Vorführung bezahlen.«

Er lächelt schief. »Ich bin sicher, der Flüsterer würde mir Geld geben, wenn ich verspreche, ihn nicht mit der Vampirin allein zu lassen. Insofern könnte ich wohl ein wenig Lohn für dich auftreiben.«

»Da wette ich drauf.«

Rafael hat schon unglücklich ausgesehen, als ich vorhin gegangen bin. Trotzdem bezweifle ich, dass Giselle ihn vor aller Augen anfällt.

Sie wirkt sehr entspannt und zivilisiert, was ich kaum für möglich gehalten hätte.

Ich gehe einige Schritte auf Thierry zu, bleibe aber auf Abstand.

»Ein schöner See«, sagt er und sieht sich um.

Ich nicke. »Es gibt so viel Schönes in der Welt. Aber wir tendieren dazu, es zu verderben.«

Das Kloster mit seinen Lavendelfeldern hat ebenfalls eine atemberaubende, reine Schönheit besessen. Isoliert und idyllisch inmitten von hügeligem Terrain. Es ist nicht die Schuld der Natur, dass die Zauberweber dieses fromme, friedliche Haus in einen Ort voller Düsternis und Leid verwandelt haben.

»Na los«, fordere ich Thierry auf. Er sieht mich verwirrt an, also schenke ich ihm ein zynisches Lächeln. »Frag mich, ob ich sie gehasst und deshalb ermordet habe. Das ist es, was dir unter den Nägeln brennt, nicht wahr?«

Ich habe das Gefühl, diese Frage will er mir schon lange stellen. Er weiß, dass ich diese Experimente nicht freiwillig über mich habe ergehen lassen. Auch wenn er es vor mir verleugnet hat, weil er nicht glauben will, dass seine eigenen Leute zu so etwas fähig sind.

Thierry schweigt. Sieht mich weiter an, als würde er hoffen, sich davon überzeugen zu können, dass es meine violetten Augen nicht gibt und ich immer noch die bin, die ich einst war.

»Nicht alle waren grausam«, fahre ich fort, und ich weiß nicht, wem von uns beiden das ein Trost sein soll. »Manche haben daran gezweifelt, ob es richtig ist, was sie uns antun. Ich schätze, sie waren nicht alle Monster. Einige waren nur Feiglinge. Trotz ihrer Zweifel haben sie nichts unternommen, um es zu verhindern.«

Thierry schluckt, aber seine Miene bleibt undurchdringlich. »Sie wollten das Leben vieler Unschuldiger vor dem Schattenfluch retten.«

»Und wer hat mich gerettet?«, frage ich bitter. »Es ist leicht, ein Leben für das große Ganze zu opfern, solange es nicht das eigene oder das eines geliebten Menschen ist.« Ich schüttele den Kopf. »Sie haben uns nie nach unseren Namen gefragt, wusstest du das? Die wollten sie nicht erfahren, denn das hätte uns menschlicher gemacht.«

Nur einer kannte meinen Namen. Jules.

»Trotzdem haben sie schwarze Magie genutzt, um uns dazu zu bringen, das Blut der Verfluchten zu trinken. Damit die Magie des Fluchs in dosierter Form auf uns übergeht, ohne uns zu verderben. Damit wir resistent dagegen werden.«

So weit die Theorie. Aber nur bei mir waren sie erfolgreich. Wenn man das überhaupt als Erfolg bezeichnen kann.

Thierry schüttelt den Kopf. »Das war keine schwarze Magie. Sie haben wahrscheinlich einen Zauber genutzt, um eure Körper zu kontrollieren, aber das macht ihn nicht gleich zu einem verbotenen Zauber. Schwarze Magie richtet sich meistens gegen den freien Willen. Sie manipuliert den Verstand und die natürliche Ordnung des Lebens. Hätten sie einen solchen Zauber genutzt, hättet ihr all das freiwillig getan. Im Gegensatz zu einem normalen Zauber würde diese Art von Magie einen Preis verlangen. In den meisten Fällen handelt es sich dabei um Blut, weil Blut Macht in sich trägt. Je mächtiger der Mensch, desto mächtiger das Blut, desto mächtiger die Magie. Der Schattenfluch ist an königliches Blut gebunden. Das macht ihn so verheerend.«

Ich sehe Thierry ungläubig an und mache einen Schritt auf ihn zu. Mir steckt ein Kloß im Hals. Wenn es stimmt, was er über die schwarze Magie sagt, haben die Zauberweber sie nicht genutzt. Ich weiß genau, dass ich das Blut nicht trinken wollte. Alles in mir hat sich dagegen gewehrt, denn ich habe gesehen, was es mit den anderen gemacht hat. Doch mein Körper hat mir nicht mehr gehorcht. Die Bewegungen, die dazu geführt haben, dass ich das Blut der Verfluchten konsumiere, waren nicht meine. Was die Zauberweber getan haben, hat dafür gesorgt, dass mein Körper unabhängig von mir reagierte. Ich war wie eine Puppe an ihren Fäden, war ihnen hilflos ausgeliefert.

»Wie kann ein solcher Zauber nicht verboten sein?«, wispere ich. »Er war nicht weniger schrecklich, nur weil es keine schwarze Magie war. Den Preis habe *ich* gezahlt, nicht sie.«

»Es tut mir leid, Alienor. Meine Kollegen hatten noble Ziele, aber sie haben ihre Befugnisse überschritten.«

Dennoch hatten sie den Tod nicht verdient, scheint er stumm hinzuzufügen. Trotz allem betrachtet er sie als seinesgleichen. Vielleicht sieht er sie als Familie, weil er selbst lange Zeit Teil einer Gemeinschaft war, so wie jeder Zauberweber, der kein Ratsmitglied oder Diener der Königin ist.

»Du hättest mich gehen lassen sollen«, sage ich. »Ich wäre nie zurückgekehrt.«

»Du bist über ein Jahr auf der Flucht gewesen, bevor ich dich gefunden habe. Zu dem Zeitpunkt hättest du das Land längst verlassen haben können, aber das hast du nicht.«

Ich stocke. Er hat recht, ich bin nicht geflohen. Das lag allerdings weniger daran, dass ich nicht wollte. Vielmehr konnte ich es nicht.

Ich habe versucht wegzulaufen und die Landesgrenzen zu überqueren, aber wenn ich einen gewissen Punkt erreicht hatte, ganz egal in welche Richtung, hat mich die dunkle Kraft in mir davon abgehalten weiterzugehen. Ich konnte einfach nicht. Meine Magie bindet mich an Saintoux, als ob ich mit diesem verfluchten Blut auch an den Fluch selbst gebunden bin. Es gibt kein Entkommen für mich, solange er fortbesteht. Aus dem Grund gibt es wahrscheinlich auch keine Angriffe von Verfluchten auf Nachbarländer – diese Kreaturen existieren dort nicht. Deshalb meiden viele inzwischen meine Heimat.

»Ein Leben auf der Flucht kann kaum das sein, was du gewollt hast«, meint Thierry.

Ich starre ihn ungläubig an. »Weil ein Leben im Kerker so viel besser ist? Auf der Flucht war ich wenigstens frei.«

Zumindest so frei, wie ich in dieser furchtbaren Situation sein konnte.

Thierry öffnet seinen Mund, um etwas zu sagen, schließt ihn aber wieder. Ich mache einen weiteren Schritt auf ihn zu, sodass ich ihm direkt gegenüberstehe. Ich werfe einen Blick auf meinen Handrücken.

»Es ist eine Rose«, entfährt es mir. »Warum ausgerechnet eine Rose?«

Im Gefängnis habe ich mich das stundenlang gefragt, doch die magische Zelle hat mir keine Antwort gegeben. Es kam mir makaber vor, nach allem, was gewesen ist, und es hat meinen Hass auf ihn weiter geschürt.

Thierry zuckt mit den Achseln. »Sie ist das Symbol von Saintoux. Das königliche Symbol.«

Der dunkle Teil von mir will glauben, dass er die Rose gewählt hat, um mich als Eigentum von Saintoux zu brandmarken. Wie ein Stück Land, in das man eine Fahne steckt und für sich beansprucht. Aber die Art Mann ist er nicht, egal wie gern ich das glauben würde.

»Ist es so schwer, mir ein einziges Mal die Wahrheit zu sagen?«

»Ja«, gibt er überraschenderweise zu.

Ich nehme einen tiefen Atemzug. »Früher hast du mich deine *mutige Rose* genannt. Du hast den Namen geflüstert, wenn du mich geküsst und geliebt hast. Und du hast ihn genutzt, als du meine Kräfte versiegelt hast.«

Er sieht weg, als ob er meinen Anblick bei dieser Erinnerung nicht erträgt. »Die Rose ist ein Symbol der Schönheit. Du hast mich immer daran erinnert. Stolz und schön, mit Dornen und so viel Mut. Vielleicht dachte ich beim Bannen deiner Kräfte unterbewusst an all das.« Er deutet auf meine Hand. »Daraus ist dann die Rose entstanden. Ich habe es nicht mit Absicht so aussehen lassen.«

Ich komme näher, so nah, dass er sich nicht wegdrehen kann. »Siehst du immer noch eine Rose, wenn du mich anschaust?«

Ich weiß nicht, warum ich wieder seine Nähe suche. Trotz allem, was vorgefallen ist, kann ich die Vergangenheit nicht hinter mir lassen.

»Ja«, gibt er nach einer Weile zu. »Eine schwarze Rose. Mit Blüten so dunkel und gefährlich wie die Nacht. Aber immer noch stolz und immer noch schön.«

Es ist sowohl eine Beleidigung als auch ein Kompliment, wobei ich nicht denke, dass er mich beleidigen will. Vielmehr klingt es, als würde er diese Tatsache bedauern.

Ich hebe mein Kinn, um ihn direkt anzusehen. »Fürchtest du dich vor mir?«

»Ja«, haucht er.

Obwohl das die Wahrheit ist, weicht er dieses Mal nicht zurück, sondern sieht weiterhin in meine Augen, die ihm so schrecklich vertraut sind. Blau und menschlich und vermutlich überaus irritierend.

»Verabscheust du, was ich bin?«

»Ja.«

Seine Stimme ist leise und rau, verursacht eine Gänsehaut unter meiner Kleidung. Es mag naiv sein, aber hinter all dem Zorn steckt noch die alte Alienor, die diesen Mann aus vollem Herzen begehrt.

»Warum weichst du dann nicht zurück?«

Er öffnet die Lippen und lässt seinen Blick über mein Gesicht wandern, bevor er seinen Kopf herabsenkt. »Mut? Verzweiflung? Vielleicht auch beides. Ich kann mich nur schwer entscheiden.«

Ich lächle, weil ich an unsere Unterhaltung im Gefängnis denken muss.

»Warum bist du hier, Thierry?«, frage ich, während ich seine Augen und seine Lippen mit klopfendem Herz betrachte. »Was hast du gehofft, hier draußen zu finden?«

»Antworten.«

Er macht einen winzigen Schritt nach vorn und senkt den Kopf weiter herab. Seine Stirn berührt meine, sein Atem kitzelt meine Haut.

Ich schließe die Augen. »Wie lautet denn die Frage?«

Sein warmer Atem streift mein Gesicht. »Ich habe mich gefragt, was übrig ist.«

Mein Hals wird trocken. »Hast du die Antwort darauf gefunden?«

Er senkt den Kopf ein wenig mehr, drückt sich dichter an mich. »Nach der suche ich noch.«

Seine Lippen treffen auf meine, heiß auf kühl, so unerwartet und doch so erhofft, dass mir ein leiser Seufzer entfährt. In mir steigt eine Hitze auf, die ich lange nicht mehr gefühlt habe, weil ich mich an die Kälte gewöhnt habe. Thierry legt einen Arm um meine Taille und drückt mich an seine Brust. Mit der anderen Hand hält er meinen Nacken. Ich schlinge meinen Arm um seinen Hals und verliere mich in seinem Kuss, der erst vorsichtig ist und dann drängender wird, als hätte Thierry sich wieder daran erinnert, wie es geht, mich zu küssen. Oder als würde er die Flucht nach vorn antreten, um nicht darüber nachdenken zu müssen, was er eigentlich tut.

Im Kerker habe ich ihn verflucht. Habe mir vorgestellt, wie es wäre, ihn zu verletzen, zu verraten, so wie er mich verraten hat. Ich habe ihn gehasst, angetrieben von der dunklen Magie in mir, die mich mit Zorn erfüllt hat. Und jetzt küsse ich ihn, genieße die Wärme seiner Umarmung, die Hitze von seinem Mund auf meinem. Die Geborgenheit, die ein einziger Verrat nicht auslöschen kann. So viel Gutes verschwindet nicht, nur weil etwas Schlechtes geschehen ist.

Mit seiner Hand, die eben in meinem Nacken war, fährt er sachte meine Wange entlang, während er seine Finger zu meinem Kinn bewegt, es anhebt und den Kuss intensiviert. Thierrys schneller Atem dringt an mein Ohr. Immer wieder stockt er, als hätte er vergessen Luft zu holen.

Nicht nur Begierde erfüllt unsere Küsse, sondern auch Zorn. Wegen seines Verrats, wegen dem, was ich in seinen Augen getan habe, und wegen dieser verzwickten, aussichtslosen Situation, in der wir uns befinden. Er wirbelt mich herum, sodass ich einen Baumstamm in meinem Rücken spüre. Mit heißen Lippen fährt er über meinen Hals, bis unter mein Ohr und schließlich zurück zu meinem Mund. Thierry lehnt seine Stirn gegen meine, atmet aus, und in dieser Geste steckt seine ganze Verzweiflung, der innere Kampf, den er mit sich selbst austrägt.

Schwer atmend öffne ich meine Augen und sehe in seine. »Ich bin immer noch menschlich«, flüstere ich. »Und ich habe immer noch Gefühle. Du …«

Plötzlich nehme ich aus dem Augenwinkel etwas wahr, was mit hoher Geschwindigkeit auf uns zufliegt.

»Runter!«, schreie ich.

Wir stürzen zu Boden, kurz bevor ein sengend heißer Feuerball genau dort in den Baumstamm einschlägt, wo wir vor einem Moment gestanden haben.

KAPITEL 18

FÜR ETWAS KÄMPFEN

Ächzend reiße ich meinen Kopf nach oben. Ein weiterer Feuerball rast auf uns zu.

»Achtung!«

Wir rollen uns zur Seite. Das brennende Geschoss schlägt im Boden ein und hinterlässt verkohlte Erde.

So eine Scheiße.

Da genieße ich einmal seit drei Jahren ein bisschen Leidenschaft – zugegebenermaßen mit dem Zauberweber, den ich eigentlich hasse –, und im nächsten Augenblick geht dieser Moment buchstäblich in Flammen auf.

Viel Zeit zum Durchatmen bleibt nicht, denn die nächste brennende Kugel saust bereits in unsere Richtung. Wieder weichen wir aus, bevor das Feuer dort landet, wo wir eben gekauert haben. Mich trifft eine Hitzewelle, und ich bin überrascht, dass mein Haar noch kein Feuer gefangen hat. Als ich dem folgenden Angriff ausweiche, gerate ich ins Stolpern. Mir entfährt ein spitzer Schrei.

Ich kneife die Augen zusammen, rechne fest damit, bei lebendigem Leib zu verbrennen, doch nichts passiert. Sofort reiße ich meine Augen auf. Vor mir befindet sich eine dünne, blau leuchtende Schutzmauer, die zweifellos aus Magie besteht. Ich drehe mich um. Thierry hat den Arm gehoben und kommt zu mir, dann zieht er die magische Wand wie eine Gefängniszelle um uns. Kurz darauf kracht der nächste Feuerball gegen unseren Schutz.

»Was ist hier los?«, frage ich schwer atmend, woraufhin ein weiteres Geschoss in der Wand einschlägt.

Thierrys grimmige Miene spricht für sich. »Das ist gar nicht gut.«

Ich stöhne auf. »Danke, *Monsieur Offensichtlich*, das hätte ich ohne dich gar nicht bemerkt.«

»Stimmt. Weil du ohne mich nur noch ein Häufchen Asche wärest.«

»Zur Erinnerung: Ohne dich wäre ich gar nicht hier, sondern in meiner kleinen gemütlichen Zelle, wo niemand mit Feuerbällen auf mich wirft!«

»Da wärest du ohne mich auch nicht«, gibt er selbstironisch zu.

Fast hätte ich gelacht. Aber nur fast, denn gerade bin ich ein wenig davon abgelenkt, nicht geröstet zu werden.

Drei weitere Flammengeschosse gehen auf den Schild nieder, doch zum Glück hält er stand. Danach stoppen die Angriffe. Ich will schon erleichtert aufatmen, aber dann sehe ich, dass jemand auf uns zukommt. Die Person hebt eine Hand und Thierrys Schutzmauer zerplatzt.

»Ein beeindruckender Schild für jemanden, der durch einen Bann so geschwächt ist wie du.«

Falls möglich, verfinstert sich Thierrys Miene noch mehr. »Davide.«

Mit aufrechtem, selbstbewusstem Gang marschiert sein ehemaliger Kollege auf uns zu. »Du bist weiter gekommen als gedacht. Vielleicht hätte ich von einem Musterschüler wie dir nichts anderes erwarten dürfen.«

Das höhnische Grinsen würde ich ihm am liebsten aus dem Gesicht wischen. Seine schwarze Robe bauscht sich im Wind und Magie flimmert in der Luft um ihn herum.

»So viele Jahre versuchst du schon, Gauthier zu übertrumpfen, aber scheiterst wieder und wieder«, sagt er und bleibt etwa zehn Meter von uns entfernt stehen. »Du bist genau wie dein Vater.«

»Wag es nicht, über ihn zu sprechen!«

Thierrys Reaktion lässt Davides schmieriges Grinsen nur breiter werden. »Warum nicht? Schließlich ist er der Grund für deinen Verrat an mir. Du dachtest, es sei dein Recht, ihn als königlichen Zauberweber zu beerben.«

Ich sehe Thierry überrascht an. Sein Vater ist vor ihm der königliche Zauberweber gewesen? Das ist mir neu.

»Glaubst du, dort Erfolg haben zu können, wo er versagt hat?«, will Davide wissen. »Du wirst dir am Schattenfluch die Zähne ausbeißen. Genau wie er.«

»Wir werden sehen.«

Die Worte scheinen Davide zu amüsieren, aber als sein Blick auf mich fällt, verschwindet sein Grinsen. So hasserfüllt angesehen zu werden kenne ich bereits, doch bei ihm überrascht es mich. Er betrachtet Thierry mit abschätziger Miene.

»Obwohl du deine Zauberweberfrau nie heiraten wolltest, hast du gelernt, sie zu schätzen. Und wenn die Gerüchte stimmen, hast du dich vor einigen Jahren in ein gewöhnliches Mädchen verliebt, für das du dem Hof länger ferngeblieben bist als nötig. Jetzt also dieses hübsche Monstrum. Mich konntest du dagegen nie lieben. Warum?«

Ich starre ihn mit offenem Mund an. Damit hätte ich nicht gerechnet. Es geht also nicht nur um verletzte Ehre, sondern auch um unerwiderte Liebe? Davide wollte etwas von Thierry, aber der war nicht an ihm interessiert, und zu allem Überfluss hat er ihn bei diesem Wettstreit auch noch hintergangen? Jetzt ergibt dieser übertriebene Hass Sinn.

Thierry hat mir mal erzählt, dass er einmal mit einer Zauberweberin verheiratet war, weil seine Gemeinschaft das von ihm verlangt habe. Um den Fortbestand ihrer Magie zu sichern, dürfen sie nur ihresgleichen heiraten. Bereits nach kurzer Zeit ist seine Frau jedoch bei einem magischen Experiment gestorben, das furchtbar schiefgelaufen ist. Und dann gab es da noch mich. Für mich ist Thierry dem Hof ferngeblieben und hat mein Dorf erst verlassen, nachdem Kollegen ihn ausfindig gemacht und unter Druck gesetzt hatten. Davide scheint allerdings nicht zu wissen, dass dieses Mädchen und ich dieselbe Person sind. Niemand weiß von uns.

Ich verschränke die Arme vor der Brust. »Vielleicht liegt es daran, dass du ihn mit Feuerbällen bewirfst. Ziemlich unromantisch, wenn du mich fragst.«

»Was für eine große Klappe du hast, Schattenmädchen«, erwidert er zornig. »Es wird Zeit, dich verstummen zu lassen. Gauthier wird es mir danken.«

Na sicher. Gauthier sorgt eher dafür, dass Saintoux im Chaos versinkt, aber manch einer würde das wohl als Dank bezeichnen. Ich balle die Fäuste.

»Löse den Bann«, flüstere ich Thierry zu. Er sieht mich stumm an, und ich erwidere seinen Blick. »Vertrau mir.«

Innerlich wappne ich mich dafür, erneut mit einem leidenschaftlichen Appell Überzeugungsarbeit leisten zu müssen, aber nur Sekunden später spüre ich ein Prickeln auf meinem Handrücken. Die dunkle Magie dringt an die Oberfläche, flutet meinen Körper bis in die Fingerspitzen. Es überrascht mich, dass Thierry nicht gezögert hat, und gleichzeitig berührt es mich, weil das gestern noch anders war. Vielleicht sieht er in mir ja doch mehr als ein kaltblütiges Ungeheuer.

»Danke.«

Davide erschafft den nächsten Feuerball über seiner Hand, darum wird es Zeit, ihn mir endlich vorzuknöpfen.

»Gib mir Deckung«, weise ich Thierry an und stürme unserem Gegner entgegen. Meine Schattenkräfte machen mich leichter und schneller. Durch die Finsternis um meinen Körper sollte ich schwerer zu treffen sein, doch mein Gegner scheint keine Probleme damit zu haben, auf mich zu zielen. Das Feuer fliegt geradewegs auf mich zu, kracht aber gegen einen magischen Schild, den Thierry heraufbeschworen hat und der zusammen mit den Flammen verpufft. Bevor ich Davide erreiche, streckt er den Arm aus und wirft mich mit einer Druckwelle zurück. Mir entfährt ein Keuchen, als ich mit dem Rücken auf den Boden pralle. Schon im nächsten Moment rast ein neuer Feuerball auf mich zu, doch wieder erscheint ein Schild und blockt ihn ab.

Ich richte mich auf. Währenddessen deutet Davide mit seinem Zeigerfinger auf etwas hinter mir. Erschrocken fahre ich herum. Thierry friert mitten in seiner Bewegung ein.

»Du hältst dich raus, mein Lieber!«, schreit Davide. Rund um Thierry geht der Boden in Flammen auf. Der Feuerring schließt ihn ein wie eine brennende Mauer. »Dein kleines Miststück gehört mir.«

Ich presse die Zähne aufeinander. Warum müssen solche Kerle eigentlich immer ausfällig werden? Das ist ganz schlechter Stil.

»Halt dich zurück und schone deine Kräfte«, rufe ich Thierry zu. »Wenn er mich will, soll er sein Glück gern versuchen.«

Davide müsste bewusst sein, dass mein Tod auch Thierrys zur Folge hätte. Wahrscheinlich ist ihm das egal, immerhin hätten einige der Feuerbälle Thierry treffen können. Wer weiß, was dahintersteckt. Fluchweber sind nicht für ihre Vernunft bekannt.

Ich mache mich kampfbereit. Dieses Mal beschwört Davide gleich zwei Feuerbälle. Keine Ahnung, warum der Mann so versessen darauf ist, mich lebendig zu rösten, aber so leicht mache ich es ihm nicht. So schnell ich kann, hülle ich mich in Schatten und weiche seinen Angriffen aus, sodass die Brandgeschosse im Boden einschlagen.

Jedes Mal, wenn ich einem Feuerball entgehe, ist bereits ein neuer auf dem Weg und saust haarscharf an mir vorbei. Ich habe größte Mühe, seinen Angriffen auszuweichen. Aber ausweichen ist besser, als von einem getroffen zu werden.

Das Hin und Her frustriert mich, doch ich komme einfach nicht an Davide heran, weil er immer die Initiative ergreift und ich nur auf seine Attacken reagieren kann.

Um nicht ewig die passive Rolle in diesem Kampf einzunehmen, verwandle ich mich in einen Schatten. Mit veränderter Gestalt bewege ich mich auf Davide zu, während er neue Feuerbälle erscheinen lässt. Ich weiche ihnen aus, indem ich meine Form anpasse. Davide stößt einen Frustschrei aus. Unmittelbar vor ihm nehme ich meine menschliche Gestalt an, packe ihn am Kragen seiner Robe und lasse einen Dolch aus Schatten in meiner Hand erscheinen. Als ich damit aushole, entwindet er sich meinem Griff. Er stößt sich mithilfe seiner Magie zurück und landet mitten auf dem See. Dort bleibt er stehen, als wäre an der Stelle, wo er sich befindet, kein Wasser, sondern fester Boden.

»Netter Trick«, rufe ich. »Das wird dir nur nichts nutzen.«

Ich strecke meinen Arm aus und lasse die dunkle Magie aus ihm strömen, um ihn zu verlängern. Kurz darauf forme ich daraus eine Schattenhand, mit der ich Davides Hals packe. Er keucht, als ich meinen Griff verstärke. Doch dann hebt er plötzlich die Hand, macht eine flinke Bewegung und reißt mich von den Füßen. Meine Konzentration ist dahin, wodurch mein Schatten sich auflöst.

Davide befördert mich mit seiner Magie in die Luft. Ich ächze, versuche mich zu befreien, aber ich kann mich nicht aus seinem unsichtbaren Griff winden. Mein Herz hämmert, als er mich weiter in die Höhe fliegen lässt, direkt über den See. Während ich hilflos in der Luft zappele, spaziert er seelenruhig zum Ufer. Dann sieht er zu mir nach oben, macht eine weitere Handbewegung und sorgt dafür, dass ich ungebremst in die Tiefe stürze.

Ich schlage auf dem Wasser auf und tauche unter. Der See ist eiskalt. Um nicht zu viel Wasser zu schlucken, halte ich meinen Mund geschlossen und versuche gegen die magische Kraft anzukämpfen, die mich gefangen hält. Ich muss zurück an die Oberfläche schwimmen. Doch egal wie heftig ich mich wehre, ich kann mich nicht bewegen.

Hier unten ist es finster. Einzig der Mond schimmert wie eine bewegliche silberfarbene Sichel an der Oberfläche, die so weit von mir entfernt zu sein scheint. Nicht die Dunkelheit macht mir Angst, sondern die Enge und der Druck auf meiner Brust. Der See fühlt sich an wie ein Gefängnis, noch schlimmer als die beiden, in denen ich bereits gewesen habe.

Was würde ich jetzt dafür geben, Rafaels Kräfte zu besitzen, dann könnte ich dem Wasser meinen Willen zuflüstern. Aber ich bin nicht Rafael und er ist nicht hier, um mir zu helfen.

Ich kämpfe weiter, rufe nach meiner Magie. Sie strömt aus mir heraus und umgibt mich, hüllt mich in noch mehr Dunkelheit, doch sie wirkt genauso hilflos und betäubt wie ich. Sie ist da, ohne etwas bewirken zu können.

Die Luft wird knapper. Der Drang einzuatmen ist so stark, dass ich es kaum mehr aushalte.

Will er mich ertränken?

Kurz bevor mir die Luft ausgeht, zerrt die unsichtbare Kraft erneut an meinem Körper und reißt mich nach oben. An der Oberfläche schnappe ich verzweifelt nach Luft, um meine brennende Lunge zu füllen. Ich röchele und spucke Wasser, schwebe weiterhin hoch über dem See, gefangen in Davides magischem Griff. Meine Kleidung ist völlig durchnässt und meine Stiefel sind schwer von all dem Wasser, das sich in ihnen gesammelt hat. Mein Haar fühlt sich an, als würde ein klitschnasser Lappen auf meinem Kopf liegen.

Davide hält mich mit ausgestrecktem Arm fest.

Im nächsten Moment stürze ich erneut in die Tiefe. Kurz bevor ich ins Wasser eintauche, atme ich tief ein, dann hat die Finsternis des Sees mich wieder.

Ich halte die Luft an und kämpfe gegen die Kraft, die mich festhält, aber auch dieses Mal habe ich keine Chance. Es gelingt mir weder, mich in Schatten aufzulösen, noch mich auf andere Weise zu befreien. Zum ersten Mal kommt mir der Gedanke, dass ich hier sterben könnte. Wie Metallketten schließt sich das Wasser um jeden Millimeter meines Körpers. Ein gewaltiger Druck liegt auf meinen Ohren. Hier unten sehe ich nichts außer die ferne Oberfläche, die wie ein Phantom aus Licht und Schatten vor sich hin zuckt.

Du musst dich anstrengen, Alie!

Plötzlich kommt mir dieser verregnete Herbsttag in den Sinn, an dem Sophie und ich draußen beim Waldrand geprobt haben. Die bunten Blätter der großen Eichen haben im kühlen Wind getanzt, während wir es ihnen gleichgetan haben. Ich habe mich an einer Drehung versucht, sie aber nicht hinbekommen.

Ich schaffe es einfach nicht.

Sophie hat den Kopf geschüttelt und mir dann die Drehung gezeigt, perfekt wie immer, als wäre sie dafür geboren worden zu tanzen. Dabei hat sie stets betont, wie viele Stunden Schweiß und Tränen dahinterstecken.

Ich kneife die Augen zusammen, halte die Luft an, bis keine mehr übrig ist.

Vielleicht willst du es nicht genug, hat sie erwidert. *Du hast immer andere Dinge im Kopf, wegen denen du unkonzentriert bist.*

Ich habe aufgestöhnt, so wie meistens, wenn sie mich damit aufgezogen hat, dass ich den Jungs schöne Augen mache und lieber in der Taverne arbeite. Mir war es wichtiger, mein Lächeln zu verschenken, statt hart an mir zu arbeiten.

Der Druck auf meiner Brust wird unerträglich. Der See fühlt sich an wie ein kaltes, nasses Grab.

Ich bin eben nicht so gut wie du, Sophie.

Vielleicht habe ich deshalb halbherziger trainiert. Weil ich wusste, ich würde sie nie einholen können. Nie so zielorientiert sein, wie man sein muss, um die Beste zu werden. Trotzdem habe ich ihr Tag für Tag nachgeeifert, in der Hoffnung, irgendwann so gut zu werden wie sie. Aber meine Schwester war unerreichbar für mich. So anmutig, so fokussiert, so perfekt. Anders als ich.

Wenn du etwas willst, musst du darum kämpfen. Hast du je mit allem, was in dir steckt, für etwas gekämpft?

Habe ich schon einmal wirklich gekämpft?

Habe ich um die Wahrheit gekämpft, als Vater sich merkwürdig benommen hat? Habe ich genug getan, um herauszufinden, was mit ihm nicht stimmt? Nein. Ich habe sein Verhalten hingenommen und bin ihm aus dem Weg gegangen, um mich selbst zu schützen.

Habe ich um Thierry gekämpft, nachdem er das Dorf verlassen und sich nur mit einem Brief verabschiedet hat? Nein. Auch das habe ich akzeptiert, habe mir eingeredet, dass unsere Liebe nicht mehr als eine schöne Romanze auf Zeit gewesen sei, statt alles zu tun, um ihn wiederzufinden.

Habe ich gekämpft, als die Zauberweber mich entführt haben? Nein. Ich habe mich ihrer Magie ergeben, habe sie lediglich angefleht aufzuhören. Die anderen sind gestorben, und am Ende bin ich übrig geblieben, allein und ohne Hoffnung.

Habe ich um die Wahrheit gekämpft, nachdem ich im Kloster zu mir gekommen bin? Nein. Statt mich meinen Verfolgern zu stellen und alles dafür zu tun, herauszufinden, was passiert ist, habe ich akzeptiert, dass keiner mir glauben würde. Ich bin weggelaufen. Und als ich nicht mehr weglaufen konnte, habe ich mich in Thierrys Arme geflüchtet, in der Annahme, er könnte mich beschützen.

Aber nicht ein einziges Mal habe ich tatsächlich gekämpft.

Heute wird sich das ändern. Heute werde ich nicht aufgeben, ohne mich zu wehren.

KAPITEL 19

REUE

Die magische Kraft reißt mich nach oben. Ich schnappe nach Luft, doch dieses Mal kämpfe ich härter denn je gegen Davides Macht an, bevor er mich zurück ins Wasser schicken kann. Um mich herum erschaffe ich finstere Geschosse, die ich auf ihn schleudere. Er wehrt sie ab, bleibt dabei unglücklicherweise konzentriert, sodass ich im nächsten Moment wieder in den See stürze.

Der dumpfe Druck und die Stille heißen mich erneut willkommen. Etwas hat sich jedoch verändert: Die fremde Kraft, die mich kontrolliert und an jeder Bewegung hindert, ist schwächer als zuvor.

So wird es nicht enden.

Ich stemme mich gegen den Widerstand in meinen Gliedern, mühe mich ab, als würde ich nicht nur gegen Davide kämpfen, sondern auch gegen alles andere, bei dem ich in der Vergangenheit nichts habe ausrichten können.

Meine Beine bewegen sich. Dann meine Arme. Im Wasser ist mein Körper gleichzeitig schwer und schwerelos. Ich beginne zu schwimmen, dem zarten Schimmer des Mondes entgegen. Kämpfe gegen das Wasser und den Druck, der auf mir lastet, gegen die Atemnot und die Hoffnungslosigkeit.

Die Oberfläche kommt näher. Meine Bewegungen werden hektischer und mein Herz hämmert unaufhörlich gegen meinen Brustkorb.

Endlich schaffe ich es aufzutauchen. Ich halte meinen Kopf über Wasser, schnappe nach Luft und reiße die Augen auf. Der Wind trägt Schmerzensschreie zu mir.

Thierry.

Ich blicke zum Ufer. Davide hat mir den Rücken zugekehrt und nutzt seine Magie gegen Thierry, der äußerlich unverletzt ist und doch Qualen leidet. Noch immer brennt zu seinen Füßen der Feuerring. Er kauert auf dem Boden und krümmt sich vor Schmerz.

»Ich sagte doch, du sollst dich nicht einmischen!«, schreit Davide.

Deshalb hat Davides Einfluss auf mich nachgelassen – Thierry konnte sich nicht zurückhalten. Jetzt zahlt er dafür den Preis. Was auch immer gerade mit ihm passiert, ich muss ihm helfen.

So schnell ich kann schwimme ich zum Ufer, bevor Davide sich umdreht. Dort angekommen, hieve ich mich an Land und richte mich auf. Ich setze all meine tödliche Magie frei und lasse sie auf Davide los. Hungrige Schatten schnellen auf ihn zu. Als er begreift, was hinter ihm vorgeht, fährt er herum, doch dieses Mal kann er nicht ausweichen.

Die schwarze Magie trifft ihn mit voller Wucht und zerschneidet seine Robe. Er hält schützend die Arme vor seinen Körper, bis der Angriff vorüber ist, und schleudert mich dann mit einem weiteren Magiestoß von den Füßen. Ich falle rücklings auf den Boden.

Davide schreit frustriert. Als ich mich aufrichte, sehe ich, dass er nach etwas greift. Der Gegenstand blitzt im Mondlicht. Ein Messer.

Nein, nein, nein!

Die dunkle Magie wallt in mir auf, aber ich bin nicht schnell genug. Davide schneidet sich in die Hand und sein Blut wirbelt als rotes Leuchten um seinen Körper, bevor es schließlich wie Regen im Boden versickert.

Unter meinen Füßen regt sich etwas. Die Erde bebt.

Dicke Wurzeln brechen aus dem Boden hervor und schlingen sich wie harte Seile um meine Stiefel. Ich versuche mich aus dem Griff der Wurzeln zu befreien, doch es gelingt mir nicht. Stattdessen klettern sie weiter an mir empor, schlängeln sich um meine

Oberschenkel, meine Hüfte, die Handgelenke und sogar meinen Hals. Sie sind hart und scharf, zerfetzen den Stoff meiner Kleidung.

Ich keuche. Das erinnert mich an mein Erlebnis im Wasser, wo ich auch beinahe erstickt wäre.

Davide lächelt triumphierend. »Genug gespielt.«

Darauf würde ich gern etwas erwidern, aber mir kommt nur ein undefinierbarer Laut über die Lippen.

Diese schwarze Magie ist abscheulich. Thierry hatte recht, sie richtet sich gegen jede Natur. Mit ihrer Hilfe hat Davide einen Baum so manipuliert, dass er mich verdammt noch mal töten will.

Ich balle die Fäuste, doch die Wurzeln sind zu stark. So komme ich nicht dagegen an. Davide streckt die Hand aus und krümmt seine Finger, woraufhin die Wurzeln sich noch enger um meinen Hals schließen. Tränen steigen mir in die Augen. Ich kann nicht mehr atmen. Das Blut rauscht in meinen Ohren.

»Nein!«, schreit Thierry.

Einige der Wurzeln fangen plötzlich Feuer, dort, wo sie nicht unmittelbar meinen Körper berühren.

Davide schneidet eine Grimasse und stampft mit dem Fuß auf. Hinter ihm wird Thierry in die Knie gezwungen und das Feuer erlischt, bevor es ernst zu nehmenden Schaden anrichten konnte.

»Du hältst still«, ruft Davide ihm zu.

»Wenn du sie tötest, tötest du auch mich!«

Seine Worte klingen eindringlich und gleichzeitig verzweifelt. Ich bin nicht sicher, an wen er appelliert. Einen alten Freund? Einen Kollegen? Oder eine Person, die ihn hinter all dem Hass vielleicht noch immer liebt? Ich weiß nur, dass es nicht Davides Vernunft sein kann, denn davon hat er keine mehr übrig.

»Das ist mir bewusst«, antwortet er ungerührt. »Aber ich will, dass du dabei zusiehst, wie sie stirbt, bevor dein Leben endet.«

Dieser elende Sadist. So viel zur Liebe, die er angeblich für Thierry empfindet. Kann ja nicht besonders innig sein.

Hast du je mit allem, was in dir steckt, für etwas gekämpft?

Ich denke an Sophie. Meine wundervolle Schwester, für die ich Berge versetzen würde. Sie hat das verloren, was sie am meisten geliebt hat, musste ihren Traum vom Tanzen begraben. Wir waren so lange getrennt und haben beide für uns allein gelitten. Ich kann jetzt nicht sterben und sie zurücklassen.

»Du bist verblendet, Davide!«, schreit Thierry.

Der Fluchweber dreht sich zu ihm um, während die Wurzeln mich weiter würgen. Ich stemme mich gegen ihre Kraft und die dunkle Magie, die sie beherrscht. Es wird Zeit, meine eigene zu nutzen.

Schatten schlängeln sich um meinen Arm. Ich hetze sie gegen die Wurzeln, die daraufhin auseinanderbrechen.

»Ich bin das, wozu du mich gemacht hast«, sagt Davide, als wäre es Thierrys Schuld, dass er sich den verbotenen Künsten zugewandt hat.

Und ich bin das, wozu die Zauberweber mich gemacht haben. Gauthiers Magie hat mich nicht zerstört. Aber sie wird dich zerstören.

Ich lege meine freie Hand auf die rauen Wurzeln. Unter meiner Berührung verkümmern sie, schrumpfen zusammen und verfärben sich schwarz, als ob ein unsichtbares Feuer sie verbrennen würde. Sie verdorren, genau wie die Rose im Schloss. Der Druck auf meinen Hals lässt nach. Je länger ich die Wurzeln packe, desto mehr von ihnen lösen sich von meinem Körper.

»Ich habe dich immer geliebt, Thierry. Aber du bist unfähig, das zu erwidern«, höre ich Davide sagen, verletzter, als ich es je für möglich gehalten hätte.

Er glaubt an seine Worte, aber das macht sie nicht wahr. Meine Enttäuschung hat mich lange verblendet, und doch kann ich mit absoluter Sicherheit behaupten, dass Thierry mich geliebt hat.

Ich verwandle mich in einen Schatten, bewege mich so schnell auf Davide zu, dass er sich nicht einmal zu mir umdrehen kann. Dann nehme ich wieder meine menschliche Gestalt an und werfe ihn zu Boden. Er schreit, starrt mich mit aufgerissenen Augen an. Ich hole aus und lasse einen pechschwarzen Dolch in meiner Hand erscheinen. Ohne zu zögern, stoße ich zu.

»Ahh!«

Verdammt. Ich wollte seinen Hals treffen, aber er hat sich so schnell bewegt, dass ich nur seine Schulter erwischt habe. Sofort ziehe ich den Dolch aus der Wunde. Sie blutet, als hätte ich ihn mit einer Eisenklinge verletzt.

»Stirb endlich!«, schreie ich und hole ein weiteres Mal aus.

Wieder schafft er es, meinem Angriff auszuweichen. Mein Schattendolch gräbt sich in den feuchten Erdboden.

»Runter von mir!«

Davide schleudert mich mit seiner Magie zurück. Der Dolch fliegt mir aus der Hand und löst sich auf. Ich knalle mit dem Rücken auf den Boden. Während ich versuche, schnell auf die Beine zu kommen, sehe ich, wie mein blutender Feind eine Passage öffnet.

»Du entkommst mir nicht!«, rufe ich und nutze meine Kräfte, um in Windeseile auf ihn zuzustürmen.

Bevor ich ihn jedoch erreichen kann, rettet er sich durch die Passage. Ich greife nach einem Fetzen seiner Robe, irgendetwas, woran ich mich festhalten kann, um ihn doch noch zu erwischen, aber ich bekomme nur Leere zu fassen. Der magische Durchgang schließt sich vor meinen Augen. Ich stürze auf die Knie.

»Nein!« Frustriert schlage ich mit der Faust auf den Boden. »Du verdammter Feigling!«

Meine Stimme hallt über den See. Wie ein aufgestachelter Wespenschwarm kreist die schwarze Magie um mich herum. So nah dran. Ich war so nah dran. Und dann gleitet er mir durch die Finger.

Wütend richte ich mich auf und sehe Thierry an, der in der Hocke ausharrt. »Denkst du noch immer, dass ich all diese Zauberweber ermordet habe?«

Sein Schweigen macht mich nur noch wütender.

Ich stoße ein Zischen aus. Es ist ein animalischer Laut, ein Geräusch voller Zorn, das aus meinem tiefsten Inneren stammt. Als wäre da eine Kreatur, die nach einem Weg in die Freiheit sucht.

»Ich habe es nicht einmal geschafft, Davide zu töten!«, schreie ich mit erhobenen Händen. Der dunkle Nebel schlängelt sich bedrohlich schnell um meine Arme. »Wie soll ich deiner Meinung nach eine ganze Gemeinschaft ausgelöscht haben? Denkst du nicht, mindestens einer von ihnen hätte schwarze Magie genutzt, um sich zu schützen?«

Davide hat es eben vorgemacht. Der Überlebenswille ist bei den meisten Menschen ziemlich ausgeprägt, also bezweifle ich, dass die Zauberweber im Kloster nicht alle Register gezogen hätten, um dem Tod zu entkommen.

»Das hätten sie nicht getan«, beharrt Thierry.

Ich vergrabe frustriert meine Fingernägel in den Handflächen. Die dunkle Magie wird noch unruhiger. »Sie haben Unschuldige entführt und Experimente an ihnen durchgeführt. Wie kannst du glauben, sie hätten halt vor verbotenen Zaubern gemacht?«

Er zieht die Stirn kraus, beobachtet mich einen Augenblick lang. Dann krümmt er seine Finger, woraufhin mein Handrücken zu kribbeln beginnt. Die Rose erscheint auf meiner Haut, während die Dunkelheit sich in ihr Versteck zurückzieht.

Ich lasse meine Arme sinken. Mir war nicht klar, wie sehr Gauthiers Magie meine Emotionen nach diesem Kampf in ihrem Griff hatte.

Ich schlucke. »Danke.«

Dieses Wort aus meinem Mund zu hören überrascht mich. Um ehrlich zu sein, hätte ich nicht gedacht, dass ich mal etwas Gutes an diesem Siegel finden würde.

Thierry nickt.

Mir entfährt ein Stöhnen, als ich an mir heruntersehe. Ich bin vollkommen durchnässt und meine Kleidung ist an einigen Stellen aufgerissen. Einzelne Kratzer und blutige Striemen zieren meinen Körper. Dort, wo die Wurzeln am stärksten in die Haut geschnitten haben, spüre ich ein unangenehmes Brennen.

So ein Mist.

Jetzt richtet sich Thierry auf. »Dieses Scharmützel hat meine Kräfte mehr strapaziert, als mir lieb ist«, stellt er unzufrieden fest. »Es wirft uns vermutlich einen Tag zurück, bis ich eine stabile Passage in die Hauptstadt öffnen kann. Die brauchen wir allerdings, sobald der Wächter tot ist. Gauthier wird uns bestimmt nicht den Gefallen tun, bei der Quelle auf uns zu warten.«

Großartig. Dieser verfluchte Davide. Ich balle die Fäuste, doch jetzt strömen keine Schatten mehr aus mir heraus, obwohl ich spüre, wie aufgewühlt die Magie noch immer ist.

»Wenn ich ihn getötet hätte, wäre der Bann Geschichte, oder?«

»Ja.«

»Verdammt. Ich hatte ihn fast! Ich hätte ihn nicht entwischen lassen dürfen …«

»Das spielt jetzt keine Rolle mehr«, besänftigt Thierry mich. »Was zählt, ist, dass du den Wächter besiegst. Morgen werden wir dein Heimatdorf erreichen.«

Der Gedanke beunruhigt mich. Was wird dort auf mich warten? Ein ausgestorbenes Dorf? Verfluchte, die ich früher einmal gekannt habe? Werde ich erfahren, was mit meinem Vater geschehen ist? Hat er überhaupt noch gelebt, als der Fluch ausgebrochen ist?

»Ich bin nicht sicher, ob ich bereit bin«, gestehe ich.

»Ich weiß.« Thierry kommt zu mir und legt seine Hand auf meine Schulter. »Wir sollten zurückgehen. Bevor die anderen sich an die Gurgel gehen.«

»Ein größeres Chaos als hier werden wir da drin wohl nicht vorfinden.«

Ich sehe mich um. Verbrannte Wurzeln, verkohlter Boden und aufgewühlte Erde umgeben uns. Ein Wunder, dass dieser Kampf keine Zuschauer angezogen hat. Andererseits befindet sich die Herberge einige Hundert Meter vom See entfernt. Gut möglich, dass niemand irgendetwas mitbekommen hat. Mindestens die Hälfte dort drin ist ohnehin sturzbetrunken, und das ist optimistisch geschätzt.

»Also schön, kehren wir um.«

Meine Stiefel sind voll mit Wasser, sodass jeder Schritt schwer und unangenehm ist, aber ich will Thierry nicht darum bitten, meine Kleidung mit einem Zauber zu trocknen, sonst verliert er weitere Energie. Vielleicht bitte ich Rafael darum, die Flüssigkeit aus ihnen herauszuziehen.

»Was ist mit deinem Vater geschehen?«, frage ich Thierry auf dem Rückweg.

Er schweigt, also hängt die Frage eine Weile in der Luft.

»Gauthier hat ihn getötet«, verrät er schließlich. »Vater hat viele Jahre nach einem Weg gesucht, ihn zu vernichten, hat aber schließlich in einem Kampf den Kürzeren gezogen. Davor bat er mich, ihm etwas zu versprechen. Er wollte, dass ich seine Position als königlicher Zauberweber einnehme und einen Weg finde, den Schattenfluch zu brechen.«

Ich habe jemandem ein Versprechen gegeben, das ich zu halten gedenke.

Das war es also, wovon er im Gefängnis geredet hat.

»Du hast ihm diese Bitte nicht abgeschlagen«, erwidere ich.

»Nein. Habe ich nicht.«

»Deshalb hast du Davide hintergangen.«

Er nickt. »Mein Vater hat mich vor ihm gewarnt. Vor seinen Ambitionen, und dass sie ihn irgendwann verderben würden. Ich hielt das für übertrieben.«

Er klingt reuevoll. Als gäbe er sich die Schuld daran, nicht früher erkannt zu haben, dass Davide zu so etwas fähig ist. Zweifelt er deswegen nicht an meiner Schuld, was das Massaker im Kloster betrifft? Weil er schon einmal dem Falschen vertraut hat und sich vor Enttäuschungen schützen will?

Wir gehen das letzte Stück zur Herberge schweigend. Das Holzhaus kommt wenige Minuten später in Sichtweite. Hinter den staubigen Fenstern flackert das Licht des Feuerscheins und die Geräuschkulisse ist schon von Weitem zu hören. Ich gehe voraus.

»Alienor«, sagt Thierry zögerlich. »Warte.«

Ich bleibe stehen und drehe mich um. »Was ist?«

Er macht einige Schritte auf mich zu. »Dein Hals.« Sein Blick wandert an mir herunter. »Und deine Handgelenke.«

Ich fahre mit den Fingern über meine Kehle, wobei das Brennen stärker wird. Meine Handgelenke sind aufgeschürft, weil ich sie so verzweifelt aus dem Griff der Wurzeln befreien wollte.

»Nicht der Rede wert«, meine ich. Thierry hebt seine Hand, als ob er mich berühren will. Ich lächle in mich hinein. Ein alter Impuls aus besseren Tagen, den er offenbar nicht unterdrücken kann. »Dafür solltest du deine Magie nicht strapazieren. Es sei denn, du fürchtest, die Leute könnten dich für einen Sadisten halten, der junge Frauen im Wald foltert.«

Ich lache, verstumme jedoch beim Anblick seiner gequälten Miene. Eindeutig ein schlechter Scherz.

»Davide ist meine Angelegenheit«, murmelt er. »Es stimmt, ich habe ihn zu diesem hasserfüllten Mann werden lassen. Also sollte ich auch den Schaden reparieren, den er angerichtet hat.«

Ich schüttele den Kopf. »Was auch immer du getan hast, du hast ihn nicht dazu gedrängt, ein Fluchweber zu werden.« Er hat ihn abgewiesen, betrogen und in Verruf gebracht, aber die Entscheidung, sich Gauthier anzuschließen, hat Davide allein gefällt. »Es gibt immer eine Wahl, das weißt du. Wir bestimmen, wer wir sein wollen. Ich könnte genauso gut zu Gauthier überlaufen, aber das werde ich nicht. Weil ich das Richtige tun will.«

Obwohl ich meine eigenen, egoistischen Gründe für diesen Kampf habe, will ich besser sein als das, was die Leute in mir sehen. Trotz meiner schwarzmagischen Fähigkeiten werde ich nicht zulassen, dass Gauthiers Macht mich beherrscht. Ich werde nicht denselben Weg gehen wie er oder Davide.

Thierry lächelt schief. »Und ich dachte, du willst mich umbringen.«

»Vielleicht kommt das noch.«

»Dann sollte ich wohl besser um mein Leben rennen.«

Er streckt seine Hand aus und berührt mich am Hals. Die Hitze seiner Finger löst ein Prickeln in meinem Körper aus, das sich ganz anders anfühlt als Gauthiers kalte Magie. Diese warme Berührung verrät mir, dass er einen Zauber wirkt, und nur wenig später lässt der Schmerz nach.

»Du läufst in die falsche Richtung«, hauche ich.

»Meinen Orientierungssinn habe ich schon vor einer ganzen Weile verloren.«

Ich schließe die Augen und lasse mich von seiner Magie durchströmen. Sosehr ich es auch hasse zu spüren, wie sich ein Zauber in mir entfaltet, Thierrys Magie wird sich immer anders anfühlen. Weil ich jedes Mal daran denken muss, wie er mich damit zum ersten Mal berührt hat. Er hat meinen Schmerz gelindert, als ein unverschämter Gast mich attackiert hat, nachdem ich diesen zurechtgewiesen habe. An jenem Tag hat er mich das erste Mal wirklich wahrgenommen und mir gesagt, wie sehr er meinen Mut bewundert. Der Beginn von etwas Wunderschönem.

Als er mich loslässt, öffne ich die Augen. Sein intensiver Blick brennt Feuermale auf jeden Zentimeter meiner Haut.

»Du hältst mich für den Bösewicht in deiner Geschichte«, flüstere ich. »Aber das bin ich nicht.«

Er lächelt wehmütig. »Das würde ein Bösewicht auch behaupten.«

»Ein Bösewicht würde dir ein Messer in die Brust stoßen, während du ihn küsst.«

Ich senke den Kopf. Der Gedanke an unseren Kuss wühlt mich auf. Sein Verrat ist wie ein tief sitzender Stachel, der nicht aus der Wunde gezogen werden kann, die er verursacht hat. Trotzdem empfinde ich nach wie vor so viel für ihn, als wären die letzten Jahre nie geschehen.

Thierry schließt mich überraschend in seine Arme. »Du warst immer meine einzige Schwäche«, wispert er. »Mit meiner Position als königlicher Zauberweber bin ich all den absurden Gesetzen für meinesgleichen entkommen. Ich hätte mich nie wieder mit Dingen wie Liebe, Ehe oder der Pflicht gegenüber meinen Leuten auseinandersetzen müssen. Aber dann habe ich diese sture junge Frau getroffen, so mutig, direkt und stolz. Ich habe sie so sehr geliebt. Kannst du mir verdenken, dass ich selbst jetzt nach ihr suche?«

Er redet, als hielte er es für unmöglich, dass sie ein Teil von mir ist. Ich lege meine Wange an seine warme Brust. Sein Geruch erinnert mich an zu Hause, an einen Ort, der nur uns beiden gehört.

»Du suchst mit geschlossenen Augen, Thierry. Wer die Wahrheit nicht sehen will, wird sie auch niemals finden.«

Wir verharren eine Weile in der Umarmung und keiner von uns sagt ein Wort. Was hätte ich während der letzten drei Jahre dafür gegeben, mich nur ein einziges Mal so geborgen zu fühlen wie jetzt. Thierry hat mir immer Sicherheit geschenkt. Aber sicher ist inzwischen gar nichts mehr.

Er lässt mich los. Ich vermeide es, ihm noch einmal in die Augen zu sehen, bevor ich mich umdrehe und die Schenke betrete.

Der Geruch von verschüttetem Wein schlägt mir entgegen. Ich ignoriere die lauten Gäste und bahne mir einen Weg zu Giselle, die beim Feuer sitzt. Als sie mich erspäht, fällt ihr fast das Glas aus der Hand.

»Was ist denn mit dir passiert?«, quietscht sie und sieht fassungslos an mir herunter. »Warst du schwimmen?«

»O ja, ich drehe gern vollständig bekleidet ein paar Runden in einem eiskalten See.«

»Wir hatten eine Begegnung mit Gauthiers Handlanger«, erklärt Thierry hinter mir.

»Was?«

»Ja, für uns kam das auch … überraschend«, sage ich, erwähne aber nicht, dass wir uns da gerade geküsst haben. »Er hat uns aus dem Nichts angegriffen und ist geflohen, bevor ihm Schlimmeres widerfahren konnte als die Verletzung, die ich ihm zugefügt habe.«

Eines muss man Davide lassen: Er ist wirklich sehr kreativ, wenn es darum geht, jemanden zu töten. Immerhin hat er versucht, mich zu verbrennen, zu ertränken und zu erwürgen.

»Meine Güte«, murmelt Giselle und fährt sich durch ihr kurzes Haar. »Hätte ich das geahnt, wäre ich euch zu Hilfe gekommen. Den Flüsterer hätte ich auch gleich mitgeschleppt.«

»Schon gut«, antworte ich und setze mich. »Wo ist Rafael überhaupt?«

»Hat sich auf sein Zimmer verkrochen. Es ist ihm unangenehm, mit mir allein zu sein. Dabei muss er wirklich keine Angst vor mir haben.«

Ich lache. »Das sieht er bestimmt anders.«

Thierry verabschiedet sich kurz darauf von uns und ich verweile auch nur noch am Feuer, damit meine Kleidung trocknet. Dann gehe ich nach oben, ziehe mich aus und lege mich ins Bett. Die Angst davor, was mich morgen erwarten wird, begleitet mich in den Schlaf.

KAPITEL 20

EIN SINN FÜR KOMIK

Als ich die Augen öffne, stehe ich im Zimmer einer Herberge, aber es ist nicht die, in der ich eingeschlafen bin. Den Raum erkenne ich trotzdem. Im Kamin vor mir brennt ein Feuer, doch ich spüre seine Wärme nicht und höre auch kein Knistern. Was ich allerdings höre, sind Küsse und leise Seufzer. Die Stimmen sind mir vertraut.

Das ist kein normaler Traum, sondern eine Erinnerung.

Obwohl ich hadere, mich umzudrehen, tue ich es letztendlich doch. In dem Himmelbett aus dunklem Holz liegen zwei Personen, die sich leidenschaftlich lieben. Der Mann beugt seinen definierten Körper über die Frau, deren Finger sich in seinen Rücken graben.

Thierry und ich.

»Wenige Dinge sind so süß wie eine verbotene Liebe«, säuselt eine vertraute Stimme hinter mir.

Ich muss mich nicht umdrehen, um zu wissen, wer hinter mir steht. Ob er wieder Thierrys Gesicht trägt? Eigentlich spielt es keine Rolle. Denn egal wie er in diesen seltsamen Träumen auch aussehen mag, die Stimme bleibt seine eigene.

»Du bist also nicht nur ein abgrundtief böser Fluchweber, sondern auch ein perverser Voyeur«, sage ich kühl, als würde mich nichts hiervon verunsichern. »Gut zu wissen. Vielleicht sollte ich dir nackt gegenübertreten, wenn ich gegen dich kämpfe. Das könnte dich ablenken, während ich dein Leben beende.«

»Spendet dir deine törichte Hoffnung auf einen Sieg Trost?«, fragt Gauthier, wobei ich das hinterhältige Lächeln sogar in seinen Worten hören kann.

»Es tröstet mich, dass du dir anscheinend vor mir in die Hosen machst, sonst müsstest du meinen Schönheitsschlaf nämlich nicht mit diesem Traum stören.«

Er lacht leise. »Das hier soll nur eine Warnung sein.«

»Eine Warnung?«, wiederhole ich ungläubig. »Davor, dass du dir in die Hosen machst? Ich kann verstehen, warum mich das verstören könnte, aber sei unbesorgt, ich werde es aushalten.«

»Mach ruhig deine Witze, Schattentänzerin. Das Lachen wird dir früh genug vergehen.« *Schattentänzerin*. Wieder dieser Name, ausgesprochen voller Hohn. »Die Aufgabe, die sie dir aufgebürdet haben, wird dir nur Schmerz bringen. Denkst du, es wird leicht, dort zu wandeln, wo so viele vor dir gescheitert sind?«

Ich habe keine Sekunde geglaubt, dass es einfach werden würde, zur Quelle der Finsternis zu gelangen, sonst wäre Thierry nie bei mir aufgetaucht. Bisher habe ich versucht, mir keine Gedanken darüber zu machen, was mich dort erwarten könnte, aber früher oder später werde ich mich damit auseinandersetzen müssen.

»Alles von Bedeutung muss man sich erkämpfen«, sage ich.

»Mag sein. Eigentlich würde ich dein Leben gern verschonen, statt es zu beenden. Wir könnten so viel gemeinsam erreichen.«

Mir kommt ein boshaftes Lächeln über die Lippen. »Fühlst du dich so bedroht, dass du mir eine Allianz anbieten musst? Faszinierend. Wenn es dein Plan gewesen ist, mich zu demoralisieren, hast du gerade das Gegenteil erreicht.«

Er scheint mich wirklich zu fürchten. Würde er das nicht tun, müsste er mich nicht zum wiederholten Mal belästigen. Diese Tatsache macht mir Mut.

»Ich möchte eine so fähige Person lediglich auf der richtigen Seite wissen. Außerdem bist du amüsant. Es wäre schade, dabei zusehen zu müssen, wie du deinen Verstand verlierst.«

»Habe ich den denn nicht längst verloren? Eigentlich dachte ich, das sei die eine Sache, die uns verbindet.«

Im Bett wird das Liebesspiel zwischen Thierry und mir intensiver. An diese Nächte erinnere ich mich gut. Ich habe mich in seinen Armen wohlgefühlt, habe jede Sekunde genossen. Er ist wundervoll zu mir gewesen, und ich wünschte, ich könnte zu diesem Moment zurückreisen. Allerdings ohne Gauthier.

»So viel Leidenschaft«, säuselt er. Seine Stimme ist ganz nah, direkt hinter mir. »Alles nur eine Lüge.«

Ich bin kurz davor, mich umzudrehen und ihm eine zu scheuern. Auf solche privaten Dinge sollte er nicht zugreifen können. Niemand hätte das je sehen sollen. Unsere gemeinsame Nacht noch mal aus einer anderen Perspektive zu erleben, lässt mich Thierrys Wärme und seine Küsse beinahe spüren. Die Liebe, die ich für ihn empfunden habe und die unter so viel Schmerz und Verrat begraben wurde. Ja, ich habe daran gezweifelt, an all den Tagen, die ich in meinem Verlies verbracht habe. Aber wenn ich diese Augenblicke erneut durchlebe und die Geborgenheit fühle, verblassen diese Zweifel.

Ich setze ein selbstbewusstes Lächeln auf, das Gauthier gern bemerken darf. Was zwischen Thierry und mir in diesem Bett geschehen ist, war keine Lüge. So wie alle Zauberweber mag auch Thierry die Wahrheit verdrehen können, aber das zwischen uns war echt. Niemand kann solche Gefühle spielen. Ich glaube sogar, dass diese Gefühle immer noch da sind, irgendwo unter all der Enttäuschung. Bei uns beiden.

»Du willst mich mit meinen Ängsten verunsichern, nicht wahr?«, frage ich Gauthier. »Das hast du beim letzten Mal schon versucht. Tust du das, weil du deine eigenen verstecken willst?«

»Wenn man so viel verloren hat wie ich, hat man keine Ängste mehr.«

Ich lache kalt. »Erwartest du, dass ich einen größenwahnsinnigen Fluchweber bemitleide, obwohl er das Land ins Chaos stürzen will? Ich bin ziemlich schmerzfrei, aber das geht sogar mir zu weit.«

Als ich mich zu ihm umdrehe, bin ich für einen Moment überrascht. Statt wie Thierry sieht er wieder aus wie Jules.

»Warum dieses Gesicht?«, frage ich interessiert.

Thierrys Gesicht hätte mich mehr getroffen, das müsste er wissen.

Gauthier zieht einen Mundwinkel hoch. »Ich habe einen Sinn für Komik.«

»Ach ja? Hätte dich nicht für den spaßigen Typ gehalten. Wegen all der schwarzen Magie und so.«

Sein Grinsen lässt Jules' Gesicht fremd wirken. »Du hast diese Lippen geküsst, aber es war das, woran du dabei gedacht hast.«

Mit einem Kopfnicken deutet er auf das Bett.

Dieser Mistkerl. Woher weiß er davon? Als ich Jules damals in dieser Schenke gesehen habe, hat er mich an Thierry erinnert. Natürlich, immerhin war er ein Zauberweber, und die tauchten bei uns nicht sehr oft auf. Man konnte es sofort sehen, diese stolze Haltung, die schiere Selbstsicherheit und unnatürliche Schönheit. Ich wollte über Thierry hinwegkommen, weil ich dachte, wir würden nie mehr als diese kurzen Wochen miteinander haben und uns nie wiedersehen, also habe ich mit Jules geredet. Er war sofort angetan. Wir haben eine Nacht zusammen verbracht, doch ich habe meine Augen geschlossen und mir vorgestellt, es sei Thierry, der bei mir liegt.

Vor drei Jahren habe ich mich deshalb schlecht gefühlt. Ich habe Jules ausgenutzt, um meine Sehnsucht zu stillen. Das war falsch. Aber nachdem seine Kollegen mich durch die Passage gezerrt und ins Kloster gesperrt haben, während er lediglich danebenstand und zusah, war ich froh, dass mein Herz sich einen anderen gewünscht hatte.

»Vielleicht hat er dir nicht geholfen, weil er es wusste«, spekuliert Gauthier. »Er muss geahnt haben, dass du nicht ihn, sondern einen anderen begehrst. Deshalb hat er dich nicht vor diesem Schicksal bewahrt. Deshalb hat er zugesehen, wie sie dir all den Schmerz zugefügt haben.«

Ich starre die Holzdecke an. Während meiner Zeit in Gefangenschaft hat Jules viel mit mir geredet. Hat beteuert, wie falsch das alles sei, und versprochen, mir bei meiner Flucht zu helfen. Ich dachte, er würde die Wahrheit sagen, aber wirklich gekannt habe ich ihn nie. Wer weiß, ob Gauthier mit seiner Vermutung richtigliegt. Möglicherweise. Diesen Sieg gönne ich ihm allerdings nicht.

»Deine Spielchen funktionieren bei mir nicht«, antworte ich. »In den letzten Jahren habe ich Schlimmeres erlebt als deine kläglichen Versuche, mich zu terrorisieren.«

Er macht einen Schritt nach vorn und legt seine Hand an meine Wange. Ich kann mich nicht dagegen wehren, dass er mein Gesicht zu sich dreht, aber ich unterdrücke den Schauder, der mich bei der kalten Vertrautheit seiner Berührung durchzuckt.

»Oh, meine kleine Schattentänzerin«, raunt er. »Du hast ja keine Vorstellung davon, was schlimm bedeutet.«

Das reicht jetzt.

Er mag dazu in der Lage sein, in meinen Erinnerungen herumzukramen wie in einer Kiste, die ich auf den Dachboden verbannt habe, und mich jede einzelne davon erleben zu lassen. Wenn ich jedoch eines von Thierry gelernt habe, dann, dass solche magischen Verbindungen in beide Richtung funktionieren. Ich besitze mehr Macht, als Gauthier mir zugestehen will.

»Die hast du auch nicht«, fauche ich.

Ich packe sein Handgelenk, woraufhin sich ein Schattenband darum schlingt. Scheint, als könnte ich im Traum frei über meine Kräfte verfügen. Gauthier begreift das im selben Moment wie ich, reißt seine Augen auf und will den Arm zurückziehen. Doch ich lasse ihn nicht, sondern hülle uns in einen Mantel aus Schatten. Das Zimmer der Herberge verschwindet, genau wie Gauthier.

Plötzlich stehe ich in einem anderen Raum, lichtdurchflutet und voller teurer Möbel. Auf dem Boden liegt ein bunter Teppich, der mir bekannt vorkommt. Ich drehe mich intuitiv um. Das Bild mit dem Männerhintern und den blauen Rosen hängt nicht neben der kunstvoll verzierten Doppeltür, aber ich bin mir sicher, in demselben Zimmer zu sein, in dem ich die Königin getroffen habe.

Rechts von mir, vor den Fenstern, stehen sich zwei Personen gegenüber. Die junge Frau mit dem roten, hochgesteckten Haar zieht meine Aufmerksamkeit zuerst auf sich. Sie sieht der Königin ähnlich, ist jedoch von viel delikaterer Schönheit. Anmutig und zerbrechlich, mit porzellanfarbener Haut und einem hinreißenden Lächeln. In ihren Händen hält sie einen Strauß violetter Rosen.

Die andere Person ist mir ebenfalls fremd. Der junge Mann mit sonnengebräuntem Teint hat sein dichtes schwarzes Haar im Nacken zusammengebunden. Seine Augen sind dunkel, er hat markante

Wangenknochen und schmale Lippen, über denen sich ein winziger Schönheitsfleck befindet. Das schlichte weiße Hemd und die schwarze Hose stehen im Kontrast zu dem opulenten Kleid, das die junge Frau trägt.

»Verdainische Rosen«, sagt sie erfreut, wobei ihr Lächeln noch strahlender wird. »Meine Lieblingsblumen. Die Farbe ist so wunderschön.«

Der Mann lächelt ebenfalls, was seinem Gesicht eine eigentümliche Sanftheit verleiht. »Ich weiß.«

Die Stimme kommt mir bekannt vor, aber das Geschehen nimmt mich so für sich ein, dass ich nicht daraufkomme, wo ich sie schon einmal gehört habe.

Auf einmal macht die Frau einen Schritt auf den Mann zu, küsst seine Wange und zieht sich dann zurück. »Danke, mein Herz.«

Er verbeugt sich galant. »Ich könnte dir Hunderte dieser Rosen schenken. Jeden Tag.«

Sie kichert. »Mir ist es lieber, wenn du mir hin und wieder welche mit deinen eigenen Händen pflückst, statt sie herzuzaubern.«

Sein Mundwinkel zuckt leicht, als hätten ihre Worte ihm einen Stich versetzt, aber die Sanftheit verweilt auf seinen Zügen. Plötzlich wird mir klar, wer er ist.

Gauthier.

Das ist sein wahres Gesicht. Oder zumindest das, welches er sich als Zauberweber zugelegt hat. Und diese Frau … gehört sie der königlichen Familie an? Falls ja, muss das eine Erinnerung sein. Gauthiers Erinnerung. Irgendwie habe ich es dank meiner Kräfte geschafft, seinen eigenen Traum gegen ihn zu wenden. Vielleicht gelingt es mir, noch mehr zu sehen.

Ich rufe meine Kräfte, versuche mit aller Macht, die Szenerie vor meinen Augen wegzudrücken.

Lass mich etwas anderes sehen.

Je mehr Magie ich freisetze, desto besser wird mein Gefühl für diese Erinnerung. Sie ist wie ein filigraner Faden, der auf mich reagiert. Ich nehme ihn auf und lasse ihn schwingen, bis sich das Bild vor meinen Augen ändert.

Jetzt stehe ich in einem anderen Zimmer, das genauso prunkvoll eingerichtet ist wie das vorhin. Die schweren blauen Stoffvorhänge sind zugezogen und sperren das Tageslicht aus. Im Zentrum des Raumes steht ein Himmelbett, in dem die junge Frau mit dem roten Haar liegt. Einzelne Strähnen kleben an ihrer schweißbedeckten Stirn. Sie ist nicht länger vornehm blass, sondern totenbleich. Ihre Lippen sind spröde und aus ihren Augen ist all die ansteckende Freude gewichen. Stattdessen finde ich darin Traurigkeit und Erschöpfung.

Neben ihr auf der Bettkante sitzt Gauthier. Dieses Mal trägt er eine bordeauxfarbene Robe, die genauso aussieht wie Thierrys. Er wirkt besorgt, gleichzeitig ist da jedoch ein kämpferischer Ausdruck in seiner Miene. Behutsam streicht er der Frau das Haar aus der Stirn.

»Ich werde einen Weg finden, mein Herz«, murmelt er. »Ich lasse dich nicht sterben.«

Sie scheint zu schwach, um zu sprechen. Er hält ihre Hand und versucht zu verbergen, wie sehr ihr Zustand ihn trifft, aber es gelingt ihm nicht.

»Kein Zauberweber ist mächtiger als ich. Hier wird es nicht enden, hörst du? Für dein Leben zahle ich jeden Preis.«

Jeden Preis.

Ist es das, was den Schattenfluch erschaffen hat? War er der Preis für die Rettung dieser Frau?

Genug!

Die Erinnerung beginnt zu flackern, der Faden droht mir zu entgleiten, aber ich werde ihn nicht loslassen. *Zeig mir mehr.*

Mit meiner Magie bringe ich den Faden zum Tanzen, zupfe an ihm, damit er mir ein weiteres Geheimnis offenbart. Gauthiers Stimme kam von weiter weg, als wäre er woanders. Trotzdem scheint ihm bewusst zu sein, was ich tue.

Ich erlaube dir nicht, noch mehr zu sehen!

Ein finsteres Lächeln legt sich auf meine Lippen. »Dann halte mich doch auf.«

Ich nutze meine Magie und die Umgebung verändert sich erneut. Dieses Mal bin ich an einem Ort, den ich nicht kenne – ein See, umgeben von einer wundervollen Wiese, auf der unzählige Blumen in allen Farben wachsen. Obwohl es idyllisch aussieht, liegt eine schwere, düstere Atmosphäre über diesem Ort.

Am Ufer entdecke ich die rothaarige Frau. Sie scheint genesen zu sein, denn ihre Schönheit ist zurückgekehrt. In einem langen weißen Kleid steht sie vor einem Spiegel, der fehl am Platz wirkt. Hinter ihr befindet sich Gauthier, die Arme um ihre Taille geschlungen.

»Siehst du deine Augen, mein Herz?«, fragt er liebevoll. »Sie strahlen jetzt in deiner Lieblingsfarbe.«

Die Frau hat ihr Lächeln verloren. Ihr Gesichtsausdruck ist unbewegt, ohne jede Emotion. Trotz des makellosen Äußeren sieht sie für mich schlechter aus als zuvor im Bett liegend, wo sie mit dem Tod gerungen hat. Nicht nur das. Inzwischen haben ihre Augen dieselbe unnatürliche Farbe wie meine.

»Du bist nun die Wächterin meines Lebens, Jeanne«, sagt Gauthier und berührt ihre Hand. Erst jetzt sehe ich, dass sie etwas festhält. Eine schwarze Rose. »So, wie ich dein Leben bewahrt habe, wachst du über das meine. Wir sind durch mehr verbunden als jemals zwei Menschen vor uns.«

Sie zeigt keine Reaktion darauf. Er mag ihr Leben gerettet haben, doch sie wirkt leblos, weil das Strahlen ihr Gesicht verlassen hat. Gauthier scheint das nicht zu sehen. Vielleicht will er das auch gar nicht. Er klingt labiler als in der ersten Erinnerung, so als hätte das, was er getan hat, um seine Geliebte zu retten, ihn ein Stück seines Verstandes gekostet.

Schluss damit!

Das Geschehen löst sich vor meinen Augen auf. Jetzt bin ich zurück in der Herberge am See. Gauthier steht mir gegenüber, immer noch mit dem Gesicht von Jules, aber das süffisante Grinsen ist blanker Wut gewichen.

Nun sehe ich ihn in einem ganz anderen Licht. Die Frau aus den Erinnerungen – Jeanne – ist seine Geliebte gewesen. Diese seltsame Augenfarbe, die ich mir mit den Verfluchten teile, hat ihren Ursprung in Jeannes Vorliebe für verdainische Rosen. Sie war die erste Wächterin. Oder ist sie das noch immer? Ich weiß nur eines: Sie muss zur Königsfamilie gehört haben, denn sie hat der Füchsin unfassbar ähnlich gesehen. Thierry meinte, der Fluch sei an das Blut der Königsfamilie gebunden. Vielleicht liegt das an ihr. Nur was hat Gauthier getan, um den Fluch zu erschaffen?

Er packt mein Handgelenk und quetscht es zwischen seinen Fingern. »Das war dein letzter Sieg, Schattentänzerin.«

Alles verschwimmt. Schatten legen sich um meinen Körper, hüllen mich ein, bis ich nichts mehr sehe. Ich kneife meine Augen zusammen. Als ich sie wieder öffne, sehe ich mich selbst am Grab meiner Mutter stehen. Ich bin jünger als jetzt, genau wie Sophie und mein Vater, die neben mir trauern. Mit leerem Blick starren sie auf den beschrifteten Granitstein, vor dem ein Strauß Rosen liegt. In meinen rot geränderten Augen erkenne ich Schuld. Sie ist bei meiner Geburt gestorben. Lange Zeit dachte ich, ich hätte sie umgebracht.

Die Szenerie wandelt sich. Im nächsten Augenblick sehe ich Sophie, älter, wie sie in die Kutsche steigt, die sie nach Beaucourt bringt. Ich selbst stehe abseits und beobachte sie, während ich versuche, meine Tränen zurückzuhalten. Als der Kutscher die Tür zuschlägt, rollen sie mir trotzdem über die Wangen.

Ein neues Bild verdrängt das alte. Ich stehe in der Schenke meines Heimatdorfes, vor mir baut sich ein Gast zornig auf. Er packt mich unvermittelt am Hals, weil ich es gewagt habe, ihn zu rügen. Den Druck auf meiner Kehle spüre ich sogar in diesem Traum.

Dann bin ich auf einmal im Haus meiner Familie. Alles ist unordentlich und auf dem Boden liegen Glasscherben. Mein Vater sitzt betrunken am Tisch, woraufhin ich ihn mit seinem Verhalten konfrontiere. Er schreit, erhebt sich und schubst mich, sodass ich gegen die Tischkante pralle und mir wehtue. Ich verstumme augenblicklich und stürme aus dem Haus.

Nur Sekunden später bin ich wieder dort, sitze auf dem Bett in meinem Zimmer und vergieße Tränen über dem Brief, den Thierry mir geschrieben hat. Ich habe von Anfang an gewusst, dass das zwischen uns keine Zukunft haben würde. Trotzdem wollte ich das Ende nicht wahrhaben.

Die Szenen verändern sich jetzt in kürzeren Abständen. Ich sehe die Zauberweber, die mich aus der Kutsche scheuchen und in ihre

Passage zerren. Ich sehe mich im Kloster, gefangen in einer kargen Zelle, und ich sehe, wie die anderen ihren Verstand verlieren, während ich selbst gegen den Einfluss der schwarzen Magie ankämpfe. Im nächsten Moment stehe ich verwirrt vor Jules' blutüberströmtem Körper, bevor ich schwer atmend die Flucht ergreife.

Was sich mir danach offenbart, schmerzt jedoch mehr als die Momente davor. Es ist Thierry, wie er mich in eine Umarmung zieht, mir etwas ins Ohr flüstert und mich festhält. Ich selbst schließe erleichtert die Augen, doch kurz darauf reiße ich sie auf und schreie vor Schmerz. Aus dieser entfernten Position sehe ich das magische Licht um seine Hand, das auf meine eigene übergeht. Thierry sagt etwas zu mir, aber ich kann nicht antworten.

Die Szenerie verschwimmt erneut und wird finsterer als zuvor. Ich sitze auf dem Boden meiner magischen Zelle, allein im Gefängnis, für immer dazu verdammt, dort unten auf Gnade oder den Tod meines Verräters zu warten.

Erst nachdem sich auch die letzte schlechte Erinnerung vor meinen Augen entfaltet hat, entlässt Gauthiers Magie mich aus dem Albtraum.

Ich wache schweißgebadet auf, an einem neuen Tag, der genauso viel Schmerz bereithalten könnte wie die Bilder der Vergangenheit.

KAPITEL 21

ETWAS SCHÖNES IN ALL DEM CHAOS

Nach dem Frühstück machen wir uns auf den Weg zu meinem Heimatdorf. Rafael hat das restliche Wasser aus meiner Kleidung gezogen und Thierry wirkt ausgeruht. Alle scheinen motiviert, aber mich wühlt noch immer die letzte Nacht auf. Ich erzähle den anderen alles, was ich über Gauthier erfahren habe, lasse jedoch meine eigenen Erinnerungen außen vor.

»Also verdanken wir diesen Schlamassel der Tatsache, dass Gauthiers Geliebte eine Krankheit hatte?«, fragt Giselle.

Ich nicke. »Er hat versucht, sie zu heilen. Der Zauber, den er dafür genutzt hat, muss den Fluch ausgelöst haben.«

»Ich bezweifle, dass er sie nur geheilt hat«, meint Thierry.

Rafaels Augen werden schmal. »Was dann?«

»So ein Fluch entsteht nicht, wenn man versucht, einen Kranken zu heilen. Die Art von Zauber, die er genutzt hat, muss darüber hinausgegangen sein.«

Das verunsichert Rafael noch mehr. »Was soll das heißen?«

Thierry richtet seinen Blick starr nach vorn. »Ich denke, sie ist gestorben. Gauthier muss sich an einem Zauber versucht haben, der sie zurück ins Leben geholt hat.«

Das klingt unmöglich, aber ich traue dem Mann alles zu. In seiner Erinnerung hat er sich als mächtigsten Zauberweber des Landes bezeichnet, warum sollte er das also nicht ausprobiert haben, nachdem andere Heilungsversuche gescheitert sind? Ich bekomme eine

Gänsehaut unter dem Umhang. Ein Leben auf diese Art zu retten widersetzt sich jedem Naturgesetz.

»Solche Zauber sind aus gutem Grund verboten. Den Tod auszutricksen verlangt einen hohen Preis«, fährt Thierry fort. »Es braucht ein Opfer, um so etwas zu vollbringen. Wer sie anwendet, muss das Leben ebenfalls mit einem Leben bezahlen – einem gleichwertigen. Wenn es stimmt, was du in seinen Erinnerungen gesehen hast, handelt es sich bei dieser Frau um Jeanne, die Schwester des Königs, unter dem Gauthier einst gedient hat.«

»König Louis wurde ermordet«, erinnert sich Giselle. »Kurz bevor der Fluch zum ersten Mal ausgebrochen ist. Ein Dienstbote hatte sich damals des Verbrechens schuldig bekannt. Man hat ihn hingerichtet.«

Ob dieser Dienstbote wirklich der Schuldige war? Wenn schon ein Zauberweber die Erinnerung von jemandem manipulieren kann, schafft ein Fluchweber es bestimmt mit Leichtigkeit, einen Menschen dazu zu bringen, einen Mord zu gestehen, den er nicht begangen hat.

»Du warst da schon am Leben?«, frage ich sie ungläubig. »Hätte nicht gedacht, dass du so eine alte Schachtel bist.«

»Ich bevorzuge die Bezeichnung *lebenserfahren*«, erwidert sie lächelnd. »Damals war ich ein Mensch. Als der Fluch ausgebrochen ist, dachte ich, die Hölle würde über die Welt hereinstürzen. Bis ich hörte, was es wirklich war.«

»Wenn das stimmt …«, murmelt Thierry. »Unfassbar.«

»Was ist los?«, will ich wissen.

»Nur ein sehr mächtiger Zauberweber könnte jemanden mit königlichem Blut zurück ins Leben holen, aber dafür hätte er mit seinem eigenen Leben bezahlen müssen. Indem er jemand anderen mit königlichem Blut das Opfer hat zahlen lassen, hat er den Zauber ausgetrickst.«

»Und das ist gründlich nach hinten losgegangen«, führe ich seine Überlegung fort.

»In der Tat. Aus dem Gebrauch von schwarzer Magie entsteht selten ein Fluch. Aber je mächtiger der Zauber und je größer das Opfer, desto größer die Wahrscheinlichkeit, einen herbeizuführen, wenn man nicht bereit ist, sich an die Regeln zu halten.«

Giselle massiert sich die Schläfen, als würde ihr Kopf gleich platzen. »Liebe kann einen entweder zur glücklichsten, unvernünftigsten oder verlorensten Person der Welt machen.«

Mit dieser Erkenntnis wandern wir einen der Feldwege entlang, die meine Heimatregion ausmachen. Ich habe es geliebt, hier aufzuwachsen. Im Herbst fegt der Wind über die Wiesen und haucht der Natur Leben ein, obwohl sie sich eigentlich auf ihren langen Winterschlaf vorbereitet. Doch jetzt fühlt es sich an, als würde wahrhaftig etwas sterben, weil Gauthiers dunkle Magie überall in der Luft flimmert. Je näher wir meinem Dorf kommen, desto karger werden die Felder und desto düsterer der Himmel, obwohl es mitten am Tag ist.

Ich wusste, dass der Fluch seine Umgebung verändern würde, aber es bei der eigenen Heimat zu sehen … darauf war ich nicht vorbereitet.

Was wird mir in Roivance begegnen? Und was wird mit mir passieren, sobald ich bei der Quelle bin?

Ich sehe Thierry von der Seite an. Er lässt sich nichts anmerken, aber ich frage mich, ob er genauso nervös ist wie ich. Wenn ich heute sterbe, verliert er ebenfalls sein Leben. Warum hat er ausgerechnet sein eigenes an mich gebunden?

Das Dorf taucht einige Zeit später am Horizont auf. Die dunkle Magie hängt in der Luft, ein feiner, kaum sichtbarer Nebel, wie der Schleier einer düsteren Braut. Ich kaue auf meiner Unterlippe herum. Normalerweise wird mir nur schlecht, wenn Verfluchte in der Nähe sind, aber hier ist die Übelkeit omnipräsent.

Jetzt sehe ich auch den anderen an, dass sie unter dem Fluch leiden. Giselle wirkt sogar für eine Vampirin übermäßig bleich, obwohl sie in ihrem langen Leben schon so viel erlebt hat, während Rafael die Arme vor seiner Brust verschränkt, als würde er entsetzlich frieren. Thierry starrt stur geradeaus, bemüht, sich nichts anmerken zu lassen, aber ich kenne ihn gut genug, um zu wissen, wie aufgekratzt er innerlich ist.

»Schaut nicht so angespannt«, sage ich und versuche gute Laune vorzutäuschen, weil ich es nicht ertrage, dass sie sich verhalten, als würden sie bereits meinem Begräbnis beiwohnen. »Euch ist bewusst, dass ich die Einzige bin, die diese Quelle betritt, oder?«

»Wenn ich so still bin«, antwortet Giselle, »liegt das nur daran, dass ich für dich bete.«

»Denkt ihr wirklich, es steht so schlimm um mich?«, frage ich zynisch in die Runde.

»Ich … glaube an dich«, behauptet Rafael, und obwohl er unsicher klingt, wirkt er gleichzeitig absolut überzeugt von seinen Worten.

Giselle seufzt. »Der Flüsterer ist nur so ein Optimist, weil ihm mit seiner Flucht aus Sirvarien das Unmögliche gelungen ist. Das Land ist eine Festung, wenn es um seinesgleichen geht. Vielleicht sollten wir ihn auch mal in die Quelle schicken. Bei seinem Glück schafft er es sogar heil wieder heraus.«

»Da wäre er nicht der Erste«, murmelt Thierry. »Von denen kam bloß keiner in derselben Verfassung heraus, wie er hineingegangen ist.«

»Ich hatte außerdem … Hilfe«, erzählt Rafael und ich erinnere mich, dass er von einem Schiffskapitän erzählt hat. »Von Felipe Moya. Sie nennen ihn *König der See*. Sein Schiff ist noch nie in einen Sturm geraten, noch nie auf Grund gelaufen und er wurde nie erwischt. Falls ihr mal irgendwohin müsst, dann … ist er euer Mann. Eine echte Legende.«

»Ich halte nicht viel von Legenden«, erwidere ich. »Wie Gauthier eindrucksvoll beweist, haben solche Leute immer eine Macke.«

Wenn man jemanden legendär nennt, legt man ihm einen Mantel der Unbesiegbarkeit um die Schultern, und ich will nicht, dass mein Gegner unbezwingbar erscheint. Letzte Nacht habe ich gesehen, dass Gauthier trotz allem Schwächen hat. Ich kann ihm genauso schaden wie er mir.

Wir kommen meinem Heimatdorf näher und näher. Die Atmosphäre ist schwer und unheimlich, mein Atem geht flacher und meine Übelkeit nimmt mit jedem Schritt zu. So stark war es bisher nie.

Als wir in Roivance ankommen, beschleicht mich ein ganz ungutes Gefühl. Die Straßen, sonst von allerhand Leuten bevölkert, sind vollkommen leer. Kein alltägliches Gerede, keine fahrenden Händler, die ihre Waren anbieten, und kein Hammer, der auf Eisen trifft und zeigt, dass irgendwo in der Nähe gearbeitet wird. Keine Menschenseele auf den Straßen.

Ich hoffe, die Bewohner haben sich in Sicherheit gebracht.

Je länger wir durch die Straßen ziehen, desto mehr spüre ich, wie die finstere Magie sich mir aufdrängt. Die Quelle mag zwar nicht unmittelbar beim Dorf sein, ist jedoch auch nicht allzu weit davon entfernt. Sie wirkt sich auf mein Gemüt aus und versetzt die Kräfte in mir trotz Bann in Wallung.

Am Ende der Straße tauchen zwei Gestalten auf, bleich und ungepflegt. Ich halte inne. Gauthiers Magie ist an diesem Ort so präsent, dass ich ihre Anwesenheit nicht einmal wahrgenommen habe.

Rafael schnappt nach Luft. »Sind das …«

»Ja«, antworte ich. »Verfluchte.«

Als sie uns bemerken, kommen sie näher. Ihre ungewöhnlichen Augen sehe ich bereits aus der Ferne. Die Augen von Gauthiers Geliebter. Meine Augen.

Ihre Kleidung ist zerschlissen, ihr Haar wild zerzaust, und ich nehme das leise Zischen wahr, mit dem sie kommunizieren. Meine Miene gefriert zu Eis, sobald ich sehe, wer sie sind.

Bitte nicht …

Ich kenne die beiden. Habe so viele Gespräche mit ihnen geführt, habe ihren großartigen Witzen gelauscht und ihnen häufig ausgeholfen. Es sind Jaques und Amélie, die Besitzer der Dorfherberge. Die beiden waren es, die mir damals Arbeit gegeben haben, als ich Sophie nicht in die Hauptstadt folgen konnte. Dank ihnen hatte ich es immer warm und etwas zu essen, wenn Vater im Weinkeller irgendeines Freundes getrunken hat. Mein Herz tut weh, wenn ich sehe, was aus ihnen geworden ist.

Thierry tritt neben mich und legt mir eine Hand auf die Schulter. Er erkennt die Gestalten ebenfalls, schließlich hat er lange genug ein Zimmer ihrer Herberge bezogen, um zu wissen, wer sie sind und welchen Stellenwert sie in meinem Leben hatten.

»Warum sind sie nicht fortgegangen?«, flüstere ich, darum bemüht, die Tränen zurückzuhalten. »Warum haben sie sich nicht in Sicherheit gebracht?«

Tief in mir kenne ich die Antwort.

Die Herberge und die dazugehörige Schenke waren ihr Leben. Sie haben die Arbeit dort geliebt. Wo auch immer sie hingegangen wären, sie hätten das, was sie am meisten liebten, zurücklassen müssen. Vielleicht haben sie die Bedrohung auch nicht als groß genug eingeschätzt. Normalerweise befällt der Schattenfluch vor allem Leute, die empfänglich für seine Magie sind, Menschen mit Zorn, Neid und Hass im Herzen. Die beiden sind nie so gewesen. Sie waren bodenständig und gütig, nicht jähzornig oder streitlustig. Sie waren gut. Aber der Fluch ist leider nicht länger ein Flüstern im Wind, sondern ein verheerender Sturm, der alles mit sich reißt – auch das Gute.

»Wir sollten etwas unternehmen, sonst stürzen sie sich auf uns«, meint Giselle.

Ich beobachte die beiden. Sie sind unbewaffnet, aber das macht sie nicht weniger gefährlich. Die dunkle Magie, die von ihnen ausgeht, ist sogar stärker als bei anderen Verfluchten. Wahrscheinlich liegt das an der Quelle.

»Ich kann nicht«, sage ich.

»Was? Warum nicht?«

»Diese beiden … ich kenne sie. Ich bringe es nicht übers Herz, sie zu töten, ganz egal, was sie sind.«

Giselle wirft mir einen mitleidsvollen Blick zu. »Das verstehe ich, Schätzchen. Aber die Leute, die du einst gekannt hast, hätten so ein gottloses Dasein nicht gewollt. Ich bin sicher, wenn sie noch klar denken könnten, würden sie sich für den Tod entscheiden.«

»Das weißt du nicht.«

»Nein. Aber ich weiß, wie ich mich entschieden hätte. Ich wäre lieber als Mensch an meiner Krankheit gestorben, als zu einer Vampirin zu werden. Leider hat man mir keine Wahl gelassen. Nichts ist schlimmer, als sich selbst zu verlieren und etwas zu sein, was nichts mehr mit den eigenen Werten zu tun hat.«

Ihre Worte erinnern mich an Gauthiers Geliebte, die vor dem Spiegel stand, ohne Leben und ohne Freude im Gesicht. Und was ist mit mir? Wäre ich lieber gestorben, wenn ich gewusst hätte, zu was die Zauberweber mich machen würden? Ich weiß es nicht.

Dennoch hat Giselle recht. Keiner von beiden hätte das hier gewollt. Dieses Leben, das kein Leben mehr ist, sondern nur ein Zustand in Gauthiers Fängen. Ein kopfloses, herzloses Dasein. Ein Sklaventum. Er kann sie kontrollieren, kann alles von ihnen verlangen, was er will, könnte sie dazu bringen, Menschen zu verletzen, die ihnen einmal etwas bedeutet haben. Ich gestatte es ihm nicht, über sie zu herrschen, als wären sie Spielfiguren in einer perfiden Schachpartie.

»Übernimm du das«, bitte ich Giselle. »Und sorg dafür, dass sie nicht leiden.«

Giselle nickt und setzt sich blitzschnell in Bewegung. Ich kehre der Szene den Rücken zu, weil ich es nicht sehen will. Vielleicht bin ich auch ein Feigling, genau wie Davide, der vor dem Unvermeidlichen flüchtet.

Ich höre das Zischen von Jaques und Amélie, den Schmerz, der darin liegt, und sehe Thierry ins Gesicht. Fixiere ihn, als wäre er ein Glühwürmchen in der Finsternis, das mich davor bewahrt, den Verstand zu verlieren. In seinem Blick liegt etwas Tröstliches.

Es ist so still. Giselle spricht ein Gebet, gerichtet an einen Gott, an den ich nicht glaube, aber ihre Worte klingen trotzdem wunderschön. Für Amélie und Jaques hoffe ich, dass dieses Paradies, von dem sie redet, tatsächlich existiert.

Ich lausche ihren Worten, ohne mich von Thierry abzuwenden, der stumm und unbeweglich meinen Blick festhält. Tränen rinnen mir über die Wangen. Sie verharren eine Weile dort, bis ich spüre, wie sie von meinem Gesicht gehoben werden. Sie schweben vor mir in der Luft und verwandeln sich in wunderschöne glitzernde Eiskristalle.

Ich sehe zu Rafael. Er hat seine Hand gehoben und schenkt mir ein aufmunterndes Lächeln. Ich nicke ihm dankbar zu. Wie seltsam, dass es in all dem Chaos etwas so Schönes geben kann.

KAPITEL 22

FEUERWERFER

Wir stehen gemeinsam vor meinem früheren Zuhause, diesem kleinen grünen Haus, das eine Menge Erinnerungen in mir wachruft. Es sieht heruntergekommener aus als an dem Tag, an dem ich ihm den Rücken zugekehrt habe. Mein Herz klopft hart gegen meine Brust.

»Bist du sicher, dass du da reinwillst?«, fragt Giselle besorgt.

Nein, ganz und gar nicht. Am liebsten würde ich wegrennen und nie wiederkommen. Wäre ich ein Zauberweber, hätte ich mir schon vor einer ganzen Weile eine Passage geöffnet.

»Ich muss wissen, was mit meinem Vater geschehen ist«, sage ich. »Bevor ich mich zur Quelle begebe, muss ich das herausfinden. Ihr könnt währenddessen nachsehen, ob es noch mehr Verfluchte gibt. Erlöst sie von ihrem Zustand, falls ihr welchen begegnet. Ich will nicht, dass Gauthier sie benutzt.«

Zumindest das bin ich den Leuten schuldig. Wer weiß, was er mit den Verfluchten vorhat.

Ich atme tief ein und aus. Hinter dieser weiß gestrichenen Tür werde ich hoffentlich die Wahrheit über meinen Vater erfahren. Zuletzt haben wir uns nicht mehr sehr nahegestanden, aber es hat auch bessere Zeiten gegeben, deshalb muss ich wissen, wo er ist – oder *was* er ist.

»Ich bleibe bei ihr«, verkündet Thierry.

»Wie du willst«, meint Giselle. »Du wärst uns ohnehin nicht von Nutzen in deinem Zustand. Komm mit, Eisprinz.«

Eisprinz?

Ich verdrehe die Augen. Warum muss mein Spitzname so viel weniger Respekt einflößend klingen?

Rafael räuspert sich. »Ich soll … mit dir gehen? Allein?«

»Natürlich. Wir beide geben doch ein tolles Duo ab.«

»Bleib bloß … meinem Hals fern.«

Giselle legt den Kopf schief. »Was hast du nur mit deinem Hals? Denkst du, das ist die einzige Körperstelle, die blutet, wenn man hineinbeißt?«

Rafael wird bleich, wobei er immer noch so gebräunt aussieht, als wäre er der Sonne Sirvariens nie länger ferngeblieben als eine Woche. »He!«

Giselle lacht. »Das war ein Scherz. Ich beiße dich nicht, solange du es mir nicht ausdrücklich erlaubst.«

»Das … wird niemals passieren!«

Sie verschränkt die Hände hinter ihrem Kopf. »Ich weiß gar nicht, was du hast. Du bist ein Wasserflüsterer. Soweit mir bekannt ist – und ich bin sehr belesen –, könnt ihr den Blutfluss ganz leicht mit euren Kräften stoppen. Du müsstest dir also gar keine Sorgen machen.«

Ich habe auch schon gehört, dass Wasserflüsterer hervorragende Heiler sein sollen, aber da in Saintoux kaum welche leben, konnte ich nie herausfinden, ob die Gerüchte stimmen.

»Nein danke!«, wiegelt Rafael ab.

Die beiden setzen sich in Bewegung, diskutieren aber weiter über Rafaels Blut, wobei Giselle immer mehr lacht und er immer unruhiger wird, weil er das alles todernst nimmt.

Ich richte meinen Blick auf die Tür vor mir. »Du hättest wirklich nicht hierbleiben müssen«, sage ich zu Thierry.

»Du weißt nicht, was dich da drin erwartet. Ich dachte, du könntest Unterstützung gebrauchen.«

»Was glaubst du denn, was da drin ist? Ich will bloß nach Unterlagen suchen, die mir etwas über seinen Aufenthaltsort verraten. Vielleicht hat er ja einen Brief geschrieben. Irgendetwas, was mich auf die richtige Spur bringt.«

Zumindest ist es das, was ich mir einrede, um überhaupt den Mut zu haben, reinzugehen.

»Willst du allein …?«

»Ja«, antworte ich und schließe meine Finger um den kalten Türknauf aus Messing. Dann halte ich inne. »Nein. Will ich nicht.«

Ich bin nicht sicher, ob es von Schwäche oder von Stärke zeugt, das zuzugeben. Auf Thierrys Anwesenheit hätte ich vor wenigen Tagen gut und gern verzichten können, doch jetzt scheint er mein einziger Halt zu sein. Gewohnheiten ändern sich wohl nie, auch nicht durch Verrat.

Ich öffne die Tür. Im Inneren ist es stockfinster, weil die Fensterläden geschlossen sind. Thierry erschafft eine magische Lichtkugel, die zur Decke emporsteigt und das Haus erhellt. Bei all dem Chaos kommt es mir vor, als ob ich es erst gestern verlassen hätte. Überall liegen Gegenstände herum, und es ist unendlich staubig, geradezu verdreckt, als hätte seit einer Weile niemand mehr in diesem Haus gelebt. Ein modriger Geruch hängt in der Luft. Ich ziehe die Nase kraus.

Zuerst sehe ich mich in der Küche um, doch es gibt keinen Hinweis auf meinen Vater außer den leeren Flaschen auf dem Tisch und dem Boden. Sie sehen aus, als lägen sie schon länger herum, und manche von ihnen sind zersplittert.

Hier finde ich rein gar nichts. Keinen Brief, keine Spur. Bedeutet das, dass er tot ist? Wandert er wie die anderen Verfluchten draußen umher und wartet auf die nächstbeste Person, die sich ins Dorf verirrt?

Hoffentlich bist du gegangen.

Ich will Sophie nicht sagen müssen, dass Vater Opfer des Fluchs geworden ist. Sie mag sich von uns gelöst haben, nachdem das mit ihrem Unfall passiert ist, aber wir sind ihr nicht gleichgültig, da bin ich mir sicher.

Ich bahne mir einen Weg zum Wohnzimmer, zögere jedoch, bevor ich einen Fuß hineinsetze.

Da war ein Geräusch. Ein altbekanntes Zischen, ausgestoßen von jemandem, dessen Stimme mir schmerzlich bekannt ist. Mein Brustkorb wird eng, schnürt mich ein wie ein Korsett, das zu fest gebunden wurde.

»Was ist los?«, fragt Thierry hinter mir.

»Hörst du das?«

Keiner von uns atmet oder bewegt sich, also muss er das leise Geräusch wahrnehmen, das aus dem Wohnzimmer kommt.

»Alienor …«, murmelt er. »Vielleicht ist es nicht …«

»Ich wünschte, ich könnte deinen Zweifel teilen.«

Außer Vater kommt niemand dafür infrage, das müsste ihm klar sein. Warum sollte sich ein anderer Verfluchter in unserem Zuhause aufhalten? Außerdem war Vater schon immer anfällig für das Schlechte in dieser Welt. Wenn es Jaques und Amélie erwischt hat, wurde auch er nicht verschont.

Ich hadere, den nächsten Schritt zu tun und zu sehen, was die Magie des Fluchs aus ihm gemacht hat. Zwischen uns ist viel vorgefallen, aber er wird immer der Mann bleiben, der Sophie und mich nach dem Tod unserer Mutter großgezogen hat. Obwohl ich bereits befürchtet habe, dass er dem Fluch zum Opfer gefallen sein könnte, bin ich trotz allem nicht auf die Wahrheit vorbereitet.

Mit zittriger Hand halte ich mich am Türrahmen fest und lausche dem Zischen, das zu uns dringt.

Thierry tritt dicht hinter mich. »Wenn du willst, kann ich …«

»Nein«, erwidere ich. »Ich muss ihn sehen.«

Erst nach fünf Atemzügen traue ich mich, das Wohnzimmer zu betreten. Die magische Leuchtkugel von Thierry folgt mir. Als sie den Raum mit ihrem Licht erhellt, lockt sie ein feindseliges Knurren aus der hinteren Ecke hervor.

Vater hockt neben dem Kamin, mit schmutziger Kleidung und deutlich längerem Haar, als ich es je gesehen habe. Er hat die Augen eines Verfluchten, obwohl er noch nicht so bleich wie die meisten dieser Kreaturen ist. Sein hasserfüllter Gesichtsausdruck lässt mich frösteln. Jeder einzelne Muskel meines Körpers ist angespannt. Fast erwarte ich, dass er aufspringt und mich anfällt, aber er bleibt sitzen und mustert mich stumm.

Mit vorsichtigen Schritten gehe ich auf ihn zu, wobei ich kaum glauben kann, dass er sich so ruhig verhält. Als er jedoch Thierry bemerkt, stößt er ein Zischen aus. Es hört sich aggressiver an als zuvor.

Feuerwerfer.

Ich bleibe stehen.

»Was ist los?«, fragt Thierry irritiert.

»Er erinnert sich an dich.«

Das einzige Aufeinandertreffen der beiden war nicht von Freundlichkeit geprägt. Als mein Vater mich damals im Rausch geschubst und verletzt hat, bin ich in den Wald geflüchtet und habe mir meine Trauer von der Seele getanzt, bis Thierry aufgetaucht ist und die Schmerzen gelindert hat. Als es einige Tage später wieder passiert ist, hat Thierry meinen Vater konfrontiert. Diese Begegnung endete damit, dass Thierry ihn mit einem eindrucksvollen Feuerzauber bedroht hat.

Wenn du noch einmal Hand an sie legst, wirst du nie mehr irgendetwas anfassen, ohne Schmerz zu spüren, das versichere ich dir.

Nachdem Thierry gegangen ist, war mein Vater mucksmäuschenstill. Seitdem hat er nie wieder seinen Frust an mir ausgelassen, egal wie schlecht er gelaunt war und wie viel er getrunken hatte.

»Keine gute Erinnerung, nehme ich an«, meint Thierry.

»Nein.«

Ich kann Vaters Hass ihm gegenüber spüren. Mich sieht er dagegen mit einer Mischung aus Feindseligkeit und Neugierde an. Er scheint zu erkennen, dass ich wie er bin. Anders, aber nicht anders genug.

»Vater«, sage ich mit brüchiger Stimme. »Ich bin es. Alienor.«

Seine Miene verfinstert sich.

Auf einmal springt er auf und stürzt sich auf mich. Es passiert so schnell, dass ich gar nicht reagieren kann. Er schreit, begräbt mich unter sich und holt aus. Ich drehe meinen Kopf weg, als seine Hand mit den klauenartigen Fingernägeln auf mich zusaust. Als er ein weiteres Mal ausholt, bin ich wie gelähmt, doch eine unsichtbare Kraft zieht ihn von mir runter.

Mit aufgerissenen Augen sehe ich, wie Thierrys Hand weiß aufleuchtet. Er schleudert meinen Vater gegen die Wand, wobei diesem ein Keuchen entfährt. Bevor er sich erneut auf mich stürzen kann, streckt Thierry ihm den Arm entgegen und hält ihn mit seiner Magie fest.

Ich richte mich auf, verharre aber in der Hocke.

»Neeein …«, stöhnt mein Vater.

Mein Kopf fährt zu Thierry herum, der ihn immer noch an der Wand fixiert. »Hast du das gehört?«

»Ja.«
Er hat unsere Sprache genutzt, nicht die der Verfluchten.
»Vater!«
Obwohl seine Miene weiterhin hasserfüllt ist, blitzt in seinen Augen jetzt etwas anderes auf. »Kann … nicht …«
Seine Worte gehen in ein Zischen über, das ich nicht übersetzen kann. Er windet sich, wobei ein dunkler Nebel um ihn entsteht. Die Magie des Fluchs. Thierry ächzt, und im nächsten Moment befreit Vater sich aus seinem Griff.
Er stürmt nach vorn, um sich wieder auf mich zu stürzen. Ich schreie, als seine Nägel sich in meine Wange graben. Wir ringen miteinander, bis Thierry ihn erneut von mir herunterzieht. Dieses Mal hat er deutlich mehr Mühe damit, ihn an der Wand festzuhalten.
»Alles in Ordnung?«, fragt Thierry besorgt.
Ich streiche mir über die brennende Wange. Im Licht der Magiekugel sehe ich, dass Blut an meiner Hand klebt, und wische es weg.
»Es geht schon«, murmele ich, während ich aufstehe. »Was ist los mit ihm? Eben hat er unsere Sprache gesprochen und plötzlich geht er auf mich los …«
Mein Vater gibt undeutliche Laute von sich. Die dunkle Magie in ihm ist sehr präsent, genauso erdrückend wie bei einem Verfluchten, obwohl er noch einen Funken Menschlichkeit in sich zu haben scheint.
Trotz Thierrys Zauber schafft er es, sich zu bewegen. Dieses Mal geht er nicht auf mich los, sondern fasst sich mit beiden Händen an den Kopf und kneift die Augen zusammen, als leide er unsägliche Schmerzen.
»Nein …«, klagt er. »Bitte … nicht … still!«
»Vater! Was ist mit dir?«
Ich mache zwei Schritte nach vorn und knie mich vor ihn.
»Alienor«, warnt Thierry mich, aber ich höre nicht auf ihn.
Mein Vater reißt die Augen auf und sieht mich direkt an. Er presst die Zähne zusammen, fast wie ein Hund, der mir jeden Moment in die Hand beißen könnte. In ihm tobt ein Kampf, das sehe ich. Ein Kampf gegen das, zu dem er unwiderruflich werden wird. Der

nächste Laut aus seiner Kehle ist ein schmerzlich bekanntes Zischen, klar genug, damit ich es übersetzen kann.

Töte mich.

Ich starre ihn entsetzt an, zweifle an meiner Fähigkeit, die fremde Sprache zu verstehen. Nein, ich muss mich irren. Vielleicht interpretiere ich das Zischen falsch, immerhin habe ich nie gelernt, wie das geht.

»Bitte«, murmelt Vater mit schmerzverzerrtem Gesicht. »Er … spricht … zu mir. Ist … in meinem Kopf. Sagt, ich muss … Dinge tun … zwingt mich … dich anzugreifen …«

»Wer spricht zu dir?«

Er ächzt, presst die Lippen aufeinander und vergräbt das Gesicht in den Händen. Wieder stößt er ein Zischen aus.

Zauberweber.

Obwohl er keinen Namen nennt, weiß ich sofort, wen er meint. Gauthier.

Ich berühre meinen Vater am Oberarm. »Du darfst nicht auf ihn hören. Er manipuliert dich.«

Trotz Thierrys magischem Griff packt er mich und bohrt seine Fingernägel in meinen Unterarm. Ich schreie auf.

»Muss … ihm … gehorchen!«

»Nein, musst du nicht! Ich bin deine Tochter, hörst du? Oder hast du mich vergessen?«

»Er sagt … muss … dich töten … Nein!« Mein Vater schüttelt heftig den Kopf. »Bitte …«

Er drückt fester zu, starrt in mein Gesicht. Schmerz huscht über seine unmenschlichen Gesichtszüge. Seiner Kehle entweicht derselbe Laut wie zuvor.

Töte mich.

»Gauthier treibt ihn hierzu«, murmele ich.

»Alienor.«

So eindringlich spricht Thierry meinen Namen sonst nicht aus.

Ich sehe zu ihm. Inzwischen steht ihm der Schweiß auf der Stirn. Es strengt ihn sichtlich an, meinen Vater unter Kontrolle zu halten.

»Gib mir einen Moment«, flehe ich und widerstehe dem Drang, meinem Vater den schmerzenden Arm zu entwinden. »Vater, du musst zu dir kommen. Ich habe Neuigkeiten für dich. Sophie lebt. Hörst du?«

Für kurze Zeit wird der Druck seiner Nägel schwächer. Doch dieser Moment der Erkenntnis verfliegt viel zu schnell.

»Keine … Hoffnung …«, murmelt er. »Nur … Qual …«

»Hast du gehört? Sophie ist nicht tot. Sie lebt und sie braucht dich!«

»Kann … nicht …«

»Bitte, hör mir zu. Ich werde Gauthier töten und für Sophie sorgen, dann könnt ihr ein neues Leben anfangen.«

»Zu spät … muss … gehorchen …«

»Nein. Wehr dich dagegen. Du musst. Wenn nicht für mich, dann für sie.«

Schon in meiner Kindheit hatte er nicht die Kraft, gegen seine Dämonen zu kämpfen. Ich habe mich immer gefragt, ob er es für Sophie gekonnt hätte, wenn sie an meiner Stelle gewesen wäre. Die Tochter, die ihm nicht seine geliebte Frau genommen hat, um in diese Welt zu finden.

»Bitte«, fleht er. Dann verfällt er wieder in die Sprache der Verfluchten. *Lass mich gehen. Befreie mich von ihm.*

Mir treten Tränen in die Augen. Gauthier vergiftet seine Gedanken, genauso, wie er es bei all den anderen Verfluchten tut. Er kann sie kontrollieren, und jetzt zwingt er meinem Vater seinen Willen auf. Vielleicht hat Gauthier damit gerechnet, dass ich hierherkommen würde. Deshalb hat er dafür gesorgt, dass Vater in unserem Haus auf mich wartet. Um mich zu verletzen.

Die Tränen laufen mir ungehemmt über die Wangen. Es gibt keine Hoffnung für ihn, das weiß ich, obwohl er sich gegen den Fluch und Gauthiers Einfluss wehrt. Ihm wird dasselbe wie den anderen passieren. Er wird sich immer mehr verlieren, bis nichts mehr von ihm übrig ist.

»Alienor«, sagt Thierry sanft.

»Ich kann nicht.«

»Er ist dein Vater. Du solltest ihn erlösen.«

»Ich kann es nicht«, wiederhole ich mit erstickter Stimme. »Nicht ihn.«

Er soll Frieden finden, aber ich kann nicht diejenige sein, die sein Leben beendet. Es wäre ein Akt der Gnade, das ist mir bewusst. Trotzdem bin ich nicht in der Lage, meinen Vater zu töten.

Thierry sieht mich an. »Soll ich …?«

Ich nicke mit tränenverschleiertem Blick. »Sei gnädig. Er hat genug gelitten.«

Mein Vater ächzt. »Ich … wollte … dich nie … verletzen …«, sagt er, bevor er wieder zu zischen beginnt.

Es tut mir leid. Ich hätte dir ein besserer Vater sein müssen.

Ich vergrabe meine Fingernägel in den Handflächen. Der Schmerz ist mir willkommen. Er nimmt mir nicht meine Trauer, aber er hilft mir dabei, sie zu ertragen.

»Ich verzeihe dir. Und ich hoffe, du findest Frieden. Gib Mutter einen Kuss von mir. Ich wünschte, ich hätte sie kennengelernt.«

Noch ein Zischen.

Sie hätte dich sehr geliebt. Euch beide.

Ich kehre ihm den Rücken zu und verlasse weinend den Raum, weil ich nicht mit ansehen kann, wie das Leben aus ihm schwindet. Hoffentlich bin ich weniger feige, wenn der Moment für wahren Mut kommt.

KAPITEL 23

DER FALSCHE ZEITPUNKT

Mein Zimmer direkt unter dem Dach sieht noch genauso aus wie an dem Tag, als ich es verlassen und mich nur mit einem Beutel voll Zeug auf den Weg in die Hauptstadt gemacht habe. Vater scheint kein einziges Mal heraufgekommen zu sein, und wenn, dann hat er nichts berührt. Die Fensterläden sind offen, deshalb dringt Licht ins Innere. Die Staubkörner tanzen gut sichtbar in der Luft.

Mit schweren Schritten und zittrigen Beinen gehe ich zum Schreibtisch hinüber. Dort liegen Blätter verteilt, auf die ich meine Schrittfolgen skizziert habe. Ich ziehe eine Schublade auf und nehme den Brief heraus, den ich sorgfältig dort platziert habe. Ein Jahr bevor ich Roivance den Rücken gekehrt habe. Meine Augen fliegen über die Zeilen.

Meine mutige Rose,

wenn du diese Zeilen liest, habe ich das Dorf bereits verlassen. Wir wussten, dass dieser Tag kommen würde. Dennoch habe ich versucht, ihn hinauszuzögern. Meine Arbeit ruft mich zurück an den Hof, und ich muss meine Pflicht erfüllen. Ich wünschte, es gäbe eine Lösung für uns, aber unter den jetzigen Umständen weiß ich nicht, wie das funktionieren sollte. Ich habe unsere gemeinsame Zeit genossen und werde sie in meinem Herzen bewahren. Versprich mir nur eines: Versprich mir, dass du von diesem Ort verschwinden wirst. Die Chance, dass der Fluch hier seinen Anfang nimmt, ist gering, aber ich möchte sichergehen. Ich würde es mir nicht verzeihen, wenn dir etwas zustößt. Sei mutig, stolze Rose. Erfülle dir deine Träume.

In der Hoffnung, dich irgendwann wiederzusehen, und in inniger Liebe
Thierry

Manche Worte sind verschmiert, weil meine Tränen darauf getropft sind, als ich den Brief zum ersten Mal gelesen habe. Zunächst war ich wütend, dass Thierry sich ohne Vorwarnung aus dem Staub gemacht hat, aber wenn ich ehrlich bin, habe ich damit gerechnet. Ein langer Abschied wäre uns beiden schwerergefallen.

Mein Versprechen, das Dorf zu verlassen, habe ich ein Jahr später gehalten, und schließlich sind wir uns tatsächlich wieder begegnet. Nur nicht so, wie wir gehofft hatten.

»Ich wusste nicht, dass du ihn aufgehoben hast.«

Seine Stimme kommt von der Tür.

»Natürlich. Schöne Worte verdienen es, bewahrt zu werden.«

Ich lege den Brief zurück in die Schublade und drehe mich zu Thierry um. Er lehnt im Türrahmen und sieht sich um. Hier drin ist er noch nie gewesen. Ich mache einen Schritt auf ihn zu, stelle ihm stumm eine Frage, die er mit einem Nicken beantwortet.

Mein Vater ist tot.

Diese Erkenntnis fühlt sich scheußlich an, denn ich habe mir mehr als einmal gewünscht, er würde für immer aus meinem Leben verschwinden. Weil er so vieles getan oder nicht getan und mich mit beidem verletzt hat. Jetzt schäme ich mich für diesen Wunsch. Trotz allem war er mein Vater. Dieses Schicksal hat er nicht verdient.

Weg. Endgültig.

Der Gedanke tut weh, ganz tief in meiner Brust. Nach und nach verliere ich all das, was einmal zu meinem Leben gehört hat. Erst mich selbst und jetzt die Menschen, die mir etwas bedeutet haben. Auch meine Vergangenheit ist ein Teil von mir, und ich weiß nicht, wer ich bin, wenn auch dieser Teil ausgelöscht ist.

»Brauchst du ein paar Minuten?«, fragt Thierry gefühlvoll.

»Nein. Für Trauer bleibt keine Zeit.«

Meine Worte klingen kalt und hart. Ich darf den Schmerz nicht zu nah an mich heranlassen, weil ich weiß, dass das noch nicht das Ende des Weges ist. Vielleicht nicht der letzte Verlust, den ich verkraften muss. Darum schlucke ich die Trauer hinunter, zumindest für den Moment. In dieser Situation bin ich dem Bann dankbar. Er dämpft meine Emotionen wenigstens ein bisschen.

Thierry fährt sich durch sein Haar. »Ich wünschte, wir hätten etwas tun können.«

»Wir haben etwas getan«, antworte ich. »Wir haben ihn vor einem schlimmeren Schicksal bewahrt.« Ich gehe zum Fenster und starre nach draußen. »Weißt du, warum ich Lügen so verabscheue? Weil mein Vater mir Sophies Unfall eine ganze Weile vorenthalten hat. Wochenlang hat er sich verändert, war kalt und distanziert, hat getrunken und mich schlecht behandelt, wenn ich mit ihm aneinandergeraten bin. Ich habe nicht verstanden, warum er plötzlich so gewesen ist, und dachte, ich hätte etwas falsch gemacht.«

»Ich weiß, wie sehr dich das mitgenommen hat.«

Ich nicke. »Erst als du unser Dorf verlassen hast, hat er mir den Brief gezeigt, in dem stand, Sophie sei tot. Er hat mir nicht einmal die Chance gegeben, ihn vor dem Sturz in dieses tiefe Loch aus Trauer und Alkohol zu bewahren. Wir hätten uns gegenseitig stützen können, um über den Verlust hinwegzukommen, aber er hat sich der Sucht hingegeben und mich von sich gestoßen. Die Dinge wären heute vielleicht anders, wenn er mir die Wahrheit gesagt hätte.«

Möglicherweise ist es mir deshalb leichtgefallen, mein Dorf zu verlassen, weil mich nichts mehr hier gehalten hat. Damit habe ich das Schicksal von uns beiden besiegelt.

Thierry sieht mich an, als läge ihm etwas auf dem Herzen, aber er schweigt. Das ist womöglich besser so. Ich brauche keine weiteren Dinge, die mich aus dem Gleichgewicht bringen, sondern muss mich auf die Aufgabe konzentrieren, die vor mir liegt. Sollte ich der Quelle heil entkommen, bleibt später genug Zeit, um zu reden und zu bereuen.

»Wir sollten gehen«, sage ich.

»Bist du sicher?«

Ich lächle schief. »Nein. Du kannst dir bestimmt denken, dass ich nicht scharf darauf bin, deine abenteuerliche Quellentheorie zu testen.«

Seinem Gesichtsausdruck nach zu urteilen, ist er darauf auch nicht sonderlich erpicht, immerhin weiß keiner von uns, ob es funktionieren wird.

Ich gehe zu ihm. »Du könntest etwas selbstbewusster aussehen, dann würde es mir leichterfallen, mich ins Ungewisse zu stürzen.«

Es irritiert ihn sichtlich, dass ich so pragmatisch bin, statt zu trauern. Früher war ich nicht so. Ich war zwar immer stolz und habe so getan, als bräuchte ich niemanden, aber ich war trotzdem sehr emotional. Erst die Zeit im Kloster und die Magie haben mich verändert.

»Deine Erinnerungen«, sagt er unvermittelt. »Ich denke, ich kann sie jetzt wieder herstellen.«

Ich mustere ihn stumm. Diese Ungewissheit, die jenen Tag betrifft, quält mich schon lange. Bevor ich mein Leben riskiere, sollte ich die Wahrheit erfahren, doch gleichzeitig fürchte ich mich davor. Falls ich dieses Massaker zu verantworten habe, will ich zuerst meine Aufgabe erfüllen. Ich kann mich nicht der Finsternis der Quelle stellen, wenn ich das volle Ausmaß der Finsternis kenne, die in mir steckt. Sollte ich eine Seite von mir entdecken, die dunkler ist, als ich dachte, könnte ich straucheln.

»Nicht jetzt«, erwidere ich, woraufhin Thierry seine Augen zusammenkneift.

»Warum nicht?«

»Es ist der falsche Zeitpunkt.«

»Was, wenn der richtige niemals kommt?«

»Gut möglich. Aber wenn ich tot bin, wird mich das nicht mehr interessieren.«

»Es interessiert *mich.*«

Ich lächle. »Was zählt, ist, dass ich konzentriert bleibe. Das wolltest du doch, oder? Dass ich mein Leben für Saintoux riskiere. Ich bin nicht hier, um dein Bild von mir geradezurücken.«

Er wirkt gequält. »Du hast recht. Aber Klarheit würde die Dinge einfacher machen.«

»Dafür hast du mich nun mal nicht befreit. Meine Aufgabe ist es, für dich den Helden zu spielen, also sollten wir besser los.«

Eilig drücke mich an ihm vorbei und haste die Treppe hinunter, deren Stufen schwach von Thierrys Licht beleuchtet werden. Ich bräuchte es nicht, um mich zurechtzufinden. In diesem Haus kenne ich jeden staubigen Fleck.

Als ich meine Finger um den kalten Griff der Tür lege, halte ich inne. Das ist das Haus, in dem ich aufgewachsen bin. An diesen Ort habe ich schlechte, aber auch viele gute Erinnerungen. Ich erinnere mich an den Duft von Salbei und Zimt im Winter, an das Knistern des Kamins, wo wir am Abend immer gesessen und geredet haben. Sophie, Vater und ich. Manchmal hat er uns wehmütig angesehen, weil wir so viel von unserer Mutter haben. Ihre Anmut, ihr Lächeln. Das muss hart für ihn gewesen sein.

Ich schließe für einen Moment die Augen. Diese Gedanken sind jetzt müßig. Wenn man sich der Macht eines Fluchwebers in den Weg stellt, bleibt keine Zeit für Rührseligkeiten oder Zweifel.

Wir verlassen das Haus und gehen die Straße entlang. Ich sehe nicht zurück. Denn wenn ich es täte, verlöre ich mich selbst in der Vergangenheit.

»Und?«, fragt Giselle, als wir sie und Rafael wenig später beim Marktplatz treffen.

»Mein Vater war dort. Thierry hat ihn von seinem Zustand erlöst.«

Mehr sage ich nicht. Es wäre überflüssig und würde die Sache nicht verbessern.

»Das … tut mir sehr leid«, sagt Rafael einfühlsam.

»Danke«, antworte ich und sehe beide abwechselnd an. »Seid ihr noch mehr Verfluchten begegnet?«

»Wenigen«, meint Giselle. »Wir haben uns darum gekümmert.«

Es erleichtert mich, dass die meisten Dorfbewohner anscheinend geflohen sind, bevor der Fluch ausgebrochen ist. Das gibt mir Hoffnung.

»Danke«, sage ich erneut und wende mich Thierry zu. »Wir sollten gehen. Je eher wir das hinter uns bringen, desto besser.«

Das, was auf mich wartet, macht mir Angst. Doch mit jedem Tag verliere ich mehr von dem, was mir einmal etwas bedeutet hat, und genauso geht es vielen anderen Menschen, solange der Fluch um sich greift. Das muss jetzt enden. Auf die eine oder die andere Weise.

Thierry und ich eilen voraus, weil wir den Weg kennen. Wir gehen auf den östlichen Wald zu, wo die Anomalie damals am stärksten war und wo jetzt die Quelle sein muss. Wie dichter Nebel hängt die dunkle Magie über dem Gebiet. Sie nagt unaufhörlich an mir. Das Gefühl erinnert mich an eine schwere Decke, die sich um meine Schultern legt.

»Ich fühle mich, als müsste ich mich gleich auf jemanden stürzen und ihn in Stücke reißen«, murmelt Giselle bedrückt.

»Warum siehst du … dabei mich an?«, fragt Rafael unruhig.

»Du hast so ein hübsches Gesicht.«

»Einen hübschen … Hals, meinst du wohl.«

Giselle seufzt. »Was hast du nur immer mit deinem Hals?«

»Deine Zähne … beunruhigen mich eben.«

»Wirklich? Dabei sind Vampirzähne so schön weiß. Sie werden nie schlecht.«

»Soll mich das jetzt … trösten?«

»Zumindest wäre es nicht eklig«, meint sie und lacht, während Rafael schmollt.

Nicht nur sie merkt die Auswirkungen des Fluchs, der hier so stark ist wie nirgends sonst. Obwohl wir noch ein Stück vom Wald entfernt sind, ballt Thierry seine Fäuste und presst die Lippen aufeinander. Rafael sieht sich hektisch in alle Richtungen um. Giselle atmet sehr flach und wirkt bis in die Fingerspitzen angespannt. Selbst mir liegt die sonst so vertraute Magie im Magen.

Kein Wunder, dass niemand es geschafft hat, bis zur Quelle vorzudringen. Die dunkle Macht klopft an den eigenen Körper wie ein ungebetener Gast, bereit, die Tür einzutreten und alles im Inneren zu vereinnahmen. Soweit ich weiß, sind Zauberweber, Vampire und Flüsterer durch ihre eigene Magie weniger anfällig für den Fluch, weil sie so etwas wie Abwehrkräfte besitzen, aber laut Thierry ist es keinem dieser Leute gelungen, zum Wächter vorzudringen. Gauthiers Magie ist hier zu mächtig.

»Ich kann nicht weitergehen«, sagt Giselle und bleibt abrupt stehen, als wir den Wald bereits sehen können. »Wenn ich noch einen Schritt in diese Richtung mache, werde ich unberechenbar, und das will ich unserem Flüsterer nicht antun.«

Ich hebe eine Augenbraue. »Mir aber schon?«

»Du bist nicht so unschuldig.«

»Ich bin … auch nicht unschuldig!«, verteidigt Rafael sich.

Giselle kichert, aber es klingt angespannt. Ich sehe in die Runde.

»Keiner von euch sollte weitergehen«, entscheide ich. »Sogar ich spüre Gauthiers Magie so stark wie nie zuvor. Und wo ich hingehe, kann mir keiner von euch helfen. Falls ich das überstehe, will ich nicht, dass ihr euch gegenseitig umgebracht habt, bevor wir die Hauptstadt erreichen.«

»Die Chance, dass ich das überlebe, ist sehr groß«, meint Giselle stolz.

»Woher … willst du das wissen?«, fragt Rafael.

»Weil ich erst dein Blut trinken und dann dich und den geschwächten Zauberweber ausschalten würde.«

Thierry verdreht die Augen. »Vielleicht sollten wir nicht darüber reden, wer von uns einen Kampf auf Leben und Tod überstehen würde.«

»Guter Einwand«, meine ich und starre in den Wald.

Früher ist er einmal friedlich und wunderschön gewesen, sofern man sich nicht zu tief hineingewagt und ihn nach Sonnenuntergang gemieden hat. Ich habe die Stille geliebt, diese ruhige Welt, in der ich ganz für mich allein tanzen konnte. Der Geruch von Moos und feuchtem Unterholz, das Gezwitscher der Vögel, das Rascheln der Blätter. Jetzt kommt es mir vor, als läge nur Schmerz und Finsternis vor mir.

Ich atme tief durch. »Ich könnte da drin sterben. Oder das, was dort auf mich wartet, könnte mich in etwas noch Schlimmeres verwandeln.«

Thierry hat mir erzählt, diejenigen, die sie erfolglos hineingeschickt haben, sind als Verfluchte wieder herausgekommen. Ob mir dieses Schicksal auch bevorsteht? Oder bin ich immun gegen noch mehr dunkle Magie?

»Du wirst nicht sterben«, meint Giselle. »Ich habe den halben Morgen für dich gebetet, das wird ja wohl nicht umsonst gewesen sein.«

Ich lache. »Daran glaube ich nicht.«

»Tja, ich schon, und es ist *mein* Gebet, also keine Bange.« Sie löst ihren Gürtel und reicht ihn mir. »Hier, nimm das. Er wird dir gute Dienste leisten.«

»Dein Dolch?«

Giselle antwortet mit einem Achselzucken. »Wer weiß, was dich da drin erwartet. Könnte nützlich sein. Außerdem ist er geweiht.«

»Vielleicht gehe ich ja in Flammen auf, wenn ich ihn berühre.«

Sie grinst. »Wenn ich noch nicht zu Asche zerfallen bin, wirst du es auch überleben, Schätzchen.«

Ich nehme den Gürtel mitsamt Dolch entgegen und lege ihn mir um. Es ist ein großer Vertrauensbeweis, dass sie mir ihre Waffe überlässt. Andererseits braucht sie den Dolch nicht, schließlich ist sie stark genug, um jedem mit bloßen Händen das Genick zu brechen.

»Pass auf dich auf«, sagt Rafael.

Ich lächle ihn an. »Ich versuch's.«

Mein Blick fällt auf Thierry, der sich offensichtlich unwohl fühlt. Er hebt seine Hand. Kurz flackert die weiße Magie auf, dann spüre ich das Kribbeln auf meinem Handrücken. Die schwarze Rosenblüte verschwindet.

»Du wirst das schaffen, Alienor.«

Ich verziehe den Mund zu einem schiefen Grinsen. »Du irrst dich furchtbar ungern, also musst du das behaupten.«

»Manchmal irre ich mich gern«, erwidert er. »Aber nicht in dieser Hinsicht.«

Wir tauschen einen langen, stummen Blick.

Küss mich, denke ich, und einen Moment sieht er tatsächlich so aus, als würde er mit diesem Impuls ringen. Aber wenn er mich jetzt küsst, würde ich mich nicht mehr in den Wald hineinwagen. Also kehre ich den anderen den Rücken zu, bevor Thierry etwas tun oder sagen kann, und setze einen Schritt vor den anderen. Direkt auf den Wald und die finstere Magie zu. Dieselbe Magie, die in mir tobt wie ein Sturm.

KAPITEL 24

KÄLTE

Der Wald hat sich verändert. Die früher so ruhige Atmosphäre wirkt jetzt bedrohlich und umspinnt mich wie ein Kokon aus finsteren Fäden. Hier ist es kälter, als ich es für möglich gehalten hätte. Obwohl die untergehende Sonne das Land in rotes Licht getaucht hat, dringen ihre Strahlen nicht durch den dunklen Schleier, der über diesem Ort hängt. Gauthiers Magie schwebt nebelartig zwischen den Bäumen und kommt einem Gewitter gleich, das sich entladen will.

Schritt für Schritt gehe ich vorwärts, immer weiter, während die vertraute Kälte und das dumpfe Gefühl in meiner Magengegend stärker werden. Die Quelle liegt tiefer im Wald. Thierry und ich haben uns damals dort aufgehalten, als der Ausbruch des Fluchs nicht mehr als ein unheilvolles Versprechen war.

Hier ist die Anomalie am stärksten, hat er mir beim ersten Besuch gesagt. *Kannst du es spüren? Sie ist wie ein Riss in der Welt. Ein Zucken in der Luft. Etwas, was nicht hierhergehört.*

Vor fünf Jahren konnte ich es nicht wahrnehmen, aber damals war ich bloß ein gewöhnliches Mädchen ohne Magie. Heute ist das anders.

Eine Gestalt zieht meine Aufmerksamkeit auf sich. Jemand steht zwischen zwei Bäumen, als wäre es nichts Ungewöhnliches, so nah bei der Quelle herumzulungern. Ein Verfluchter? Normalerweise spüre ich ihre dunkle Aura klar und deutlich, aber hier fühlt sich alles so an wie sie, nur tausendmal intensiver. Die Luft flimmert vor Magie.

Ich taste nach Giselles Dolch und gehe auf die Person zu, bis ich erkenne, wer da steht.

Gauthier.

Dieses Mal sieht er aus wie er selbst, genau so, wie ich ihn in seinen Erinnerungen wahrgenommen habe. Sein dunkles, leicht gelocktes Haar hängt ihm bis zum Schlüsselbein herab. Das schmale, kantige Gesicht ist beinahe schön, aber dann auch wieder nicht, als passen die einzelnen Attribute nicht zusammen. Er trägt eine nachtschwarze Robe, furchtbar typisch für einen Fluchweber. Als ich vor ihm stehen bleibe, verzieht er seine schmalen Lippen zu einem Lächeln.

»Du bist weit gekommen, Schattentänzerin. Was für eine Schande, dass dein Weg bald enden wird.«

Ich erwidere sein Lächeln, um zu verbergen, wie sehr dieser Ort mich erdrückt. Aber ich glaube, Gauthier weiß es trotzdem.

»Hast du schon mal überlegt, als Hellseher auf Volksfesten zu arbeiten?«, frage ich. »Du könntest mit dieser Masche bestimmt ein Vermögen verdienen.«

Seine unheimliche Präsenz jagt mir einen Schauer über den Rücken. Mit Sicherheit würden ihn einige Leute liebend gern dafür bezahlen, damit er ihren Erzfeinden unheilvolle Nachrichten überbringt.

»Ich könnte dir helfen, deine verlorenen Erinnerungen zurückzubekommen«, schlägt er vor.

Ich schnaube. »Lass mich raten: Du bietest mir das aus endloser Großzügigkeit an. Und da dir mein Wohl so sehr am Herzen liegt, verlangst du nicht einmal eine Gegenleistung, denn du bist einfach ein netter Mensch.«

Da ist es wieder, dieses schiefe Lächeln, das den Traumschwiegersohn in einen unberechenbaren Fluchweber verwandelt. »Verstehe. Du willst es gar nicht wissen, oder? Weil du dich vor der Wahrheit fürchtest. Davor, dass du am Ende genau das bist, was alle glauben.«

Leider trifft er damit den Nagel auf den Kopf.

»Niemand mag Klugscheißer.«

»Es wird eben niemand gern an seine eigene Dummheit erinnert«, kontert er.

Ich presse meine Zähne aufeinander. »Aus dem Weg, Gauthier.«

»Oder was?«

»Oder ich bekämpfe dich so lange, bis du den Weg frei gibst. Früher oder später müssen wir das sowieso hinter uns bringen.«

Was macht er überhaupt hier? Will er mich daran hindern, zur Quelle zu gelangen, nachdem sein Handlanger zweimal daran gescheitert ist, mich zu töten? Warum greift er mich dann nicht mit seiner grenzenlosen Macht an? Er ist unsterblich, solange der Wächter lebt, worauf wartet er also? Im schlimmsten Fall für ihn kann ich ihn besiegen und er steht später wieder von den Toten auf.

»Noch nicht«, antwortet er verheißungsvoll. »Ursprünglich hatte ich es an diesem Punkt beenden wollen, aber ich habe meine Meinung geändert. Bevor ich dich selbst zum Schweigen bringe, stelle ich dir eine letzte Aufgabe, kleine Schattentänzerin. Bestehe sie, dann bekommst du deinen Kampf. Falls nicht, gehst du mit der Nation unter, die keinen von uns beiden will.«

Ich rümpfe die Nase. »Du hast dir die Verachtung der Leute wenigstens redlich verdient.«

Sein Lächeln schwindet. »Die Leute hassen, was nicht in ihr Bild einer perfekten Welt passt. Kann man das wirklich als Verdienst bezeichnen?«

Will er etwa Mitleid? Da ist er bei mir falsch. »Das reicht mir jetzt wirklich.«

Mit voller Konzentration rufe ich meine Schatten und lasse sie auf Gauthier los. In diesem Wald sind sie stärker, geradezu hungrig, als ob die Quelle meine Kräfte verstärkt und sie nährt. Gauthier verschränkt die Arme hinter dem Rücken, lächelt und erwartet die Schatten. Als sie ihn treffen, zerreißt es ihn. Er verwandelt sich in Hunderte Motten, die auseinanderstieben und mit schnellen Flügelschlägen im Wald verschwinden.

Glaubst du wirklich, du kannst mich bezwingen?, hallt seine Stimme über meinen Kopf hinweg. *Denkst du ernsthaft, du könntest diesen Ort verlassen, ohne dich zu verlieren?*

Perplex starre ich auf die Stelle, wo er eben noch gestanden hat.

Elender Mistkerl.

Wenn er nur gekommen ist, um mich zu verhöhnen, wird er sehen, was er davon hat. Ich werde mich ihm nicht ohne Weiteres ergeben, ganz gleich, welches Spiel er treibt.

Mit Wut im Bauch setze ich meinen Weg fort, tiefer in den Wald hinein, der nichts mehr mit dem Rückzugsort von früher gemein hat.

»Alienor!«

Ich bleibe abrupt stehen und drehe mich um. Thierry kommt mir mit raschen Schritten entgegen. Zuerst beobachte ich ihn mit Vorsicht, aus Angst, Gauthier könnte seine Gestalt angenommen haben, aber das war eindeutig Thierrys Stimme.

»Was machst du hier?«, frage ich besorgt. »Du musst umkehren. Es ist viel zu gefährlich.«

Für jeden außer mich, und sogar was das betrifft, bin ich nicht allzu sicher.

Er bleibt vor mir stehen. »Ich konnte dich nicht einfach so verschwinden lassen.«

»Nicht einfach so?«

»Nicht ohne das hier.«

Im nächsten Moment schließt er mich in seine Arme und küsst mich so, wie ich es mir gewünscht habe. Seine Lippen sind weich und unwiderstehlich. Ich will ihm sagen, dass er gehen muss, bevor Gauthiers Magie ihn beeinträchtigt, will ihm erzählen, dass er gerade hier gewesen ist und mich bedroht hat, aber ich verliere mich in diesem Kuss voller Leidenschaft. Er ist alles, wonach ich mich gesehnt habe. Dennoch ist er irgendwie anders. Beinahe kalt.

Ich löse meine Lippen von Thierrys.

»Ist alles in Ordnung?«, frage ich und lege eine Hand an seine kühle Wange.

Sonst ist seine Haut immer warm, in den letzten Tagen sogar fiebrig heiß. Ich mache mir Sorgen, dass dieser Ort ihn vergiftet. So gern ich ihn auch bei mir hätte, er muss zurück.

Mit geschlossenen Augen lehnt er seine Stirn gegen meine. »Ich musste es tun, meine mutige Rose. Egal zu welchem Preis. Ich brauche das jetzt. Ich brauche dich.«

Er verdrängt meine Sorgen, als er seinen Mund wieder mit meinem vereint. Sein Kuss ist hungrig und verzweifelt und so vertraut. Ich schlinge die Arme um ihn. Wir befinden uns inmitten eines finsteren Sturms, ertrinken gemeinsam in einem schwarzen See ohne Grund.

Ich brauche dich.

Diese Worte hat er vor nicht allzu langer Zeit schon einmal zu mir gesagt. Doch vor zwei Tagen ist er zurückgezuckt, statt mich zu küssen.

Deine Hände waren nicht immer so kalt, meinte er nach dem Kampf gegen die Verfluchten.

Thierry ist nie kalt gewesen. Ich war es.

Sofort unterbreche ich den Kuss und versuche mich aus der Umarmung zu winden, aber er lässt es nicht zu.

»Bleib bei mir«, haucht er. »Geh nicht. Ich kann dich nicht noch einmal verlieren.«

Er hält mich eng bei sich, und für die Dauer eines Wimpernschlags will ich mich seinen Worten ergeben – bei ihm bleiben, ihn küssen und lieben, bis ich vergesse, was ich eigentlich zu tun habe. Aber das kann ich nicht. Denn Thierry ist der Pragmatische von uns. Er würde seine eigenen Bedürfnisse jederzeit zurückstellen, um seine Pflicht zu erfüllen. Deshalb ist er überhaupt erst im Gefängnis aufgetaucht. Obwohl er alles sagt, was ich hören will, weiß ich tief in meinem Herzen, dass der echte Thierry nicht hierherkommen würde, um Zweifel in mir zu säen, ganz egal, was er fühlt.

Ich will mich aus seinem Griff befreien, doch er hält mich fest.

»Was …«

Als ich seine Augen sehe, versagt meine Stimme. Sie sind nicht länger silbergrau, sondern haben dieselbe Farbe wie meine eigenen.

»Bleib bei mir«, wiederholt er. »Weißt du, wie sehr ich dich liebe? Ich brauche dich. Die Welt da draußen verdient dich nicht. Sie will dich nicht. Ich schon.«

Worte wie Honig, gesprochen, um mich einzuwickeln und zu verkleben.

»Du hast recht«, erwidere ich. »Die Welt will mich nicht. Aber sie braucht mich.«

Ich entfessele meine Magie. Wer auch immer das vor mir ist, Thierry kann es nicht sein. Sollte ich herausfinden, dass es Gauthier ist, werde ich diesem abartigen Fluchweber auf seine Robe kotzen.

Als meine Kräfte sich um Thierry schließen, verwandelt er sich ebenfalls in Schatten. Die dunklen Schwaden legen sich um meinen Körper, halten mich fest, so wie er mich eben umarmt hat.

»Weg von mir!«, schreie ich.

Die Schatten erdrücken mich, sind wie Fesseln, die sich immer enger ziehen, bis mein Brustkorb sich nicht mehr ausdehnen kann. Ich ächze und lasse meinen Kräften freien Lauf. Es gelingt mir, die magischen Fesseln zu sprengen, doch die düstere Magie braust wie ein Orkan um mich, zerrt an meiner Kleidung und meinem Haar. Ich hebe die Arme, um mich vor dem Angriff der Schatten zu schützen, und schließe dabei die Augen. Ohne Vorwarnung flimmert ein Bild hinter meinen geschlossenen Lidern auf.

Thierry liegt im Bett der Herberge, wo wir so viele schöne Nächte verbracht haben. Er schenkt mir ein warmes, träges Lächeln.

Alienor. Da bist du ja endlich. Ich habe auf dich gewartet. Komm zu mir.

Früher hätte ich nicht gezögert. Ich wäre zu ihm gegangen, hätte mich auf das Bett fallen lassen und ihn geküsst, bis die Welt außerhalb dieses Raumes keine Rolle mehr gespielt hätte.

Hier können wir glücklich sein. Niemand wird uns stören.

So verlockend. Wir waren tatsächlich glücklich während dieser Wochen. Aber diese Zeit liegt in der Vergangenheit.

Du musst nur Ja sagen. Lass den Schmerz los. Komm zu mir. Lass los. Dann wirst du frei sein.

Freiheit. Geborgenheit. Liebe. Wie schön das klingt. Das Schlechte gehen lassen und das Gute mit offenen Armen empfangen. Aber das darf ich nicht, deshalb vertreibe ich das Bild aus meinem Kopf und öffne die Augen. Noch immer schwirren die Schatten um mich herum. Ich spanne sämtliche Muskeln an.

»Verschwindet!«

Meine Macht kämpft gegen die Schatten, schwarze Magie gegen schwarze Magie, und tatsächlich lassen sie von mir ab. Nachdem sie sich in Luft aufgelöst haben, gehe ich schwer atmend in die Hocke.

Was war das bloß?

Die dunkle Magie hat versucht, mich dazu zu bringen, mich ihr auszuliefern. In Gestalt von Thierry. Ist es das, was all den anderen an diesem Ort passiert ist? Haben sie sich von dieser drängenden Macht einlullen lassen, bis sie sich wie ein Parasit in ihnen festgebissen hat, und sind dann zu Verfluchten geworden? Fühlt es sich so an, den Verstand zu verlieren? Wie eine unheilvolle, süße Verführung?

Ich fahre mir über die Lippen. Dort, wo die Schatten mich berührt haben, fühle ich Kälte. Ich hatte mir viele mögliche Szenarien ausgemalt, die mich erwarten würden. Eine Horde Verfluchter. Einen Kampf gegen Gauthier. Aber nicht so etwas.

Ächzend erhebe mich, drücke den Rücken durch und gehe weiter, wobei ich das Gefühl nicht loswerde, von Gauthier beobachtet zu werden. Es würde zu diesem schmierigen Kerl passen, wenn er sich über das hier amüsiert, in der Hoffnung, dass ich scheitere.

Diesen Sieg werde ich ihm nicht gönnen.

KAPITEL 25

ILLUSION

Ich gelange zu einer Lichtung, die ich sofort wiedererkenne. Große Eichen mit goldgelben Blättern ragen an ihrem Rand in die Höhe. Sophie und ich sind oft hier gewesen, wenn wir geübt haben. Später war es der Ort, an dem ich für mich allein getanzt habe.

Ausgerechnet Sophie begegnet mir jetzt.

Sie tanzt barfuß auf der Lichtung. Ihr schwarzes Kleid, für das es eindeutig zu kalt ist, flattert im Wind, als sie eine Drehung vollführt. Die wilden braunen Locken hat sie zu einem Haarknoten gebunden, damit sie ihr nicht im Weg sind. Dank ihres zierlichen Körperbaus strahlt sie eine natürliche Eleganz aus. Hätte ich nicht ein Jahr im Gefängnis verbracht, würde meine Haut denselben Bronzeton haben wie ihre.

Mir ist bewusst, dass das nicht wirklich meine Schwester ist, genauso wenig wie der Thierry von eben der echte Thierry war. Trotzdem versetzt mir ihr Anblick einen Stich, weil dieses Trugbild Sophie so ähnlich sieht und jede ihrer Bewegungen perfekt einfängt.

Als ich etwa drei Meter vor ihr stehen bleibe, hält sie inne und sieht mich mit Mutters Augen an. Auch dieses klare Blau hatten wir einmal gemeinsam.

»Hallo, Alie«, begrüßt sie mich mit kräftiger Stimme.

Sie macht zwei Schritte auf mich zu, leichtfüßig und selbstsicher, bevor sie stehen bleibt und mich von oben bis unten mustert. Ihre Miene zeigt keinerlei Emotion.

»Gut siehst du aus. Aber das überrascht mich nicht. Du bist immer die Hübschere von uns gewesen. Mich hat man nur angesehen, wenn ich außergewöhnlich war. Ich frage mich, ob unsere Rollen jetzt vertauscht wären, wenn es andersherum gewesen wäre.«

Sie spricht das aus, als würde es sie verletzen. Dabei war sie für mich immer wunderschön – wegen ihres würdevollen Auftretens, das alles überstrahlt. Vielleicht war ihr Haar stumpfer als meins, ihre Nase größer, und vielleicht lagen unter ihren Augen Schatten, die nie wichen, aber nichts davon machte sie weniger hübsch.

Mein Aussehen hat sie oft als Bürde bezeichnet. Etwas, was mir irgendwann zum Verhängnis werden könnte.

Schönen Menschen fliegt so vieles zu. Leute wie du wissen nicht, was es bedeutet, sich Erfolg und Respekt mit Schweiß und Tränen verdienen zu müssen, deshalb scheitern sie an harter Arbeit. Aber Schönheit vergeht. Für jede Blume kommt der Winter, in dem sie verblüht.

Ich hatte nie den Eindruck, dass sie neidisch auf mich war. Das hätte keinen Sinn ergeben, schließlich ist Schönheit kein Verdienst. Vielmehr war ich neidisch auf sie. Auf ihren Kampfgeist und ihre unerschütterliche Arbeitsmoral. Am Ende hat sie recht behalten, ich bin nie so stark gewesen wie sie. Deshalb war sie mir immer so viele Schritte voraus.

»Du solltest mit mir üben, Alie«, schlägt sie vor und streckt mir ihre Hand entgegen. »Von mir könntest du ein paar Dinge lernen.«

Ich sehe missmutig auf ihre Hand. »Du bist nicht meine Schwester.«

Sie kneift die Augen zusammen. »Ich kann gehen, wenn du das willst. Das ist deine Bühne, nicht meine. Die einzige, auf der du keine bescheidene Kopie von mir bist.«

Noch eine Angst, die mich früher umgetrieben hat. Ich habe ständig befürchtet, im Schatten meiner perfekten Schwester stehen zu müssen. Sie war es, die mich definiert hat, weil ich ihr von Anfang an nachgeeifert habe. Ich habe ihre Träume zu meinen eigenen gemacht. Alles, was ich je wollte, hat ihre Handschrift getragen.

Ich schließe meine Augen und hole tief Luft.

Die Alienor von früher hätte sich beeinflussen lassen, hätte zugestimmt, mit der Illusion zu tanzen, bis ihre Füße zerschunden gewesen wären. Aber dieses Mädchen bin ich nicht mehr, und auch Sophie ist nicht länger dieselbe.

Ich ergreife ihre Hand. »Dich könnte ich nie kopieren. Du warst immer einzigartig.«

Bevor die Illusion mich so einlullen kann wie die von Thierry, wirke ich meine Schattenmagie. Sophies Augen nehmen plötzlich dieselbe Farbe an wie meine eigenen. Sie löst sich in eine Wolke aus dunkler Magie auf, doch dieses Mal legen sich die Schatten nicht wie Fesseln um mich, sondern werden zu einem Bienenschwarm. Anders als bei Gauthier fliegen die Schattentiere jedoch nicht davon. Im Gegenteil, sie greifen mich an.

»Ahh!«

Ich gehe in die Knie, versuche sie mit den Händen abzuwehren, aber sie lassen mir keine Ruhe.

Zorn wallt in mir auf. Ich habe das Gefühl, je mehr Wut ich empfinde und je stärker die dunkle Magie in mir wird, desto aggressiver stechen die Schatteninsekten zu.

Lass los, Alie. Reich mir deine Hand, dann können wir gemeinsam tanzen.

Sophies Stimme. Überall. Aber sie ist nicht real. Es ist bloß Gauthiers Magie in meinem Kopf. Ich beiße die Zähne zusammen. Sobald ich keinen Widerstand mehr leiste, wird sie mich vollständig verschlingen.

Jeder Stich der Schattenbienen brennt sich schmerzhaft in meinen Körper und fühlt sich an wie tausend kleine Messer auf meiner Haut. Ihre dunkle Magie wirft sich gegen meinen Körper und meinen Geist, während Sophies Stimme sich in meinen Kopf bohrt, ein Singsang, der mich lockt.

Lass los. Zusammen können wir viel erreichen.

O nein, es kommt nicht infrage, dass ich aufhöre, mich gegen den Schmerz und die Attacke zu wehren.

Ein Teil von mir will tun, was sie mir befiehlt, will endlich aufhören zu kämpfen und den Schmerz verschwinden lassen, weil ich schon zu viel davon gespürt habe. Ich will lieber taub sein, loslassen, hinfallen, auf dem Boden liegen bleiben und geschehen lassen, was geschehen muss. Es wäre so leicht, mich der Illusion hinzugeben. Meiner Schwester die Hand zu reichen und mir vorzustellen, dass wir für immer gemeinsam tanzen können.

Lass los. Es muss nicht so schwer sein.

Stimmt, das muss es nicht. Aber wenn das Leben einfach wäre, wenn wir immer das bekämen, was wir uns wünschen, wenn uns nie wehgetan würde – woher wüssten wir dann, was wahres Glück ist?

Ich bündele meine Kräfte und entlade sie auf einen Schlag, stemme mich gegen den Schmerz, die Bienen, die Magie, die so vehement versucht, in meinen Geist einzudringen. Stemme mich gegen meine Eifersucht und den Wunsch, immer den Weg mit dem geringsten Widerstand zu gehen. Sophie hat gesagt, wenn ich etwas wirklich will, muss ich mit aller Macht dafür kämpfen. Sie hätte mir nie geraten aufzugeben, also werde ich das auch nicht tun.

Wieder forme ich meine Magie zu Schatten, verdichte sie so lange, bis ich genug Kraft gesammelt habe, und lasse sie auf einen Schlag explodieren. Zum Glück ist die Schattendetonation stark genug, um die Insekten von mir wegzustoßen. Nur kurz darauf lösen sie sich in Luft auf.

Erschöpft stütze ich mich mit meinen Armen auf den Boden und schnappe nach Luft. Mein ganzer Körper schmerzt, obwohl keine Spuren auf meiner Kleidung oder meiner Haut zu sehen sind.

So ein Schlamassel.

Ich wünschte, die anderen wären hier. Giselle mit ihrer Spitzzüngigkeit, Rafael mit seiner schüchternen Zuversicht oder Thierry mit seiner ruhigen Ausstrahlung. Irgendjemand, der mir das Gefühl gibt, nicht allein zu sein. Seltsam, dass ich es ein Jahr im Gefängnis und ein Jahr auf der Flucht ausgehalten habe, aber in diesem Wald schon nach kurzer Zeit den Verstand verliere. Kein Wunder, dass niemand es bisher zur Quelle geschafft hat. Mit meinen Kräften kann ich mich zumindest gegen die Schattenmagie wehren, weil sie die dunkle Verführung in Schach halten, doch selbst ich laufe Gefahr, mich ihnen zu ergeben.

Ich vergrabe meine Finger im kalten, bemoosten Boden und atme den Duft des Waldes ein. Sogar der ist irgendwie falsch. Das ist mal ein Ort voller Leben gewesen, und genauso hat er auch gerochen. Jetzt fühlt sich alles merkwürdig beklemmend an.

Mit schmerzenden Gliedern richte ich mich auf und klopfe mir den Schmutz von der Kleidung. Ich muss weiter, die anderen zählen auf mich. Das Land zählt auf mich. Und meine Schwester – die echte.

Ich gehe weiter nach Norden, zwischen eng beieinanderstehenden Bäumen hindurch, den Blick starr nach vorn gerichtet. Obwohl der Wald so verändert scheint, weiß ich genau, wo ich die Quelle finden werde. Etwas zieht mich zu ihr, wie ein Ruf in der Ferne, der in der hintersten Ecke meiner Gedanken widerhallt und mich leitet. Ein Instinkt, geboren aus dunkler Magie.

Mit jedem Schritt, den ich über Farne und Sträucher hinwegstapfe, spüre ich die Magie deutlicher. Es fühlt sich an, als würde ich durch unsichtbares Wasser waten.

»Alienor.«

Ich fahre erschrocken herum.

Vor mir steht mein Vater. So, wie er früher gewesen ist. Nicht bleich, nicht mit den Augen eines Verfluchten, nicht wie ein wildes Tier, sondern wie ein Mensch. Bei seinem Anblick schießt ein stechender Schmerz durch meinen Kopf. Ein Rauschen dringt in meine Ohren, dann seine Stimme, lallend und aggressiv, ein Echo aus der Ferne, das laut in meinen Gedanken dröhnt.

Ich trinke, so viel ich will. Du hast mir nichts zu sagen. Verschwinde aus meinem Haus! Verschwinde, sonst kannst du was erleben!

Ich höre sein Geschrei, presse beide Hände auf die Ohren, in der Hoffnung, es aussperren zu können, aber seine Stimme ist in meinem Kopf. Beinahe spüre ich wieder, wie kräftig er mich von sich gestoßen hat. Wie die scharfe Tischkante sich in meine Haut gräbt und ich den Halt verliere. Ich war so geschockt, dass ich aus dem Haus geflüchtet bin.

Das Echo aus der Vergangenheit verklingt und mein Vater sieht mich mit harter Miene an. Ich nehme die Hände von meinen Ohren.

»Der Alkohol war ein besserer Trost als du. Du kannst niemandem helfen. Wenn du nicht einmal deinen eigenen Vater retten kannst, wie willst du dann ein ganzes Land retten? Bleib hier, Alienor. Hier kannst du niemanden enttäuschen.«

Er breitet seine Arme aus und lächelt mir zu. Tief in mir weiß ich, dass es eine Falle ist. Das ist nicht echt, aber ich kann mich nicht wehren. Ich gehe auf meinen Vater zu, wie fremdgesteuert, obwohl sich alles in mir dagegen sträubt. Dieses warme, tröstende Lächeln habe ich vermisst. Ich lasse mich von ihm in eine liebevolle Umarmung ziehen. Genau das habe ich all die Zeit gebraucht.

Er hätte *mich* trösten sollen. Stattdessen musste ich erwachsen werden. Ich musste mit ansehen, wie er sich selbst zerstört, wie er die Wahrheit als eine Bürde gesehen hat, die er allein tragen muss, und unter der Last zusammengebrochen ist. Nur einmal will ich mich in seinen schützenden Armen fallen lassen.

»Alles ist gut«, murmelt er beschwichtigend. »Du musst nicht mehr stark sein. Ich bin hier.«

Es fühlt sich so gut an, nicht einsam zu sein. So hätte es immer sein sollen. Tränen wallen in meinen Augen auf. Ich nehme den Geruch meines Vaters wahr, höre sein Herz ruhig und gleichmäßig schlagen, lausche seinen tröstenden Worten und seinem Atem. Dabei ignoriere ich die Kälte seiner Umarmung.

Ich will für immer so verharren, doch dann denke ich an das, was ich heute früh gesehen habe, an den Tod meines Vaters und seine letzten Worte. Nichts hiervon ist wahr, das weiß ich.

Ich winde mich aus der Umarmung und sehe meinem Vater in die Augen, die jetzt dieselbe Farbe haben wie meine eigenen, genau wie bei Thierry und Sophie zuvor. Der Ausdruck in seinem Gesicht wird traurig.

»Warum kannst du nie das tun, was man dir sagt?«, fragt er bitter.

Er schließt seine Finger um meinen Hals.

Ich keuche, lege meine Hände auf seine, versuche sie wegzuzerren, doch er verstärkt seinen Griff. Seine Mimik ist von Trauer gezeichnet.

»Deine Mutter und deine Schwester haben mich verlassen. Wie konntest du mir das ein drittes Mal antun?«

Hilflos schnappe ich nach Luft, aber er drückt so fest zu, dass mir nur ein heiseres Röcheln entfährt. Ich will ihm vorwerfen, dass er mir keine andere Wahl gelassen hat und dass ich unzählige Male versucht habe, ihn zu retten. Ich habe ihm die Hand gereicht, aber er wollte sie nie ergreifen, sondern hat sie weggeschlagen, bis ich mich davor gefürchtet habe, sie überhaupt auszustrecken.

So fest ich kann, kralle ich mich in seine Hände, doch er lässt mich nicht los. Obwohl ich mich mit meiner ganzen Kraft gegen ihn wehre, ist er stärker.

»Lass es geschehen«, sagt mein Vater. »Danach wird es dir besser gehen.«

Das Blut rauscht in meinen den Ohren. Mein Herz schlägt schneller und schneller, meine Lunge giert nach Luft, doch die wird nicht durch meinen Hals gelassen. Vielleicht würde es mir wirklich besser gehen, wenn ich loslasse. Dann wäre dieses Spiel vorbei. Aber egal wie weh es tut, egal wie sehr es mich zum Weinen bringt, ich werde kämpfen. Ich habe nicht das Kloster und die Zauberweber überlebt, nicht auf der Flucht ausgeharrt, nicht über ein Jahr im Gefängnis verbracht, um jetzt aufzugeben, weil eine Illusion mich dazu bringen will.

Tränen laufen mir über mein Gesicht. Ich rufe die Magie in mir und verändere meine Form, um mich so dem Griff meines Vaters zu entwinden. Als ich mich einige Meter entfernt wieder in mich selbst verwandle, sieht er mich mitleidig an.

»Warum musst du mich verlassen? Gehst du zurück zu deinem Zauberweber?«

Ich schlucke. »Er war gut zu mir, als du es nicht sein konntest.«

»Stimmt, war ich nicht. Aber das war er genauso wenig.«

Mir läuft es eiskalt den Rücken hinunter. Thierry ist während unserer Zeit in Roivance immer gut gewesen, auch wenn er am Anfang auf Distanz geblieben ist. Er hat mich beschützt, wenn jemand mich bedroht hat. Als ich getanzt habe, konnte ich mir seiner Unterstützung sicher sein. Als ich nicht in der Lage war, für mich selbst einzustehen, hat er mich gegenüber Vater verteidigt. Schmerz, den ich verstecken wollte, hat er gelindert. Nur einmal hat er mich enttäuscht, aber das geschah in einer anderen Zeit, unter anderen Umständen.

»Ich war auch nicht immer perfekt«, erwidere ich. »Aber ich gebe mir Mühe, deshalb werde ich jetzt nicht aufgeben und Gauthier gewinnen lassen. Man kann hinfallen, aber dann muss man wieder aufstehen und kämpfen. Das hat Sophie mich gelehrt, weißt du?

Niemals eine Niederlage zu akzeptieren. Niemals zu akzeptieren, dass die Welt so ist, wie sie eben ist.«

Ich hebe meinen Arm und erschaffe Schwerter aus Schatten in der Luft. Mit einer Handbewegung lasse ich sie auf meinen Vater los. Als die Klingen ihn treffen, verwandelt er sich selbst in einen Schatten, der sich schließlich in dunklen Nebel auflöst.

Ich atme durch. Was ist das bloß? Sind diese Schatten eigenständig? Sind es meine Erinnerungen, die sich gegen mich wenden? Trugbilder, die mich einlullen und angreifen? Ist es die Magie der Quelle, die das tut, oder ist es Gauthier, der irgendwo herumlungert und mich auf Schritt und Tritt verfolgt? Ich drehe mich einmal um die eigene Achse, doch es ist nichts und niemand zu sehen.

Mein Hals schmerzt und fühlt sich kalt an, dort, wo Vaters Illusion mich berührt hat. Aber ich bin sicher, wenn ich in einen Spiegel sehen würde, gäbe es keine sichtbaren Spuren von diesem Angriff.

KAPITEL 26

KEINE GNADE

Mit jedem Schritt dringe ich tiefer in den Wald vor, jetzt noch schneller, weil ich das Gefühl habe, diese Illusionen werden schlimmer, je länger ich mich hier aufhalte. Ich husche an Ästen und Sträuchern vorbei und marschiere zielgerichtet auf die Quelle zu. Ihre Macht ruft mich zu sich.

Auf einmal schlingt sich irgendetwas um meinen Knöchel. Es bringt mich aus dem Gleichgewicht, sodass ich falle und hart auf dem Waldboden aufschlage. Stöhnend drehe ich mich auf die Seite, um nachzusehen, was mich erwischt hat.

Was zum …?

Eine Wurzel hat sich um meinen Fuß geschlungen.

Mit den Händen versuche ich mich aus der Falle zu winden, indem ich sie mit meiner Magie verdorren lasse, doch bevor ich mich befreien kann, schlingen sich weitere Wurzeln um meinen Körper.

Was soll das? Ist Davide etwa hier?

Ich blicke mich hektisch um, finde aber niemanden. Plötzlich heben mich die Wurzeln hoch und schleudern mich durch die Luft. Ich pralle mit voller Wucht gegen einen Baum. Ein stechender Schmerz fährt mir in den Rücken. Die Wurzeln schlingen sich weiterhin um meine Körpermitte und ketten mich an den Stamm. Sie kriechen über meine Arme und verhindern, dass ich mich losreißen kann.

Mehrere Personen treten aus den Schatten der Bäume ringsherum. Erst halte ich sie für Verfluchte, doch es sind Menschen. Sie kommen langsam näher und bleiben schließlich vor dem Baum stehen, an dem ich gefangen gehalten werde.

Diese Gesichter … ich kenne sie. Jedes einzelne von ihnen. Im Kloster habe ich sie täglich gesehen, so voller Angst, Wut und Verzweiflung. Manon. Etienne. Lucas. Lucie. Claude. Die Zauberweber haben sich nicht für unsere Namen interessiert, aber ich kann keinen einzigen vergessen. Für mich waren sie wie Geschwister.

»Du hast erst gehandelt, als wir schon tot waren«, wirft Manon mir vor. Sie steht in der Mitte und ist die Kleinste von ihnen. Trotzdem hat sie immer die meiste Autorität ausgestrahlt. »Du hättest uns helfen können. Aber du hast dich geweigert, weil du die Auserwählte von einem dieser Zauberweber warst. Du hättest ihn dazu bringen können, uns zu retten. Stattdessen warst du ihre Komplizin. Wir haben gelitten und unser Leben verloren. Du dagegen hast überlebt.« Sie mustert mich kalt. »Es wäre besser, wenn du hierbleibst. Dann stirbt nicht noch jemand wegen deines Scheiterns.«

Die Wurzeln schließen sich enger um meinen Körper. Ich starre in Manons große blaue Augen. Die tapfere Manon, die sich der schwarzen Magie zuletzt ergeben hat. Wir sind Zellennachbarinnen gewesen, haben uns jeden Abend Mut zugesprochen und uns gegenseitig davon überzeugt, dass wir es schaffen würden zu entkommen. Ich habe ihr versprochen, Jules dazu zu bringen, uns gehen zu lassen. Ein Versprechen, das ich nicht halten konnte. Letztendlich ist sie zu einer Verfluchten geworden und die Zauberweber haben sie getötet.

»Ich habe alles versucht«, flüstere ich.

Sie schüttelt den Kopf, während sich die Wurzeln tiefer in meine Haut graben. Ich stöhne vor Schmerz.

»Ich habe auf deine Worte vertraut, Alienor. Habe geglaubt, dass wir frei sein können. Diese Hoffnung hat mich am Leben gehalten. Aber so war das Ende nur noch schlimmer.«

Sie streckt die Hand aus. Schatten schlängeln sich um ihren Arm und fliegen auf mich zu. Als sie mich treffen, wird mein Körper von Schmerz durchflutet. Ich schreie, winde mich in der Umarmung des Baumes, lasse meinen Kräften freien Lauf, doch sie kämpfen gegen etwas, gegen das sie nicht gewinnen können. Manons Angriff ruft jene Qualen hervor, die ich in diesem Kloster gelitten habe. Brennend, schneidend, stechend gräbt sich der Schmerz durch jeden einzelnen Muskel. Er hat mir meine Sinne geraubt, bis ich vergessen habe, wo ich überhaupt war.

»Je mehr Widerstand du leistest, desto mehr musst du ertragen«, sagt Manon, während weitere Schatten auf mich einprasseln. »Hoffnung macht alles nur schlimmer. Sie lässt uns mehr und mehr ertragen, aber am Ende ist alles umsonst. Ich wünschte, ich hätte früher aufgegeben. Ich wünschte, du würdest einsehen, dass es keinen Zweck hat zu kämpfen, wenn das Ende unvermeidlich ist.«

Die Schatten verursachen unerträgliche Schmerzen. Mein Kopf dröhnt, als würde ihn jemand zerquetschen, und mein Magen zieht sich zusammen, als ob man mir kontinuierlich Tritte in den Bauch verpasst. Eine unerträgliche Kälte hüllt mich ein, während die Wurzeln mich an den Baum binden. Meine eigene Magie schwirrt hilflos und nebelartig um mich. Sie scheint nicht zu wissen, was sie jetzt tun soll.

»Das Ende ist nicht unvermeidlich«, erwidere ich mit zusammengebissenen Zähnen. »Man kann immer kämpfen.«

»Du hast überlebt«, antwortet Manon finster. »Warum? Warum ausgerechnet du? Du warst nicht die Stärkste von uns.«

Sie hat recht, das war ich nicht. Ich war stark und stolz und widerspenstig, aber keiner hat so gekämpft wie Manon. Sie hat sich mit Händen und Füßen gegen die Magie des Fluchs gewehrt, hat sich gegen die Zauberweber aufgelehnt, hat mich aufgebaut, wenn ich am Boden war. Aber letztendlich ist sie gestorben und ich nicht.

»Ich weiß es nicht«, gestehe ich. »Manchmal ist es bloß Zufall.«

»Du behauptest, ein dummer Zufall sei dafür verantwortlich, dass du lebst und wir tot sind?«

Ich sehe jedem von ihnen ins Gesicht. So oft habe ich mich gefragt, was der Grund dafür ist, dass es bei mir anders war als bei allen anderen. Das Kloster war nicht der einzige Ort, an dem man diese Versuche unternommen hat. Anderorts waren die Experimente möglicherweise freiwillig, so wie Thierry behauptet hat. Doch nirgends gab es jemanden wie mich.

Ich ächze unter der Kraft der Wurzeln, die mich zerquetschen wollen. »Ganz recht. Nur Zufall.«

Manon lacht kalt. »Vielleicht hat dich dein Liebhaber ja gerettet. Und du hast dabei zugesehen, wie sie uns getötet haben.«

Ich stoße ein animalisches Zischen aus, weil die Magie in mir sich windet, so wie ich mich im Griff dieser Wurzeln. Die Pflanzen knacken, geben minimal nach. »Er war nicht mein Liebhaber. Wir hatten eine gemeinsame Nacht, *bevor* ich ins Kloster gekommen bin.«

Außerdem habe ich da nicht einmal an ihn gedacht, sondern an Thierry. Ich hatte immer nur Thierry vor Augen, habe mir gewünscht, dass er statt Jules im Kloster wäre. Er hätte mich gerettet, statt tatenlos zuzusehen und leere Versprechungen zu machen.

»Ihm hast du etwas anderes erzählt«, sagt Manon. »Ich habe gehört, was du ihm zugeflüstert hast.«

Mir wird schlecht. Es stimmt, ich habe Jules gesagt, dass er mir wichtig sei. Habe ihm vorgegaukelt, unsere Nacht habe mir etwas bedeutet, und behauptet, ich würde nicht wollen, dass es zwischen uns endet, bevor es angefangen hat. Das waren Lügen, geboren aus Zorn und schwarzer Magie, aus purer Verzweiflung, weil das Bitten und Betteln nichts bewirkt hat. Ich hätte sie wieder und wieder erzählt, solange ich geglaubt hätte, dass sie mir zur Freiheit verhelfen.

»Das waren Lügen!«, schreie ich, als Manon mich weiter mit Schatten angreift.

»Soll ich das etwa glauben?«

»Ja!«

»Dann hast du mich vermutlich auch belogen. Dann war alles, was du mir geschworen hast, eine Lüge.«

»Nein, war es nicht. Ich habe bis zum Schluss geglaubt, dass wir es schaffen können.«

»Das stimmt nicht, Alienor. Du weißt das ebenso gut wie ich.«

Der Schmerz und meine Schuldgefühle fressen sich gleichermaßen durch meinen Körper. Manon hat recht, ich habe irgendwann aufgehört, daran zu glauben. Ich habe aufgehört zu kämpfen, habe darum gefleht, dass sie mich töten mögen, damit das alles vorbei ist.

Weil alle außer Manon und mir tot waren und Jules sein Versprechen nicht gehalten hat.

Wir haben die Zauberweber um Gnade angefleht, doch das konnte sie nicht umstimmen. Ich wollte, dass es aufhört. Und trotzdem, durch irgendeinen Zufall habe ich überlebt. Eine Laune der Natur hat entschieden, dass ich anders sein soll.

»Ich habe geglaubt, dass *du* es schaffen kannst«, gestehe ich mit Tränen in den Augen. »Du, nicht ich. Es tut mir leid, dass du es nicht geschafft hast. Du warst stärker als ich. Aber das, was mir damals an Stärke gefehlt hat, habe ich jetzt. Noch einmal gebe ich nicht auf.«

Ich mobilisiere meine ganze Kraft und wirke mit meinen Schatten auf die Wurzeln ein, die mich zerdrücken wollen. Sie geben nach, verlieren an Farbe und schrumpfen zusammen.

Manon und die anderen weichen zurück, geben ein Zischen von sich und verändern sich. Ihre Haut wird bleicher, ihre Augen fliederfarben und ihre Pupillen schmaler. Plötzlich stehe ich fünf Verfluchten gegenüber, die nicht einmal ansatzweise so aussehen wie die Leute, mit denen ich mir ein Gefängnis geteilt habe. Schwarze Magie flirrt in der Luft um sie herum, während meine eigene mich mit Wut und Macht erfüllt. Gauthier wird es bereuen, ihnen dieses Aussehen verpasst zu haben.

»Erwartet keine Gnade«, drohe ich.

Dann verwandle ich mich in Schatten und tauche hinter einem von ihnen wieder auf, so schnell, dass er sich nicht einmal umwenden kann. Mit einem Ruck breche ich ihm das Genick. Er sinkt in sich zusammen wie eine leblose Puppe.

Ich nehme erneut meine Schattenform an und hauche der nächsten Verfluchten das Leben aus.

Bevor ich mich um den Dritten kümmern kann, reißt mich ein Luftstoß von meinen Füßen. Ich stürze zu Boden und rolle durch das Laub. Ächzend richte ich mich auf, doch da stürzt sich schon eine der Kreaturen auf mich und verpasst mir einen Schlag ins Gesicht. Ihr Zischen dringt an mein Ohr.

Ich stemme mich gegen das Gewicht der Verfluchten, bekomme dabei jedoch den nächsten Schlag ab. Schnell strecke ich den Arm aus und packe ihren Hals so fest ich kann. Warme Tropfen treffen mich im Gesicht. Mir entfährt ein angewidertes Geräusch.

»Hör auf zu sabbern!«, zische ich und wirbele meine Schattenkräfte auf, um sie ihr entgegenzuschicken.

Sie schreit, aber statt mich loszulassen, krallt sie sich mit ihren langen Fingernägeln an meinem Arm fest. Jetzt bin ich es, die keucht. Ich ziehe ein Bein an und verpasse ihr einen so festen Tritt, dass ich sie endlich von mir herunterschieben kann. Noch auf dem Boden liegend sehe ich, wie ein weiterer Verfluchter auf mich zukommt. Sofort lasse ich Schatten aus meiner Hand strömen und schlinge sie um seinen Knöchel, sodass er ebenfalls zu Boden stürzt.

Ich springe auf und werfe mich auf ihn. Aus meinem Gürtel befreie ich Giselles Dolch, den ich mit einem Hieb in der Brust des Verfluchten versenke.

Ein zorniges Knurren nähert sich von hinten, also ziehe ich die Waffe flink aus dem Körper und wirbele herum. Gerade rechtzeitig, um zur Seite zu springen, bevor die Verfluchte sich auf mich stürzt. Sie landet bäuchlings im Laub.

Ehe sie sich aufrappeln kann, ramme ich ihr den Dolch hinterrücks in den Oberkörper. Danach will ich ihn herausziehen, doch irgendetwas erwischt mich an meiner Wade, bringt mich zu Fall und schleift mich über den Boden.

Ich wende mich um. Schon wieder eine Wurzel. Verdammt.

Erneut schlägt mein Rücken hart gegen einen Baum, doch dieses Mal packe ich die Auswüchse, die an mir emporkriechen, bevor sie mich an den Baum fesseln können. Meine Berührung lässt sie verdorren.

Die letzte Verfluchte kommt mit erhobener Hand auf mich zu. In ihrer Handfläche entdecke ich eine Wunde, aus der dunkles Blut strömt. Ich stutze. Sie lässt einen Feuerball aus schwarzen Flammen wachsen, die wie brennende Schatten aussehen.

Wie ist das möglich?

Ohne zu zögern, schleudert sie den Feuerball auf mich und ich weiche so knapp aus, dass die Flammen mich am Unterarm streifen. Ich keuche, als ich sehe, dass das Feuer sich in den Stoff meines

Hemdes gebrannt und meine Haut versengt hat. Hektisch reiße ich den Kopf hoch. Die Verfluchte zaubert weitere Flammen herbei.

Wie kann das sein? Eine Verfluchte sollte so etwas nicht können. Es sei denn, sie ist eine Zauberweberin …

Sie wirft einen weiteren Feuerball auf mich. Dieses Mal weiche ich rechtzeitig aus. Ich entfessele meine Schattenmagie und schleudere sie ihr entgegen wie einen mächtigen, alles verzehrenden Sturm. Die dunkle Magie bringt sie aus dem Gleichgewicht. Sofort setze ich mich in Bewegung, werde zu einem Schatten, tauche hinter ihr auf und bringe sie mit einer schnellen Handbewegung für immer zum Schweigen.

Auf einmal ist wieder alles ruhig. Der dunkle Nebel schwebt bedrohlich nahe über dem Laubboden. Ich stöhne auf, als ich die Verletzung an meinem Unterarm betaste. Diese Wunde ist real.

Ich wünschte, Thierry oder Rafael wären hier, um mir damit zu helfen. Leider sind sie das nicht, also muss ich weiter, und zwar rasch.

Bevor ich meinen Weg fortsetze, beuge ich mich über die tote Verfluchte und ziehe ihr den Dolch aus dem Rücken. Dabei vermeide ich es, ihr ins Gesicht zu blicken, sonst sehe ich Manon in ihr und alles aus der Vergangenheit holt mich wieder ein.

Je länger ich hierbleibe und dieser Magie ausgesetzt bin, desto schlimmer wird es. Deshalb laufe ich, so schnell meine Füße mich tragen.

KAPITEL 27

EIN BISSCHEN GLÜCK

Während ich über Laub und Gestrüpp hinweg marschiere, spüre ich, dass ich der Quelle näher komme. Obwohl die Kälte mir eigentlich nichts ausmachen sollte, habe ich eine Gänsehaut unter meinem Umhang.

Halt.

Abrupt bleibe ich stehen. Eine unsichtbare Kraft hält mich fest in ihrem Griff. Ich kann nicht einmal mehr meinen Kopf drehen, um mich umzusehen. Meine Magie kriecht mir über Arme und Hände, aber sie ist zahm, fast wie betäubt.

Jules taucht in der Ferne auf, sieht genauso aus wie in meiner Erinnerung. Erst unmittelbar vor mir bleibt er stehen und mustert mich mit undurchdringlicher Miene.

»Du hast sie getötet. Hast *mich* getötet und es sogar genossen, weil ich nicht *er* war. Weil du ein Monster bist. Du verdienst die Freiheit nicht, deshalb habe ich mein Versprechen nie gehalten. Aber hier sind die Dinge anders. Wenn du bei mir bleibst, kannst du niemanden mehr verletzen. Ich zeige dir, dass du ihn nicht brauchst.«

Ich schließe frustriert die Augen. Immer neue Erinnerungen, immer weitere Manifestationen meiner Angst. Wie lange kann ich das aushalten? Mein Widerstand wird mit jeder Minute in diesem Wald schwächer. Je mehr Menschen aus meiner Vergangenheit mir begegnen, je öfter sie mir mein Versagen vor Augen führen, desto mehr fühle ich mich wie das Ungeheuer, das jeder in mir sieht.

»Vergiss ihn«, fleht Jules und legt mir eine Hand auf die Wange, genau wie Gauthier es getan hat. Seine Berührung ist ebenso kalt. »Er will nur seine Rose zurück. Aber die bist du schon lange nicht mehr.«

Ich öffne meine Augen. Jules spielt nur mit meinen Ängsten. Jetzt, nachdem ich gemerkt habe, wie viel Zuneigung ich trotz allem für Thierry empfinde, fürchte ich, dass er mich wegen dem, was ich bin und was ich getan habe, nicht mehr lieben kann. Als er mich geküsst hat, habe ich die Verwirrung in seinem Blick gesehen. Das Gefühl, einen Fehler begangen zu haben. Ich kann es ihm nicht einmal verübeln, schließlich bin ich nicht mehr dieselbe wie vorher. Die Alienor, in die er sich verliebt hat, war sorglos, stets gut gelaunt, hatte immer einen frechen Spruch auf den Lippen, war verführerisch und selbstlos. Sie war gut. Weniger dunkel und verdreht wie jetzt, nicht gefährlich oder nachtragend oder egoistisch. Was, wenn Thierry bloß einen zweiten Davide in mir sieht? Jemanden, den man zu etwas gemacht hat, für das es kein Zurück gibt?

Jules streicht mir eine Haarsträhne hinters Ohr. »Ich könnte so aussehen wie er, weißt du? Ich könnte dich anlächeln wie er. Könnte dich küssen wie er. Könnte dich lieben wie er. Bis du den Unterschied zwischen uns nicht mehr bemerkst. Du musst mir nur eine Chance geben.«

Er macht eine Handbewegung, und die Starre, die meinen Körper beherrscht hat, löst sich auf. Ich sehe ihn an. Vielleicht würde es Jules – diesem Trugbild – irgendwann sogar gelingen, mir vorzuspielen, er wäre Thierry.

Er streckt seine Hand aus und ich ergreife sie. Dann kommt er meinem Gesicht näher. »Sag mir, wie er dich geküsst hat«, flüstert er und streicht mit seinem Daumen über meine Unterlippe. »Vorsichtig wie ein Zauberweber, der keinen gewöhnlichen Menschen lieben darf?« Er neigt seinen Kopf. »Oder leidenschaftlich wie ein Mann, der zu lange nicht mehr geliebt hat?«

Ich lehne meine Stirn gegen seine. »Seine Küsse waren echt«, wispere ich. »Kannst du das auch, Jules? Kannst du mit deinen Lippen mein Herz berühren?«

Er lächelt. »Aber natürlich, meine mutige Rose.«

Jules drückt seine Lippen auf meine, selbstsicher, als ob er wirklich glaubt, mich davon überzeugen zu können, dass er Thierry ist. Aber sein Kuss ist kalt und gefühllos. Selbst wenn er exakt wie Thierry aussehen würde, könnte ich Jules nie für ihn halten.

Dieses Mal fällt es mir nicht schwer, gegen die Illusion vorzugehen. Ich ziehe Giselles Dolch aus der Halterung, während ich Jules küsse, und stoße ihm die Waffe in die Brust. Er weicht zurück, schockiert darüber, was ich getan habe. Seine Augen haben jetzt dieselbe Farbe wie meine.

»Warum, Alienor?«

Beinahe habe ich Mitleid mit ihm.

»Ich habe es immer gehasst, wenn andere mich belogen haben«, sage ich. »Also sollte ich mich auch nicht selbst belügen.«

Er krümmt sich und sein Körper verwandelt sich in einen Schatten, der zerfließt, bis nichts mehr von ihm übrig ist. Ich stecke den Dolch zurück in die Halterung und fahre mir mit dem Handrücken über den Mund. Er fühlt sich noch kälter an als nach dem Kuss von Thierrys Illusion.

Mit dem klammen Gefühl auf den Lippen laufe ich weiter, tiefer in den dichter werdenden Wald. Weit kann es nicht mehr sein, das spüre ich. Mein Herz rast. Das Adrenalin in meinem Körper sorgt dafür, dass ich meine Verletzung kaum wahrnehme.

Als ich aus dem Dickicht heraustrete, wird es gleichzeitig heller und düsterer. Ich gelange endlich zu der vertrauten Lichtung, die ich mit Thierry besucht habe. Ein schwarzer, magischer Nebel umgibt sie, sodass ich das Zentrum nicht sehen kann.

Dort verbirgt sich die Quelle der Finsternis. Ich fühle es mit jeder Faser meines Körpers, weil die dunkle Magie nach mir ruft.

Außerhalb des dichten Nebels steht eine junge Frau mit langem Haar, die mir schmerzlich vertraut ist. Mit ihren blauen Augen beobachtet sie jeden meiner Schritte. Das weiße Leinenhemd und die dunkle Hose betonen ihren schlanken, athletischen Körper. Sie ist hübsch. Manche würden sie sogar schön nennen, und sie hält auf trotzige Weise das Kinn hoch. Ein herausfordernder, stolzer Ausdruck ruht auf ihrem Gesicht.

Unmöglich.

Das bin ich. Die Person, die ich vor alldem gewesen bin.

Ich gehe auf mein Ebenbild zu, langsam und unsicher. Als ich stehen bleibe, sind es einzig die blauen Augen, die mich davon überzeugen, nicht in einen Spiegel zu blicken.

»Sieh dich an«, sagt die Illusion. »Du bist wie eine dieser Kreaturen, die sich in der Dunkelheit herumtreiben. Niemand will dich. Dein Vater, deine Mutter und deine Schwester haben dich verlassen. Sogar Thierry. Die ganze Welt verachtet dich.« Sie schüttelt den Kopf, als wäre sie enttäuscht von mir. »Willst du wirklich denjenigen helfen, die dich tot sehen wollen? Du schuldest ihnen nichts. Hier könntest du frei sein. Gauthier weiß deine Talente zu schätzen. In seiner Welt würdest du dazugehören, statt nur geduldet zu werden.«

Sie spricht Gedanken laut aus, die mir selbst im Kopf umherschwirren. Natürlich, schließlich ist sie mein Ebenbild. In diesem Wald entspringt alles meinen eigenen Gedanken und Ängsten, manifestiert durch die Magie der Quelle.

»Dir wurde so viel Unrecht getan«, fährt sie fort. »Warum willst du für andere Opfer bringen, wenn niemand je etwas für dich geopfert hat? Du solltest endlich an dich denken.«

Ich mustere sie stumm. Trotz ihrer stolzen Erscheinung fallen mir die glasigen, rot geränderten Augen auf, genau wie ihre nach unten gekrümmten Mundwinkel. Sie wirkt abgekämpft, hat es satt, sich für eine Welt aufzureiben, die es ihr nie danken wird.

Was, wenn sie recht hat?

Was wird passieren, falls es mir gelingen sollte, den Fluch zu brechen? Niemand wird mich als Heldin feiern. Man wird mich wieder einsperren. Ich rette das Land, aber mir selbst bleibt davon nichts. Nichts als ein Leben in Gefangenschaft. Zumindest, solange der Zauberweber der Königin lebt, und Zauberweber können sehr alt werden. Will ich Jahrzehnte in dieser tristen Zelle mein Dasein fristen, während das Leben hier draußen weitergeht, als wäre nichts geschehen?

Mein Ebenbild lächelt traurig, als würde es verstehen, was mir durch den Kopf geht. »Ist es das wirklich wert?«

»Ich tue das für Sophie«, erwidere ich. »Nicht für mich.«

Darauf muss ich mich besinnen. Nur das zählt.

Die Illusion verzieht keine Miene. »Sie hat dich verlassen. *Uns*. Ist einfach nach Beaucourt gegangen, und dann hat sie uns vorgegaukelt, sie sei tot. Um uns hat sie sich überhaupt nicht geschert. Es ging ihr immer nur um sich selbst. Du solltest genauso egoistisch sein.«

Jetzt spricht sie schon von uns, als wären wir eine Einheit. Vielleicht sind wir das sogar. Sie trifft meine wunden Punkte wie keiner sonst. Seit Thierry mir enthüllt hat, dass meine Schwester noch lebt, stelle ich mir stets dieselbe Frage: Warum wollte sie nicht nach Hause kommen? Ich bin ihre Schwester, wir haben immer alles miteinander geteilt. Trotzdem hat sie beschlossen, mich allein zu lassen, in dem Glauben, ich hätte sie verloren. Ich würde für sie sterben, und ich verstehe nicht, wieso unsere Bindung nicht gereicht hat, damit sie ihre Entscheidung ändert.

»Gauthier wird eine neue Welt erschaffen«, verkündet mein Trugbild. »Eine Welt ohne Grenzen. Sobald die Königin tot ist, kann ihn nichts mehr aufhalten. Du solltest dich auf seine Seite schlagen. Alle tun so, als wärest du ein Ungeheuer, also gib ihnen, was sie wollen. Zeig ihnen, was es bedeutet, eine Verstoßene zu sein.«

»Nein. Ich werde nicht wie Gauthier.«

»Er hat all das für jemanden getan, den er geliebt hat. Gerade du dürftest das nachvollziehen können.«

»Sein Weg wird nie meiner sein.«

Sie hebt die Augenbrauen. »Sicher? Was ist mit der Enttäuschung in dir? Wann hat die Welt je etwas Gutes für dich getan? All jene, mit denen du unterwegs bist, verfolgen ihre eigenen Ziele. Thierry dient seiner Königin. Giselle will menschlich werden, statt sich zu akzeptieren und zu leben, wie es ihr beliebt. Rafael strebt nach Sicherheit. Ihr seid nur eine Zweckgemeinschaft. Gauthier und dich verbindet dagegen mehr als ein gemeinsames Ziel.«

Es ist mein Unterbewusstsein, das durch die dunkle Magie des Fluchs zu mir spricht und Zweifel sät. In den letzten Tagen habe ich versucht, die kritische Stimme zum Schweigen zu bringen, aber jetzt bin ich allein an diesem Ort, der die finsteren Kräfte und all das Schlechte in mir verstärkt. Mein einziger Gegner bin ich selbst, und doch kommt es mir so vor, als kämpfe ich gegen die Welt.

Ich bin das Werk der Zauberweber, und in gewissem Maße auch das von Gauthier. Wie kann ich weiterhin meine alten Ideale verfolgen, wenn ich längst nicht mehr dieselbe Alienor bin? Warum sollte ich mich opfern, obwohl ich frei sein könnte? Gauthier würde mich nie wegsperren.

»Gib dein nobles Ziel auf«, ermutigt mich mein Ebenbild mit Tränen in den Augen. »Es ist ungerecht, dass wir im Kerker verrotten müssen, während andere glücklich sein dürfen. Wir verdienen Gerechtigkeit.«

Sie streckt die Hand aus. Sofort schlängeln sich die vertrauten Schatten um ihren nackten Arm.

»Wir verdienen ein bisschen Glück«, flüstert sie mit brüchiger Stimme.

Ich starre ihre Hand an. Das ist der Moment, nach dem ich mich all die Zeit gesehnt habe. Ich habe die Stille im Gefängnis angefleht, mir Gerechtigkeit zu schenken. Jemanden, der mich wertschätzt. Jetzt könnte ich all das haben.

Ich ergreife ihre Hand und sehe, wie mein Ebenbild lächelt.

Die dunkle Magie schließt sich um meine Hand. Sie drängt sich mir auf, klopft an Körper und Geist, möchte eingelassen werden. Dieses sanfte Bitten ist verlockend. Schon lange hat sich nichts mehr so einfach angefühlt. Trotzdem bringe ich lediglich ein trauriges Lächeln zustande.

»Es tut mir leid«, murmele ich. »Aber ich will dieses Glück nicht, wenn es gleichzeitig das Unglück von vielen anderen bedeutet.«

Obwohl die Leute mich verabscheuen, ändert das nichts an meinem Ziel. Ich will den Fluch besiegen, weil es das Richtige ist.

Ich nutze meine Kräfte und wende sie gegen mein Ebenbild, ziehe die Dunkelheit, die unter der Oberfläche lauert, nach oben. Ihre Magie ist meine Magie. Wenn ich will, kann ich sie kontrollieren.

Ihre Augen verfärben sich, sodass wir jetzt tatsächlich wie dieselbe Person aussehen. Über ihre Wangen laufen Tränen, genau wie mir, und dann löst die andere Alienor sich auf. Das letzte Hindernis, das zwischen mir und dem Wächter steht.

Ich fühle mich leer, ausgelaugt und schwach, aber noch darf ich diese tückische Müdigkeit nicht zulassen. Stattdessen marschiere ich geradewegs auf den dichten Nebel zu, bereit, mich allem entgegenzustellen, was Gauthier mir zu bieten hat.

Sobald ich mich durch den Nebel gekämpft habe, stehe ich endlich im Mittelpunkt der Lichtung. Sie ist mir vertraut, aber ich erkenne sie kaum wieder. Alles ist über und über mit Rosenranken bedeckt, an denen schwarze Blüten erblühen. In der Mitte dieses tristen Rosengartens steht eine junge Frau. Zuerst denke ich, es sei eine Illusion. Eine, der ich heute bereits gegenübergestanden habe, aber etwas ist anders.

Meine Schwester sieht nicht aus wie in meiner Erinnerung. Das Haar trägt sie offen, wilde braune Locken, die ihr bis zu den Schultern herabhängen. Ihre Augen haben dieselbe Farbe wie meine, während sie bei der Illusion zuerst so ausgesehen haben wie immer. Sie hat nicht diesen kämpferischen Gesichtsausdruck, sondern einen emotionslosen, den ich schon einmal gesehen habe, bei einer anderen Frau, in einer fremden Erinnerung. Und sie trägt auch keines ihrer geliebten Kleider, sondern Hose und Hemd. Schatten umgeben sie wie treue Diener.

Das ist unmöglich.

Es darf nicht sein. Nicht jetzt. Nicht hier. Nicht sie.

»Hallo, Schwesterherz«, grüßt sie mich monoton. »Gauthier hat mich davor gewarnt, dass du kommen würdest.«

Ich will schreien, will auf irgendetwas eintreten, mich auf den Boden legen, weinen und mir die Augen reiben, bis ich etwas anderes sehe als die schreckliche Wahrheit vor mir. Am meisten will ich weglaufen. Aber das Einzige, was ich wirklich tue, ist, wie gelähmt hier zu stehen.

Bevor ich dich selbst zum Schweigen bringe, stelle ich dir eine letzte Aufgabe, kleine Schattentänzerin.

Gauthiers Worte hallen in meiner Erinnerung wider und verhöhnen mich. Ich dachte, damit hätte er meinen beschwerlichen Weg zur Quelle gemeint. All die Erinnerungen, die mich davon abhalten sollten, mein Ziel zu erreichen. Doch ich lag falsch. Er hat das hier gemeint. Meine Schwester Sophie.

Sie ist die Wächterin der Quelle.

KAPITEL 28

LASS UNS TANZEN

Es gibt keine Gerechtigkeit. Es kann keine geben, wenn das, was ich vor mir sehe, wirklich wahr ist.

Wie versteinert starre ich meine Schwester an, die inmitten all der schwarzen Rosen steht.

»Das ist nicht echt.«

»Es ist echt«, erwidert Sophie monoton.

»Nein. Das muss sich alles in meinem Kopf abspielen.«

»Denkst du das wirklich?«

Ich mustere sie von oben bis unten. So wie jetzt hat sie noch nie ausgesehen, das heißt, es kann keine Erinnerung sein, die durch die Quellenmagie Gestalt angenommen hat. Trotzdem hofft alles in mir, dass das nur ein weiterer Trick von Gauthier ist. Irgendein Streich, den mein Kopf mir spielt. Etwas anderes ertrage ich nicht.

»Meine Schwester ist in der Hauptstadt«, rede ich mir ein. »Sie kann nicht hier sein.«

»Dann hast du es also erfahren.«

Ich stocke. »Was?«

»Eigentlich dachte ich, du hieltest mich für tot.«

Diese Worte bohren sich so zielsicher in meine Brust wie ein Pfeil. Sophie spricht ohne jegliche Emotion, genauso wie Gauthiers Geliebte, die seine erste Wächterin war. Ist es das, was mit den Wächtern geschieht? Verlieren sie ihre Gefühle? Ich erkenne meine eigene Schwester nicht wieder. Wäre sie bloß eine Illusion, würde sie sich anders verhalten.

»Warum?«, frage ich mit zittriger Stimme. »Warum hast du uns glauben lassen, du seist tot?«

Sie zuckt mit den Achseln. »Stolz, schätze ich. Ich wollte nicht als Enttäuschung zurückkommen. Es war besser so.«

»Für wen?«, rufe ich verzweifelt. »Weißt du, was du mir damit angetan hast? Was du Vater angetan hast? Nachdem er erfahren hat, dass du tot bist, hat er sich verändert. Ich habe alles versucht, um ihm zu helfen, aber er hat es nicht zugelassen!«

»Das tut mir leid«, erwidert sie, doch es klingt nicht besonders reumütig. Stattdessen hört es sich an wie alles andere, was sie von sich gibt. Ihre Tonlage bleibt bei jedem Wort gleich, genau wie ihr Gesichtsausdruck.

»Er ist tot«, sage ich, wobei mir die Tränen kommen. »Der Fluch hat ihn das Leben gekostet. Er wollte so nicht weitermachen.«

Nicht einmal bei dieser Enthüllung zeigt sie eine Regung. Sie steht zwischen all diesen Rosen, doch es scheint, als wäre sie trotzdem nicht wirklich anwesend. Was ist nur mit meiner Schwester passiert? Sie ist das letzte Familienmitglied, das mir geblieben ist. Als Thierry mir sagte, dass Sophie lebt, hatte ich Hoffnung. Aber jetzt …

»Warum bist du an diesem Ort?«, frage ich und wische mir die Tränen aus den Augen. »Warum du?«

Sie bleibt ruhig. »Es ist mir sehr schlecht ergangen, weißt du? Nicht mehr professionell tanzen zu können hat mich zerstört. Mein Leben war sehr dunkel, und ich konnte niemanden ertragen, nicht einmal mich selbst. Gauthier hat mich gefunden, in meinen Träumen. Er sagte, er könne mir helfen, meine Schatten zu beherrschen, wenn ich mich bereit erkläre, ihm als seine Wächterin zu dienen. Das war alles, was ich wollte. Ich wollte diese Dunkelheit in mir kontrollieren. Also habe ich zugestimmt und er hat mich hergeholt. Und obwohl die Dunkelheit auch hier ist, macht sie mir jetzt nichts mehr aus. Sie ist ein Freund geworden. Ein Teil von mir.«

Zorn wallt in mir auf, der meine schwarze Magie verstärkt. Gauthier muss sie ausgetrickst haben. Sophie kann unmöglich gewusst haben, wer er ist oder was es bedeuten würde, ihm zu helfen.

Was es sie kosten würde. Er hat ihre Verzweiflung missbraucht, um sie hierherzubringen. Aber woher wusste er, wo er sie finden würde? Wie konnte er sie mit seiner Magie zur Quelle bringen, wenn er erst wahrhaftig wiedergeboren wird, nachdem der Wächter ein Opfer gebracht hat? Ist er so mächtig? Hat er all das geplant, seitdem er wusste, dass ich den Fluch brechen könnte?

»Er hat dich benutzt!«, schreie ich. »Weißt du überhaupt, was du getan hast?«

Sie nickt ausdruckslos. »Ich weiß bedeutend mehr, als du glaubst.«

»Heißt das, du wusstest, wer Gauthier ist, und bist trotzdem mit ihm gegangen?«, frage ich fassungslos.

»Ich habe eine Wahl getroffen.«

Mein Herz hämmert gegen meinen Brustkorb. Es war die falsche Wahl. Sophie war bereit, einen viel zu hohen Preis zu zahlen.

Am liebsten würde ich mich auf den Boden legen. Direkt in die Dornen und mich durch den Schmerz, den sie mir bescheren würden, von der grausamen Wahrheit ablenken lassen. Warum konnte ich das hier nicht verhindern? Warum hat Sophie mir die Möglichkeit genommen, sie davor zu bewahren? Immer komme ich zu spät. Ich schaffe es einfach nicht, die zu beschützen, die ich liebe.

»Es wird Zeit, dass auch du eine Wahl triffst«, sagt Sophie. »Du bist hier, um den Wächter zu töten, oder? Um mich zu töten.«

Mir kommt kein Ton über die Lippen. Ich kann unmöglich zwischen dem Leben meiner Schwester und dem Schicksal des ganzen Landes wählen. Nur wegen ihr habe ich den beschwerlichen Weg überhaupt auf mich genommen. Doch wenn ich mich für sie entscheide, ist Saintoux dem Untergang geweiht. Egal was ich tue, ich werde verlieren.

»Du könntest dich uns anschließen«, schlägt Sophie vor.

»Nein. Gauthier ist ein Monster.«

»Er hat mir die Kontrolle über die Dunkelheit zurückgegeben.«

»Er hat dich ausgetrickst und versklavt!«

Sie stemmt die Hände in ihre Hüften, eine Geste, die vertraut und gleichzeitig fremd wirkt. »Wir können ihm gemeinsam dienen. Wäre das nicht schön? Er hat mir erzählt, was du jetzt bist. Dank ihm können wir vereint sein. In einer Welt, die uns nicht für das verachtet, was wir sind.«

Auch Sophie ist jetzt etwas anderes, verbunden mit der schwarzen Magie des Fluchs, genau wie ich. Was sie mir anbietet, habe ich mir in den letzten Jahren erträumt, in jeder Nacht, die ich in dieser Zelle verbracht habe. Ich wollte mit jemandem, der mir wichtig ist, in Freiheit zusammen sein. Aber warum fühlt sich dieser Wunsch plötzlich so verkehrt an?

»Was wir sind, ist falsch«, erwidere ich. »Spürst du das nicht?«

»Nur weil sie sagen, dass es falsch ist, muss es das nicht sein. Warum hasst du dich selbst so sehr, Alie? Seit wann lässt du dir von anderen vorschreiben, was richtig ist?«

Seit ich zu etwas geworden bin, was nicht sein sollte. Was die Zauberweber mit mir gemacht haben, ging gegen die Natur.

»Ich habe gesehen, was der Fluch anrichtet.«

»Der Fluch kann uns nichts anhaben. Ich weiß, was dir zugestoßen ist, Schwesterchen. Ich verstehe so vieles, was mir vorher nie klar war. Gauthier hat mir alles gezeigt.«

Ich schnaube. »Gauthier zeigt dir nur das, was ihm dienlich ist. Er benutzt dich. Wegen mir. Deswegen musst du zur Vernunft kommen, Sophie.« Verzweifelt mustere ich sie. »Es muss einen Weg geben, den Fluch ohne deinen Tod zu brechen.«

»Den gibt es nicht.«

Dank Gauthiers Magie hat meine Schwester sich so sehr verändert, dass ich sie kaum wiedererkenne. Ihre Worte sind leer und ihre Gefühle ausgelöscht. Sie wirkt genauso leblos wie Jeanne. Aber es muss einen Weg geben, sie zu retten. Irgendwo da drin muss meine Sophie sein.

»Erinnere dich daran, wer du bist«, flehe ich. »Daran, wie wir zusammen getanzt und gelacht haben. Wie du mich getadelt hast, weil ich nicht so ehrgeizig war wie du. Das hier bist nicht du, Sophie. Du brauchst Gauthier nicht, um zufrieden zu sein. Ich sorge dafür, dass es dir gut geht.«

Sie scheint sich gar nicht um meine Worte zu scheren. »Es gibt kein Zurück mehr. Ich habe eine unwiderrufliche Entscheidung getroffen. Tut mir leid, dass dein Weg sich mit meinem kreuzen muss.«

»Gauthier manipuliert dich. Seine dunkle Magie hat dich verändert. Aber *ich* weiß, wer du bist. Du bist meine Schwester.«

Sophie begutachtet mich mit reservierter Miene. Es tut weh, sie so zu sehen. Jetzt vermisse ich sogar ihren überheblichen Gesichtsausdruck und ihren Tadel, dass aus mir nichts werden wird, wenn ich mich nicht anstrenge. Alles war besser als diese leere Hülle.

»Komm auf unsere Seite«, sagt sie. »Dann werden sich die Dinge fügen. So bekommt jeder, was er sich wünscht.«

»Nein. Nur Gauthier bekommt seinen Willen«, widerspreche ich.

»Gauthiers Wille ist auch mein Wille. Er war sehr großzügig mir gegenüber.«

Sie streckt ihren Arm aus. In ihrer Hand manifestiert sich ein Schwert aus Schatten.

»Er hat mir Macht geschenkt«, fährt sie fort. »Es ist meine Aufgabe, sein Leben zu verteidigen. Wenn du dich uns nicht anschließen willst, muss ich dich töten.«

Ihre Worte fühlen sich an, als hätte sie mir das Schwert bereits ins Herz gestoßen.

»Du würdest deine eigene Schwester umbringen?«

»Ich will es nicht. Aber mir bleibt keine Wahl.«

Sie sagt es so gleichgültig, und doch habe ich das Gefühl, dass in ihren Worten Wahrheit steckt. Das hier ist nicht *ihr* Wille. Es ist Gauthiers.

»Du kannst dich gegen ihn wehren.«

»Sei keine Idealistin, Alie.«

Ich lache hohl. Als Idealistin würde ich mich nicht bezeichnen. »Ich weigere mich, gegen dich zu kämpfen!«

»Zu feige, um sich uns anzuschließen. Zu feige, um mich zu bekämpfen. Erwarte von mir nicht dieselbe Zurückhaltung.« Sie strafft die Schultern. »Lass uns tanzen, Schwesterherz.«

Ich schlucke. Wir haben damals beide Fechtunterricht genommen. Selbst darin war Sophie besser als ich. Wenn ich mich nicht verteidige, spießt sie mich in kürzester Zeit auf.

Ich mobilisiere meine Schattenkräfte und lasse ebenfalls ein Schwert erscheinen, das ihrem zum Verwechseln ähnlich sieht. Was auch passiert, ich werde sie nicht verletzen. Es muss eine Möglichkeit geben, sie zur Vernunft zu bringen.

Sie stürmt auf mich zu und holt mit dem Schwert aus. Ich pariere ihren Angriff. Die Schattenschwerter prallen klirrend aufeinander, als bestünden sie aus Metall. Sophie ist überraschend stark. Was auch immer diese Quelle mit ihr gemacht hat, sie ist mir physisch mindestens ebenbürtig.

Wieder holt sie aus und ich verteidige mich. Schatten kracht auf Schatten. Ich weiche immer mehr zurück, während sie mich mit Schwerthieben nach hinten drängt. Ich könnte meine Kräfte nutzen, aber das möchte ich verhindern. Stattdessen führen wir einen Tanz auf, einen tödlichen Kampf, in dem ich die Unterlegene bin, weil ich meine Gegnerin nicht verletzen will.

Sophie ist noch so anmutig und geschwind wie früher. Sie schwingt ihr Schwert mit Leichtigkeit, aber auch mit Kraft. Jeder ihrer Schritte ist bestimmt und präzise. Ich habe große Mühe, ihren Hieben auszuweichen oder sie zu parieren.

»Hör auf, Sophie«, flehe ich, als ich einen weiteren Angriff abwehre.

Sie verzieht keine Miene, sondern schlägt kontinuierlich auf mich ein. Ein Hieb von unten, einer von der Seite, dann von der anderen Seite. Sophie ist erbarmungslos und ich kann ihre Attacken kaum vorhersehen. Wie kann sie so gut sein? Wieso ist sie immer so viel besser als ich? Ich bin müde von all den Illusionen, gegen die ich gekämpft habe, bin ungeübt und langsam.

Plötzlich verschwindet sie vor meinen Augen. Ich spüre einen seltsam kalten Windhauch im Nacken. Blitzschnell fahre ich herum und kann gerade noch ihren Angriff abwehren, wobei ein stechender Schmerz durch mein Handgelenk schießt.

Sie nutzt jetzt ihre magischen Kräfte, verschwindet immer öfter im Schatten, nur um hinter mir wieder aufzutauchen. Ich erhöhe mein Tempo, aber bald schmerzen meine Füße, weil die Dornen der Rosensträucher auf dem Boden sich durch die Sohlen meiner Stiefel bohren.

Sophie verpasst mir einen unerwarteten Tritt in die Magengrube, der so stark ist, dass ich rücklings in den Dornen lande.

Ich stöhne auf, als der Schmerz sich in meinen Rücken gräbt.

Meine Schwester folgt mir und lässt das Schwert auf mich herabsausen. Den Hieb pariere ich nur mit äußerster Mühe.

Wenn das so weitergeht, wird sie mich umbringen. Meine eigene Schwester wird mich töten.

Ich löse mich in Schatten auf und ändere meine Position, um mir etwas Zeit zu schaffen, aber Sophie ist mir auf den Fersen.

»Hör auf«, rufe ich zwischen zwei Hieben, bevor unsere Schattenschwerter erneut aufeinanderprallen. »Du bist mehr als seine Sklavin, Sophie. Du bist meine Schwester. Erinnere dich daran, wer du vorher warst!«

»So naiv«, erwidert sie ungerührt.

Zorn erwacht in mir. Nicht auf Sophie, sondern auf Gauthier. Wegen dem, was er meiner Schwester angetan hat.

Mithilfe meiner Magie stoße ich Sophie zurück, doch sie hält dagegen.

Ihren nächsten Angriff sehe ich nicht kommen. Sie trifft mich mit voller Wucht, und ihr Hieb ist so stark, dass mir das Schwert aus der Hand fliegt und sich noch in der Luft auflöst.

Ich stürze nach hinten, direkt in die Rosen, wo die Dornen in meine Haut schneiden. Meine Hände sind blutig. Sophie steht einige Meter von mir entfernt und beobachtet mich mit ausdrucksloser Miene.

»Du strengst dich nicht einmal an.«

Ich lächle traurig. »Wie damals, oder?«

»Willst du so untergehen, Alie? Ohne einen richtigen Kampf?«

Mühsam stehe ich auf. Mir brennen Tränen in den Augen. Ich *habe* gekämpft, aber nicht so, wie sie es mir geraten hat. Ich könnte diesen Kampf nie ernsthaft führen, also lasse ich keine neue Waffe in meiner Hand erscheinen, sondern schüttele resigniert den Kopf.

»Ich kann dich nicht töten. Wozu ernsthaft kämpfen, wenn ich dich sowieso nie verletzen könnte?«

»Auch nicht, wenn es deinen eigenen Tod bedeutet?«

»Nicht einmal dann.«

Es tut mir leid, Thierry.

Ich werde ihn enttäuschen. Den Bewohnern von Saintoux schulde ich nichts, aber ich wollte den Fluch trotzdem brechen. Wollte nur einmal, seit ich die dunkle Magie in mir spüre, das Richtige tun. Ich hätte nicht gedacht, dass Gauthier meine einzige Schwäche gegen mich verwenden würde. Wenn ich meinen Vater schon nicht von seinem Zustand erlösen konnte, wie könnte ich dann meine Schwester töten?

»Du willst lieber sterben, statt dich mir entgegenzustellen?«

»Du bist meine Schwester.« Als ich lächle, laufen mir Tränen über die Wangen. »Ich könnte dir nie wehtun. Dafür liebe ich dich viel zu sehr.«

Sie sieht mich seltsam an, als fiele es ihr schwer zu verstehen, was ich gesagt habe.

Ich breite die Arme aus und mache einen Schritt nach vorn. »Töte mich, wenn du musst. Ich werde mich nicht dagegen wehren. Lieber sterbe ich, als dich zu verletzen.«

»Auch wenn das alle Hoffnung für deine Welt zerstören würde?«

Deine Welt.

Ich bin nicht einmal sicher, ob das da draußen noch meine Welt ist. Diese Quelle passt so viel besser zu mir. Dennoch habe ich für die Menschen von Saintoux gekämpft. Weil es richtig war. Aber das vor mir ist meine Schwester, und es ist falsch, sie zu töten. Macht mich das zu einer Egoistin, weil ich das Wohl einer einzigen Person über das von so vielen stelle? Ich dachte, ich sei stark genug, alles zu tun, was nötig ist, um Gauthier zu besiegen. Aber das? Das kann ich nicht.

»Sogar dann«, bestätige ich. »Du bedeutest mir alles, Sophie, auch wenn es manchmal kompliziert zwischen uns war. Das hier war für dich. Ich habe für *dich* gekämpft. Und ich habe verloren.«

Ich fühle mich furchtbar. So sehr habe ich mich da draußen im Wald abgemüht, nur um jetzt kurz vor dem Ziel aufzugeben. Würde Thierry es verstehen, wenn er den Grund wüsste? Würde er mich verurteilen? Wenn er an meiner Stelle und ich an der von Sophie wäre, hätte er mich dann getötet? Vermutlich. Er ist schon immer der Pragmatische von uns gewesen. Er hätte getan, was nötig ist, selbst wenn es ihm das Herz gebrochen hätte.

Etwas Sonderbares bringt die Luft zum Flimmern. Ein Hauch Magie, der über die Lichtung fegt. Plötzlich verändern sich die Rosen. Ihre Farbe verwandelt sich von schwarz zu violett.

»Nein«, sagt Sophie. Jetzt klingt ihre Stimme verändert, weicher und emotionaler. In ihrem Gesicht erscheint ein schockierter Ausdruck. Mit kämpferischer Miene schüttelt sie den Kopf. »Das lasse ich nicht zu.«

Sie packt den Griff ihres Schattenschwerts mit beiden Händen und streckt die Arme von sich. Voller Entsetzen realisiere ich, was sie vorhat.

»Sophie, nicht!«

Ich stürme auf sie zu, bin dank meiner Kräfte in Windeseile bei ihr. Trotzdem erreiche ich sie zu spät. Als ich bei ihr ankomme, hat sie sich das Schwert bereits in den eigenen Körper gestoßen.

KAPITEL 29

EINE SCHWARZE ROSE

Das Schattenschwert in ihrem Bauch löst sich auf, doch die Wunde, die es hinterlassen hat, bleibt. Blut tropft auf den Boden. Zu viel Blut.

»Sophie!«

Ich lege die Arme um meine Schwester, halte sie, als ihre Beine nachgeben, und lasse sie langsam zu Boden sinken. Hektisch sehe ich mich um, in der Hoffnung, Rafael am Rande der Lichtung zu entdecken. Er könnte diese Wunde schließen. Aber er ist nicht hier. Wir sind allein an diesem verfluchten Ort.

Sophies Atem geht schnell und flach, ihr Kopf ist auf meinen Schoß gebettet. Meine Tränen tropfen auf ihr Gesicht, das jetzt lebhaft und gleichzeitig erschöpft aussieht.

»Warum?«, frage ich mit erstickter Stimme.

Immer wieder diese Frage, aber eine Antwort darauf bekomme ich viel zu selten.

»Du hast mit deiner Selbstlosigkeit den magischen Schleier von mir gehoben«, murmelt Sophie. Ein Lächeln liegt auf ihren Lippen. »Durch dich hatte ich einen Moment der Klarheit. Ich durfte ihn nicht verschwenden.«

»Ich … was soll das heißen?«

Sie blinzelt. »Du wärest gestorben, damit ich leben kann. Ich weiß nicht wieso, aber es hat mich für kurze Zeit zur Besinnung kommen lassen.«

»Aber warum hast du dann …«

»Weil ich musste. Ich muss sterben, damit Gauthier endgültig besiegt werden kann. Es gibt keinen anderen Weg. Und du hättest mich nie getötet.«

Stimmt, ich hätte mich lieber selbst getötet, als meine Schwester sterben zu lassen. Doch jetzt liegt sie blutend in meinen Armen und ich kann nichts tun, um sie zu retten. Weil ich keine Zauberweberin und keine Flüsterin bin, sondern eine nutzlose Schattentänzerin.

»Ich kann sie sehen«, sagt Sophie. Ihr Blick wandert umher, als wäre außer uns noch jemand hier, obwohl ich weit und breit keine andere Menschenseele entdecke. »All die anderen Wächter vor mir. Jeanne lächelt. Sie weiß, dass ich das Richtige getan habe. Du bist die Erste, die es je zur Quelle geschafft hat, Alie. Ich musste es tun, damit du deine Bestimmung erfüllen kannst.«

Meine Bestimmung. Gauthier töten. Das war nie meine Bestimmung. Ich hatte andere Pläne, wollte frei und bei Sophie sein. Ich wollte mit Thierry zusammen sein. Das hier war nie Teil von alldem.

»Es muss doch einen anderen Weg geben«, erwidere ich und weine heftiger.

Ihre Augenlider flattern. »Ich wünschte, den gäbe es. Ich wünschte, wir könnten zusammen glücklich sein.« Sie hustet. »Gauthier hat mich getäuscht, aber ich habe es ihm leicht gemacht. Ich war egoistisch. Es tut mir leid, Alie.«

»Hör auf, dich zu entschuldigen! Das alles ist meine Schuld. Du hättest nie die Wächterin sein sollen. Er hat dich wegen mir auserwählt.«

All das ist wegen mir passiert. Wäre ich Sophie nicht in die Hauptstadt gefolgt, hätte ich nicht in dieser Herberge übernachtet ... dann wäre ich am nächsten Morgen auch nicht in die Fänge der Zauberweber geraten und Sophie wäre nie die Wächterin geworden.

»Er hat dich hergebracht, weil er wusste, dass du meine einzige Schwäche bist.«

Gauthier hätte versuchen können, mich zu töten, aber dieser widerliche Sadist wollte, dass ich es bis hierher schaffe. Ein normaler Sieg hat ihm nicht gereicht. Er wollte mich leiden lassen.

Sophie schließt die Augen. »Es war meine eigene Entscheidung.«

»Du hattest nie eine Wahl. Hättest du Nein gesagt, hätte er dich mit schwarzer Magie dazu gebracht, ihm zu folgen.«

Davon bin ich überzeugt. Gauthier hätte sie niemals in Ruhe gelassen. Dank unserer Verbindung kennt er mich so gut wie ich mich selbst, also hätte er diesen Vorteil nie verspielt. Ich könnte meiner Schwester kein Haar krümmen, das wusste er.

Sophie ringt nach Atem. Da ist so viel Blut. Ich will die Blutung stillen, will ihr den Schmerz nehmen, doch ich sitze bloß wie ein Häufchen Elend hier, weil mir klar ist, dass ich es nicht schaffen werde, sie zu retten.

»Ich kann die Schatten wieder fühlen«, murmelt sie. Ihre Worte klingen so unendlich traurig, dass mir die Luft wegbleibt.

»Bald sind sie fort. Im Paradies gibt es nur Licht.«

Sie lacht heiser. »Seit wann glaubst du daran?«

»Für dich würde ich an alles glauben.«

Giselle wäre über die Maßen erfreut, wenn sie mich jetzt hören könnte, doch sie ist nicht hier. Niemand ist hier.

»Weine nicht um mich«, flüstert Sophie und öffnet die Augen. »Ich muss nicht mehr kämpfen. Ich werde Mama und Papa im Paradies Gesellschaft leisten. Aber du bleibst allein zurück, mit einer Bürde, die dir niemand abnehmen kann.«

Allein. So habe ich mich in den letzten Jahren beinahe täglich gefühlt, und das war schrecklich.

Wie könnte ich nicht weinen? Ich werde meine Schwester verlieren. Ich verliere alles, was mir je wichtig war. Alles, was mich ausgemacht hat.

»Hast du Angst?«, frage ich, um mich von meinen Gedanken abzulenken.

»Nein. Angst hat man nur, wenn man hofft, seinem Schicksal entkommen zu können. Aber meinem kann ich nicht mehr entrinnen.«

Sophie legt sich die Hand auf die Brust. Auf der Höhe ihres Herzens erscheint ein magisches Licht, und kurz darauf entdecke ich einen Gegenstand, der zwischen ihren Fingern liegt. Eine schwarze Rose.

»Nimm sie«, haucht meine Schwester. Schweiß bedeckt ihr Gesicht. »Sie gehört dir.«

Ich starre die Blume an. »Was? Nein, ich … ich kann nicht. Sie wird verdorren.«

Sophie schüttelt den Kopf. »Diese nicht.«

»Warum?«

»Das hier ist, wofür du gekämpft hast. Es ist nicht bloß eine Blume, sondern eine Waffe, mit der du ihn töten kannst. Der richtige Kampf liegt noch vor dir, also wirst du sie brauchen.«

Ich lege meine Hand auf ihre Stirn und seufze. »Ich bin so müde.«

Diese Worte fühlen sich an wie Asche in meinem Mund. Meine Schwester ist es, die im Sterben liegt. Ich habe kein Recht, müde zu sein, doch die Erschöpfung steckt mir so tief in den Knochen, dass ich nicht mehr weiß, wie ich weitermachen soll. Sie wüsste es. Die Sophie von damals hat immer einen Weg gefunden, hat sich keine Pausen gegönnt. Vielleicht bräuchte dieses Land sie statt mich.

»Bald ist es vorbei«, erwidert sie mit schwacher Stimme, und ich bin unsicher, ob sie von sich oder von mir spricht. »Ich bin stolz auf dich, Alie. Das war ich immer.«

Sie öffnet ihre Hand und lenkt meinen Blick auf die Rose. Eine schöne, einsame Blume. Dunkel. Anders als die anderen. So wie ich. Obwohl ich damit rechne, dass sie verdorrt, nehme ich sie. Als ich meine blutverschmierten Finger um ihren dornigen Stiel schließe, verblüht sie jedoch nicht, sondern verwandelt sich unter meiner kühlen Berührung. Aus dem dornenbesetzten Stängel wird ein massiver Griff aus schwarzem Holz, verziert mit hübschen Rosenschnitzereien, während die finstere Blüte sich zu einer scharfen Klinge wandelt. Es ist ein Dolch.

Sophie lächelt, als wäre sie stolz. Dann huscht Erleichterung über ihre Züge. »Damit kannst du sein Ende besiegeln. Einst hat diese Waffe Jeanne gehört. Sie war eine Kämpferin, genau wie du. Aber sie konnte es nicht, weil sie ihn geliebt hat. Du dagegen kannst es. Du bist stark, Alie. Nur du kannst den Dolch führen.«

Meine Tränen tropfen auf ihr Gesicht. »Ich war nicht stark genug, um dich zu retten.«

»Hör auf, dich zu geißeln. Was geschehen ist, kannst du nicht ändern. Aber du kannst andere retten.«

»Was, wenn ich scheitere?«

Sie greift nach meiner Hand. »Zweifle nicht an dir, Alie. Du bist aus einem Grund hier.«

Ich bin hier, weil Thierry mich dazu gebracht hat, ihm zu helfen. Er glaubt, dass ich den Fluch beenden kann, und trotz all der Schikanen, mit denen Gauthier mich konfrontiert hat, sitze ich hier und atme. Vielleicht ist das am Ende für etwas gut.

»Es tut mir leid«, flüstere ich. »Es tut mir so leid.«

Sie lächelt matt. »Das muss es nicht.«

»Was kann ich tun?«

Nichts, schießt es mir durch den Kopf. Nichts, um sie zu retten. Trotzdem möchte ich ihr Leid wenigstens lindern.

»Du kannst mir etwas versprechen«, sagt sie.

»Alles, was du willst.«

»Versprich mir, dass du kämpfen wirst.«

Ich schlucke weitere Tränen hinunter. »Ich verspreche es.«

Noch einmal lächelt sie. Ein Lächeln tiefster Zufriedenheit, das ich so selten bei ihr gesehen habe, bevor sie das Dorf verlassen hat.

Als Sophies Körper in meinen Armen erschlafft, fühle ich mich, als hätte ich verloren, obwohl ich die Waffe in der Hand halte, die den Fluch beenden kann.

Ein feuchter Schleier legt sich über meine Augen, erst ganz sanft, dann mit der Macht eines undurchdringlichen Nebels. Er wird zu einem reißenden salzigen Fluss, der sich nicht aufhalten lässt, rinnt meine Wangen hinab und tropft von meinem Kinn. Treibt meine Gedanken fort, alles, was ich bin, bis ich mich vollkommen in meiner Trauer verliere.

Ich beuge mich über den leblosen Körper meiner geliebten Schwester, flehe den Himmel an, sie mir zurückzugeben, aber er ist finster, so verflucht finster, wie es in mir gerade aussieht. Aus mir strömt die Magie in Form von Schatten. Sie hüllen mich ein, legen sich um Sophie, als würden auch sie den Verlust betrauern. Ich schluchze und schreie die Verzweiflung und Wut aus mir heraus, so laut, dass meine Kehle schmerzt.

Es dauert eine Weile, bis ich es schaffe aufzusehen. Als ich es tue, löst sich der dichte, dunkle Nebel langsam auf. Die Magie des Fluchs flirrt weiterhin in der Luft, doch sie hat sich verändert, ist jetzt deutlich schwächer als die Magie in mir. Von der Quelle bleibt nur ein Echo übrig. Schatten zirkulieren um mich, aber mir fehlt die Kraft, um sie zu kontrollieren.

Es dauert eine Weile, bis ich etwas anderes höre als mein eigenes Schluchzen. Schritte, die sich mir nähern. Meine Begleiter bahnen sich ihren Weg durch das Rosenfeld, während ich über meine Schwester gebeugt auf dem Boden kauere.

Giselle und Rafael bleiben zurück, wohingegen Thierry zu mir kommt, vorsichtig, als würde er meinen Schatten nicht trauen. Als würde er fürchten, ich könnte nicht mehr ich selbst sein. Er betrachtet die Person in meinen Armen, mustert ihr Gesicht. Erkenntnis huscht über seine Gesichtszüge, gefolgt von Entsetzen. Ein weiterer Blick zu mir, zu den Tränen auf meinen Wangen.

»Es tut mir so unendlich leid«, sagt er, wobei er aufgelöst klingt. »Wenn ich gewusst hätte, dass er … Ich hätte sie beschützen müssen.«

Da irrt er sich. Vor Gauthiers Einfluss hätte nicht einmal er sie bewahren können. Um an Sophie heranzukommen, hätte dieser elende Fluchweber Thierry gefoltert, hätte alles getan, damit ich die größtmöglichen Qualen erleide. Denn genau darum scheint es ihm zu gehen. Er will, dass ich leide.

»Gauthier hat einen letzten Fehler begangen«, murmele ich und umfasse den Dolch in meiner schmerzenden Hand noch fester. »Er hat diesen Kampf soeben zu einer sehr persönlichen Angelegenheit gemacht.«

Sophie war der Grund, warum ich das hier getan habe, und jetzt ist sie tot. Aber derjenige, der ihr das angetan hat, lebt noch. Gauthier ist für all meinen Schmerz verantwortlich. Wegen ihm ist Sophie gestorben. Wegen ihm ist mein Vater zu einem Verfluchten geworden. Wegen ihm haben die Zauberweber die Experimente an mir durchgeführt. Was sie getan haben, war falsch und unmenschlich, aber sie waren dank Gauthier verzweifelt. Dafür bringe ich ihn um. Und wenn es das Letzte ist, was ich tue.

KAPITEL 30

NUR DIE WAHRHEIT

Auch als die Sonne bereits untergangen ist, stehe ich allein an den Gräbern von Vater und Sophie. Wir haben ihre Körper geborgen und ihnen ein ordentliches Begräbnis ermöglicht, denn das hätten die beiden gewollt. Jetzt liegen sie bei Mutter. Vorhin hat Giselle ein Gebet gesprochen und ich habe mich zusammengerissen, um nicht zu weinen – was nicht funktioniert hat. Obwohl Thierry den Bann erneuert hat, der neben meiner Magie auch meine Gefühle dämpft.

»Ich werde euch rächen«, verspreche ich leise. »Damit lasse ich Gauthier nicht davonkommen.«

Ich führe meine Finger an die Lippen und hauche einen Kuss auf die Gräber, dann mache mich auf den Weg zur Herberge, in der die anderen auf mich warten. Das Gebäude ist vollkommen verwaist, so wie das gesamte Dorf. Wir haben beschlossen, die Nacht hier zu verbringen, damit Thierrys Kräfte so weit regenerieren können, dass er uns direkt vor die Tore der Hauptstadt bringen kann.

Was wird uns dort wohl erwarten? Hoffentlich ist es noch nicht zu spät und Orianne konnte den Rat davon abhalten, den Opferzauber zu nutzen.

Ich öffne die Tür zur Herberge. Es erfüllt mich mit Traurigkeit, sie so leer und verlassen vorzufinden, aber Thierry, Giselle und Rafael haben sich um die Feuerstelle versammelt und es sich gemütlich gemacht. Es duftet köstlich nach Essen.

»Unser Flüsterer hat gekocht«, sagt Giselle. Ich bin ihr dankbar, dass sie nicht fragt, wie es mir geht. Sie muss sehen, dass ich geweint habe. »Nimm dir etwas.«

Ich sehe Rafael mit erhobenen Brauen an, der verlegen lächelt.

»Nach meiner Flucht musste ich … lernen, mich selbst zu versorgen. Eine freundliche alte Dame hat es mir beigebracht. Niemand hat bessere Eintöpfe gekocht als sie.«

Die anderen essen bereits – sogar Giselle, was mich verwundert, da Vampire nur aus reinem Vergnügen essen und nicht, weil sie es brauchen –, also nehme ich mir einen Teller Eintopf. Er schmeckt wirklich gut. Die Tatsache, dass Rafael die Zutaten dafür hier gefunden hat, macht mich allerdings traurig. Das bedeutet, vor nicht allzu langer Zeit hat es hier noch Leben gegeben. Jetzt sind alle fort.

Nach dem Essen sitzen wir am Feuer und reden, erzählen uns Geschichten aus besseren Zeiten. Sie lenken mich von den schlimmen Ereignissen des Tages ab, was mir recht ist. Erinnerungen an eine glückliche, unbeschwerte Vergangenheit sind mir lieber als die düstere Gegenwart.

»Woher hast du eigentlich all das Geld?«, will Thierry von Giselle wissen.

»Ich bin Künstlerin.«

»Künstlerin?«, frage ich ungläubig. »Malst du etwa mit dem Blut deiner Opfer, um ein besonders kräftiges Rot zu bekommen?«

Sie lacht herzhaft und entblößt dabei ihre Fangzähne. »Nein.«

»Was malst du?«, fragt Rafael interessiert.

Giselle wirft ihm ein zweideutiges Grinsen zu. »Ich male sehr unanständige Sachen.«

Rafael läuft knallrot an. »Ich … wie bitte?«

Ich sehe die Vampirin gespannt an. »Also schön, jetzt bin ich neugierig.«

Ihr Lächeln wird breiter. »Habt ihr schon einmal von Gervais Dallien gehört?«

»Natürlich«, antwortet Thierry. »Als königlicher Zauberweber muss ich seine Bilder regelmäßig bewundern.«

»Darf«, korrigiert Giselle pikiert. »Und es sind *ihre* Bilder.«

»Was?«

»Ihre Bilder«, wiederholt sie. »Gervais Dallien ist eine Frau. Genau genommen bin ich das. Giselle Vardain. Die Namen sind Anagramme. Als Vampirin musste ich mir eine zweite Identität zulegen, sonst hätte keiner meine Bilder gekauft.«

»Moment«, sage ich, weil der Name mir bekannt vorkommt. »Sind die nackten Männerhintern etwa von dir?«

Ich erinnere mich noch außerordentlich gut an das Gemälde im Schloss von Beaucourt. Ein unvergessliches Werk.

Giselle grinst verschmitzt. »Genau die bin ich.«

»Was?«, ruft Rafael verunsichert. »Warum solltest du … so etwas malen?« Wie niedlich. Er ist so verlegen, dass er kaum die richtigen Worte findet.

»Es bringt viel Geld ein«, erwidert Giselle und zuckt mit den Schultern. »Nackte Haut sorgt immer für die nötige Aufmerksamkeit.«

Eine gläubige Vampirin, die nackte Männerhintern auf Gemälden verewigt und ihre Werke für viel Geld verkauft. Ich dachte, ich hätte in meinem Leben schon alles gesehen, aber da habe ich mich wohl geirrt.

»Warum männliche Gesäße, wenn du Frauen bevorzugst?«, frage ich.

»Brüste sind langweilig«, meint Giselle. »Jeder malt sie. Ich dachte, ich lasse mir was Neues einfallen. Das hat ziemlich gut funktioniert. Gervais Dallien ist eine Legende. Inzwischen hält man ihn für tot, was den Preis seiner Werke drastisch erhöht hat.«

Ihr Stolz ist kaum zu übersehen. Ich frage mich, wie sie ihre Bilder überhaupt verkauft, wenn sie eine Vampirin ist und jeder das sehen kann. Es ist zwar kein Geheimnis, dass es Kulte von Menschen gibt, die alles dafür tun würden, ein Vampir zu werden, aber die meisten Leute machen trotzdem einen Bogen um sie.

»Das ist … ich weiß auch nicht«, meint Rafael.

Seinem verwirrten Gesichtsausdruck nach zu urteilen, stellt er sich gerade vor, wie so ein Bild aussieht. Der arme Kerl ist so unschuldig, dass er einem fast leidtun kann. Aber es kann und muss eben nicht jeder so selbstbewusst mit solchen Dingen umgehen wie unsere Vampirin.

Thierry entscheidet sich einige Zeit später, nach oben zu gehen. Nachdem er gegangen ist, stelle ich mich in die Nähe des Feuers und starre die Flammen an, als könnten sie den Schmerz verbrennen, den ich heute erlebt habe.

Die beiden anderen scheinen sich langsam anzufreunden, was mich freut. Ein wenig Zeit verbringe ich noch mit ihnen, bis ich schließlich auch eines der Zimmer in der oberen Etage aufsuche.

Es ist das Zimmer, das Thierry vor einigen Jahren bezogen hat und in dem wir so viel Zeit miteinander verbracht haben. Es sieht beinahe genauso aus wie damals. Dieselbe beige Bettwäsche, dieselben dunklen Holzmöbel, dieselben giftgrünen Stoffvorhänge.

Ich lege den Dolch auf dem Tisch ab, mache Feuer im Kamin und warte darauf, dass es richtig zu brennen beginnt. Die Flammen beruhigen mich, deshalb sehe ich ihnen dabei zu, wie sie tanzen, so wie Sophie immer getanzt hat.

Jemand öffnet die Tür und schließt sie wieder. Ich sehe nicht über die Schulter, bin wie hypnotisiert von den zuckenden Flammen, die mir Wärme spenden. Wer hereingekommen ist, weiß ich auch, ohne mich vergewissern zu müssen.

»Wie viel Schmerz kann ein Herz ertragen, bevor es bricht?«, frage ich in die Stille, die nur vom Knistern des Feuers durchbrochen wird. »Wie lange dauert es, bis ich den Verstand verliere?«

»Ich lasse nicht zu, dass das passiert.«

Jetzt drehe ich mich doch um. Thierry trägt nicht länger seine Robe, was ihm einen Teil seiner erhabenen Aura raubt. Obwohl er dieses Zimmer einmal mit seiner kühlen Selbstsicherheit beherrscht hat, wirkt er heute verloren.

»Das hast du schon einmal behauptet«, antworte ich. »Kurz darauf hast du mich ins Gefängnis von Pontilliard geworfen.«

Thierry macht einen Schritt nach vorn. »Ich hatte keine Wahl. Hätte dich ein anderer vor mir erreicht, hätte derjenige dich getötet.«

»Es *haben* mich andere vor dir gefunden.«

»Niemand wie ich.«

Nein, niemand wie er.

Es war ein Leichtes, den anderen Zauberwebern zu entkommen. Die meisten sind durch eine Passage geflohen, nachdem ich ein paar

Kunststücke mit meinen Schatten vorgeführt habe. Mein schrecklicher Ruf als Zauberwebermörderin hat mir das Leben gerettet. Manche haben zwar versucht, mich zu töten, aber ich war zu flink. Es ist schwer, einem Schatten hinterherzujagen.

»Und warum wolltest du mich nicht töten?«, frage ich.

»Es gab zwei Gründe.«

»Oh, gleich zwei? Da fühle ich mich aber geehrt.«

Er lehnt sich gegen den Tisch und stützt sich mit seinen Händen ab. Damals hat er nächtelang daran gesessen und Notizen gemacht. Das Pergament und die Bücher haben sich dort getürmt, sodass er kaum Platz zum Schreiben hatte. Manchmal bin ich nachts aufgewacht und habe ihn über seinen Unterlagen grübeln sehen. Es war nicht immer leicht, ihn davon abzulenken.

»Einen Grund kennst du.«

Ich runzle die Stirn. »Tue ich das?«

Er starrt das Feuer an, als könnte er dadurch in die Vergangenheit sehen. »Wusstest du, dass ich hierher zurückgekehrt bin? Trotz all der Dinge, die bei Hofe geschehen sind, und obwohl es mir als Zauberweber nicht erlaubt ist, jemanden wie dich zu lieben, wollte ich dich sehen. Aber ich war zu spät. Man sagte mir, du hättest das Dorf vier Tage vor meiner Ankunft Richtung Beaucourt verlassen. Also bin ich in die Hauptstadt zurückgekehrt, in der Hoffnung, dich in einem der Theater zu finden. Ich habe unzählige Aufführungen besucht, konnte dich aber nie entdecken. Du warst immer in meinen Gedanken, Alienor. Ich hätte dich niemals töten können.«

Mein Herz macht einen Satz. Er ist zurückgekommen, um nach mir zu suchen? All diese Aufführungen hat er besucht, in der Hoffnung, mich zu finden, nur um immer wieder enttäuscht zu werden, weil ich nicht in der Hauptstadt, sondern in einem Kloster am anderen Ende des Landes war?

»Was wäre geschehen, wenn ich hier gewesen wäre?«

Eigentlich spielt die Antwort keine Rolle mehr, aber ich will sie trotzdem erfahren.

»Ich weiß es nicht. Es gab keinen Plan, nur Ideen. Du hättest in der Hauptstadt leben und tun können, was du möchtest. Dort besitze ich ein Haus. Ich hätte dich besucht, sooft meine Anstellung bei Hofe es zugelassen hätte. Ohne Aufsehen, natürlich.«

Ich lächle schief. »Du hättest mich zu deinem schmutzigen Zauberwebergeheimnis gemacht?«

»Wie schon gesagt, ich hatte *Ideen*«, erwidert er verlegen. »Sogar einige, bevor …« Er verstummt.

»… bevor ich zu etwas geworden bin, was du nicht mehr lieben konntest.«

Ein gequälter Ausdruck huscht über sein Gesicht. »Vier Tage. Wäre ich nur schneller gewesen …«

»Dann wäre deine Königin jetzt tot.«

Wäre er rechtzeitig gekommen, wäre ich nie in die Hände der Gemeinschaft gefallen und nie zur einzigen Hoffnung des Landes geworden.

»Trotzdem wünschte ich, ich wäre früher dort gewesen.«

Mein Herz stolpert. Diese Worte sollte er besser nicht in Gegenwart seiner Königin äußern.

»Als ich im Kloster eingesperrt war, habe ich oft an dich gedacht«, gestehe ich. »Ich habe mir eingeredet, dass du niemals so etwas Monströses getan hättest wie diese Zauberweber. War das eine naive Hoffnung?«

Thierry verstärkt seinen Griff um die Tischplatte. »Ich hätte niemals jemanden gegen seinen Willen entführt und ihn dieser Prozedur unterzogen. Meine Frau war eine der ersten Freiwilligen. Das ist lange her, aber ich weiß, was es mit ihr gemacht hat.«

Seine Frau ist bei diesen Experimenten gestorben?

Er hat mir mal erzählt, sie sei eine Zauberweberin aus seinem damaligen Zirkel gewesen, und dass sie bei einem Experiment ums Leben kam. Dann waren das also dieselben wie bei mir?

»Nachdem das geschehen ist, habe ich mich dafür eingesetzt, dass dieser Wahnsinn aufhört«, erzählt er weiter. »Aber nach all der Zeit, in der wir keine andere Lösung für den Fluch finden konnten, hat der Rat die Experimente wieder erlaubt. Mit Freiwilligen.«

»Ich war keine Freiwillige.«

Schmerz und Enttäuschung huschen über seine Miene. »Und ich dachte, meine Leute würden so etwas nicht tun.«

Ich lächle traurig. »Auch Menschen, die wir zu kennen glauben, sind zu mehr Grausamkeiten fähig, als wir denken.« Ich nehme ein Stück Holz und werfe es in den Kamin. Funken stieben in die Luft. »Hättest du mich gerettet, wenn du gewusst hättest, wo ich bin?«

»Auf der Stelle.«

Erleichtert schließe ich die Augen, träume mich für einen Moment in ein anderes Leben. In eine Welt, in der er gekommen ist, um mich zu befreien. Wir wären glücklich miteinander gewesen, und ich wäre immer ich selbst geblieben.

»Du meintest, es gebe noch einen anderen Grund, warum du mich nicht getötet hast«, sage ich, während ich ins Feuer starre.

Thierry räuspert sich. »Ein Zauberweber aus dem Kloster hat mich kurz vor dem Massaker aufgesucht, um mit mir die neuesten Erkenntnisse der Experimente zu bereden. Er sagte, er habe eine Idee, wie man Gauthier und seinen Fluch besiegen kann. Außerdem hat er mir von dir erzählt, und davon, dass es dir gelingen könne, ins Zentrum der Quelle vorzudringen. Zu dem Zeitpunkt wusste ich nicht, dass mein Kollege von dir spricht. Er hat lediglich ein *Subjekt* erwähnt.« Bei dieser Bezeichnung verzieht er angewidert das Gesicht. »Nur Tage später ist das im Kloster passiert. Außer dir gab es keine weitere Testperson mehr. Da habe ich begriffen, dass er die ganze Zeit über dich gemeint hat. Ausgerechnet dich. Auch deshalb habe ich dich an mich gebunden. Die anderen wollten deinen Tod, das konnte ich nicht zulassen. Ein Jahr lang habe ich den Gedanken verdrängt, dass du unsere einzige Hoffnung sein könntest, aber schließlich habe ich doch nach dir gesucht. Der Bann war unablässig. Ich bin der Zauberweber der Königin, und dank der Bindung hat niemand gewagt, Hand an dich zu legen. Es hat dein Überleben gesichert.«

Mir wird schwindelig. »Wer hat dir von mir erzählt? Welcher Zauberweber?«

»Sein Name war Jules Galliard. Er ist in dem Kloster gestorben.«

Ich habe das Gefühl, dass mein Kopf explodiert. Jules. Wieso hat er Thierry von mir erzählt? Und warum war das nur Tage bevor das im Kloster geschehen ist? Das Blut pocht mir in den Ohren.

»Thierry, ich …« Ich drehe mich langsam zu ihm. »Kannst du mir meine Erinnerungen an jenen Tag zurückgeben?«

Er kneift die Augen zusammen. »Jetzt? Bist du sicher?«

»Ja. Wenn es deine Kräfte erlauben.«

»Es wird schon gehen.«

Obwohl ich seine Magie nicht noch mehr beanspruchen will, muss ich die Wahrheit erfahren.

»Was, wenn ich es getan habe?«, flüstere ich. »Wirst du mich auf ewig hassen?«

Ein Schatten huscht über seine ebenmäßigen Gesichtszüge. »Ich könnte dich nie hassen. Aber ich weiß nicht, ob ich dir je verzeihen könnte.«

Ein bitteres Lächeln kommt mir über die Lippen. »Eine ehrliche Antwort. Wenigstens das.«

»Das ist das Mindeste.«

Ich sehe mich im Zimmer um. »Könnten wir die Zeit doch nur zurückdrehen …«

Thierry kommt zu mir und bleibt vor mir stehen. »Du sollst wissen, dass ich dich immer lieben werde. Ich bereue nicht, was zwischen uns war, Alienor. Ganz egal, was geschehen ist.«

Diese Worte bedeuten mir mehr, als er ahnt. Ich will ihn umarmen und küssen, so lange, bis wir das Hier und Jetzt vergessen und in einer anderen Zeit aufwachen. Aber was ich will, ist in diesem Augenblick unwichtig. Es zählt nur die Wahrheit.

»Eines noch, bevor wir anfangen«, sagt Thierry. »Wenn ich die Blockade löse, sehe ich die Erinnerung genauso wie du.«

Ich ziehe einen Mundwinkel hoch. »Wolltest du das denn nicht? Erfahren, was wirklich passiert ist?«

Obwohl er nickt, wirkt er unglücklich. Sieht aus, als fürchte er sich ebenfalls vor der Wahrheit. Er fürchtet sich davor, die Seite von mir zu sehen, die er nicht lieben kann. Und ich tue das auch.

»Fangen wir an«, dränge ich. »Bevor ich es mir anders überlege.«

Thierry streckt wortlos die Arme aus und legt seine Hände behutsam an meine Schläfen. Seine Finger sind warm und der Blick, mit dem er mich ansieht, intensiv. Ich brenne in seiner Nähe, denke an all unsere Küsse, und wünsche mir inständig, dass die Erinnerung an jenen Vorfall uns nicht unwiderruflich auseinanderbringt.

Mein Kopf beginnt zu kribbeln, als Thierry seine Magie wirkt. Ein weißes Licht breitet sich vor meinen Augen aus, das den ganzen Raum verschlingt. Dann finde ich mich im Kloster wieder, von Angesicht zu Angesicht mit Jules.

KAPITEL 31

SCHWARZE MAGIE

»Was willst du?«, frage ich ihn mit kalter Stimme, als er mich durch das Gitter beobachtet.

Nachdem auch Manon mich verlassen hat, nagen Einsamkeit und Zorn an mir. Diese Experimente funktionieren nicht. Sie holen einen nach dem anderen, bringen uns dazu, das Blut der Verfluchten zu trinken, bekommen aber nicht ihr gewünschtes Ergebnis. Statt ein Mittel gegen den Fluch zu finden, erschaffen sie neue Verfluchte. So viele Male habe ich Jules gebeten, mich gehen zu lassen, nur um wieder vertröstet zu werden. Ich habe ihm nichts mehr zu sagen. Falls er gekommen ist, um meinen letzten Funken Hoffnung zu holen, soll er ihn bekommen.

Die magischen Schatten tanzen wie schwacher Nebel um mich. Als Jules sie bemerkt, hebt er die Hand, und im nächsten Moment fühlt es sich an, als würde sich eine Mauer in mir errichten. Die Schatten verschwinden.

»Ich will mit dir sprechen.«

»Warum? Um mir zu sagen, wie falsch das hier ist? Dass du alles in deiner Macht Stehende tun wirst, um mich zu befreien? Nur zu, sprich es aus, wenn du deine tägliche Dosis Lügen brauchst. Aber erwarte nicht, dass ich dir glaube.«

»Ich habe nicht gewusst, was meine Kollegen vorhatten«, beteuert er und streicht sich eine lange blonde Haarsträhne hinters Ohr. »Ich wünschte, ich hätte dich warnen können.«

Wie reuevoll er klingt. Dieser elende Heuchler.

»Dann wäre es eine andere Person statt mir gewesen. Hätte dich das besser schlafen lassen?«

Nichts, was er sagt, spielt mehr eine Rolle. Ich weiß nicht, was er noch von mir will. Wenn ich in sein hübsches Zauberwebergesicht blicke, wird mir bloß schlecht.

»Vielleicht sollte ich deinen Kollegen von unserer gemeinsamen Nacht erzählen«, überlege ich laut. »Es interessiert sie bestimmt, dass du gegen eure dämlichen Gesetze verstoßen hast.«

In den letzten Wochen habe ich es mit flehen und bitten versucht, aber das hat nichts bewirkt. Ich bin des Bittens müde. Möglicherweise helfen mir Drohungen weiter.

Seine blauen Augen weiten sich. »Nein, das darfst du nicht.«

Ich lächle finster. »Warum nicht? Weil man dich dann bestraft? Deswegen würde ich es doch machen.«

»Du verstehst nicht«, murmelt er und kommt einen Schritt näher. »Das, was in jener Nacht zwischen uns war, ist der einzige Faktor, der dich von den anderen Versuchspersonen abhebt. Meine Kollegen könnten denken, dass das der Grund dafür sei, warum die Experimente bei dir anders verlaufen sind.«

»Was?«

Er sieht sich um, als hätte er Angst, jemand könnte uns belauschen. »Für sie wäre das die einzig logische Erklärung. In ihren Augen könnte etwas an unserer Vereinigung dafür gesorgt haben, dass du empfänglicher für die Experimente bist. Wenn die anderen davon erfahren, werden sie alles daransetzen, dieses Ergebnis zu reproduzieren, auch wenn das vielleicht gar nicht der wahre Grund ist.«

Ich erstarre. Allein der Gedanke ist abscheulich. Was sie mit mir gemacht haben, war bereits grausam. Aber das …

»So etwas Widerwärtiges würdest du deinen Leuten zutrauen?«

Scham huscht über seine sonst so arrogante Miene. »Verzweifelte Menschen tun vieles, um ihr Land zu retten. Das Undenkbare und auch das Hässliche.«

Natürlich. Diese Zauberweber sind zu allem fähig. Ob das in den anderen Gemeinschaften auch so ist? Trotz allem, was ich hier erlebt habe, weigert sich etwas in mir, das zu glauben. Thierry ist immer vernünftig gewesen. Er war gut zu mir. Ich bezweifle, dass er solche Dinge getan hätte.

»Du könntest sie aufhalten, wenn du nicht so feige wärest«, werfe ich Jules vor.

»Ich *werde* sie aufhalten.«

»Und wie viel Zeit willst du noch verstreichen lassen, bis du etwas unternimmst?«

»Es gibt einen Weg, das zu beenden. Noch heute. Aber zuerst muss ich mit …« Er verstummt.

»Du musst was?«, hake ich ungeduldig nach.

Eigentlich will ich nichts mehr davon hören. Dieser Mann gibt immer nur dieselben Lügen von sich. Und doch kommt mir die Frage automatisch über die Lippen, weil da dieses dumme, naive Mädchen in mir ist, das auch nach so viel Schmerz und Enttäuschung noch Hoffnung hegt.

Er seufzt und mustert mich stumm, als gäbe es irgendeinen Liebreiz an mir, der noch nicht verschwunden ist.

»In der Nacht, als du und ich zusammen waren …«, murmelt er, wobei er plötzlich viel jünger klingt.

Mir reicht es. Ich umfasse zornig die Gitterstäbe meiner Zelle und werfe ihm einen vernichtenden Blick zu.

»In der Nacht, als wir zusammen waren, habe ich an einen anderen gedacht. Ich habe mich schlecht gefühlt, aber das tue ich jetzt nicht mehr. Ganz im Gegenteil. Ich bin froh, dass ich mich in seine Arme geträumt habe, als ich bei dir war. Er ist ein besserer Mann. Ein besserer Zauberweber.«

Das hätte ich nicht sagen sollen, schließlich sind Verhältnisse zwischen Zauberwebern und normalen Menschen verboten, und ich will Thierry nicht in Bedrängnis bringen. Aber ich bin so, so wütend auf Jules. Für einen Moment wirkt er tief getroffen, doch dann hellt sich seine Miene auf.

»Dieser Zauberweber«, sagt er. »Wie war sein Name?«

Ich lächle schief. »Das werde ich dir sicher nicht verraten.«

»Du musst. Ich muss seinen Namen wissen.«

»Das Einzige, was du musst, ist verschwinden. Ich ertrage deinen Anblick nicht länger.«

Statt zu gehen, nimmt er einen Dolch aus der Tasche seiner Robe und schneidet sich damit in die Hand. Die Wunde beginnt rot zu leuchten. Das Licht zirkuliert um seine Finger. Sofort macht sich ein ungutes Gefühl in meiner Magengegend breit.

»Verrate mir seinen Namen«, verlangt Jules, doch meine Antwort wartet er nicht ab. Stattdessen schickt er das rote Leuchten auf mich zu. Es prallt gegen meinen Kopf.

Der Name. Ich muss ihm den Namen sagen.

»Thierry Poitiers«, antworte ich, als wäre es mein größter Wunsch, ihm dieses Geheimnis anzuvertrauen.

Jules wirkt überrascht, aber dann lächelt er seltsam beseelt. »Was für ein merkwürdiger Zufall.«

Er hebt die Hand, woraufhin das Gefühl, alles tun zu müssen, was er mir aufträgt, verschwindet. An seine Stelle tritt Fassungslosigkeit.

»Das war schwarze Magie«, entfährt es mir.

Jules nickt. »Ja. Eine kleine Sünde im Vergleich zu dem, was ich noch tun werde. Ich wollte damit bis heute Abend warten, aber dank dieses außerordentlichen Zufalls muss ich meinen Plan nicht mehr überdenken.«

Ich lege die Stirn in Falten. »Wovon redest du?«

Trauer und Reue spiegeln sich in seiner Miene wider. Das habe ich bei ihm schon zu oft gesehen, doch heute ist etwas anders.

»Du sollst wissen, dass ich wirklich etwas für dich empfinde«, sagt er. »Seit dem ersten Augenblick. Du bist etwas Besonderes, Alienor. Und ich hoffe, man wird dich das beweisen lassen.«

Ich spucke vor ihm auf den Boden. »Behalte deine leeren Komplimente für dich. Solche Worte bedeuten gar nichts, wenn du sie aussprichst.«

Er besitzt die Unverschämtheit, verletzt auszusehen, als ob meine Antwort ihm tatsächlich wehtut. Wie kann er es wagen, so getroffen zu sein, wenn ich diejenige bin, die gelitten hat, während er tatenlos zusehen durfte?

Jules holt tief Luft. »Was jetzt passiert, tut mir unendlich leid. So hätte es nicht enden sollen.«

Ich umfasse die Gitterstäbe fester. »Was meinst du?«

»Heute früh habe ich das Wasser mit einer Substanz versetzt, die magische Kräfte blockiert, damit meine Kollegen dir nichts entgegenzusetzen haben. Sie glauben, irgendein Zauber sei schiefgegangen. Keiner von ihnen erwartet das, was wirklich passieren wird.«

Ich sehe ihn perplex an, weil ich nicht verstehe, von was er da redet. »Was soll das, Jules?«

Er nimmt wieder das Messer und lässt seine Hand aufleuchten. »Ich will, dass du jeden Zauberweber dieser Gemeinschaft tötest – mit Ausnahme von mir. Du wirst deiner dunklen Magie freien Lauf lassen. Für das, was sie dir angetan haben, wirst du ihnen deinen ganzen Zorn entgegenschleudern. Erst dann wirst du wieder die Kontrolle über dich erlangen.«

Ich reiße die Augen auf und starre seine Hand an. Das Messer blitzt gefährlich im Licht des Blutzaubers. »Nein, Jules. Das kannst du nicht tun. Ich bitte dich, das darfst du nicht!«

»Verzeih mir, Alienor. Es muss sein.«

Verzeih mir.

Könnte ich ihn erreichen, würde ich ihm eine verpassen. Er gibt diesen Irrsinn von sich und verlangt ernsthaft von mir, ihm zu verzeihen?

»Hör auf. Du wirst mich zu dem Monster machen, für das mich längst alle halten. Tu mir das nicht an!«

Ich wollte mich an den Zauberwebern rächen, aber nicht so. Diese dunkle Macht darf keinen Besitz von mir ergreifen. Wenn ich die Kontrolle verliere, was bleibt dann übrig? Mit seiner schwarzen Magie wird er alles zerstören, wofür ich in den letzten Monaten gekämpft habe.

»Ich habe keine Wahl«, sagt er.

»Jules, bitte!«

Er schneidet sich erneut und nutzt sein Blut, um den Zauber zu nähren. »Es muss sein.«

»Nein!«, schreie ich. »Hilfe! Bitte!«

Wie seltsam, dass ich ausgerechnet hier um Hilfe rufe. Selbst wenn mich einer der Zauberweber hören sollte, werden sie nicht herbeieilen. Das haben sie nie getan.

Ein warmes Prickeln breitet sich in meinem Körper aus. Es fühlt sich an, als würde etwas die Magie in mir rufen. Was auch immer ich einen Moment zuvor gespürt habe – Angst, Abscheu, Wut –, es ist weg. Zurück bleibt nur diese melodische Stimme in meinem Kopf, die mir zuflüstert, dass ich alle Zauberweber hier töten muss.

Die schwarze Magie drängt an die Oberfläche und umschlingt meine nackten Arme wie ein Band aus Schatten, lauernd und mörderisch. Mit einer Handbewegung öffnet Jules die Zellentür. Er setzt den Zauber außer Kraft, der mich stets daran gehindert hat zu entkommen. Zielsicher trete ich aus meinem Gefängnis und richte meinen Blick auf Jules. Ich hebe die Hand.

Nicht ihn, sagt etwas in mir.

Ich lasse die Hand sinken und marschiere aus dem finsteren, staubigen Raum. Hier unten werde ich nicht finden, wonach ich suche.

Was als Nächstes geschieht, erlebe ich wie in einer Trance aus Schatten und Magie, als wandere ich in einer undurchdringlichen Nacht umher. Jeden Zauberweber, der mir in diesem altehrwürdigen Gemäuer über den Weg läuft, töte ich ohne Zögern. Sie haben keine Chance. Ihre Hilferufe, ihre Schreie, ihre Versuche wegzulaufen – alles umsonst.

Sobald der letzte von ihnen tot auf dem Boden liegt, löst sich etwas in mir. Ich falle auf die Knie. Erst jetzt begreife ich, was geschehen ist.

Was habe ich getan?

Ich zittere am ganzen Körper, schluchze vor mich hin, vergieße Tränen auf dem hellen Steinboden. Durch kleine Fenster dringt Tageslicht in die hohe Halle, doch alles, was ich wahrnehme, ist Dunkelheit.

Das hier bin nicht ich. Das kann ich nicht sein. Ich bin nicht zu so etwas fähig.

Schritte ertönen hinter mir. Jeder einzelne verursacht ein Echo. Ich bin vollkommen reglos, drehe mich nicht um, kann nichts mehr tun, außer auf diesem harten Boden zu sitzen und darauf zu warten, dass irgendetwas mich davonträgt. In eine bessere Zeit, an einen besseren Ort.

Jules geht vor mir in die Hocke. Ich hebe meinen Kopf und sehe ihn voller Verzweiflung an.

»Warum?«, frage ich mit tränenerstickter Stimme.

Schmerz zeichnet sich in seinem Blick und den nach unten gekrümmten Mundwinkeln ab, aber das muss geheuchelt sein. Wie könnte man etwas so Grausames tun und es dann bedauern?

»Sieh dir an, was ich getan habe«, flüstere ich.

»Das warst nicht du. Sondern ich.«

Falsch. Es mag seine Magie gewesen sein, aber er hat meine Hände und meine Kräfte dafür benutzt. Diese schreckliche Tat werde ich nie vergessen können. Ich werde die Schreie und die Verzweiflung immer in meinen Gedanken hören. Nach allem, was sie mir angetan haben, sollte mir ihr Leid Genugtuung verschaffen, doch ich fühle bloß Schuld.

»Warum hast du es nicht selbst getan?!«, schreie ich.

»Weil dieses Massaker deine Handschrift tragen muss.«

Ich schlucke die Tränen hinunter. »Wieso? Damit niemand dich verdächtigt?«

Er schüttelt den Kopf. »Ich musste dem Rat einen Grund geben, mit diesen Experimenten aufzuhören, bevor es zu spät ist. Sie nennen dich Schattenmädchen und glauben, sie könnten die Macht des Fluchs kontrollieren, nachdem ihre Experimente bei dir Erfolg hatten. Aber das ist ein Trugschluss, und bis sie das begreifen, werden sie sich in schwarzer Magie verstricken. Alles wird außer Kontrolle geraten. Ich musste ihnen vor Augen führen, dass Leute wie du eine Gefahr darstellen. Sie sollen glauben, dass du unkontrollierbar bist und eine Großzahl von Zauberwebern problemlos töten kannst. Das wird sie davon abhalten, ihre Experimente weiter voranzutreiben.«

Ich höre, was er sagt, verstehe seine Worte, und doch ist da nur Schmerz in mir. Das war also der einzige Weg? Ohne dieses Massaker hätte man die Zauberweber nicht zur Vernunft bringen können? Das kann ich nicht glauben.

»Es war das Beste so«, sagt Jules.

»Das Beste für wen?!«

»Für ganz Saintoux.«

Am liebsten würde ich ihm mit der Faust ins Gesicht schlagen, aber nicht einmal dazu bin ich fähig. Stattdessen will ich getröstet werden, doch hier ist niemand, in dessen Armen ich mich sicher und geborgen fühlen würde. Nie wieder. Jules hat mich für seine Zwecke geopfert, und ich werde einmal mehr den Preis für etwas zahlen, was nicht meine Schuld ist.

»Ich will, dass du deine Kräfte nutzt und mich tötest«, verlangt er plötzlich.

Ich starre ihn mit aufgerissenen Augen an. Was soll das? War ihm dieses Massaker nicht genug? Wieso erwartet er das, nachdem er mir explizit gesagt hat, dass ich ihn nicht töten soll?

»Nein«, entgegne ich. »Es reicht, Jules. Ich habe genug.«

Er wirkt traurig. »Das war keine Bitte.«

Jules lässt seine Hand aufleuchten, die immer noch blutet, und nutzt ein weiteres Mal schwarze Magie. Bevor ich auch nur den Versuch unternehmen kann, mich zu wehren, erschaffe ich aus meinen Schattenkräften ein Schwert und stoße es ihm in den Körper. Er sackt vor mir auf die Knie, und der Drang, seinen Willen zu befolgen, verschwindet.

»Einen letzten Dienst kann ich dir erweisen«, ächzt er und hustet.

Sanft berührt er meine Schläfe, während er zittert und schwer atmet. Ich will weg von ihm, will nicht von ihm angefasst werden, aber irgendetwas hält mich davon ab, die Flucht zu ergreifen. Ein Kribbeln breitet sich in meinem Kopf aus.

»Du wirst vergessen, was heute geschehen ist«, sagt er. »Alles, wozu ich dich gebracht habe. Alles, was ich gesagt habe. Du wirst das Bewusstsein verlieren. Und wenn du erwachst, wirst du weglaufen so schnell du kannst.«

Eine unfassbare Müdigkeit breitet sich in meinen Gliedern aus. Ich will nicht schlafen, will nicht vergessen. Wie könnte ich, solange ich von so viel Tod umgeben bin? Aber da ist eine Stimme, die mir zuflüstert, dass es in Ordnung sei, und so fallen mir die Augenlider zu.

KAPITEL 32

EIN GESTOHLENER MOMENT

Thierry und ich kauern vor dem Kamin, in dem das Feuer ungerührt vor sich hin knistert. Er hält mich im Arm, während ich hilflos nach Luft schnappe und versuche, meine Gefühle in den Griff zu kriegen.

»Ich habe sie getötet«, wispere ich.

»Nein, das war nicht deine Schuld.«

Er streicht mir eine Haarsträhne aus dem Gesicht, die mir dank meiner Tränen an der Wange klebt. Wie kann er das sagen? Er hat mit eigenen Augen gesehen, was ich getan habe.

»Sieh mich an, Alienor.« Ich sehe in sein Gesicht, in die wachen silbergrauen Augen, die voller Mitgefühl sind. »Du hättest nichts dagegen tun können. Er hat dich mit schwarzer Magie kontrolliert. Wenn ich das geahnt hätte, wäre ich vorher …« Er seufzt, schließt die Augen und lehnt seine Stirn gegen meine. »Verzeih mir. Ich war mir so sicher, die Wahrheit zu kennen.«

»Ich weiß.«

»Nein, du verstehst nicht … Als man mich damals zum Kloster gerufen hat, habe ich einen Offenbarungszauber eingesetzt, um den Verantwortlichen zu finden. Damit habe ich die magischen Spuren auf den toten Körpern sichtbar gemacht. Sie trugen Gauthiers Handschrift. Die Magie seines Fluchs hat meine Leute getötet. Aber der Zauber hat noch etwas anderes enthüllt. Einen Geruch, den ich allzu gut gekannt habe. Deinen. Das ist der Grund, warum ich nie an deiner Schuld gezweifelt habe.«

Es kommt mir vor, als würde ich an meinen Tränen ersticken.

Jetzt ergibt alles Sinn. Deshalb kam er mich nie im Gefängnis besuchen, um mit mir zu sprechen. Für ihn gab es nichts mehr zu bereden, weil er wegen dem, was sein Zauber ihm offenbart hat, von meiner Schuld überzeugt war. Die Spuren haben ihm ganz klar gezeigt, dass ich die Verantwortung für den Tod seiner Kollegen trug. Und letztendlich hat er recht behalten.

»Ich bin es doch gewesen«, antworte ich. Die Erkenntnis schmerzt so, so sehr.

»Du wurdest dazu gezwungen, Alienor. Du hättest nichts tun können. Derjenige, der die Waffe führt, ist für das Leid verantwortlich, das sie anrichtet.«

Jules.

Er hat mich mit seiner abscheulichen Magie dazu getrieben, damit niemand jemals wieder solche Experimente über sich ergehen lassen muss. Ein nobles Ziel, aber das relativiert nicht, was er mir angetan hat.

»Ich hätte …«

»Shhh«, bringt Thierry mich zum Schweigen. »Tu dir das nicht an. Du hast genug durchgemacht. Das musst du dir nicht auch noch aufbürden.«

Wie soll das gehen, wenn die Erinnerung mich so sehr quält, dass ich wünschte, sie wäre weiterhin begraben? Ich mag diese Leute nicht aus freien Stücken getötet haben, aber ich werde die Bilder in meinem Kopf trotzdem nicht los.

»Du bist stärker als das, Alienor.«

»Woher willst du das wissen?«

»Weil ich Hoffnung habe, wenn ich dich ansehe. Weil du an meiner Seite kämpfst, obwohl ich es nicht verdiene.«

Er klingt schuldbewusst, dabei verstehe ich seine Entscheidungen jetzt so viel besser. An seiner Stelle hätte ich wohl genauso gehandelt.

Ich lege meine Hand an seine Wange und sehe ihn an. Lange. Intensiv. Keiner von uns bewegt sich, bis ich schließlich meine Lippen an seine führe. Das, was am See passiert ist, war Neugierde und Leidenschaft, entstanden aus der Frage, was von dem übrig geblieben ist, was wir einst hatten. Dieser Kuss fühlt sich anders an. Er ist eine verzweifelte Suche nach Geborgenheit und Trost, zu einer Zeit, in der wir beides mehr denn je brauchen.

Thierry erwidert den Kuss zärtlich. So bitter sein Verrat gewesen sein mag, diese Versöhnung schmeckt dennoch süß. In einer so vertrauten Umgebung fällt es mir leicht, an die unkomplizierten Momente zurückzudenken, die wir gemeinsam hier verbracht haben.

Thierry hält mich fest, klammert sich geradezu an mich, als fürchte er sich vor etwas.

»Hast du Angst?«, frage ich leise. Es wäre nicht das erste Mal, dass er vor mir wegläuft.

»Ich sagte dir doch, dass ich keine Angst vor der Dunkelheit habe.«

»Das hatte ich für eine Lüge gehalten.«

»Ich könnte mich niemals vor dir fürchten. Dafür kenne ich dich zu gut.«

Dieses Mal küsst er mich, und es fühlt sich tatsächlich so an, als wären wir wieder hier, so wie damals. Er der Zauberweber der Königin, ich das gewöhnliche Dorfmädchen mit großen Träumen. Kein Gauthier, kein Schattenfluch, kein Verrat. Nur wir beide.

Seine Lippen sind warm und weich und voller guter Erinnerungen. Für einen Augenblick löse ich mich von Thierry.

»Ich wünschte, ich könnte alles um uns herum vergessen«, murmele ich. »Ein wenig Frieden finden, ohne Bedrohungen oder Schmerz.«

Er runzelt die Stirn. »Ich könnte einen temporären Schleier über deine negativen Gefühle legen und die schlechten Erinnerungen trüben. Du würdest nichts davon vergessen, aber es käme dir vor, als läge all der Schmerz länger zurück. Den Zauber nutzen wir bei Kriegsveteranen.«

Ich lächle. »Das wäre schön. Aber nur für heute Abend. Wenn wir morgen in der Hauptstadt eintreffen, will ich all den Schmerz und den Zorn wieder spüren. Ich brauche das, um mich Gauthier zu stellen.«

Kein zufriedener Mensch, der nie Verluste erlitten hat, würde sich freiwillig einem mächtigen Fluchweber in den Weg stellen. Gauthier trägt die Schuld daran, dass mein Leben aus den Fugen geraten ist. Das muss ich mir vor Augen führen, um eine Chance zu haben.

Thierry streicht mir eine Haarsträhne aus dem Gesicht. »Bist du sicher, dass ich das tun soll?«

Ich nicke. »Trotz allem, was gewesen ist, war ich glücklich hier. Mit dir. Ich weiß nicht, was morgen sein wird. Aber ich will zumindest einen letzten gestohlenen Augenblick für uns beide. Wenn du das auch willst.«

Falls er über das hinwegsehen kann, was vorgefallen ist. Auch mir fällt es schwer, das zu tun, obwohl ich jetzt nachvollziehen kann, warum er mich verraten hat. Das lindert den Schmerz, und auch wenn ich die Schatten der Vergangenheit niemals auslöschen kann, so kann ich dennoch meine Gegenwart im Licht verbringen.

»Ich habe dich immer gewollt«, flüstert Thierry. »Nach dem Vorfall im Kloster hat mich das erschreckt. Dass ich dich sogar wollte, als ich die Dunkelheit in dir gespürt habe. Ich dachte, um das mit uns zu vergessen, würde es reichen, dich für deine Taten und das, was du bist, zu hassen. Aber nicht einmal das hat gereicht. Nichts davon. Deine Erinnerung an die Geschehnisse nimmt mir eine gewaltige Last von den Schultern. Jetzt hasse ich mich nicht mehr dafür, meine Gefühle zuzulassen. Du trägst keine Schuld an dem, was passiert ist.«

Ich will dagegen argumentieren, will erwidern, dass ich sehr wohl dafür verantwortlich bin, weil ich keinen Weg gefunden habe, es zu verhindern. Am Ende sind solche Überlegungen jedoch müßig. Was geschehen ist, das ist geschehen. Jules hat den einfachen Weg gewählt und sich der Verantwortung entzogen. Ich bleibe zurück.

Thierry küsst mich, dann hebt er mich hoch und trägt mich zum Bett, wo er mich auf die Kante setzt und sich vor mich kniet.

»Schließ die Augen«, sagt er sanft.

Ich tue, was er verlangt. In der Nähe eines anderen Zauberwebers hätte ich nie die Augen geschlossen, aber ihm vertraue ich, obwohl mich das schon einmal alles gekostet hat. Vielleicht ist das naiv. Vielleicht war es das damals auch. Zu glauben, ausgerechnet der königliche Zauberweber könnte mir zur Flucht verhelfen. Ich habe gewusst, dass er seine Pflichten ernst nimmt. Tief in meinem

Herzen war mir klar, dass er mir nicht würde helfen können. Dass ich Unmögliches von ihm verlange. Aber ich war verzweifelt. Am Ende war das, was er mir angetan hat, besser als der Tod. Denn jeder andere Zauberweber hätte mich kaltblütig umgebracht. Thierry hat mein Leben gerettet.

Er legt seine warmen Finger an meine Schläfen. Seine Magie kitzelt meine Haut, strömt in meinen Kopf und breitet sich dort aus. Schon nach wenigen Sekunden fühlt sich alles viel leichter an, als hätte jemand eine Last von meinen Schultern genommen. Der Schmerz ist gedämpft. Meine Verluste und die schlimmen Erlebnisse verblassen.

Ich öffne meine Augen. Thierry nimmt die Hände von meinen Schläfen und lässt sie von meinem Gesicht bis zu meinen Hüften herabwandern. Ich lächle ihn an.

»Danke«, flüstere ich und fahre durch sein Haar. »Was ich im Kloster zu Jules gesagt habe, meinte ich ernst, weißt du? All die Zeit habe ich nur an dich gedacht.«

»Ich wünschte, ich wäre in jener Nacht bei dir gewesen.«

»Ich auch.«

Er schenkt mir ein warmes Lächeln. »Und jetzt?«

»Lauf nicht weg vor mir. Nicht noch einmal.«

Meine Antwort besteht darin, mich vorzubeugen und ihn zu küssen. Plötzlich ist alles so einfach, so unkompliziert, als wäre er nie fortgegangen und ich immer noch dieselbe wie damals. Wir sind wieder hier, in seinem Zimmer, unserem Rückzugsort, wo kein Gesetz der Welt eine Rolle spielt.

Thierry fährt mit den Händen meinen Rücken hinauf, und während unser Kuss intensiver wird, ziehe ich ihn zu mir aufs Bett.

»Bleib bei mir«, hauche ich.

Er küsst mich leidenschaftlich, streicht dabei mit seinen Fingern sanft über meine Wange. »Ich gehe nirgendwohin.«

Das hier ist ein winziger gestohlener Moment nur für uns. Egal wie kurz er sein mag, ich werde ihn nicht verschwenden. Was wir haben, ist endlich. Ein Glück, das wenige Stunden währt und morgen in Scherben liegen könnte.

Thierrys Körper ist warm, geradezu heiß, als wäre seine Magie ein Feuer, das sanft wärmen oder verheerend verbrennen kann. Heute will ich verbrennen. Ich lege meine Hände an seinen Hals, während ich ihn küsse, öffne sein Hemd und streiche mit einer Hand über seine Brust. Mit der anderen fahre ich ihm über den Rücken, presse ihn enger an mich und ziehe das Feuer näher zu mir.

Seine Berührungen sind vertraut, fühlen sich richtig an, nach Heimat und Geborgenheit. Er weiß genau, wie er mich anfassen muss, weiß, wie ich geküsst werden will, kennt meinen Körper beinahe so gut wie seinen eigenen. Wir brauchen keine Worte, und zum ersten Mal fühle ich mich wieder wie ich selbst, nicht wie die Schattengeborene. Ich bin nicht länger auf der Flucht, sondern dort angekommen, wo ich sein soll.

✦

Nachdem ich in Thierrys Armen eingeschlafen bin, finde ich mich in einem Traum wieder, der nicht mir gehört. Ich stehe auf einer Lichtung voller schwarzer Rosen, erkenne den Ort sofort. Inmitten all der Blumen liegt jemand. Obwohl ich es besser wissen sollte, zieht mich etwas dorthin.

Je näher ich komme, desto deutlicher erkenne ich meine Schwester. Mit offenen Augen und leerem Blick liegt sie auf dem Rücken und starrt in einen Himmel ohne Sonne. Ihre Haut ist bleich, ihre Hand bedeckt die Wunde, durch die sie gestorben ist.

»Du hättest sie retten können«, sagt eine scheußlich vertraute Stimme hinter mir.

Einen Moment ruht mein Blick auf dem Körper meiner Schwester. All der Schmerz kehrt zurück, all die Gedanken, die mir zuflüstern, dass ich sie in der Tat hätte retten können, wenn ich sämtliche Prinzipien aufgegeben und einen anderen Weg gewählt hätte. Ich hatte eine Wahl. Mich auf Gauthiers Seite stellen und mein Land in eine furchtbare Finsternis stürzen oder meine Schwester verraten. Eine Wahl, die ich nicht gewinnen konnte.

Neben der Trauer kehrt mein Zorn zurück. Zorn auf die Person, die all das zu verantworten und mich überhaupt erst dazu gezwungen hat, mich zu entscheiden.

Ich drehe mich um. Gauthier grinst, aber ich verschwende kein Wort an ihn, sondern rufe meine Kräfte herbei. Meine Schatten kriechen an ihm empor, als wären sie die Wurzeln, die Davide manipuliert hat, um mich zu erwürgen. Ich mache dasselbe mit Gauthier, halte ihn mit den Schattenranken fest, schließe sie um seinen Hals, bis er nur noch schwer atmen kann. Doch das hier ist nur ein Traum, also lächelt er überlegen, als hätte er schon gewonnen.

Ich trete näher.

»Du wirst dafür bezahlen.« Von Wut beherrscht, lasse ich die Schatten stärker auf ihn einwirken. »Ich werde dich in Stücke reißen, du Bastard.«

Er hustet, aber das Lächeln bleibt geradezu festgenäht an seinen Lippen. »Wie es aussieht, bist du am Ende doch das Ungeheuer, das alle in dir sehen. Wir sind gar nicht so verschieden.«

Er weiß es. Natürlich tut er das. Wir sind verbunden, also hat er meine Erinnerungen ebenfalls gesehen. Aber damit kann er mich nicht länger verunsichern. Ich weiß, was wirklich geschehen ist. Vor allem jedoch bin ich mir im Klaren darüber, wer ich bin – und was mein Ziel ist.

Ich schenke ihm ein ebenso finsteres Lächeln. »Vielleicht bin ich das. Manchmal braucht man ein Ungeheuer, um ein anderes zur Strecke zu bringen.«

Der Zorn in mir ist so stark, dass ich meine Kräfte mit aller Macht auf Gauthier hetze. Er ächzt, während ich es genieße, ihn leiden zu sehen.

»Alienor!«

Thierrys Stimme ertönt aus weiter Ferne.

So schnell der Traum gekommen ist, löst er sich auch wieder auf.

Ich öffne die Augen und spüre, dass die schwarze Magie wie ein zartes Band um meine Unterarme kreist. Schweiß perlt mir von der Stirn, während ich schwer atme. Thierry sitzt aufrecht neben mir und wirft mir einen besorgten Blick zu. Ich nehme einen tiefen Atemzug, woraufhin das Echo meiner Kräfte langsam verebbt.

»Schon gut«, sage ich zu Thierry.

»Gauthier?«

Ich wische mir mit dem Handrücken über die Stirn. »Sein letzter Versuch, mich zu verunsichern.«

Einen weiteren wird es nicht geben. Einer von uns wird heute sterben.

KAPITEL 33

STADT DER ROSEN

Am nächsten Morgen stehen wir alle vor der Herberge. Jeder ist angespannt, weil wir nicht wissen, was uns in Beaucourt erwartet. Thierry meinte, Gauthier habe schon öfter versucht, ins Schloss zu gelangen, und aus diesem Grund die Hauptstadt angegriffen. Deswegen wurde ein Schutzzauber um den Sitz der Königsfamilie errichtet, damit ein Außenstehender wie Gauthier keine Passage innerhalb der Mauern öffnen kann. Das bedeutet, er muss sich den Weg ins Schlossinnere freikämpfen. Hoffentlich ist das noch nicht geschehen.

»Seid ihr bereit?«, fragt Thierry.

»Natürlich«, erwidert Giselle. »Ich habe heute Morgen meine Gebete gesprochen.«

Ich werfe ihr einen skeptischen Blick zu. »Das soll uns im Kampf gegen einen Fluchweber helfen?«

Sie grinst schief. »Zweifle, so viel du willst, Schätzchen, aber an deiner Stelle hätte ich nichts gegen ein wenig göttlichen Beistand einzuwenden.«

Wenn ich mir bezüglich der Existenz eines Gottes so sicher wäre wie sie, würde ich dem vielleicht zustimmen.

»Wird die Passage uns bis vor die Tore der Hauptstadt bringen?«, will Rafael von Thierry wissen. »In einem Stück?«

»Das hoffe ich.«

Ich presse die Zähne zusammen. Nicht ein einziges Mal, seit wir diese Mission angetreten haben, kann der Mann Optimismus versprühen. Zauberweber sind doch sonst in einem absurden Ausmaß von ihren Fähigkeiten überzeugt.

Ich beobachte Thierry stumm. Er hat beteuert, dass ihn das Freilegen meiner Erinnerung kaum Energie gekostet habe, und ich kann nur hoffen, dass das stimmt.

»Warum bringst du uns nicht direkt ins Schloss?«, frage ich. »Dir sollte das doch nach wie vor möglich sein.«

»Ja«, bestätigt er. »Aber zuerst will ich Davide finden und ausschalten, damit ich auf meine vollen Kräfte zugreifen kann. In diesem Zustand bin ich niemandem gewachsen.«

»Glaubst du, er wird in der Stadt sein?«

»Zweifellos.«

»Wir finden ihn schon«, meint Giselle und reibt sich die Hände. »Und dann knöpfen wir uns seinen Herrn und Meister vor.«

Sie leckt sich über die Lippen. Ich bewundere sie für ihre Selbstsicherheit. Vielleicht sollte ich öfter beten, das scheint Wunder zu wirken.

Thierry breitet die Arme aus und öffnet eine Passage. Als er mir seine Hand entgegenstreckt, ergreife ich sie, ohne zu zögern. Mit einem leichten Handdruck schenkt er mir die Zuversicht, die ich so dringend brauche. Heute könnten wir alles verlieren oder alles gewinnen. Es gibt kein Dazwischen.

Während Thierry mit der anderen Hand Rafael festhält, tue ich dasselbe bei Giselle. Gemeinsam gehen wir auf unser silbern leuchtendes Schicksal zu.

Dieses Mal ist die Passage stabil, aber das Durchschreiten bleibt ein unangenehmes Erlebnis. Wie eine Reise ins Auge eines Sturms. Ich klammere mich an Thierrys Hand. Das Rauschen in meinen Ohren wird lauter und lauter, das Licht greller. Wir fliegen, wir schweben, wir fallen, wir zerreißen, bis ich glaube, sterben zu müssen.

Dann endet das Chaos abrupt und ich spüre festen Boden unter meinen Füßen. Ich muss meine Augen zusammenkneifen, weil das Licht der Passage mich geblendet hat, doch ich erkenne sofort, wo wir uns befinden. Direkt vor den Toren von Beaucourt. Die graue Mauer ragt in die Höhe und umschließt weitläufig die Stadt mit den roten Dächern. Außerhalb von ihr befinden sich Stallungen, die heute völlig verwaist sind. Ein grauer Himmel spannt sich über das Gebiet und lässt die vielen Rosen, deren Ranken an der Mauer hinaufklettern, noch mehr hervorstechen. Es sind leuchtende Farbkleckse inmitten eines trostlosen Bildes.

Wir haben es geschafft.

Vor uns erstreckt sich ein Schlachtfeld, auf das leichter Nieselregen niedergeht. Außerhalb der Stadtmauern liegen bestimmt Hunderte Verfluchte am Boden, aber auch einige Soldaten und Zivilisten. Wegen der schieren Zahl an Körpern kann ich nicht ausmachen, wie viele Verluste es auf welcher Seite gegeben hat. Durch die geöffneten Tore dringen Kampfgeräusche.

Verdammter Mist. Gauthier ist uns zuvorgekommen.

»Hier stinkt es nach Verfluchten«, zischt Giselle und kräuselt die Nase.

Ihr Blick ruht auf den toten Körpern. Was sie riecht, spüre ich bis in meine Knochen – die Anwesenheit von Gauthier und seiner finsteren Magie. Es fühlt sich nicht so extrem an wie bei der Quelle, aber ihre Präsenz ist trotzdem erdrückend.

»Wenn Gauthier seine Armee der Verfluchten zusammengerufen hat, um die Hauptstadt anzugreifen, ist Davide bestimmt auch irgendwo«, sage ich und sehe Thierry an.

Er nickt. »Unsere oberste Priorität bleibt das Schloss. Gauthier wird versuchen, Victoire zu finden, bevor der Rat sie opfert. Auf dem Weg dorthin finden wir hoffentlich auch Davide.«

»Dann los«, meint Giselle. »Mal sehen, wer von uns am Ende die meisten Kreaturen auf dem Gewissen hat.«

»Du willst ernsthaft … zählen?«, fragt Rafael ungläubig.

»Natürlich. Du etwa nicht?«

»Das ist wohl kaum der richtige Zeitpunkt!«

Sie lacht. »Gesprochen wie ein wahrer Verlierer.«

»He!«

Ein Zischen ertönt nicht weit entfernt. Sofort lasse ich meinen Blick schweifen, um die Quelle ausfindig zu machen. Am Rand der Stadtmauern stolpert ein Verfluchter orientierungslos umher, als würde er nach etwas suchen, ohne zu wissen, was es ist. Obwohl er humpelt, geht von ihm noch immer Gefahr aus. Jede dieser Kreaturen hört, was Gauthier ihnen zuflüstert.

Ich ziehe den Dolch und nutze meine Schattenkräfte, um innerhalb eines Wimpernschlags bei dem Verfluchten zu sein. Bevor er realisieren kann, was geschieht, stoße ich ihm die Klinge in die Brust. Als die Waffe schließlich sein Herz erreicht, erlischt nicht nur das Leben in ihm – er zerfällt vor meinen Augen zu Asche.

Ungläubig sehe ich dabei zu, wie der Wind sie davonträgt. Das ist es, was dieser Dolch zu tun vermag? Langsam glaube ich tatsächlich, dass ich Gauthier damit töten kann.

Die anderen starren mich mit überraschten Mienen aus der Ferne an, worauf ich mit einem breiten Grinsen reagiere. »Eins.«

»Das war geschummelt«, ruft Giselle mir zu. »Wir haben noch gar nicht angefangen.«

»Gesprochen wie eine wahre Verliererin!«

Giselle lacht erneut und setzt sich in Bewegung, die anderen folgen ihr. Schon als wir gemeinsam durch das Haupttor treten, sind Kampfgeschrei und das metallische Aufeinanderprallen von Waffen zu hören. Feuerschein erhellt den Himmel, zweifellos Magie der Zauberweber. Menschen mit schreckgeweiteten Augen laufen vereinzelt an uns vorbei, jene, die sich noch nicht in Sicherheit gebracht haben. In den Straßen regiert die Furcht. Normalerweise ist Beaucourt eine belebte Stadt, die Stadt der Rosen, der Liebe und Leidenschaft, der Kunst und des schönen Lebens. Tatsächlich entdecke ich die leuchtend roten Rosen, die sich an den Fassaden der Fachwerkhäuser emporschlängeln.

Viele Gebäude sind verbarrikadiert. In den Läden mit den rot lackierten Türen, in denen sonst allerhand Waren verkauft werden, verstecken sich jetzt Menschen und hoffen, von Gauthiers Angriff verschont zu werden. Der Regen lässt die Pflastersteine dunkel glänzen. An manchen Stellen auf dem Boden entdecke ich Brandflecken, und auch die Körper einiger Verfluchter sind mit Feuer in Berührung gekommen.

»Magisches Feuer«, erklärt Thierry, als er meinen Blick bemerkt. »Die Zauberweber werden ihr Bestes tun, um den Ansturm aufzuhalten.«

Ich sehe mich um. »Es sind so viele Verfluchte … Wie hat Gauthier sie hergebracht?«

»Durch eine Passage, nehme ich an. Seine muss anders sein als die der normalen Zauberweber.«

Mir wird mulmig zumute. Jemand, der so viele Verfluchte durch eine Passage schicken kann, ohne dass sie zusammenbricht, muss unfassbar mächtig sein. Er konnte schließlich auch Sophie zur Quelle bringen, ohne physisch anwesend zu sein. Konnte ihr Lügen einflüstern, obwohl er für niemanden sichtbar war. Ich umklammere den Dolch fester. Wie stark er ist, spielt keine Rolle, denn für das, was er diesem Land und meiner Familie angetan hat, werde ich ihn töten.

Kampfschreie von Soldaten und Verfluchten vermischen sich auf den Straßen von Beaucourt zu einem Chaos aus Geräuschen. Waffen prallen aufeinander und mit Eisen verstärkte Stiefel scheppern über die gepflasterten Wege. Der Geruch von Rauch, Schweiß und Blut liegt in der Luft.

Wir helfen den Menschen so gut es geht. Giselle macht sich ihre Schnelligkeit und Stärke zunutze, Rafael durchbohrt unsere Gegner mit seinen Eiszapfen, Thierry greift auf Feuer zurück und ich pulverisiere die Kreaturen mit meinem Dolch. Obwohl ich damit angefangen habe, zähle ich schon nach wenigen Minuten nicht mehr. Es sind zu viele Verfluchte, um den Überblick zu behalten.

Ich habe gerade einen weiteren getötet, als ich einen kleinen Jungen in einer Seitengasse entdecke, der auf dem Boden kauert und vor Angst zittert. Ein Verfluchter wankt auf ihn zu. Ich will dem Jungen zurufen, dass er aufstehen und weglaufen soll, aber so, wie er zittert, wird er dazu kaum in der Lage sein.

Ohne zu zögern, verlasse ich die anderen und eile zu ihm. Ich schaffe es, mich vor ihn zu stellen, bevor der Verfluchte ihn erwischt.

»Man vergreift sich nicht an wehrlosen Kindern!«, knurre ich verärgert und wünsche mir, ich hätte es in seiner Sprache gesagt.

Er holt zischend mit seinem Schwert aus, aber ich komme ihm zuvor und stoße den Dolch in seine Brust. Sofort zerfällt er zu Asche.

Ich atme tief durch und wende mich dem Jungen zu. »Alles in Ordnung?«

Der Junge sieht mich mit angsterfüllter Miene an und zittert noch mehr als zuvor. Er fürchtet sich vor mir. Wegen meiner Augen. Sie sehen so aus wie die der Kreatur, die ihn gerade umbringen wollte.

»Hab keine Angst«, sage ich und lächle. »Ich bin hier, um dir zu helfen. Weißt du, wo deine Eltern sind?«

Suchend blicke ich mich um, doch es ist niemand zu sehen. Keine Menschen auf den Straßen. Meine Begleiter habe ich auch aus den Augen verloren. Wahrscheinlich sind sie mit den Verfluchten beschäftigt und zählen ihre Erfolge. Hoffe ich jedenfalls.

Ich knie mich vor den Jungen, der zusammenzuckt und seinen Rücken fester gegen die Wand drückt. »Komm, ich bringe dich in Sicherheit. Du kannst mir vertrauen.«

Keine Ahnung, ob ich mir an seiner Stelle vertrauen würde, doch schließlich nickt er zögerlich. Vielleicht weiß er, dass ich in diesem Chaos gerade seine beste Chance auf Schutz bin.

Ich hebe den Jungen hoch und eile mit ihm durch die engen Gassen von Beaucourt, bemüht, nicht über einen der toten Soldaten oder Verfluchten zu stolpern.

Als ich aus einem der Häuser in einer schmalen Gasse ein Geräusch vernehme, bleibe ich stehen und horche. Jemand weint. Da drin verstecken sich zweifellos Leute.

Ich marschiere zur Tür und hämmere gegen das Holz, woraufhin die Stimmen verstummen.

»Hallo?«, rufe ich. »Ist da jemand?«

Schweigen. Natürlich, die armen Leute leiden sicher Todesängste bei dem, was hier draußen vor sich geht.

»Ich habe einen Jungen gefunden, er braucht unbedingt Schutz! Bitte macht die Tür auf!«

Keine Reaktion. Die Leute im Inneren scheinen das für einen Trick zu halten. Das darf doch nicht wahr sein.

»Tut nicht so, als würdet ihr mich nicht hören! Wenn ich euch etwas Böses wollen würde, könnte ich die Tür in Schutt und Asche legen!«

Das klingt, zugegebenermaßen, nicht sehr überzeugend. An deren Stelle würde ich auch keiner Person vertrauen, die droht, meine Tür zu zerstören.

»Ich meine es ernst! Wenn ihr die Verantwortung dafür tragen wollt, dass einem unschuldigen Kind etwas zustößt, schön für euch. Aber ich will es nicht, und ich werde den Jungen in diesem Haus unterbringen, mit oder ohne euer Einverständnis!«

Hinter der Tür erklingen aufgeregte Stimmen, während ich unruhig mit dem Fuß auf und ab tippe.

»Eins«, zähle ich ungeduldig.

Weiterhin Gerede, dieses Mal lauter. Ich habe definitiv keine Zeit zu warten, bis sie ein Ergebnis bei ihrer Diskussion gefunden haben.

Gerade als ich Luft hole, um zwei zu sagen, spricht jemand im Haus ein Machtwort und entriegelt die Tür. Eine alte Frau mit krausem ergrauten Haar taucht im Inneren auf. Als sie meine Augen erblickt, will sie mir die Tür vor der Nase zuschlagen, aber ich mache blitzschnell einen Schritt nach vorn und stelle meinen Fuß auf die Schwelle.

»Halt. Nimm den Jungen. Dann bin ich sofort weg.«

Nachdem ich ihn abgesetzt habe, sehe ich sie an. Sie fürchtet sich vor mir, doch dann fällt ihr Blick auf den Jungen mit seinem verängstigten, verweinten Gesicht, und ihre Miene wird weich. Sie hält wortlos die Tür auf, während sie mich feindselig taxiert.

Sobald der Junge im Haus ist, ziehe ich den Fuß zurück und die Tür wird erneut verriegelt.

Ich atme durch und haste weiter die Gasse entlang, um die anderen wiederzufinden, doch da trifft mich etwas mit voller Wucht in den Rücken, als hätte man einen Blitz durch meinen Körper gejagt.

Der Stoß schleudert mich einige Meter nach vorn und ich lande keuchend auf dem gepflasterten Boden.

Verdammt, was war das?

Bevor ich aufstehen kann, reißt mich eine unsichtbare Kraft in die Höhe.

Magie.

Ich will mich befreien, zapple in der Luft, doch das bringt nichts. Ein goldgelb leuchtender Käfig schließt mich ein.

Geschockt sehe ich nach unten, wo ein Mann in grauer Robe steht, an der eine silberne Brosche in Form einer Hand befestigt ist.

Einerseits erleichtert es mich, dass weder Gauthier noch Davide vor mir stehen. Andererseits kenne ich diesen Zauberweber nicht. Er hat dunkles, schulterlanges Haar, dunkle Haut und beeindruckend grüne Augen, mit denen er mich feindselig anstarrt.

»Ich weiß nicht, wie du hierherkommst«, sagt er, »aber ich sorge dafür, dass du keinen Schritt weitergehst. Du wirst Gauthier nicht zum Sieg verhelfen, Ungeheuer.«

KAPITEL 34

MEINE BESTIMMUNG

Verdammter Mist.

Ich hätte ahnen müssen, dass sich mir Leute in den Weg stellen könnten, die eigentlich auf meiner Seite kämpfen. Die Zauberweber hassen mich und wissen nichts von Thierrys Plan, also glauben sie bestimmt, Gauthier habe mich befreit, um seine Armee der Verfluchten anzuführen.

Die Robe des Zauberwebers ist zerschlissen. Er hat Blessuren im Gesicht und an seinen Händen. Sieht aus, als hätte er schon den einen oder anderen Kampf ausgetragen.

»Du solltest eingesperrt sein«, ruft er. »Ich weiß nicht, wie Gauthier von dir erfahren oder dich befreit hat, aber du entkommst mir nicht.«

»Ich bin nicht hier, um Gauthier zu helfen!«

»Elende Lügnerin. Du bist gekommen, um weitere Zauberweber zu ermorden!«

Das ist wohl eine Frage der Definition.

»Ich will einen *Fluch*weber töten. Und zwar Gauthier persönlich.«

Eigentlich muss ich mich heute sogar um zwei Fluchweber kümmern, doch anders als Gauthier kann Davide auch von jedem anderen getötet werden.

»Spar dir die Lügen, Schattenmädchen!«

Hätte mich auch gewundert, wenn er mir geglaubt hätte. Es wäre schon ein Akt gewesen, einen normalen Menschen von meiner Aufrichtigkeit zu überzeugen, aber ein Zauberweber vertraut mir natürlich dreimal nicht. Sie denken, ich habe diesen Zirkel im Alleingang ausgelöscht, dabei hat mich eines seiner Mitglieder dazu gebracht.

»Du könntest einen Wahrheitszauber nutzen, dann wüsstest du, dass ich ehrlich bin«, schlage ich vor.

Ich muss dringend zum Schloss. Länger zu warten kann ich mir nicht leisten. Den Jungen gerettet zu haben bereue ich nicht, aber ich hätte besser auf meine Umgebung achten müssen. Für einen Moment hatte ich vergessen, dass nicht nur Gauthier und seine Verfluchten mich loswerden wollen.

Der Zauberweber hebt sein Kinn. »Ich verschwende meine Zeit nicht mit Abschaum.«

»Danke, sehr nett«, zische ich. »Warum tötest du mich nicht, wenn ich so abscheulich bin?«

»Das geht dich nichts an.«

Offenbar glaubt er, ich wüsste nicht, dass mein Leben mit dem von Thierry verbunden ist. Eigentlich möchte ich seinen Kollegen nicht verraten, dass ich darüber Bescheid weiß, aber wenn ich will, dass dieser feindselige Zauberweber mich gehen lässt, bleibt mir keine Wahl.

»Derjenige, dessen Leben du zu schützen versuchst, hat mich selbst aus dem Gefängnis geholt.«

Sein Gesicht wird zu einer zornigen Grimasse. »Lügnerin!«

»Er hat mich befreit, damit ich Gauthier töten kann! Wenn du daran zweifelst, solltest du endlich einen Wahrheitszauber nutzen!«

»Nicht nötig.«

»Es wäre aber angebracht«, antwortet eine vertraute Stimme. Ich löse meinen Blick vom Zauberweber unter mir und sehe, wie Thierry aus einer Seitengasse auf uns zukommt. »Sie sagt nämlich die Wahrheit.«

Was für ein Glück. Kurz dachte ich, das wäre es gewesen mit meinem Versuch, Saintoux zu retten.

Thierry hält die Hand, auf deren Rücken Davides Bannzeichen prangt, in der Tasche seiner Robe versteckt. Clever. Ein müder Zauberweber wie der da unten würde im Normalfall nicht gegen ihn kämpfen. Wenn er jedoch von dem Bann wüsste, würde er es vielleicht darauf ankommen lassen. Für mich Partei zu ergreifen macht Thierry verdächtig, immerhin halten mich seine Leute für Gauthiers Komplizin. Davide hat sich auch auf die Seite des Bösen geschlagen, so weit hergeholt wäre das also nicht.

»Was soll das, Thierry? Wo bist du gewesen?« Der Mann funkelt ihn wütend an, während ich weiterhin in seinem magischen Käfig gefangen bin. »Du solltest im Schloss sein. Orianne hat die Königin hinter einer Schutzbarriere versteckt und weigert sich, sie uns zu überlassen. Du musst etwas unternehmen.«

Ich lächle in mich hinein. Scheint, als könnten wir uns auf Orianne verlassen. Also habe ich sie richtig eingeschätzt. Sie würde ihre Königin auch mit Händen und Füßen vor den Zauberwebern verteidigen, wenn es nötig ist.

»Gut«, erwidert Thierry. »Dann sind wir rechtzeitig gekommen.«

Der Mann runzelt die Stirn. »Wovon redest du? Du musst sie zur Vernunft bringen, bevor Victoire in die Hände von Gauthier fällt! Wieso bist du nicht im Schloss? Er ist vor Kurzem mit seiner Armee Verfluchter hier aufgetaucht und von dir fehlte jede Spur!«

»Ich habe daran gearbeitet, Saintoux ein für alle Mal von Gauthier zu befreien«, erklärt Thierry und sieht zu mir hoch. »Dafür brauche ich ihre Hilfe, Sylvain.«

Der Zauberweber sieht ihn an, als hätte er sich tatsächlich gerade als Verbündeter unseres Feindes offenbart. »Du warst das? Du hast dieses Ungeheuer befreit? Nach allem, was sie getan hat?«

Mir entfährt ein Ächzen. »Ich würde ja vorschlagen, du fragst Jules Galliard, was im Kloster passiert ist, aber der Feigling wollte leider nicht für seine Taten geradestehen.«

Jules wollte nie für irgendetwas Verantwortung übernehmen. Er mag lobenswerte Ideale verfolgt haben, ist aber auch zweifelhafte Wege gegangen, um sie zu erreichen.

»Was redet sie da?«, fragt Sylvain an Thierry gewandt, doch der macht eine ablehnende Handbewegung.

»Ein anderes Mal. Jetzt haben wir keine Zeit dafür. Wir brauchen jeden einzelnen Zauberweber, um die Stadt zu verteidigen, aber mehr als alles andere brauchen wir *sie*. Nur sie kann Gauthier erledigen.«

»Du hast den Verstand verloren«, wirft Sylvain ihm vor. »Ich habe von Anfang an nicht begriffen, wieso ausgerechnet du sie gebannt und dann an dich gebunden hast. Und jetzt hintergehst du auch noch den Rat?«

»Es ging nicht anders.«

Im Gespräch mit Orianne hatte Thierry damals behauptet, es sei nur auf diese Weise möglich gewesen, mich zu überwältigen. Nach dem Massaker, das ich angeblich angerichtet habe, haben ihm das wohl einige geglaubt. Dabei ist meine große, unheilvolle Macht nicht mehr als ein Mythos.

»Sie ist der Schlüssel, Sylvain. Sie kann ihn endgültig töten«, redet Thierry weiter auf seinen Kollegen ein.

»Sie ist das Werk *seiner* Magie!«

»Genau deshalb kann sie uns helfen. Lass sie runter. Ohne sie sind wir verloren. Oder willst du wirklich gegen mich kämpfen?«

Sylvains Miene bleibt hart. »Ich traue ihr nicht, und dir traue ich momentan genauso wenig. Mir ist klar, wie mächtig du bist, aber du weißt, dass ich sie mithilfe des Käfigs umbringen kann. Stirbt sie, tust du das auch.«

Ich sehe nervös auf den magischen, golden leuchtenden Käfig, in dem ich schwebe. Könnte der mich wirklich töten? Zerfalle ich zu Staub, wenn ich dagegenstoße?

»Du würdest mich umbringen?«, fragt Thierry mit hochgezogenen Augenbrauen. »Während die Stadt angegriffen wird?«

Sylvain wirft wütend die Arme in die Luft. »Wir können ihr nicht trauen! Wieso verstehst du das nicht? Was ist in dich gefahren?«

Thierrys Frust muss sich schon länger angestaut haben, denn ganz ohne Vorwarnung reißt er seinen Kollegen mit einer Handbewegung von den Füßen. Diese Unachtsamkeit des Zauberwebers reicht aus, damit sein Käfig sich auflöst. Ich stürze zu Boden, direkt auf meine Knie und Hände. Der Pflasterstein schürft meine Haut auf.

Thierry eilt zu mir und stellt sich schützend vor mich.

Sylvain steht derweil wieder auf, den ungläubigen Blick auf Thierry gerichtet. »Was hast du getan?«

»Das Richtige«, erwidert er. »Und jetzt tu mir einen Gefallen und mach dich nützlich, damit wir die Lage in den Griff bekommen.«

Sylvain kräuselt die Lippen. »Wieso sollte ausgerechnet sie Gauthier töten können? Alles, was sie kann, beherrscht er tausendmal besser.«

Ich richte mich auf und ziehe den Dolch aus meinem Gürtel. »Ich erledige ihn hiermit.«

Ein finsterer Ausdruck macht sich auf Sylvains Gesicht breit. »Mit einem Dolch? Seit mindestens fünfzig Jahren habe ich nichts Dümmeres mehr gehört.«

Ein ironisches Lächeln zerrt an meinen Mundwinkeln. »Wie schön, dass du immer von schlauen Menschen umgeben warst. Da werde ich glatt neidisch.«

Er schnaubt empört.

»Das ist kein gewöhnlicher Dolch«, erklärt Thierry ungeduldig. »Er stammt aus der Quelle. Alienor war dort und hat den Wächter besiegt.«

Nicht ich habe den Wächter besiegt, sondern meine Schwester, indem sie sich selbst geopfert hat. Der Gedanke daran fühlt sich mindestens so kalt an wie der See, in dem Davide mich ertränken wollte.

Sylvain sieht erst mich an, dann den Dolch. Er macht eine Handbewegung, als würde er mich zu sich winken, und im nächsten Moment reißt eine unsichtbare Kraft die Waffe aus meinen Fingern.

Bevor ich ihn fragen kann, was das soll, hat er seine Hand um den Dolch geschlossen. Doch sein Triumpf währt nicht lange, denn er schreit schmerzerfüllt auf und lässt die Waffe fallen. Auf seiner Handfläche bleiben schwarze Male zurück, als hätte er sich an dem Holzgriff verbrannt.

»Verflucht noch mal, was war das?«, ruft er.

Obwohl er Schadenfreude verdient hätte, verkneife ich mir ein Lachen und recke stattdessen das Kinn. »Wenn du das nächste Mal etwas stiehlst, solltest du dich vorher vergewissern, was es ist.«

Sophie hatte recht, der Dolch ist *meine* Bestimmung. Er scheint nur für jemanden geeignet zu sein, der Gauthiers Magie in sich trägt und gegen seine Macht immun ist.

»Es reicht!«, stellt Thierry klar. »Lass uns unsere Arbeit erledigen und kümmere dich darum, die Stadt sicher zu machen. Wir haben keine Zeit, uns länger mit dir aufzuhalten. Das ist meine letzte Warnung!«

Ich habe Thierry selten so unbeherrscht erlebt, aber bei allem, was heute auf dem Spiel steht, wundert mich seine Reaktion nicht. Es ist ihm sogar so ernst, dass er einen Feuerball über seiner Handfläche entstehen lässt.

Sylvain presst die Lippen aufeinander. »Das wird ein Nachspiel haben, Thierry. Und ich bete für uns alle, dass du es noch erleben wirst.«

Er kehrt uns den Rücken zu und verschwindet in einer schmalen Seitengasse.

»Alles in Ordnung?«, fragt Thierry besorgt und lässt den Feuerball verpuffen.

»Ja.«

Ich hebe den Dolch auf. Seltsam. Wenn ich ihn berühre, spüre ich die Magie darin gar nicht.

»Wo bist du gewesen, Alienor? Du warst auf einmal weg.«

»Ich habe einem Kind geholfen. Was ist mit dir? Wo sind die anderen?«

»Auf dem *Platz der Ehre* haben sich eine Menge Verfluchte versammelt. Die beiden kämpfen gemeinsam mit den Soldaten.«

Ich ziehe die Stirn kraus. »Hältst du es für eine gute Idee, die zwei allein zu lassen? Was werden die Zauberweber sagen?«

»Das ist eine Ausnahmesituation. Hoffen wir, dass die anderen vernünftiger sind als Sylvain und Unterstützung zu schätzen …«

Seinen Satz kann er nicht mehr beenden, weil von der Seite ein Feuerball auf ihn zurast, so schnell, dass er ihn nicht mehr aufhalten kann. Das brennende Geschoss trifft ihn mit voller Wucht.

KAPITEL 35

DIENERSCHAFT

Der Aufprall wirft Thierry zu Boden. Er bleibt auf den Pflastersteinen liegen und stöhnt. Ruß bedeckt einen Großteil seiner roten Robe, von der zarte Rauchschwaden emporsteigen, aber ansonsten scheint er unverletzt. Die Robe muss feuerfest sein.

Ein Glück.

Meine Erleichterung währt nur kurz, denn der nächste Feuerball rast bereits auf ihn zu.

»Achtung!«, schreie ich.

Dieses Mal ist Thierry schnell genug, um den Arm zu heben und einen Magieschild zu erschaffen, der den Angriff abblockt.

Ich sehe mich hektisch um. Mir fällt nur eine Person ein, die uns sofort attackieren würde. Jemand, der das schon einmal getan hat, und dem die Verbindung von Thierry und mir herzlich egal ist, weil er uns beide tot sehen will.

Tatsächlich tritt Davide aus einer Gasse ganz in der Nähe. Von der Verletzung, die ich ihm zugefügt habe, ist nichts mehr zu sehen. Eine Gruppe Verfluchter trottet hinter ihm her, und auch aus einer anderen Gasse strömen die Kreaturen.

Nicht gut.

Von dieser Position aus kann ich nicht alle im Blick behalten, also konzentriere ich mich auf Davide. Er ist die größte Gefahr.

Ich straffe den Rücken. »Wie schön, dass du es einrichten konntest. Wir wollten schon Suchplakate aufhängen.«

Davide schnalzt mit der Zunge. »Klingt nach einer romantischen Beschäftigung.«

Kommt es mir nur so vor, oder klingt er eifersüchtig? Den Kuss am See scheint er noch nicht verdaut zu haben.

»Gegen Romantik habe ich in der Regel nichts einzuwenden«, erwidere ich angespannt. »Aber die steht gerade nicht sehr weit oben auf meiner Liste.«

Thierry kommt wieder auf die Füße. Sobald er steht, nutzt er einen magischen Stoß, um Davide aus dem Gleichgewicht zu bringen. Der pariert den Angriff jedoch seinerseits mit einem Zauber. Ein Knall ertönt, als die Magien aufeinanderprallen.

Ich ziehe Jeannes Dolch. Dann schnappe ich mir den erstbesten Verfluchten und stoße ihm die Klinge in die Brust, woraufhin er zu Asche zerfällt. Den daneben ereilt dasselbe Schicksal.

»Vergiss es!«, schreit Davide, als Thierry einen seiner Zauber abblockt.

Wieder spüre ich ein unnatürliches Zerren an meiner Hand, das meine Finger zu öffnen versucht. Ich umklammere den Dolch, muss den Griff aber schon kurze Zeit später lösen, weil der Druck zu stark ist. Statt ihn aufzufangen, schleudert Davide ihn in eine Gasse außerhalb meiner Reichweite. Verdammt.

Drei Verfluchte versperren mir den Weg. Ich konzentriere mich auf die Magie in meinem Blut und verändere meine Gestalt, werde zu einem formlosen Schatten, der sich zwischen ihnen hindurchschlängelt. Eine der Kreaturen tritt nach mir.

Au!

Der Schmerz irritiert mich einen Moment, doch ich halte durch, bis ich den Dolch erreiche. Erst jetzt nehme ich wieder meine menschliche Form an und hebe die Waffe auf.

Die Verfluchten stoßen ein Zischen aus. Im nächsten Moment ertönt dasselbe Geräusch hinter mir. Ich wende mich um.

So ein Mist, da sind noch zwei. Sie haben mich eingekesselt. Ich mahle angespannt mit den Kiefern. Wenn ich mich zu lange mit ihnen aufhalte, wird Davide Thierry töten, und ich sterbe mit ihm.

Die beiden Verfluchten hinter mir stürzen sich mit Schwertern auf mich. Ich positioniere mich seitlich, damit ich beide Gruppen im Auge haben kann, und warte, bis die zwei mich fast erreicht haben, bevor ich mich wieder in einen Schatten verwandle. Die Kreaturen kollidieren miteinander, während ich mich hinter sie schleiche und meine normale Gestalt annehme. Gut, jetzt kann ich sie alle sehen.

Sie stoßen ein wütendes Zischen aus.

Betrügerin.

Ich hebe die Augenbrauen. »Aber fünf gegen einen ist fair?«

Erneut löse ich mich in Schatten auf und manövriere mich zwischen den Beinen der Verfluchten hindurch, umkreise sie und gaukle ihnen vor, mich erwischen zu können. Einer lässt sein Schwert auf mich herabsausen, doch ich weiche aus.

Blitzschnell tauche ich hinter einer der Kreaturen auf und stoße ihr meinen Dolch in den Körper, der sofort zu Asche zerbirst. Bevor ein weiterer Verfluchter mich mit seinem Schwert treffen kann, springe ich einige Schritte zurück.

Ich atme tief durch. Immerhin einer weniger. Aber das geht zu langsam. Von hier aus kann ich Thierry nicht sehen. Wo sind bloß Giselle und Rafael, wenn man sie braucht?

Ich strecke meinen freien Arm aus und lasse einen Schatten hervorschnellen, dessen Ende ich zu einer großen Hand forme. Mit aller Macht schließe ich sie um den Hals des nächsten Verfluchten. Unter höchster Konzentration packe ich ihn und ziehe ihn zu mir, sodass ich ihn mit dem Schattenarm dicht über mir halten kann. Dann ramme ich ihm den Dolch in die Brust. Auch von ihm bleibt nichts als Asche übrig.

Zischend und knurrend stürmen die anderen Verfluchten auf mich zu. Ich Genie habe natürlich ausgerechnet die mit den Schwertern am Leben gelassen. Was gäbe ich jetzt für das Talent, jemandem mit einer Handbewegung die Waffe zu entreißen.

Wieder werde ich zu Schatten und überliste die Verfluchten, schlängele mich an ihnen vorbei, bevor sie mich erwischen können. Ich nehme hinter einem Verfluchten wieder Gestalt an und versenke den Dolch in seinem Körper. Er wird zu Asche und sein Schwert fällt klirrend auf den Boden. Ein weiterer Verfluchter ist sofort bei mir, doch ich verpasse ihm einen kräftigen Tritt zwischen die Beine. Er heult auf und zischt, während er sich vor Schmerz krümmt. Den Moment nutze ich, um auch ihn loszuwerden.

Bleibt nur noch einer.

Mithilfe des Dolchs pariere ich seinen Schwerthieb, dann trete ich ihm ebenfalls dorthin, wo es besonders wehtut, und nutze seine Deckungslosigkeit, um seinem Dasein ein Ende zu bereiten. Inzwischen sieht die Straße aus, als wäre ein schwarzer Sandsturm hindurchgefegt.

Ich eile aus der Gasse und entdecke Thierry, der einige Meter entfernt auf dem Boden kniet. Er atmet schwer und seine Robe ist zerfetzt. Dort, wo der Stoff ihn nicht mehr schützt, erkenne ich einige Brandwunden. Keine Ahnung, wie viel Feuer er abbekommen hat, aber Davide muss ihn ziemlich malträtiert haben.

»Alienor, bleib zurück!«, ruft er mit rauer Stimme. »Geh wieder in die Gasse!«

Warum sagt er das? Ich werde ihn ganz sicher nicht auf dem Boden kauernd zurücklassen.

Davide steht seelenruhig bei Thierry, als würde er sich kein Stück vor mir fürchten.

Bevor ich handeln kann, erwischt mich etwas am Kopf. Ein kühler roter Schleier aus Magie. Ich bleibe abrupt stehen und fasse mir an die Stirn.

O nein. Nicht das. Bitte nicht.

»Komm zu mir«, ruft Davide mit einem Grinsen im Gesicht, das ihn noch unausstehlicher macht.

Ich setze mich in Bewegung und gehe langsam auf ihn zu, als ob es genau das ist, was ich aus tiefster Überzeugung tun will.

Nein, stopp. Das ist falsch.

Aber wenn es falsch ist, warum fühlt es sich dann so richtig an? Ich sollte weitergehen. Ich muss weitergehen. Ich *will* weitergehen. Trotzdem nagt dieser leise Zweifel an mir, der sich gegen all das wehrt.

»So ist es gut, meine Liebe«, ermutigt Davide mich.

Seine Stimme klingt melodisch, so verführerisch, als wäre er ein Dirigent, der seinen Taktstock schwingt, und ich das Ensemble, das seine Anweisungen befolgt.

»Hör auf, Davide!«, schreit Thierry. »Komm zur Vernunft!«

Thierry sieht schlecht aus. Er schwitzt, seine Robe ist an vielen Stellen von den Flammen aufgerissen und ein Zauber hält ihn am Boden fest, während er schockiert dabei zusieht, wie ich einen Schritt vor den anderen setze.

»Komm an meine Seite«, säuselt Davide.

Ich gehorche.

Neben ihm bleibe ich stehen, sehe ihn an wie eine Hündin ihren Herrn, bereit, jeden noch so absurden Befehl zu befolgen, um seine Anerkennung zu gewinnen. Ich verehre diesen Mann, würde alles für ihn tun. Wirklich *alles*. Und doch …

»Nimm den Dolch, den du aus der Quelle entwendet hast.«

Es klingt wie eine gute Idee, also befolge ich sie, denn diese wundervolle Stimme hat es mir aufgetragen. Der Dolch wiegt schwer zwischen meinen Fingern. Als ich ihn vorhin gehalten habe, war er leichter. Aber warum?

»Und jetzt geh zu Thierry.«

»Nein, Davide. Schluss damit.«

Thierry versucht verzweifelt, sich gegen das zu wehren, was ihn lähmt. Ohne Erfolg.

»Sie wird tun, was ich sage. Sie wird alles tun, was ich verlange.«

Stimmt, ich würde alles tun. Jeden Befehl, den er mit dieser seidenweichen Stimme ausspricht, werde ich befolgen. Es ergibt keinen Sinn, dass ich das denke, aber gleichzeitig war noch nie zuvor in meinem Leben etwas so sinnvoll.

Ich gehe auf Thierry zu, meine Finger sind fest um den Dolch geschlossen.

»Das ist Wahnsinn!«, ruft Thierry, als wüsste er, was Davide vorhat, dabei weiß nicht einmal ich es. Ich weiß nur, dass ich weitergehen muss, immer weiter, Schritt für Schritt.

»Die wirklich guten Liebesgeschichten enden immer tragisch, oder, Thierry?«

Gegen meinen Willen muss ich lächeln. Alles endet. Das Schöne, das Hässliche, das Gute wie das Schlechte. Nur meine Dienerschaft bleibt für die Ewigkeit.

»Komm zur Vernunft! Tu das nicht, bloß weil ich dich abgelehnt habe.«

»Du hast mich nicht nur abgelehnt, du hast mich schamlos hintergangen. Ich habe dich geliebt. Wir waren Kollegen. Freunde. So viele Jahre, in denen wir gemeinsam gelernt haben, und du zerstörst alles für dein *Erbe.*«

»Es tut mir leid!«

Thierry lässt mich nicht aus den Augen. Wieso sieht er mich so an? Warum ist sein Gesicht von Schmerz gezeichnet? Was ich tue, ist Schicksal. Es soll so geschehen, weil die Stimme es befiehlt.

»Es tut dir leid«, wiederholt Davide verächtlich. »Das ist alles? Du bist erbärmlich, Thierry. Du verdienst dein Ende, genau wie sie. Ihr beide werdet gemeinsam untergehen, in trauter Zweisamkeit. Damit tue ich euch sogar einen Gefallen. Gauthier hätte euch viel mehr leiden lassen.«

»So siehst du das?«, fragt Thierry fassungslos, als ich fast bei ihm bin. »Als einen Akt der Gnade?«

Eine Emotion huscht über Davides eiserne Miene. Stünde ein anderer Mann vor mir, würde ich sie für Reue halten. »Ihr werdet sowieso sterben. Gauthier will sie tot sehen. Ich könnte nichts für euch tun. Nicht einmal dann, wenn ich es wollte.«

Ich bleibe vor Thierry stehen.

»Du könntest uns gehen lassen, damit wir unser Schicksal selbst in die Hand nehmen, aber du willst nicht. Weil du blind vor Hass bist. Du denkst, an Gauthiers Seite ergeht es dir besser.«

Ich wende mich zu Davide um, erwarte gierig seinen Befehl, aber er ist noch mit Thierry beschäftigt.

»Der Pfad, auf dem ich wandle, kennt nur eine Richtung. Ich kann nicht mehr zurück. Dafür ist es zu spät, das weißt du.«

Wenn ein Zauberweber zu sehr in den schwarzen Künsten versinkt, verliert er sich selbst. Wir nennen solche Leute Fluchweber.

Genau das unterscheidet die beiden Männer, zwischen denen ich stehe. Aber für mich zählt in diesem Moment einzig Davide, denn nur seine Stimme erfüllt mich.

»Ich will, dass du Thierry mit dem Dolch tötest«, verlangt er, wobei seine Worte so unfassbar schön klingen wie ein göttlicher Singsang.

Ich drehe mich um.

»Nein!«, ruft Thierry. »Alienor, bitte, du musst zu dir kommen! Kämpf dagegen an!«

»Das kann sie nicht«, sagt Davide.

Ich gehe in die Knie, direkt vor Thierry, der außerstande ist, sich zu rühren. Etwas an diesem Gesicht gefällt mir, aber ich vermag nicht zu sagen, was es ist. Ich weiß nur, dass diese silbergrauen Augen für immer geschlossen werden müssen. Von mir.

»Alienor«, flüstert er. »Denk darüber nach, wer du bist. Du musst das nicht tun.«

Wovon redet er? Natürlich muss ich. Ich muss auf die Stimme hören, die mir Befehle gibt. Sie allein verrät mir, was richtig ist.

»Pack ihn am Kragen«, befiehlt Davide.

Ich tue, was er verlangt, und nutze meine freie Hand, um Thierry am Kragen seiner Robe festzuhalten. Dabei sehe ich ihm direkt in das blasse Gesicht. Seine Augen sind geweitet, sein Atem geht flach.

»Meine mutige Rose«, wispert er. »Du bist so wunderschön und stark. Lass nicht zu, dass er etwas aus dir macht, was du nicht bist.«

Die Worte lösen etwas in mir aus. Lassen mich an dem zweifeln, was ich tue. Warum will ich diesen Mann töten, obwohl er mich so liebevoll ansieht und mir diese süßen Worte zuflüstert?

»Töte ihn!«, ruft Davide ungeduldig, als hätte ich etwas falsch gemacht.

Ich darf ihn nicht enttäuschen, deshalb verstärke ich den Griff um die Waffe und hole aus. Dabei sehe ich in diese vertrauten Augen, die meinen Blick festhalten. Obwohl ich es nicht will, muss ich mit der Klinge zustoßen. Ich muss, ich muss, ich muss.

Plötzlich ertönt ein Röcheln hinter mir. Ein gurgelndes Geräusch, das so grauenvoll klingt, dass ich eine Gänsehaut bekomme.

Der Schleier, unter dem ich begraben gewesen bin, fällt. Fassungslos lasse ich meinen Arm sinken und sehe in Thierrys vor Schreck geweitete Augen.

Ich blicke über die Schulter. Ein blutiger Eiszapfen ragt aus Davides Brust. Mit leerem Blick sackt er in sich zusammen und gibt den Blick auf Giselle frei, die ein paar Meter hinter ihm steht.

Sie lächelt triumphierend und entblößt dabei ihre spitzen Eckzähne. »Einundzwanzig.«

KAPITEL 36

KEINE ZEIT FÜR FEINDSELIGKEITEN

Einen Moment lang bin ich zu benommen, um zu begreifen, was passiert ist. Dieses widerlich pelzige Gefühl in meinem Kopf erinnert mich an das, was im Kloster geschehen ist, als Jules mir mit schwarzer Magie seinen Willen aufgezwungen hat.

Mit zittriger Hand stecke ich den Dolch weg und sehe Thierry an. Er atmet schwer, sein Blick ruht noch immer auf mir. Seine Finger finden meine, er verschränkt sie mit ihnen, während ich in seinen Augen versinke.

Fast hätte ich ihn umgebracht.

Wir halten einander fest, als wir gemeinsam aufstehen. Mit dem Daumen streicht er über meine Haut, in kreisenden Bewegungen, die mich beruhigen. Ich will ihn nicht mehr loslassen, habe Angst, er könnte mir entschweben, sobald ich es tue.

»Ihr seid wirklich ein hübsches Paar. Ich könnte euch malen, wisst ihr? Dafür bekäme ich bestimmt einen guten Preis.«

Wir wenden uns Giselle zu. Um ihre blutverschmierte Hand schlängelt sich ein seltsamer Frost aus glitzerndem Nebel, der wie ein kleiner Schneesturm aussieht. Woher kommt das? Ich kann Rafael nirgends entdecken, und das würde bedeuten …

»Was hast du mit dem Flüsterer gemacht?«, fragt Thierry dicht neben mir.

»Keine Sorge, es geht ihm gut«, erwidert sie und senkt den Arm. »Auf dem Marktplatz ist das reinste Chaos ausgebrochen. Es gibt viele

Verletzte. Unser Eisprinz ist zurückgeblieben, um ihre Wunden zu versorgen.« Sie schwenkt ihre Hand und betrachtet die Eiskristalle darauf. »Er hat es erlaubt.«

Ich starre sie ungläubig an. »Warte ... Rafael hat dir gestattet, sein Blut zu trinken?«

Das kann ich mir kaum vorstellen. Nicht nur, dass es verboten ist. Ausgerechnet Rafael war Giselle gegenüber so skeptisch. Könnte ihn der Kampf wirklich umgestimmt haben?

»Wir brauchen heute jeden erdenklichen Vorteil«, sagt sie nachdrücklich. »Hier ist die Hölle los.«

Da hat sie allerdings recht. Sehr löblich, dass Rafael geblieben ist, um den Verwundeten zu helfen, auch wenn wir ihn ebenfalls brauchen könnten. Mir ist unwohl dabei, ihn unter Zauberwebern allein zu lassen, aber wir müssen schnellstens zum Schloss, um Gauthier zu töten. Solange der Kampf tobt, werden die Zauberweber Rafael in Ruhe lassen.

»Du kannst also Eiszapfen durch die Gegend schleudern?«, frage ich Giselle mit Blick auf den toten Davide.

Sie grinst. »Ja. Und ich muss dafür nicht einmal viel tun.«

Sie lässt einen kleinen Eiszapfen über ihrer Handfläche erscheinen, ohne auch nur ein Wort zu sagen. Ich schlucke. Rafael musste mit Wasser arbeiten, um Eis zu erschaffen, und er musste mit dem Element kommunizieren wie mit einem Lebewesen. Das ist also der Grund, warum man Vampire tunlichst von Flüsterern fernhalten sollte. Weil sie noch stärker werden. Nimm einem Flüsterer sein Element und er ist machtlos. Für Giselle gilt das offenbar nicht.

»Ich hoffe, du nutzt das nicht für die falschen Zwecke«, mahnt Thierry.

Giselle lacht. »Wenn ich das wollte, hätte ich wohl kaum dein Leben gerettet und dich damit von deinem Bann befreit, Monsieur Poitiers. Gern geschehen, übrigens.«

Thierry lässt mich los und starrt auf seinen Handrücken. Der Dolch ist verschwunden. Ich werfe ihm einen Seitenblick zu. Eigentlich würde ich mich jetzt gern unter vier Augen mit ihm unterhalten, aber das muss warten.

»Lasst uns gehen«, dränge ich. »Wir müssen zum Schloss.«

Thierry nickt. »Ich übernehme das.«

Er hebt beide Arme und erschafft eine leuchtende Passage, die so stabil aussieht wie eh und je. Dann reicht er sowohl Giselle als auch mir eine Hand.

»Sind wir hierfür wirklich bereit?«, frage ich leise.

Schon jetzt bin angestrengt und aufgekratzt zugleich, was im Kampf gegen Gauthier keine große Hilfe sein wird.

Thierry wirft mir ein schiefes Lächeln zu. »Wir müssen es sein.«

»Ich habe mittlerweile einundzwanzig Verfluchte getötet, falls ich es noch nicht erwähnt habe«, meint Giselle und ergreift Thierrys Hand. Er zuckt zusammen, weil er ihre kalte Seite erwischt hat. »Und ihr?«

»Als hätte ich Zeit gehabt, sie zu zählen«, erwidert Thierry empört.

Ich kämme mir mit den Fingern die Haare aus dem Gesicht. »Wir hatten Besseres zu tun.«

»Wirklich? Dann tut es mir leid, euch davon abgehalten zu haben. Jedenfalls habe ich vor zu gewinnen.«

»Wenn Gauthier tot ist, gewinnen wir alle«, sage ich und lege meine Hand in Thierrys.

Er drückt sie fest, bevor wir gemeinsam durch die Passage gehen. Dieses Mal dauert es kaum einen Wimpernschlag, bis wir festen Boden unter den Füßen haben. Jetzt, da Thierry wieder im Vollbesitz seiner Kräfte ist, fühlt es sich auch nicht mehr an, als würde ich auseinandergerissen werden.

Wir sind auf einem Balkon gelandet, von dem aus man die gesamte Stadt überblicken kann. Scheint, als wären wir im zweiten Stockwerk des Schlosses, direkt über den Haupttoren. Selbst hier oben kann ich die Kampfgeräusche hören.

Ich sehe nach unten, direkt auf eine große Gruppe Verfluchter. Soldaten kämpfen mit ihnen, versuchen sich gegen die Massen zu wehren, damit sie nicht das Schloss stürmen. Mir wird schlecht. Vereinzelte Zauberweber feuern magische Angriffe auf die Kreaturen ab, doch sie sind in der Unterzahl. Sie sind nicht vorbreitet, weil sie dachten, sie könnten den Fluch mit ihrem Opferzauber beenden.

Thierry beugt sich über die Balustrade. »Gauthier war hier. Da unten liegen tote Zauberweber. Er muss sie aus dem Weg geräumt haben.«

»Glaubst du, er ist im Schloss?«

Die schwarze Magie ist omnipräsent, aber bei so vielen Verfluchten ist das kein Wunder. Schwer zu sagen, wo unser Feind sich aufhält.

»Höchstwahrscheinlich.«

»Dann müssen wir uns beeilen.«

Als ich mich umdrehe und losmarschiere, packt Thierry mich am Handgelenk. »Ich muss ihnen helfen. Es ist meine Schuld, dass das hier passiert. Ich habe sie nicht vorgewarnt.«

Er klingt schuldbewusst, obwohl wir beide wissen, dass es keine andere Möglichkeit gab, unser Ziel zu erreichen. Thierry musste seinen Plan geheim halten.

»Wir brauchen dich auch«, erwidere ich.

»Ich weiß. Ich komme nach, so schnell ich kann.« Er lässt meinen Arm los. »Im Schloss könnten einige Zauberweber sein. Findet Orianne. Ich kenne niemanden, der mächtigere Kriegszauber beherrscht als sie.«

Ich will protestieren und ihm sagen, dass wir *seine* Hilfe benötigen, jetzt mehr denn je, und dass Gauthier oberste Priorität hat. Er weiß das. Aber am Ende bin ich es, die Gauthier töten muss. Das ist meine Bürde. Thierry und ich sind die größte Schwäche des jeweils anderen, das haben wir gerade eben gesehen, und diese Tatsache ist unserem Feind ebenfalls bewusst. Ich habe keinen Zweifel, dass Gauthier das ausnutzen würde, genau wie bei Sophie und meinem Vater. Noch jemanden werde ich nicht an ihn verlieren.

»Einverstanden«, antworte ich. »Pass auf dich auf.«

Er lächelt und streicht mit dem Handrücken über meine Wange. »Und du auf dich.«

Dann wendet er sich mit ausgebreiteten Armen dem Schlachtfeld unter uns zu. Feuerpfeile erscheinen vor ihm, ausgerichtet auf den Boden vor dem Schloss. Mit einer flinken Handbewegung schickt er einen nach dem anderen hinunter. Sie schlagen krachend auf dem

Boden ein. Sobald ein Pfeil verpufft, erschafft Thierry den nächsten. Die Luft flimmert vor Hitze und Magie.

Ich kehre dem Kampf den Rücken zu und folge Giselle. Wir betreten das Schloss durch eine verglaste Tür, an der sich Rosenranken hinaufschlängeln.

»Wäre das nicht der perfekte Moment für einen Abschiedskuss gewesen, Schätzchen?«

»Das war kein Abschied«, sage ich, wobei da mehr Hoffnung als Wissen aus mir spricht.

»Wie schön, dass du ihm seinen Verrat verziehen hast. Für eine so großherzige Vergebung ist dir ein Platz im Paradies sicher.«

Wir hasten durch das Zimmer, das ein Schlafgemach sein muss, zumindest, wenn es nach dem großen Himmelbett im Zentrum geht. Statt gegen Gauthier zu kämpfen, würde ich mich jetzt viel lieber dort hineinlegen.

»Ich habe ihm nicht vergeben.«

»Nein?«

»Nein. Ich bin einfach nur eine sehr willensschwache Frau.«

Giselle lacht. »Hoffen wir, das gilt nur für Liebesangelegenheiten.«

Durch eine hellgrüne, mit Rosenmustern verzierte Holztür gelangen wir in einen weiteren Raum, in dem ein gigantischer bunter Teppich den Boden bedeckt. Er ist genauso grässlich wie der in dem Raum, in dem Thierry und ich vor ein paar Tagen gelandet sind. Achtlos treten wir mit unseren dreckigen Stiefeln darauf, um zur nächsten Tür zu gelangen.

Wo mag Orianne die Königin versteckt halten? Sie könnte überall sein.

Die Kerzen im Kronleuchter an der Decke und in den goldenen Haltern an den Wänden brennen, also muss vor Kurzem jemand hier gewesen sein.

Als wir den Flur entlanghasten, bemerke ich, dass einige der bodentiefen Fenster gesprungen sind. Beim Anblick eines intakten Fensters bleibe ich abrupt stehen, um hindurchzusehen. Draußen zucken Blitze durch die Luft. Feuerbälle schießen in die Höhe. Sie müssen magischer Natur sein. Und wo Magie ist …

»Halt!«, rufe ich Giselle zu. »Siehst du das?«

Ich deute nach draußen, woraufhin sie zu mir gelaufen kommt.

»Das ist der Innenhof«, erklärt sie sofort.

»Woher weißt du das?«

»Weil ich in dieser Stadt aufgewachsen bin. Als Tochter eines Adligen.«

Ich sehe sie überrascht an. Das erklärt eine Menge – ihre Manieren, ihren Hang zur Kunst und all das Geld.

»Geh voraus«, weise ich sie an.

So schnell wir können, eilen wir die Treppen hinunter. Auf den Stufen finden wir tote Soldaten und die Leichen mehrerer Zauberweber. Hier hat ein Kampf stattgefunden, das verraten die zerbrochenen Vasen und die Brandflecken auf dem Boden. Verdammter Gauthier. Im Schloss leben neben der Königin eine Menge anderer Leute. Ich kann nur hoffen, dass sich so viele wie möglich in Sicherheit bringen konnten.

In der Eingangshalle sieht es am schlimmsten aus. Tontöpfe, in denen Pflanzen gesteckt haben, sind zertrümmert, wodurch überall auf dem Boden feuchte Erde verteilt ist. Vor uns liegt eine umgestürzte Bank, die da vorher definitiv nicht gestanden hat, und die Marmorfliesen tragen Spuren von Brand- und Frostzaubern. Auf dem Boden liegt ein weiterer toter Zauberweber, doch ich kann nicht einmal eine Wunde erkennen. Nur die geöffneten Augen, mit denen er in einen grauen Himmel starrt.

Zwar entdecke ich keine Zivilsten, aber das relativiert die Toten nicht. Hoffentlich kommen wir rechtzeitig. Wenn Gauthier die Königin in die Finger bekommt, waren all die Opfer umsonst.

Die große Flügeltür, die zum Innenhof führt, steht offen. Draußen zischt und kracht es, als würde ein Gewitter toben.

Zwei Personen stehen sich auf verschiedenen Seiten des Hofs gegenüber. Eine davon ist Orianne, die andere Gauthier, in seiner echten Gestalt und einer nachtschwarzen Robe. Sie hetzen einander verschiedene Zauber auf den Hals. Zauber aus Flammen, aus Wind und Sturm, aus Energie und Dunkelheit. Letzteres macht sich vor allem Gauthier zunutze. Immer wieder erschafft einer von ihnen einen Schild, um den Angriff des anderen verpuffen zu lassen oder in den Himmel zu lenken.

»Du kannst deine Königin nicht für immer verstecken«, ruft Gauthier.

Allein ihn zu sehen sorgt dafür, dass die dunkle Magie in mir unkontrolliert aufwallt. Alles, was mir in den letzten Jahren widerfahren ist, hat er zu verantworten. Unzählige Menschen mussten wegen seiner Arroganz leiden. Heute wird dieser Schrecken ein Ende finden.

Ich mache einen Schritt nach vorn, doch Giselle hält mich an der Schulter fest. »Noch nicht«, murmelt sie. »Warte auf mein Zeichen.«

Sie streckt die Hände aus, und plötzlich entsteht eine dicke Eisschicht zu Gauthiers Füßen, die ihn festhält. Das Eis klettert an ihm empor.

»Jetzt!«

Ich nutze meine Magie, um in Sekundenschnelle bei Gauthier zu sein. Sofort ziehe ich meine Waffe, doch bevor ich ihn erreichen kann, stößt er mich mit einer Druckwelle zurück, die so heftig ist, dass ich auf dem Rücken lande. Gauthier erschafft einen Flammenball und greift mich damit an. Sein Zauber prallt gegen eine Schutzmauer.

Ich stehe auf und sehe neben mich, wo Orianne steht. In ihrem Gesicht finde ich keinerlei Wärme.

»Wo ist Thierry?«, will sie wissen.

»Vor dem Schloss. Er kümmert sich um den Ansturm der Verfluchten.«

»Was ist mit seinem Bann?«, fragt sie und schießt einen magischen Blitz in Gauthiers Richtung.

»Der ist Geschichte.«

»Gut. Das bedeutet hoffentlich, dass ihr Erfolg hattet, und dass dieser Bastard auch bald Geschichte sein wird.«

Ich nicke grimmig, als ich sehe, wie Gauthier Oriannes Zauber abwehrt. »Das wird er.«

Er entledigt sich des Eises an seinen Beinen. Ein Eiszapfen schnellt auf ihn zu, aber er fängt ihn ab und lässt ihn in der Luft zersplittern. Während Orianne ihn weiterhin mit allem beschießt, was sie hat, nutze ich meine Schatten, um ihn anzugreifen.

Giselle kommt zu uns herüber. »He, Zauberweberin. Errichte einen Schutzschild um uns.«

Orianne hält für einen Moment inne und starrt Giselle schockiert an, als sie erkennt, dass sie eine Vampirin ist, die noch dazu die Kräfte eines Flüsterers nutzt. Doch in dieser Situation bleibt keine Zeit für Feindseligkeiten oder Diskussionen.

»Sie ist auf unserer Seite«, versichere ich.

Ich hätte nicht gedacht, dass ausgerechnet Orianne mir glaubt, aber sie erschafft tatsächlich einen Schutzschild um uns. Sie wirkt erschöpft. Auch Gauthier hat Blessuren davongetragen, und das Blut an seiner Hand beweist mir, was ich längst vermutet hatte: Er macht Gebrauch von schwarzer Magie. Wie lange die beiden wohl schon kämpfen? Wie viel Magie mag Orianne noch übrig haben?

Während Gauthier den Schild beschießt und Orianne alles gibt, um ihn aufrechtzuerhalten, breitet Giselle die Arme aus.

Durch den Schild hindurch sehe ich, wie sich der Himmel über uns verdunkelt. Augenblicklich beginnt es stärker zu regnen, dann erbarmungslos zu schütten. Im nächsten Moment sind es keine Regentropfen mehr, sondern Hagelkörner. Aus den Hagelkörnern werden schließlich handflächengroße Kugeln, die auf unseren Schild herabdonnern – und auf Gauthier.

Zuerst scheint er überrascht, aber dann errichtet auch er einen Schild über sich. Giselle beißt die Zähne zusammen, während sie mehr Kraft in ihren Angriff steckt. Der Hagel wird mächtiger, ein unerbittlicher Sturm, der auf den Innenhof niedergeht, doch er erreicht Gauthier nicht.

Stattdessen breitet er selbst die Arme aus. Wenig später geht eine so gewaltige magische Druckwelle von ihm aus, dass Oriannes Schild zerbirst. Wir verlieren den Halt und werden einige Meter zurückgeschleudert. Das magische Wetter endet abrupt. Gauthier fegt das Eis auf dem Boden mit einem Windstoß fort, als wäre es lediglich kalter Staub.

Ich richte mich ächzend auf, bemerke, dass sich der Dolch nicht mehr in meiner Hand befindet. Hektisch sehe ich mich um. Verdammt, wo ist er hin?

Bevor ich ihn entdecken kann, reißt es mich erneut von den Füßen. Dieses Mal fliege ich jedoch nicht rückwärts, sondern werde durch die Luft nach vorn gerissen, direkt auf Gauthier zu.

Er hält mich in der Luft gefangen und formt ein Schwert aus Dunkelheit.

»Du kommst spät, Schattentänzerin«, sagt er mit einem finsteren Lächeln auf den Lippen. »Aber du hast Glück. Hinrichtungen fangen immer erst an, wenn der Verurteilte eintrifft.«

KAPITEL 37

DER WEG INS PARADIES

Er holt aus, um mit dem Schwert zuzustechen, doch ich hülle mich in Schatten und sorge dafür, dass seine magische Waffe nicht zu mir durchdringt. Immer wieder spüre ich, wie mein Mantel aus Magie getroffen wird, aber ich gebe nicht nach.

Dann falle ich auf den Boden.

Erst als ich aufstehe, sehe ich, warum Gauthiers Einfluss nachgelassen hat: Links von mir sausen Feuergeschosse nach vorn und rechts von mir Eiszapfen. Ich stolpere einige Schritte rückwärts. Gauthier blockt beide Angriffe mit einem Schild ab.

Mit zusammengepressten Lippen erschaffe ich Schattenschwerter in der Luft, die ich auf unseren Feind hetze. Ich lasse all meinen Zorn in die Attacke strömen. Die Klingen prallen mit Wucht gegen Gauthiers Schutzmauer und verbinden sich mit den Angriffen meiner Verbündeten.

In seinem Schild entstehen feine Risse. Ich gehe weiter an mein Limit und schreie so laut ich kann, aber die Mauer bricht nicht.

Orianne hört auf, Gauthier mit Feuer zu beschießen. Stattdessen nutzt sie reine magische Energie. Immer und immer wieder zielt sie auf die Stelle des Schutzes, die ich auch unter Beschuss nehme. Als Giselle bemerkt, was wir tun, tut sie es uns gleich.

Schließlich bricht der Schild. Unsere Angriffe können jedoch nicht zu Gauthier durchdringen, weil seine Mauer in so einer Heftigkeit explodiert, dass es uns erneut von den Füßen reißt.

Die altbekannte fremde Macht hebt mich hoch. Ich sause rückwärts durch die Luft und werde mit dem Rücken gegen eine Marmorsäule geschleudert. Beißender Schmerz durchfährt mich.

Statt herunterzufallen, schwebe ich in der Luft. Dunkle, magische Fesseln legen sich um meinen Körper und ketten mich an die Säule. Aus dem Augenwinkel sehe ich, wie bei Giselle dasselbe passiert.

Ich will meine Kräfte nutzen, doch die Fesseln hindern mich daran. Sie entziehen mir meine Energie.

»Ihr kommt gleich dran«, ruft Gauthier uns zu.

Wie kann es sein, dass ihm keiner unserer Angriffe irgendetwas ausmacht? Ich muss zu meinem Dolch und ihn damit verletzen, aber gerade erscheint mir das unmöglich.

Orianne ist wieder auf den Beinen und schleudert den nächsten Zauber auf Gauthier, der ihn mit dunkler Magie pariert. Es ist unfassbar, wie viele mächtige Zauber Orianne auf ihn feuert. Mit ihrer Macht könnte sie Armeen im Alleingang bezwingen. Trotzdem schafft sie es nicht, diesen einen Fluchweber auszuschalten.

Ihre Angriffe werden verzweifelter, doch Gauthier erwidert jeden davon, nur finsterer und unbarmherziger.

Ich versuche mich von den Fesseln zu lösen, versuche eine Verbindung zu ihrer Magie aufzubauen, aber es gelingt mir nicht. Je verbissener ich mich wehre, desto mehr Kraft verliere ich.

Orianne gibt alles, was sie hat, blockt Gauthiers Angriffe ab und greift selbst an, immer und immer wieder. Thierry hatte recht, sie ist eine ausgezeichnete Kämpferin. Aber sie wird langsamer, ihre Zauber schwächer. Wenn ich mit meiner Vermutung richtigliege, musste sie auch schwarzmagische Angriffe abwehren. Wie viel Kraft sie das wohl gekostet haben mag?

Als Gauthier den nächsten Angriff abfängt, erwischt er Orianne mit einem Zauber, der sie kurzzeitig erstarren lässt. Diesen Moment nutzt er, um sie in die Luft zu heben.

»Gut gekämpft, meine Liebe«, ruft er. »Aber nicht gut genug.«

Er hebt die blutverschmierte Handfläche. Ein rotes Leuchten entsteht und fliegt auf Orianne zu. Sie wehrt sich mit Händen und Füßen, doch als der Zauber sie erreicht, wird sie still.

»Jetzt sag mir, wo die Königin ist«, befiehlt Gauthier.

Mein Mund ist staubtrocken. Ich weiß, was passieren wird, schließlich habe ich es selbst erlebt. Egal wie mächtig Orianne sein mag, dagegen kann sie nichts ausrichten.

So laut ich kann stimme ich ein Lied aus meiner Kindheit an. *Der Mond am silbernen Sternenhimmel.* Vater hat es Sophie und mir vor dem Schlafengehen vorgesungen, sanft und leise. An meinem Gesang ist jedoch nichts Sanftes oder Leises mehr. Im Gegenteil, denn ich will damit verhindern, dass Gauthier Oriannes Worte hört. Zu meiner Überraschung stimmt Giselle mit ein.

»Ruhe!«, schreit Gauthier.

Ich öffne meinen Mund, singe weiter, doch plötzlich kommt kein Ton mehr über meine Lippen, als hätte ich meine Stimme verloren. Giselle ergeht es genauso.

»Und jetzt«, sagt Gauthier zu Orianne, »wiederhol, was du gesagt hast.«

Orianne stockt, scheint sich mit aller Macht gegen den Impuls zu wehren. Ich weiß, wie das ist. Alles, was er ihr sagt, klingt vernünftig und verlockend. Obwohl da eine leise Stimme ist, die ihr zuflüstert, dass es falsch sei, wird sie ihr nicht widerstehen können.

»Sie … ist … im blauen Zimmer …«, stößt Orianne widerwillig hervor. »Hinter … dem Spiegelsaal. Die Tür ist … mit einem Bann versiegelt.«

Ein boshaftes Lächeln erscheint auf Gauthiers Lippen. »Na also. Damit hast du deinen Zweck erfüllt. Aber weil ich deinen Einsatz respektiere und deine Talente zu schätzen weiß, werde ich dich verschonen.«

Es klingt großzügig, aber ich traue seinen Worten nicht, denn wenn Gauthier eines nicht tut, dann, aus Nächstenliebe Gnade walten lassen.

Er richtet seine zweite Hand auf Orianne und lässt schwarze Magie in ihre Richtung strömen. Sie beginnt zu schreien, so schrill, wie ich erst einmal in meinem Leben jemanden habe schreien hören, und das ist drei Jahre her.

Was auch immer er tut, scheint sie äußerlich nicht zu verletzen, aber innen muss es gänzlich anders aussehen.

»Aufhören!«, brülle ich, überrascht, dass meine Stimme wieder funktioniert.

Gauthier macht weiter und Orianne schreit sich die Seele aus dem Leib, so laut, dass ich mir die Ohren zuhalten will. Doch egal wie sehr ich mich winde, ich bin an diese Säule gefesselt und muss zusehen, wie dieser Mistkerl sie quält.

»Lass sie in Ruhe!«

Meine Worte bewirken nichts, denn Gauthier ignoriert sie eiskalt. Die dunkle Magie kreist um Orianne, macht sie besinnungslos, und als sie endlich aufhört zu schreien, lässt Gauthier sie auf den Boden sinken. Sie sieht schrecklich aus, mit dunklen Schatten unter den Augen und einem gebrochenem Ausdruck im Gesicht. Ihre Erschöpfung ist so groß, dass sie nicht einmal aufstehen kann.

»Und nun zu euch«, sagt Gauthier.

Mit einer Handbewegung befreit er Giselle von den Fesseln und reißt sie nach vorn, unmittelbar vor sich, wo er sie wenige Zentimeter über den Boden hält.

»Eine Vampirin mit Flüstererkräften. Wie interessant.« Er legt den Kopf schief. »Ich weiß, warum du hier bist. Du willst mein Blut.«

»Woher weißt du davon?«, erwidert Giselle überrascht. Auch ich bin schockiert, bis Gauthier mir ein wissendes Lächeln zuwirft.

»Ich habe meine Quellen.«

Verdammt, das hat er in meinen Erinnerungen gesehen. Er weiß nicht nur alles über mich, er kennt auch meine Verbündeten. Dieses Wissen nutzt er jetzt schamlos aus.

»Mein Blut wird dich nicht von deinem Fluch befreien«, sagt Gauthier zu Giselle.

Ihr entfährt ein freudloses Lachen. »Natürlich würdest du das behaupten, um zu verhindern, dass ich dich töte.«

Gauthier grinst. »Mich töten? Du magst das Blut eines Flüsterers getrunken haben, aber für mich bist du keine Gegnerin. Niemand von euch ist das. Ich habe keinen Grund, Falschaussagen zu meinem Schutz zu treffen.«

Obwohl er betont, dass wir nichts gegen ihn ausrichten können, finde ich, dass er längst nicht mehr so unantastbar aussieht. Er mag mächtig sein, aber dieser Kampf hat auch ihn geschwächt.

»Ich glaube dir kein Wort«, erwidert Giselle.

Gauthiers Lächeln wird breiter. »Dann lass mich dir eine Kostprobe meines Blutes geben. Ohne Gegenleistung. Du wirst sehen, dass ich recht habe.«

»Er lügt, wenn er den Mund aufmacht!«, schreie ich.

Sein Blick fällt auf mich. Er hebt den Zeigefinger, woraufhin mich ein grausamer Schmerz durchzuckt. Ich will Giselle zurufen, dass sie keinesfalls auf ihn hereinfallen soll, allerdings kommt erneut kein Ton über meine Lippen.

»Du bist gleich an der Reihe«, droht Gauthier. »Aber vorher …«

Er lässt ein Gefäß vor sich erscheinen, in das er einige Tropfen seines Blutes träufelt, bevor er es zu Giselle schweben lässt.

»Willst du denn nicht wissen, ob es funktioniert?«, fragt er.

Sie betrachtet zögerlich das Gefäß. »Ich …«

»Seit so vielen Jahren suchst du nach einem Weg, deine Menschlichkeit zurückzuerlangen, und jetzt bist du deinem Ziel so nah. Ich lasse dich mein Blut völlig umsonst trinken. Das ist deine Chance.«

Ich will sie warnen, dass sie ihm nicht vertrauen darf und er sie töten wird. Aber mein stiller Protest ist wirkungslos, denn als Gauthier Giselle zu Boden sinken lässt, greift sie ihn nicht an, sondern legt ihre bleiche Hand um das Glas.

Ich schließe resigniert die Augen, kann nicht dabei zusehen, wie sie ihr Schicksal besiegelt. Als ich höre, wie das Glas zu Boden fällt und zersplittert, während Giselle zu würgen beginnt, reiße ich die Augen auf.

Sie hustet. Gauthier steht mit steinerner Miene vor ihr und beobachtet sie. Orianne kauert immer noch auf dem Boden, atmet schwer und hat einen hoffnungslosen Gesichtsausdruck, als hätte jeglicher Kampfgeist sie verlassen.

»Und?«, fragt Gauthier. »Fühlst du dich so, wie du es dir erträumt hast?«

»Nein«, erwidert Giselle enttäuscht.

Er zuckt lässig mit den Schultern. »Ich sagte doch, mein Blut ist nicht das Heilmittel.«

»Und jetzt? Wirst du mich töten?«

Sie klingt niedergeschlagen, weil das, woran sie geglaubt hat, sich als Lüge herausgestellt hat. Nun fehlt ihr der Wille, um weiterzumachen. Außerdem weiß sie, dass Gauthier zu stark für sie ist. Schon zu dritt hatten wir keine Chance gegen ihn. Wenn sie nur sehen würde, was ich sehe. Wenn ihr nur auffallen würde, dass auch Gauthier etwas von seiner Macht eingebüßt hat.

»Ich gebe dir eine zweite Chance«, sagt er zu ihr. »Ich verrate dir, wo du das Heilmittel für deinen Fluch findest.«

Ihr Kopf schießt nach oben. »Was?«

»Es ist nicht mein Blut, das du brauchst. Sondern *ihr* Blut.«

Er nickt in meine Richtung. Bei diesen Worten läuft es mir eiskalt den Rücken hinunter. Ich mache den Mund auf, aber es kommt kein Ton über meine Lippen. Wie kann er es wagen, so etwas zu behaupten?

»Nein«, entgegnet Giselle zum Glück. »Das glaube ich nicht.«

»Natürlich nicht. Aber es ist wahr. Nicht das Blut eines Fluchwebers kann einen Fluch brechen, sondern das Blut einer Person, die von schwarzer Magie verdorben wurde, aber nicht von ihr beherrscht wird. Sie hat der Magie eines Fluchs widerstanden. Deshalb ist ihr Blut in der Lage, auch deinen Fluch zu brechen.«

Lügner.

Er erfindet dieses Heilmittel, um Giselle zu verunsichern, um ihren größten Wunsch auszunutzen und sie auf seine Seite zu ziehen, genau so, wie er es bei mir versucht hat.

»Du willst mich manipulieren«, sagt Giselle.

»Ich will dir eine Chance geben. Warum sollte ich lügen? Ich könnte dich töten. Stattdessen ermögliche ich dir, den Weg ins Paradies zu finden. Ich bin kein Unmensch.«

Oh, natürlich nicht. Er ist ein so großzügiger, bewundernswerter Mann, der anderen nie schaden würde.

Die dunkle Macht, die uns verbindet, wallt in mir auf, doch gegen meine Fesseln ist sie chancenlos.

»Warum sollte ich dir nur ein Wort davon glauben?«, will Giselle wissen.

»Weißt du, wie ein Wahrheitszauber funktioniert?« Giselle nickt. »Gut. Dann sieh her.«

Ich kann es nicht fassen, aber als Gauthier seine Behauptung wiederholt, wird das Licht, das seine Hand umspielt, grün. Nein, das muss ein Trick sein. Er muss den Zauber manipuliert haben. Das darf nicht wahr sein. Es *kann* nicht wahr sein.

»Unmöglich«, murmelt Giselle.

»Sie ist der Schlüssel zu deiner Erlösung. Du könntest weiterhin mit ihr für ein sinnloses Unterfangen kämpfen, bei dem ihr beide sterben werdet. Oder du könntest dir deinen lang ersehnten Wunsch erfüllen und dir den Weg ins Paradies ebnen. Es liegt bei dir.«

Mithilfe seiner Magie zieht Gauthier mich zu sich, wobei die Fesseln weiterhin fest um meinen Körper liegen, sodass ich keine Möglichkeit habe, zu fliehen oder anzugreifen. Dieser elende Mistkerl mit seinem überheblichen Grinsen. Wie kann er es wagen, ausgerechnet diese Sache gegen Giselle zu verwenden?

»Hör nicht auf ihn!«, flehe ich, als ich merke, dass ich wieder sprechen kann. »Er benutzt dich nur.«

»Sie will dich davon abbringen, dein Ziel zu erreichen«, meint Gauthier. »Keine Überraschung, schließlich denkt auch sie nur an sich. Warum solltest du es ihr also nicht gleichtun?«

»Bitte, du darfst nicht auf ihn hören!«

»Aber es könnte meine einzige Chance sein«, erwidert Giselle.

»Tu es nicht. Wir können immer noch …«

»Gewinnen?«, fragt sie niedergeschlagen und schüttelt den Kopf. »Wir haben alles versucht, Schätzchen. Aber es war nicht genug.«

»Wie kannst du das sagen? Ich dachte, wir wären …«

»Freunde?«, fragt Gauthier abfällig. »Ihr kennt euch seit so kurzer Zeit, und das ist das Wort, das du in den Mund nimmst, Schattentänzerin?«

»Dass du nichts von solchen Dingen verstehst, wundert mich kein bisschen«, zische ich wütend. »Giselle, du kannst nicht ernsthaft darüber nachdenken!«

Zu meinem Entsetzen glitzern Tränen in ihren Augen. Tränen, die dort nicht wären, wenn es nichts zu bereuen gäbe. Wenn da kein schlechtes Gewissen wäre, das sie in einen Zwiespalt bringt. Mir wird eiskalt, Entsetzen macht sich in mir breit. Wir hatten in den letzten

Tagen so viele nette Gespräche, wir haben einander verstanden, und jetzt will sie mir das antun?

Warum wehrt sie sich nicht? Wieso will sie nicht kämpfen? Ist ihr Glaube so übermächtig, dass sie sich von ihrer Vorstellung von diesem angeblichen Paradies dazu hinreißen lässt, sich gegen mich zu wenden und damit das Schicksal dieses Landes zu besiegeln?

Aus ihrem Augenwinkel läuft eine Träne. Sie macht zwei Schritte auf mich zu, bleibt direkt vor mir stehen und sieht mich an, als hätte sie Mitleid mit mir.

»Nein«, flüstere ich. »Bitte.«

»Es tut mir so leid, Schätzchen. Aber das ist alles, was ich je wollte.«

»Du weißt nicht, ob es überhaupt funktioniert! Du könntest mir das für nichts und wieder nichts antun.«

Sie zögert. »Ich … muss es versuchen.«

»Nein, das musst du nicht. Du *willst* es. Du willst dich von ihm blenden lassen und alles für deine Ziele opfern. Alles, wofür wir gekämpft haben. Es ist deine Entscheidung, mich zu verraten.«

»Ja«, stimmt Giselle mir traurig zu. »Und ich werde diesen Moment bis zu meinem letzten Atemzug bereuen.«

Worte, die nichts bedeuten. Es ist wertlos, sich für etwas Schlechtes zu entschuldigen, wenn man es dennoch tut.

Was ich auch versuche, ich schaffe es nicht, mich gegen die Fesseln zu wehren. Sie saugen meine Magie auf und werden stärker, je mehr ich kämpfe.

Giselle tritt noch näher. Die Fesseln lösen sich, aber die Taubheit bleibt. Dann spüre ich einen stechenden Schmerz, als spitze Zähne sich in meinen Hals bohren. Was mich jedoch viel mehr verletzt, ist der Verrat einer Person, von der ich dachte, sie würde auf meiner Seite stehen.

KAPITEL 38

NUR EINE MÖGLICHKEIT

Ich habe schon viele Gerüchte darüber gehört, wie es ist, von einem Vampir gebissen zu werden. Manche behaupten, es sei aufregend und bereite Vergnügen, aber in Wahrheit ist nichts daran angenehm. Es fühlt sich an, als würde mit jedem Tropfen Blut mehr Leben aus mir herausgezogen werden.

Meine Beine geben nach, doch Giselle hält mich unbarmherzig fest und lässt nicht von mir ab. Eigentlich dachte ich, sie würde nach kurzer Zeit aufhören, doch sie ist wie im Rausch. Bei Rafael hat sie doch auch aufgehört. Oder nicht? Vielleicht war das ebenso eine Lüge. Vielleicht hat sie ihn getötet, um an sein Blut zu kommen.

Sie trinkt weiter, während ich schwächer werde. Meine Glieder sind ganz taub, mein Kopf wird schwer.

So sollte es nicht enden.

Ist das mein Schicksal? Immer wieder von denen verraten zu werden, die ich zu nah an mich heranlasse?

Als Giselle endlich von mir ablässt, ertönt Gauthiers schallendes, boshaftes Lachen. Es klingt, als wäre er weit weg. Das muss am Blutverlust liegen. Ich nehme die Umwelt verschwommen wahr. Wie in einem schrecklichen Traum, in den Gauthier mich gezogen hat.

Giselle legt mich auf den kalten, nassen Boden. Ich öffne die Lider und sehe in ihr blutverschmiertes Gesicht, in ihre Augen, die auf einmal nicht mehr rot sind, sondern blau. Tränen stehen darin.

Warum weint sie? Ist sie erleichtert, weil sie weiß, dass sie ihr Ziel erreicht hat? Oder bereut sie es, mich geopfert zu haben?

»Es tut mir leid, Schätzchen«, flüstert sie.

Ich schließe kraftlos die Augen. Will ihre Entschuldigung nicht hören, will diesen Spitznamen für mich nicht hören, denn sie hat kein Recht mehr, ihn zu nutzen, nachdem sie mir das angetan hat.

»Wie du siehst, habe ich die Wahrheit gesagt«, meint Gauthier. »Du hast bekommen, was du wolltest. Und jetzt hole ich mir, was mir zusteht.«

Ich erwarte, dass er mir den Gnadenstoß verpasst. Stattdessen entfernen sich seine Schritte. Er scheint ziemlich sicher, dass ein Gnadenstoß unnötig ist, und langsam glaube ich das auch. Ich fühle mich grauenvoll, so kraftlos, als wäre ich bereits tot. Die Schwäche hält mich fest in ihrem Griff. So viel Blut. Mein Blut. Das Heilmittel für den Blutfluch. Es wird niemanden mehr heilen, denn ich werde nicht lang genug leben, um es anderen zu überlassen.

»Ich konnte nicht aufhören«, wispert Giselle. »Dein Blut war wie ein Bild, das ich zu Ende malen musste.«

Wenn ich Kraft hätte, um zu sprechen, würde ich ihr sagen, dass sie den Mund halten soll. Ihre Rechtfertigungen kann sie für sich behalten. Wir hatten ein Ziel. Ich dachte, wir würden bis zum bitteren Ende kämpfen. Statt mir zur Seite zu stehen, hat sie mich verraten.

»Alienor!«

Die Stimme kommt aus der Nähe, da bin ich sicher, obwohl sie kaum durch den Nebel dringt, der mich umgibt. Thierry. Nur selten habe ich ihn so verzweifelt erlebt.

Schritte nähern sich unaufhörlich. Er rennt, dann spüre ich ihn neben mir.

»Ich …«, beginnt Giselle.

»Weg von ihr!« Thierry muss erkannt haben, was sie getan hat. Das Blut in ihrem Gesicht und ihre blauen Augen haben sie sicher verraten. »Lauf. Oder ich töte dich auf der Stelle.«

»Ich kann …«

»Geh und tu Buße, bis du deinem angeblichen Schöpfer gegenübertrittst, um dich vor ihm für deine Taten zu rechtfertigen. Wenn ich dich je wiedersehe, bringe ich dich um. Das ist ein Versprechen.«

Thierry hat noch nie so bedrohlich geklungen wie jetzt. Es überrascht mich, dass er ihr Gnade zeigt. Wenn ich ihr gegenüberstehen würde und gerade herausgefunden hätte, dass sie ihn an den Rand des Todes gebracht hat, hätte meine dunkle Magie sie in Stücke gerissen.

»Er war zu mächtig«, murmelt Giselle, bevor sie sich von mir entfernt. »Ich wollte wenigstens meine Menschlichkeit zurück, bevor wir alle sterben.«

Fast schreie ich sie an, dass nicht sie sterben wird, sondern ich, denn ich liege hier und spüre, wie das Leben mich verlässt, Stück für Stück. Dank ihr. Aber ich kann nicht. Mein Körper fühlt sich so leicht an, als könnte ich fliegen. Der Schmerz lässt nach. Endlich.

Giselles Schritte werden immer schneller und gleichzeitig leiser. Sie geht und lässt mich zurück, jetzt, da ich für sie nutzlos geworden bin. Jetzt, da sie zerstört hat, was noch an Hoffnung übrig war.

»Alienor«, murmelt Thierry.

Ich öffne die Augen, entdecke sein mit Regentropfen bedecktes Gesicht über meinem, erkenne die Furcht und die Sorge in seiner Miene.

Um den Mund zu öffnen und etwas zu erwidern, bin zu kraftlos. Ob aus meiner Kehle überhaupt noch ein Laut dringen könnte?

»Ich lasse dich nicht sterben«, sagt er und legt eine Hand auf meinen Hals.

Seine Magie kitzelt mich, doch die Schwäche in meinem Körper bleibt. Meine Lider flattern wie die Flügel eines Schmetterlings. Ich schließe die Augen.

»Nein, nein, nein!«, flucht Thierry. »Warum nur bin ich nie ein Heiler gewesen?«

Trotz seiner Verzweiflung macht er weiter, aber es wird nichts bringen, das spüre ich. Mittlerweile bin ich zu weit weg. Er kann mich nicht mehr mit seiner Magie erreichen. Ich hänge an einer steilen Klippe über dem Tod und kann mich nur noch mit einem kraftlosen Finger festhalten.

»Du … kannst sie … nicht retten«, höre ich eine weitere Stimme sagen.

Erneut hebe ich die Lider, erhasche einen Blick auf Orianne, die neben Thierry kniet und ihre Hand auf seine legt. Unter ihren Augen sind tiefe Schatten. Ihre Augenfarbe hat sich verändert, ist nun von einem schwachen Lila.

»Ich muss«, widerspricht Thierry und lässt seine Magie in mich fließen. »Wenn nicht auf diese Art, dann mit einem Zauber, der es kann.«

»Du weißt, dass … es nur … eine Möglichkeit gibt.«

Orianne klingt, als würde sie gegen eine unsichtbare Kraft ankämpfen. Trotz meiner Schwäche spüre ich, was es ist – Gauthiers dunkle Magie. Sie ist in ihr. Sie wehrt sich gegen den Einfluss, doch ihr Blut ist bereits unwiderruflich verseucht.

»Wenn ich sie damit retten kann, bezahle ich den Preis«, beharrt Thierry.

»Dann wirst … du sterben. Und sie … mit dir.«

Thierry hält inne. »Verdammt, warum habe ich diesen Bannzauber …? Das darf nicht geschehen, hörst du? Ich muss es versuchen.«

»Nein«, stöhnt Orianne. »Lass mich …«

»Aber Victoire braucht dich. Sie würde es mir nie verzeihen, wenn …«

»Sie wird. Sie muss. Ich bin … nicht länger … ich. Gauthier hat … meine Magie … manipuliert. Er hat sie … verdorben. Von innen. Sie … vergiftet mich.«

»Was? Wie ist das möglich?«

»Das … weiß ich … nicht. Bitte, du musst … mich den Zauber wirken lassen. Wir haben … keine Zeit.«

Ich kann nicht sagen, ob sie von sich selbst oder von mir spricht. Ich weiß nur, dass der Innenhof heller und heller wird, obwohl der Himmel von dunklen Wolken verdeckt ist. Regen tropft auf mein Gesicht, aber er ist weder warm noch kalt. Nur eine leichte Berührung, wie das Streifen winziger Federn.

»Wenn wir den Fluch brechen, könntest du …«

»Wir können den Fluch … nicht ohne sie … brechen.«

»Orianne …«

»Bitte, Thierry. Sag Victoire … sag ihr, dass ich … sie liebe.«

Eine kalte Hand schließt sich um mein Handgelenk. Wenige Augenblicke später spüre ich, wie Magie in mich hineinströmt, dieses Mal stärker, lebendiger, als würde ein warmes Licht mich von innen erfüllen. Das Licht ruft mich zu sich, bringt mich dazu, mich von der Schwelle des Todes abzuwenden und eine andere Richtung einzuschlagen.

Immer fester schließt sich die Hand um meinen Unterarm. Orianne ächzt. Dann wird der Druck ihrer Finger schwächer, während die Kraft in meinen Körper zurückkehrt. Ich reiße die Augen auf, sehe, wie bleich Orianne auf einmal ist, wie müde der Ausdruck in ihrem Gesicht. Sie atmet schwer, verzweifelt, aber sie hält mich weiterhin fest. Thierry stützt sie, seine Miene ist gezeichnet von Schuldbewusstsein.

Macht er sich selbst für die Situation verantwortlich? Denkt er, mit seiner Hilfe hätten wir Gauthier besiegen können?

»Versprich ... mir etwas«, murmelt Orianne und rückt dichter zu mir. Sie sieht mich flehend an. »Versprich mir, dass du ... sie retten wirst.«

Mir ist klar, wen sie meint. Die Königin. *Victoire*. Die Frau, die sie liebt, aber nicht lieben darf. Saintoux ist ein freies Land. Jeder kann lieben, wen er will. Es sei denn, man ist ein Zauberweber oder eine Königin.

»Ich verspreche es.«

Noch vor wenigen Tagen hat sie mich mit Abscheu angesehen, aber jetzt lächelt sie dankbar, obwohl so viel Traurigkeit in ihrem Gesicht ist.

Ich spüre, wie der Strom der Magie verebbt, und mit ihr erlischt auch das Leben in Oriannes Augen. Sie fällt zur Seite, schließt die Lider und nimmt einen letzten Atemzug.

»Danke«, flüstert sie.

Tränen laufen mir über die Wangen. Noch ein Opfer, das Gauthiers Größenwahn gefordert hat. Sie hat mir nicht nahegestanden, hat mich verabscheut, und trotzdem hat sie ihr Leben für meines gegeben. Ich werde diese zweite Chance nutzen.

»Alienor«, wispert Thierry mit erstickter Stimme.

Er zieht mich nach oben und schließt mich in seine Arme. Seine Umarmung kommt mir vor wie eine Entschuldigung.

»Du hättest nichts tun können«, murmele ich, bevor er etwas sagen kann. »Gauthier hätte dich getötet.«

Er holt Luft, um zu protestieren, doch statt zu argumentieren, drückt er mich fester an sich. Für einen Moment vergesse ich, wo wir sind und was geschehen ist. Vergesse, dass Giselle mich verraten, dass Orianne ihr Leben gelassen und dass Gauthier sein Ziel fast erreicht hat. Es gibt so viel, worüber ich mit Thierry sprechen will, aber es bleibt keine Zeit.

»Ich muss mich beeilen, bevor er die Königin findet«, dränge ich und löse mich von ihm.

Thierry sieht mich an. »Ich helfe dir.«

»Nein.« Ich schüttele heftig den Kopf. »Er wird deine Magie genauso verderben wie Oriannes. Das werde ich nicht zulassen.«

Obwohl Thierry mir im Kampf eine große Stütze sein könnte, werde ich nicht riskieren, dass Gauthier mit ihm dasselbe macht wie mit ihr. Ich lasse nicht zu, dass ihm etwas zustößt. Das könnte ich nicht ertragen.

Für einen Augenblick scheint es, als wolle er sich widersetzen, aber dann nimmt er mein Gesicht in beide Hände und seufzt. »Bleib am Leben.«

Ich lächle halbherzig. »Solange du die Vampire von mir fernhältst, sollte ich zurechtkommen.«

Seine Miene verfinstert sich. »Ich hätte sie töten sollen.«

»Vielleicht. Aber heute haben wir genug Schmerz und Tod gesehen. Das wird hier und jetzt enden. Mit Gauthier.«

Ich sage das so, als ob ich tatsächlich glaube, dass ich Gauthier besiegen kann, obwohl er mich gerade in die Schranken gewiesen hat. Aber ich habe gesehen, dass dieser Kampf nicht spurlos an ihm vorbeigegangen ist. Orianne hat mir meine Kraft zurückgegeben. Sie hat mir eine zweite Chance geschenkt, mich ihm zu stellen, und die werde ich nicht vergeuden.

Thierry kommt noch näher und gibt mir einen Kuss. Er ist kurz, aber voller Emotionen, Verzweiflung, Verlustangst und Unsicherheit. Es könnte der letzte sein.

»Was kann ich für dich tun?«, flüstert er hilflos und drückt seine Lippen sachte auf meine Stirn.

Ich sehe ihn an. »Da gäbe es etwas. Jetzt, da du deine Kräfte zurückhast … könntest du mein Aussehen verändern?«

»Was? Warum?«

»Es gibt eine Person in Gauthiers Vergangenheit. Die Person, mit der all das begonnen hat. Wenn ich so aussehe wie sie, kann ich ihn vielleicht verunsichern.«

Thierry wirkt wenig überzeugt. »Oder ihn noch mehr verärgern. Wut macht Menschen gefährlich.«

Ich lächle. »Wut macht Menschen blind.«

Und das muss er sein, damit ich eine Chance gegen ihn habe. Gauthier beherrscht einige Spielchen, also muss ich ihn mit seinen eigenen Waffen schlagen.

»Wenn du erlaubst, suche ich in deiner Erinnerung nach ihrem Aussehen«, schlägt Thierry nachdenklich vor. »Ich bin kein Experte in diesen Dingen so wie Orianne, aber …« Er verstummt und blickt für einen Moment zu dem toten Körper seiner Freundin. Reue und Schuld huschen über sein Gesicht. »Es wird schon gehen. Temporär.«

»Das reicht mir.«

Thierry nickt und legt beide Hände an meine Schläfen, die Daumen auf meine Brauen. Er schließt seine Augen und lässt Magie in mich hineinfließen. Sie klopft an meine Gedanken und ich öffne die imaginäre Tür für Thierry. Ich lasse ihn nach dem suchen, was er begehrt. Das Gesicht einer jungen Frau, strahlend schön, liebreizend, zerbrechlich. Ein Gesicht, mit dem ich Gauthier verletzen werde, so wie er mich verletzt hat.

Als Thierry hat, was er braucht, öffnet er die Augen und das Gefühl der fremden Präsenz in meinen Gedanken verebbt. Stattdessen beginnt mein Gesicht zu prickeln. Meine Kopfhaut juckt und meine Knochen schmerzen. Ich beiße mir auf die Unterlippe.

Nach wenigen Sekunden ist es vorbei. Ich entspanne mich und sehe an mir herunter. Mein Haar ist feuerrot und leicht gewellt, meine Haut heller. Ich weiß nicht, wie mein Gesicht aussieht, aber diese befremdliche Art und Weise, wie Thierry mich ansieht, verrät mir, dass es geklappt haben muss.

»Ich wünschte, ich könnte mehr für dich tun.«

»Das ist mehr als genug.«

»Geh«, flüstert er und lässt mein Gesicht los. »Ich erschaffe dir ein Licht, das dich zum Spiegelsaal führen wird.«

Obwohl ich nicke, bleibe ich kurz stehen. Wenn ich gehe, lasse ich Thierry zurück, dabei will ich mich nur in seine Arme werfen und mit ihm das Schloss verlassen. Weit weg laufen, an einen Ort fliehen, an dem nichts eine Rolle spielt und an dem Gauthier uns niemals finden wird. Aber ich weiß, dass das ein Wunschtraum ist, denn der Fluch kettet mich an dieses Land. An Gauthier.

Es wird jetzt enden, egal wie.

Ich kehre Thierry den Rücken zu und haste durch den verwüsteten Innenhof, um mir den Dolch zu schnappen. Schnell stecke ich ihn weg und betrete hinter dem weiß strahlenden Licht das Schloss, um mein Schicksal zu erfüllen. Oder um daran zu scheitern.

KAPITEL 39

HOFFNUNGSLOSER OPTIMISMUS

Ich haste Thierrys Lichtkugel hinterher, die mir den Weg zum Spiegelsaal weist, vorbei am toten Körper eines weiteren Zauberwebers und über die mit einem blauen Teppich beschmückte Treppe. Am Ende des Korridors im ersten Stockwerk erkenne ich eine Doppeltür, wobei eine von beiden nur angelehnt ist.

Ich folge der Kugel, die mich zu den Türen führt. Als ich ankomme, verpufft das magische Licht, und ich betrete, ohne zu zögern, den Raum.

Das Innere raubt mir auf den ersten Blick den Atem. Ich sehe mich hektisch um, damit ich mir die Umgebung einprägen kann. Hohe Decken mit Kronleuchtern, die auf mich herabstürzen könnten. Eine lange Reihe von Fenstern, die zur Innenstadt ausgerichtet sind und durch die man im Ernstfall entkommen könnte. An der Wand gegenüber befinden sich blitzblank polierte Spiegel, die mir zeigen, wie erschöpft ich aussehe.

Der Saal hat eine beeindruckende Größe, doch Gauthier erkenne ich trotzdem am anderen Ende. Er bleibt stehen. Alles an ihm wirkt königlich, womit er perfekt in diesen Raum voller Gold und Bronze passt. Seine aufrechte Haltung ist die eines ewigen Siegers. Seine samtschwarze Robe wirkt trotz des Kampfes noch immer edel, und sein kantiges Gesicht verleiht ihm ein herrschaftliches Aussehen. Er könnte einem der Deckengemälde entsprungen sein, die zweifellos ehemalige Monarchen zeigen.

»Ich dachte, du wärest inzwischen verblutet«, sagt er überheblich.

Diese Arroganz wird ihm gleich vergehen, das garantiere ich. Auf diesen Moment freue ich mich besonders.

»Denken zählt nicht unbedingt zu den Stärken eines Fluchwebers«, rufe ich und lege meinen Umhang ab. Der wird mich in diesem Kampf nur behindern.

Gauthier lacht. »Ich habe dich bereits einmal beinahe getötet, ohne dich zu berühren. Wieso glaubst du, dass es beim zweiten Mal anders laufen wird?«

»Gute Frage. Hoffnungsloser Optimismus vielleicht?«

»Ja, hoffnungslos ist das richtige Wort.«

Er dreht sich zu mir um. Als er mich erblickt – das Gesicht, das nicht mir gehört und das er nicht erwartet hat –, weicht seine Arroganz blankem Schock. Darum bemüht, es mich nicht sehen zu lassen, presst er seine Lippen zu einer harten Linie zusammen.

»Wie kannst du es wagen?«

Ich werfe Gauthier ein schiefes Lächeln zu. »Diesen kleinen Trick hast du mir gezeigt, schon vergessen?«

Es ist nur fair, ihm einen ähnlichen Schmerz zuzufügen, wie er ihn mir beschert hat. Dank ihm musste ich gegen meine eigene Schwester kämpfen. Nicht bloß gegen eine Illusion, sondern gegen die echte. Das werde ich ihm heimzahlen.

»Das wirst du bereuen, Schattentänzerin.«

»Ich habe schon genug bereut«, erwidere ich. »Du hättest mein Leben früher beenden können, aber du wolltest mich leiden lassen. Das hast du nun davon.«

»Diesen Fehler werde ich bereinigen.«

Er klatscht in die Hände, was dazu führt, dass einige der Spiegel auf der linken Seite zerspringen. Dann macht er eine ausladende Handbewegung und schickt die Scherben wie einen tödlichen Regen in meine Richtung.

Ich verwandle mich kurzzeitig in einen Schatten und entgehe der Attacke, aber er lässt weitere Spiegel zerplatzen und greift mich erneut damit an. Es wird sekündlich schwerer, den messerscharfen Teilen auszuweichen, und ich realisiere, dass der Boden sich mehr und mehr in ein Scherbenmeer verwandelt. Unter meinen Füßen knirscht das Glas. An manchen Stellen ist es so spitz, dass es sich schmerzhaft in meine Fußsohlen bohrt.

Obwohl ich schnell bin, gewinnt Gauthier die Oberhand. Er lässt die Spiegelscherben von Neuem schweben und hetzt sie auf mich, bis ich irgendwann nicht mehr schnell genug bin und sie abbekomme. Sie ritzen kleine Wunden in meine Haut, die höllisch brennen.

Nicht die Konzentration verlieren, ermahne ich mich. Ich muss ihm Paroli bieten!

Mit zusammengebissenen Zähnen hetze ich Schatten auf Gauthier, doch er wehrt sie mit einem magischen Schild ab.

Im nächsten Moment setzt er zum Gegenangriff an und erschafft einen Schattenmann, der ein Schwert in der Hand hält. Mit fließenden Bewegungen kommt der magische Kämpfer auf mich zu. Ich ziehe meinen Dolch und mache mich bereit.

Während ich mir mit dem Schattenmann ein Duell liefere, schleudert Gauthier schwarz brennende Feuerbälle auf mich. Ihnen auszuweichen ist schwierig, denn der Schattenmann schwingt seine Waffe gleichzeitig. Obwohl ich ihn in die Brust treffe, bleibt er standhaft.

Wieso löst er sich nicht auf?

Aus dem Augenwinkel sehe ich Gauthier, der neues Feuer mit seiner schwarzen Magie entfacht und dem Schattenmann die Arbeit überlässt. Dieser Mistkerl macht sich nie die Hände schmutzig. Stattdessen erledigt das stets ein anderer für ihn.

Irgendwie muss es mir gelingen, ihn in einen direkten Kampf zu verwickeln. Wenn ich mich nur verteidige, bin ich im Nachteil, also konzentriere ich mich und tue es Gauthier gleich. Ich erschaffe eine Doppelgängerin aus Schatten, die an meiner Stelle mit dem Schattenmann kämpft. Das entnervt Gauthier offensichtlich so sehr, dass er seinen finsteren Diener verpuffen lässt und mich stattdessen selbst attackiert.

Als er einen neuen Feuerball schleudert, forme ich einen Schild aus Finsternis, was meine Kräfte so sehr beansprucht, dass auch meine eigene Schattengestalt verschwindet.

Gauthiers Feuer ist mächtiger, als das von Davide je war. Obwohl ich die Angriffe abwehren kann, spüre ich die sengende Hitze auf meiner normalerweise kühlen Haut. Ich kann mich nicht erinnern, wann mir zum letzten Mal derart heiß gewesen ist.

Je unbarmherziger er mich attackiert, desto mehr gerate ich außer Atem. Wie kann es sein, dass er weiterhin so mächtig ist? Hat er unbegrenzte Magie zur Verfügung? Nein, das ist unmöglich. So legendär, wie die Leute ihn nennen, ist er nicht. Er mag ein Fluchweber sein, aber er ist dennoch ein Mensch.

Während ich mich gegen seine Angriffe wehre, versuche ich meine Position zu verbessern. Wenn ich ihn töten will, muss ich irgendwie an ihn herankommen.

Gauthier merkt, was ich vorhabe, und attackiert mich noch vehementer.

»Wag es nicht, mir mit diesem Gesicht zu nahe zu kommen!«, schreit er mir entgegen. »Du hast kein Recht!«

»Das hattest du auch nicht.«

Ich hetze Schatten auf ihn, und er antwortet mit schwarzer Magie, nährt seine Zauber mit seinem Blut und macht sie dadurch mächtiger. Ich kann lediglich reagieren, während er sein ganzes Repertoire auf mich einprasseln lässt. Selbst Blutzauber schleudert er auf mich, und wenn mich auch nur einer davon trifft, ist es vorbei mit mir.

Ich muss durchhalten.

Irgendwann muss er schwächer werden. Aber das werde ich auch.

Ich löse mich in einen Schatten auf und entkomme so seinen Angriffen, tanze über den glitzernden Boden, aber Gauthier ist verflucht aufmerksam, sodass ich ihm kein Stück näher komme.

Es kostet mich viel Kraft, in meiner Schattenform zu verharren, darum kehre ich in meine menschliche Gestalt zurück.

Ein Fehler, wie sich einen Moment später herausstellt, denn Gauthier hebt eine Hand und wirkt einen Zauber, der mich vollständig paralysiert.

Ich kann mich nicht bewegen, und als er seinen Zeigefinger krümmt, hebe ich wie fremdgesteuert mein Kinn, sodass ich ihm direkt in die Augen sehen muss.

Gauthier kommt auf mich zu. »Genug.«

»O nein, es reicht noch lange nicht!«

Ich versuche gegen die Starre in meinen Gliedern anzukämpfen. Bilde ich mir das ein, oder gelingt es mir, mich ein kleines Stück zu bewegen?

»Du könntest deinen Widerstand aufgeben und dich auf meine Seite stellen«, schlägt Gauthier vor. »Du wärest eine würdige Königin. Wir könnten so vieles gemeinsam erreichen.«

Wie kommt er denn plötzlich auf die Idee, dass ich das will? Nach allem, was er getan hat?

Mit aller Kraft wehre ich mich gegen seinen Paralysezauber. Das könnte der Moment seines Sieges sein. Er hat mich. Er müsste es nur beenden. Und doch … warum sieht er mich so an? Die Art und Weise … als ob er tatsächlich Jeanne in mir sieht. Eine Frau mit seiner Macht, die an seiner Seite stehen könnte. Der Einsatz all dieser schwarzen Magie muss ihn weiter in die Dunkelheit getrieben und ihm den letzten Rest seiner Vernunft geraubt haben.

»Es gibt keinen anderen Weg«, fährt er fort.

»Doch, den gibt es. Deinen Tod.«

Er lacht kalt. »Das würde auch deinen Tod bedeuten.«

Ich kneife die Augen zusammen. »Was soll das heißen?«

Sein finsteres Lächeln verheißt nichts Gutes. »Wenn ich sterbe und der Fluch gebrochen wird, stirbt alles, was an ihn gebunden ist. Das schließt dich mit ein.«

KAPITEL 40

EIN GEFÄHRLICHES SPIEL

Ich erstarre.

Also muss ich sterben, wenn Gauthier stirbt? Ist es mein Schicksal, mein Leben für dieses Land zu opfern? Vielleicht hätte ich das ahnen müssen. Vielleicht hätte ich damit rechnen sollen, dass ich dem Fluch folgen könnte, wenn er verschwindet. Letztendlich bin ich nur das Produkt eines Zaubers.

Gauthier beobachtet mich aufmerksam. Er könnte mich töten, aber er tut es nicht, als ob er glaubt, diese Enthüllung würde etwas an meiner Entscheidung ändern. Denkt er, ich würde im Tausch für mein Leben die Seiten wechseln? Wahrscheinlich würde er das an meiner Stelle tun. Aber was auch passiert, ich habe mir geschworen, nicht wie Gauthier zu enden. Wenn das bedeutet, dass ich sterben muss, damit er ein für alle Mal verschwindet, bezahle ich diesen Preis.

Thierry wird ihn auch bezahlen müssen, und ich wünschte, so weit müsste es nicht kommen. Doch ich weiß, dass er dieses Opfer bereitwillig bringen würde, um den Fluch zu beenden. Es ist das Versprechen, das er seinem Vater gegeben hat. Zwei Leben im Tausch für so viele. Das ist es wohl wert, oder nicht?

»Was ist, wenn ich nicht sterben will?«, frage ich unvermittelt.

Was ich jetzt tue, ist riskant. Er könnte meine Gedanken lesen, wenn er wollte, obwohl ich mir nicht einmal sicher bin, ob ihm das auch außerhalb eines Traumes möglich ist. Aber dieses Gesicht, das

Gesicht seiner einst so geliebten Jeanne lenkt ihn von mir ab. Da ist Zorn in seiner Miene, und ein Schmerz, der nie gelindert werden konnte. Er wünscht sich so sehr, Jeanne bei sich zu haben. Ist es das, wonach er all die Jahre gesucht hat? Einem Weg, seine Liebe erneut zurückzubekommen, nachdem ihr Dasein als Wächterin keinen Bestand hatte? Vielleicht denkt er, ich könnte ihren Platz einnehmen und ihm wiedergeben, was er verloren hat.

»Es gibt nur eine Möglichkeit«, sagt er. »Du musst dich mit mir verbünden.«

»Du hast meine Schwester getötet«, erinnere ich ihn, weil es unglaubwürdig wäre, wenn ich so plötzlich einen Sinneswandel erlebe.

»Sie hat sich selbst getötet.«

Nur mit größter Selbstbeherrschung gelingt es mir, meine Scharade nicht aufzugeben. »Du hast sie in die Quelle gelockt! Weil du wusstest, dass du mich damit verletzen kannst.«

Er wirkt unbeteiligt. »Es war nötig. Ich musste dir alles nehmen, damit deiner Zukunft an meiner Seite nichts im Weg steht. Damit du begreifst, dass wir dafür geschaffen sind, zu herrschen.«

Was sagt er da bloß? Davon war nie die Rede. Er wollte mich töten, wollte mich qualvoll verenden lassen. Jetzt spricht er auf einmal davon, dass er mir den Schmerz nur zugefügt hat, damit ich begreife, dass ich an seine Seite gehöre? Er hat völlig den Verstand verloren. Das muss der Preis dafür sein, sich über alle natürlichen Grenzen hinwegzusetzen. Ich sehe ihm an, wie die schwarze Magie an ihm zehrt, die er heute genutzt hat.

Du hast mir noch nicht alles genommen, denke ich. Thierry war bis zum Schluss an meiner Seite. Außerdem bleiben mir mein Stolz und mein Wille, diesen Kampf zu einem Ende zu bringen. Im Gegensatz zu Gauthiers sind meine Gedanken klar, und solange das der Fall ist, werde ich mich nicht mit ihm verbünden.

Ich höre auf, gegen die Starre in meinen Gliedern anzukämpfen, denn so werde ich nicht gewinnen. Von Anfang an konnte ich ihn nur mit seinen eigenen Waffen schlagen.

List und Hinterhältigkeit.

»Du suchst bloß einen Ersatz für Jeanne«, sage ich und mische Bitterkeit in meine Stimme. »Sie ist es, die du willst. Ich will nicht nur die zweite Wahl sein.«

»Niemand kann sie ersetzen«, erwidert er barsch. »Du magst jetzt ihr wunderbares Gesicht haben, aber du bist etwas anderes. Du bist wie ich. Dunkel und mächtig. Jeanne war nichts davon.«

Sie war unschuldig. Und weil du sie nicht gehen lassen konntest, hast du sie zu etwas gemacht, was sie nie sein wollte.

»Ich will keine Sklavin sein, so wie die Verfluchten. Falls du beabsichtigst, mich dazu zu machen, kannst du mich gleich töten.«

Das Spiel, das ich spiele, ist gefährlich, aber wenn ich zu wenig Widerstand leiste, wird selbst er merken, dass etwas nicht stimmt.

»Sklaven habe ich genug, ich brauche keine folgsame, hirnlose Kreatur an meiner Seite. Aber ich dulde auch keine Gegnerin.«

Ich lächle in mich hinein. Natürlich nicht. Er duldet nichts, was sich gegen ihn richten könnte.

»Wenn ich keine Gegnerin sein soll, will ich eine Bedingung stellen«, sage ich ernst. Gauthier blickt mich interessiert an. »Ich will, dass du Giselle ausfindig machst, damit ich sie für ihren Verrat töten kann. Sie soll wissen, wie sich Sterben anfühlt.«

Was Giselle getan hat, werde ich ihr nie verzeihen, aber meine Rachegelüste sind dennoch gespielt. Ich würde sie nie aufsuchen, nur um Vergeltung zu üben. Trotzdem will ich, dass Gauthier das denkt. Er soll glauben, ich sei rachsüchtig und von Hass zerfressen, damit er nicht hinter meine Fassade blickt.

»Eine verständliche Forderung«, sagt er. »Ich gewähre sie dir, sobald die Krone mir gehört.«

»Gut. Ich habe eine weitere. Du wirst Thierry nicht anrühren.«

Gauthier weiß, wie viel er mir bedeutet, und nicht nur, weil mein Leben an seinem hängt. Er hat unsere Verbindung in meinen Erinnerungen gesehen. Nicht einmal er würde mir glauben, dass Thierry mir plötzlich vollkommen egal ist.

Ein Lächeln erscheint auf seinen Lippen. »Liebe macht uns berechenbar, stimmt's?«

Ich verziehe keine Miene.

Da hast du recht. Und sie macht uns blind.

»Er wird deine Entscheidung, meine Gefährtin zu werden, nicht verstehen«, warnt Gauthier. »Er wird es nicht akzeptieren.«

»Das ist mir klar. Aber es muss eine andere Lösung geben, als ihn zu töten.«

»Dann wird er sein Leben im Kerker fristen. Genau wie du es seinetwegen getan hast.«

Ich schaue traurig. »Vielleicht ist das ja auch eine Form von Gerechtigkeit.«

Kurz denke ich daran, wie anders die Dinge hätten laufen können. Wenn Gauthier mich statt Sophie aufgesucht hätte, hätte ich vielleicht zugestimmt, auf seine Seite zu wechseln. Da wusste ich allerdings nicht, was wirklich im Kloster passiert ist. Ich wusste nicht, warum Thierry mich verraten hat. Und Gauthier hatte noch nicht so vielen Menschen wehgetan, die mir etwas bedeutet haben.

»Ich werde dich niemals lieben«, mache ich ihm klar. »Ich bin nicht Jeanne. Das hier tue ich nur, weil ich nicht für ein Land sterben will, dem mein Tod nichts wert ist. Ich tue das allein für mich.«

Gauthier neigt seinen Kopf. »Ich sagte doch, wir sind uns ähnlicher, als du denkst. Du hast dich lange dagegen gewehrt, aber am Ende erkennt jeder die Wahrheit.«

Ja. Jeder außer dir. Weil all dein Hass und all deine Gier dich vernebeln. Du hast dir selbst dein Grab geschaufelt.

Gauthier hebt die Hand, und mein Körper beginnt zu kribbeln. Ich bemerke, wie das rote Haar wieder braun wird und mein altes Aussehen zurückkehrt.

»Ich habe auch eine Bedingung«, sagt er. »Die Königin gehört mir.«

»Sie ist mir gleichgültig. Wie ich es ihr auch bin.«

»Soviel ich weiß, hältst du sie für eine beeindruckende Frau.«

»Das ist sie«, antworte ich wahrheitsgemäß, weil er das offensichtlich in meinen Erinnerungen gesehen hat. »Trotzdem bedeutet sie mir nichts.«

Orianne war es, die ihre Königin geliebt hat, aber sie ist tot. Sie hat sich geopfert, damit ich den Fluch brechen kann. Ich werde ihren letzten Wunsch nicht mit Füßen treten.

Gauthier löst seinen Paralysezauber und kommt auf mich zu, bis er direkt vor mir steht. Er sieht schlecht aus, das erkenne ich deutlich an den prägnanten Augenringen und seinem flachen Atem. Heute wurde sogar der mächtigste Fluchweber von Saintoux an seine Grenzen gebracht.

»Ich wusste, du würdest zur Vernunft kommen«, sagt er.

»Hatte ich denn eine Wahl?«

»Du hast die einzig richtige Entscheidung getroffen«, übergeht er meine Frage.

»Ich weiß.«

Der Dolch befindet sich noch immer in meiner Hand, und genau darin liegt Gauthiers Fehler. Er ignoriert diese Tatsache völlig. Ich nutze seine fehlende Aufmerksamkeit und mache einen schnellen Schritt nach vorn.

Gauthiers dunkle Augen weiten sich, als er bemerkt, was ich im Begriff bin zu tun. Er kann mir nicht mehr ausweichen, doch ich treffe ihn nicht dort, wo ich ihn treffen wollte. Der Dolch bohrt sich lediglich in seine Seite statt in seine Brust. Er taumelt rückwärts, hält sich die Hand über die Wunde und seine Miene verwandelt sich in eine wutverzerrte Fratze.

»Dafür wirst du büßen!«

Dieser Dolchstoß hätte genügen sollen. Es hätte der Moment sein sollen, in dem Gauthier sich auflöst und für immer verschwindet. Aber das tut er nicht. Stattdessen lässt er all seinem Zorn freien Lauf und entfesselt einen Sturm aus Dunkelheit.

Seine geballte Macht reißt mich von den Füßen und schleudert mich auf den Boden voller Scherben, wo ich mehrere Meter nach hinten schlittere und nur mit Mühe den Dolch festhalten kann, bevor er mir schließlich doch entgleitet.

Schatten zerren an meinem Körper. Eigentlich müsste ich sie beherrschen, doch der Angriff tut so weh, wie noch nie zuvor etwas geschmerzt hat. Die Schatten greifen mich an, hungrige Tiere aus schwarzer Magie. Ich reiße schützend die Arme in die Höhe, kann mich jedoch nicht gegen sie verteidigen.

Wind und Magie tosen mir in den Ohren, und irgendwo in diesem Saal schreit Gauthier aus vollem Hals, während er mehr und mehr

Schattenmagie entfesselt. Fensterscheiben zerspringen und rieseln zu Boden.

Ich rufe den letzten Rest meiner Kräfte zu Hilfe. Schatten wehren sich gegen Schatten, dunkle Magie trifft auf dunkle Magie.

Je länger das geht, desto mehr schwindet mein Widerstand. Ich kann nicht mehr viel länger dagegen ankämpfen. Erschöpfung macht sich in meinen Gliedern und meinem Kopf breit.

Es hört einfach nicht auf. Wieso hört es nicht auf?

Ich lasse jedes Fünkchen Magie aus mir herausströmen, forme einen Schutzwall und wehre mich gegen die Schatten, die mich in Stücke reißen wollen. Ich kämpfe, bis nichts mehr übrig ist. Weil ich es Sophie versprochen habe. Ich habe ihr versprochen zu kämpfen – richtig zu kämpfen –, so wie nie zuvor in meinem Leben. Es bringt sie nicht zurück, es macht nichts von alldem ungeschehen, aber ich will, dass sie stolz auf mich ist.

Als ich beinahe aufgebe, lässt der dunkle Sturm endlich nach.

Schwer atmend starre ich an die Decke, während sich der finstere Nebel lichtet. Ein Keuchen ertönt. Ich rolle mich stöhnend zur Seite und starre zum anderen Ende des Saals, wo pures Chaos herrscht.

Gauthier kniet auf allen vieren und starrt in meine Richtung. Sein Körper bebt, auch er hat keine Kraft mehr übrig.

Ich weiß nicht, woher ich die Stärke nehme, um aufzustehen. Mir tut alles weh, aber der schiere Wille lässt mich weitermachen. Zuerst schnappe ich mir meinen Dolch, dann marschiere ich auf Gauthier zu, der sich anscheinend nicht einmal bewegen kann.

Während er mich mit einem Ausdruck ansieht, den ich nicht deuten kann, bleibe ich reglos vor ihm stehen.

»Du hättest eine Königin sein können«, sagt er mit rauer Stimme.

Ich umklammere den Dolch fester. »Eine Krone habe ich nie gewollt. Das wäre nur ein weiteres Gefängnis.«

In Gauthiers Augen glitzern Tränen, die ich von ihm nie erwartet hätte.

»Ich habe sie geliebt«, flüstert er, wobei ihm die Tränen über die Wangen laufen. Sie passen gar nicht zu ihm. »Ich konnte es nicht ertragen, sie zu verlieren.«

Eine Erklärung, die ich verstehe. Und doch hat sein Egoismus uns alle so viel gekostet.

Jetzt habe auch ich Tränen in den Augen. Ich denke an den Mann, den *ich* liebe und den ich ebenso verlieren werde. Wir werden gemeinsam sterben, um dieses Land vor Finsternis und Leid zu bewahren. Ich wünschte, das müssten wir nicht. Ich wünschte, Thierry müsste nicht denselben Preis zahlen wie ich, aber es gibt keinen anderen Weg. Es wird nie enden, wenn ich in diesem Moment strauchle.

»Sie hätte nicht gewollt, dass ihr Land so leiden muss wie du. Der Schmerz eines Einzelnen rechtfertigt niemals das Leid von so vielen.«

Ich stoße ihm den Dolch in die Brust und lasse mich erschöpft gegen ihn sinken. Schatten beginnen um uns zu kreisen, werden immer ungehaltener. Sie können mich haben. Ich bin bereit loszulassen. Aber Gauthier nehme ich mit mir.

KAPITEL 41

DAS VERSPRECHEN

Schwere Tropfen prasseln auf mein Gesicht, zu wenige, um von Regen zu sprechen. Ganz in der Nähe ertönt ein Schluchzen, das ich nicht zuordnen kann. Mein Körper fühlt sich an, als hätte ihn jemand in tausend Fetzen zerrissen. Wenn ich nach dem Tod noch solche Schmerzen empfinde, muss ich geradewegs in der Hölle gelandet sein.

Ein Stöhnen entweicht meiner rauen Kehle, woraufhin das Weinen verstummt.

»Alienor?«

Diese Stimme kenne ich gut. Blinzelnd öffne ich meine Augen und entdecke Thierrys Gesicht über meinem. Seine Wangen sind nass und seine silbergrauen Augen glitzern. Kein Anblick, den ich in der Hölle vermuten würde.

»Sieht aus, als würden selbst die unheiligsten Wesen einen Platz im Paradies bekommen«, murmele ich heiser. »Das werde ich Giselle unter die Nase reiben, falls ich sie irgendwann hier treffen sollte. Hoffentlich ist sie bis dahin alt und gebrechlich, dann läuft sie nicht davon.«

Thierry Gesicht hellt sich auf, so strahlend, wie ich es noch nie gesehen habe. Sonst ist er immer stoisch und beherrscht, da ist eine derart überschwängliche Reaktion überraschend.

»Alienor, du bist nicht tot.«

Sehr lustig. Ich hätte nicht gedacht, dass Thierry im Paradies ein Witzbold ist. Vielleicht befinde ich mich doch in der Hölle.

Das würde erklären, warum der Mann, den ich liebe, solche miesen Scherze macht.

»Mich zu verspotten, nachdem ich mein Leben für das Allgemeinwohl geopfert habe, ist unfair«, keuche ich.

In meinem Blut kann ich keinen Funken schwarze Magie spüren, wie könnte ich also am Leben sein? Alles, was mit Gauthier verbunden war, ist gemeinsam mit ihm gestorben. Die dunkle Magie. Die Verfluchten. Und ich. Oder nicht?

Thierry schüttelt den Kopf. »Ich mache mich nicht über dich lustig. Du lebst! Und deine Augen … sind genauso wie früher.«

Mit dem Stoff seiner zerschlissenen Robe wischt er mir seine Tränen aus dem Gesicht. Diese Berührung wirkt so echt, sanft und gleichzeitig stürmisch. Aber kann das wirklich sein? Wie könnte ich am Leben sein?

Ich starre hinauf zur Decke. Die Bemalungen kommen mir bekannt vor. Vorsichtig drehe ich den Kopf. All die großen Fenster im Saal sind zerborsten und lassen einen kühlen Luftzug herein. Warum ist mir überhaupt kalt? Ich sehe an mir herunter. Überall glitzern Scherben auf dem Boden und ich … liege inmitten von schwarzer Asche und Knochen.

»Ahh«, schreie ich und springe auf, obwohl mir alles wehtut.

Ist das widerlich.

Ich mache zwei Schritte rückwärts und starre Thierry mit aufgerissenen Augen an, bevor ich wieder zum Boden blicke, wo nicht nur Asche und Knochen liegen, sondern auch eine schwarze Robe. Gauthiers Robe. Ich untersuche meinen eigenen Körper. Alles ist noch da. Die Verletzungen, meine aufgerissene Kleidung und das Blut.

Ich lebe.

Ich lebe tatsächlich.

Aber wie?

»Du hast es geschafft«, sagt Thierry. »Du hast es wirklich geschafft.«

Lachend kommt er auf mich zu und schließt mich in seine Arme. Ich weiß nicht, was ich denken oder fühlen soll, aber als er mich leidenschaftlich küsst, spielt nichts von dem, was geschehen ist, eine Rolle. So küsst niemand in der Hölle und auch niemand im

Paradies. Das ist das echte Leben, schmerzhaft und süß und überwältigend.

Ich schlinge meine Arme um Thierry, genieße das Gefühl seiner Lippen auf meinen und seiner Hand in meinem Nacken, mit der er mich noch dichter an sich zieht. Zu leben und zu lieben, nachdem so viel hinter mir liegt, ist unglaublich. Unzählige Emotionen prasseln auf mich ein. Erleichterung, Verwirrung und Glück. Ich nehme Thierrys Duft in mich auf, spüre die Wärme seiner Umarmung und wie weich seine Lippen sind. Dieser Augenblick ist perfekt.

Erst als wir uns voneinander lösen, kehren die Gedanken, die ich verdrängt habe, wieder zurück. Wieso lebe ich noch? Gauthier sagte, mit seinem Tod würde alles sterben, was von seiner Magie berührt wurde. Hat er mich womöglich ein letztes Mal angelogen, um mich davon abzuhalten, ihn umzubringen? Das würde zu ihm passen. Aber was ist dann mit der Magie des Fluchs? Steckt sie noch immer in mir?

Ich konzentriere mich auf meinen Körper. Irgendetwas ist anders. Nach wie vor spüre ich keine Fluchmagie in meinem Blut, keine Schatten, die darauf warten, in die Freiheit entlassen zu werden.

Nervös sehe ich auf meinen Handrücken.

Was zum …? Das kann nicht sein.

Es ist weg. Das Siegel ist weg.

Thierry sieht mich fragend an. »Was ist los?«

»Wie ist das möglich?«, sage ich und zeige ihm meine Entdeckung.

Er runzelt verwirrt die Stirn. Sein Bann sollte bis zum Tod Bestand haben, und wenn ein Leben endet, dann auch das andere. Aber wir sind beide hier, während der Bann Geschichte ist.

»Das ist nicht alles«, meine ich, während mein Blick wieder zu der Asche huscht. »Meine Kräfte sind weg. Ich spüre sie nicht mehr.«

»Bist du sicher? Hast du versucht, sie zu rufen?«

Bisher nicht, aber das sollte ich wohl tun, denn wenn der Bann wirklich gebrochen ist, müsste ich problemlos auf sie zugreifen können.

Ich trete einen Schritt zurück und atme durch. Will ich das denn überhaupt? Will ich wirklich, dass die finstere Macht noch da ist? In den letzten drei Jahren habe ich mich an sie gewöhnt. Sie hat mich zu einer vollkommen neuen Person gemacht. Jetzt fürchte ich, den Menschen ohne diese Kräfte nicht mehr zu kennen.

Ich hebe den Arm und konzentriere mich. Etwas antwortet auf meinen Ruf. Irgendetwas ist noch in mir, ein fernes Echo der einstigen Magie. Aber die Schatten sind verschwunden. Keine Dunkelheit und keine gedämpften Gefühle mehr. Da bin einfach nur noch ich.

»Gauthiers Macht ist … weg«, murmele ich.

Zuerst weiß ich gar nicht, wie ich deswegen überhaupt empfinden soll. Eigentlich hat sich für mich wenig verändert. Sollte sich das nicht irgendwie monumentaler anfühlen?

Ich drehe mich hilflos im Kreis, sehe mich im Saal um, in dem überall Scherben liegen. Kein einziger Spiegel ist mehr ganz. Irgendetwas an der Umgebung sollte mir sagen, dass ich träume, dass ich doch tot bin. Aber alles wirkt genauso wie beim Kampf mit Gauthier. Es ist echt, auch wenn ich es immer noch nicht glauben kann.

»Dann ist der Bann deshalb gebrochen«, schlussfolgert Thierry. »Sein einziger Zweck war es, deine Kräfte zu blockieren. Wenn die allerdings verschwunden sind, hat das Siegel keine Grundlage mehr.« Ein Lächeln schleicht sich auf seine Lippen. »Das ist großartig!«

Ich horche nachdenklich in mich hinein. »Hm, ich weiß nicht … Die Dunkelheit ist weg, aber irgendetwas ist da noch. Keine Schatten, bloß … ein Überbleibsel?«

Es fällt mir schwer, die treffenden Worte dafür zu finden. Da ist eine Art Echo in mir, in ganz weiter Ferne, und ich bin nicht sicher, was es ist.

Thierry sieht mich an. »So viel Magie verschwindet selten spurlos. Vermutlich hat sie eine Art Narbe hinterlassen. Ich kann nicht genau sagen, was das bedeutet. Wir Zauberweber haben ein sehr langes Leben, weil die Magie unseren Körper konserviert. Gut möglich, dass es dir ähnlich ergehen wird.«

Ich habe Mühe, mir das vorzustellen. Heißt das, ich werde vielleicht genauso lange leben wie Thierry? Oder noch länger? Diese Enthüllung lässt sich gerade kaum begreifen, und sie ist auch nicht die einzige, die ich verarbeiten muss.

»Mein Blut«, beginne ich. »Giselle hat sich in einen Menschen verwandelt, als sie es getrunken hat. Ich bin nicht sicher, ob sich durch den Verlust meiner Schattenkräfte etwas verändert hat, deshalb wäre es möglich, dass andere Vampire davon erfahren und es ausprobieren wollen.«

Thierry nickt mit finsterer Miene. »Möglich. Aber das werde ich niemals zulassen.«

Es gibt noch so vieles, was unausgesprochen ist, aber als die Flügeltür am anderen Ende des Raumes geöffnet wird, bringe ich keinen Ton mehr heraus. Die Königin kommt herein, mit langsamen, bedachten Schritten. Sie ist bleich, hält sich aber trotzdem mit Würde. Ihr Gesichtsausdruck ist genauso hart und erhaben wie beim letzten Mal.

Als sie stehen bleibt, lässt sie ihren Blick durch den Saal wandern. »Was für ein Chaos«, sagt sie. »Das Vermächtnis meiner Vorfahren … völlig zerstört.«

»Besser nur dieser Raum als Euer ganzes Land«, entfährt es mir.

Wäre Orianne jetzt hier, hätte sie mich für meine vorlaute Antwort gerügt. Doch das ist sie nicht, und daran trage ich eine Mitschuld.

Die Königin wendet sich Thierry zu. »Wo ist Orianne?«

Wie seltsam, dass wir anscheinend denselben Gedanken hatten. Andererseits überrascht es mich nicht, sie das fragen zu hören.

Augenblicklich verdunkelt sich Thierrys Miene. Ihm ist das sichtlich unangenehm, und auch ich möchte am liebsten nicht darauf eingehen. Sie ist gestorben, um mich zu retten. Wer weiß, vielleicht hätte Gauthiers Tod sie von ihrem Zustand geheilt.

Thierry sieht zu Boden. »Orianne hat ihr Leben gegeben, damit der Fluch gebrochen werden konnte. Sie hat mich gebeten, dir zu sagen, dass sie dich liebt.«

Schock spiegelt sich in der Miene der Königin, aber nur für einen Moment, bevor sie sich wieder fängt. Wie schrecklich hart muss es sein, nicht einmal in Zeiten wie diesen seine Gefühle zulassen zu können?

»Ich verstehe«, sagt sie.

Ihre sonst so starke Stimme ist brüchig, ihre grünen Augen glasig. Trotz allem, was sie bei dieser Neuigkeit fühlen muss, bewahrt sie Haltung und strafft die Schultern. Wie bewundernswert.

Sie sieht dorthin, wo die Knochen und die Robe liegen. »Ist das etwa …?«

»Gauthier«, antworte ich. »Durch seinen Tod wurde der Fluch gebrochen.«

Von nun an ist er nur noch ein dunkler Fleck in der Geschichte von Saintoux. Wie lange wird es wohl dauern, bis er verblasst?

»Thierry hatte recht«, sagt die Königin an mich gewandt. »Du hast uns gerettet. Wie abgemacht, werde ich mein Versprechen an dich halten.«

Ihre Worte versetzen mir einen Stich. Das Versprechen. Sie wollte für Sophie sorgen, aber ich habe meine Schwester verloren.

»Das wird nicht nötig sein«, erwidere ich und blinzle die Tränen weg, die mir in die Augen kriechen. »Meine Schwester ist tot. Sie ist dem Fluch zum Opfer gefallen.«

Es auszusprechen zerreißt mich innerlich. Wäre sie stolz auf mich, wenn sie mich jetzt sehen könnte? Würde sie denken, dass es das wert gewesen sei?

»Das tut mir leid«, sagt die Königin. »Ich möchte dennoch meine Schuld begleichen. Du hast bewiesen, dass du weit mehr bist, als die Leute behaupten, Alienor Mercier. Sollte es etwas geben, was ich für dich tun kann, zögere nicht, mich darum zu bitten. Wenn es in meiner Macht steht, werde ich es gewähren.«

Meine Freiheit.

Darum will ich sie bitten, aber ich glaube nicht, dass sie mir die zurückgeben kann. Vielleicht muss sie das auch gar nicht tun. Ich bin nicht länger das Schattenmädchen. Inzwischen weiß ich, wer wirklich für das Massaker verantwortlich ist. Wenn wir die Wahrheit beweisen, befreit mich das möglicherweise von meiner Schuld.

»Ich komme darauf zurück«, erwidere ich.

Türen öffnen sich, dieses Mal die, durch die ich selbst gekommen bin. Zwei Soldaten betreten den Saal, ihre Rüstung ist blutverschmiert. Sie sehen mitgenommen aus, scheinen aber unverletzt. In ihrer Mitte eskortieren sie ein bekanntes Gesicht.

»Rafael«, entfährt es mir.

Der Arme sieht ziemlich fertig aus. Vor allem an seinem Hals klebt eine Menge Blut und ich entdecke Bissspuren. Seine Hände sind ebenfalls voller Blut, doch es scheint nicht seins zu sein. Die Soldaten behandeln ihn wie einen Verbrecher, worüber Rafael ganz und gar nicht glücklich scheint.

»Majestät!«, ruft einer von ihnen. »Wir haben einen Flüsterer vor dem Eingang des Schlosses aufgeschnappt. Er behauptet, Ihr würdet ihn sehen wollen. Sollen wir ihn in den Kerker werfen?«

Sie sehen hilflos von der Königin zu Thierry. Wenn es um Flüsterer geht, bittet man eigentlich die Zauberweber um Rat, aber für Gardisten hat das Wort der Königin mehr Gewicht.

Ich bin froh, Rafael zu sehen. Nachdem Giselle mich verraten hat, hatte ich Angst, dass sie ihn im Rausch getötet haben könnte, um an seine Kräfte zu gelangen.

»Er ist ein Freund«, sage ich und sehe die Herrscherin an. Thierry nickt ihr zu.

»Lasst ihn los«, befiehlt sie.

»Aber Majestät, er …«

»Er wird niemandem etwas tun«, versichert Thierry. »Und jetzt befolgt den Befehl eurer Königin.«

Die Soldaten sehen aus, als wollten sie widersprechen, lassen Rafael dann aber los. Hätte er es wirklich darauf angelegt, irgendwen zu verletzen, hätten diese Männer ohnehin keine Chance gehabt.

»Was ist passiert?«, fragt er. »Wo ist … Giselle?«

Ich sehe zur Seite. »Sie hat ihr Ziel erreicht, hätte mich dabei aber fast getötet.«

»Was?«

Ich nicke grimmig. »Sie hat das Schloss verlassen. Ich weiß nicht, wo sie ist. Vielleicht ist das besser so. Für mich zählt nur Gauthiers Tod.«

Rafael sieht traurig aus. Obwohl er ständig Angst vor Giselle hatte, glaube ich, dass er sie doch irgendwie mochte, genau wie ich. Aber sie hat uns verraten. Unsere Wege sollten sich besser nicht mehr kreuzen.

»Wer ist er, Thierry?«, will die Thronerbin wissen.

»Er hat uns geholfen.«

Ich drehe mich zu den beiden um und sehe die Königin an. »Thierry meinte, Ihr würdet ihn begnadigen, damit er nicht von den Zauberwebern gejagt und nach Sirvarien zurückgebracht wird.«

»Er ist ein Flüsterer. Ihn zu begnadigen wäre ein Affront gegen die Zauberweber.«

»Es nicht zu tun wäre moralisch falsch«, mischt Thierry sich ein. »Sollte seine Opferbereitschaft für dieses Land nicht belohnt werden?«

Da stimme ich ihm zu. In diesen Kampf hat Rafael nicht nur sein Leben riskiert, sondern sich auch enttarnt. Ich überlasse ihn nicht den Zauberwebern.

»Ihr meintet, wenn Ihr etwas für mich tun könnt, soll ich es Euch sagen«, erinnere ich die Königin. »Wenn Ihr mir dafür danken wollt, Saintoux von Gauthier befreit zu haben, solltet Ihr ihn begnadigen. Das wäre …«

Ich verstumme, als sich mitten im Saal eine Passage öffnet. Dann eine zweite und eine dritte. Drei Zauberweber stehen plötzlich im Raum, und einen von ihnen erkenne ich wieder – den in der Mitte, mit der grauen Robe und der handförmigen Silberbrosche. Sylvain.

»Keiner rührt sich«, sagt er. »Besonders nicht du, Schattenmädchen.«

KAPITEL 42

EINE ZUKUNFT IM DUNKELN

Spannung liegt in der Luft, was mich nervös mit dem Fuß auf und ab wippen lässt. Sylvain hatte bereits angedroht, dass er es Thierry nicht durchgehen lassen will, mich befreit zu haben. Jetzt hat er sogar Verstärkung mitgebracht. Auch die anderen Zauberweber tragen graue Roben und eine Brosche, allerdings sind ihre kleiner als die von Sylvain. Obwohl keiner von ihnen frisch aussieht, wette ich, dass sie genug Kraft übrig haben, um Schaden anzurichten.

»Als Vorsitzender des Zauberweberrates von Saintoux verlange ich zunächst, dass der anwesende Flüsterer in unsere Obhut übergeben wird«, sagt Sylvain mit Blick auf Rafael.

Vorsitzender des Zauberweberrates?

Oh, verdammt.

»Das dürft ihr nicht«, erwidere ich.

Sylvain taxiert mich abfällig. »Natürlich dürfen wir, so will es das Gesetz. Aber dass eine Verbrecherin wie du sich nicht damit auskennt, ist wohl kaum überraschend.«

Er beobachtet mich, scheint damit zu rechnen, dass ich jemanden angreifen könnte, dabei sind meine Schattenkräfte Geschichte.

Woher weiß er von Rafael? Hat Sylvain ihn etwa in der Stadt dabei beobachtet, wie er die Verletzten geheilt hat? Sieht so die Dankbarkeit des Rates aus?

Ich wende mich hilflos an Thierry, der meine Sorge sofort erkennt.

»Victoire«, murmelt er.

Die Königin tritt vor. »Ich, Königin Victoire die Dritte, berufe den Flüsterer in den Dienst der Krone. Er wird fortan unter mir dienen und nicht nach Sirvarien überführt.«

Sylvain spannt den Kiefer an. »Das könnt Ihr nicht tun, Eure Hoheit.«

»Ich kann und ich werde. Mir kam zu Ohren, dass dieser junge Flüsterer sich im Kampf gegen den Fluch hervorgetan hat.«

»Er ist außerdem ein Wasserflüsterer«, fügt Thierry hinzu. »Seinesgleichen besitzt außergewöhnliche Heilfähigkeiten. Es wäre eine Verschwendung, ihn gehen zu lassen.«

Die Königin strafft die Schultern. »Es ist mein Recht, ihn in meine Dienste zu beordern, wenn ich einen Nutzen darin sehe.«

»Flüsterer sind gefährlich, Hoheit, ihr könnt nicht …«

»Gauthier und sein Fluch waren gefährlich«, erwidert sie barsch. »Trotzdem ist es Eurer Institution über viele Jahre hinweg nicht gelungen, ihn unschädlich zu machen. Stattdessen habt Ihr einen König nach dem anderen geopfert. Ihr seid meiner Familie etwas schuldig, Sylvain, vergesst das nicht.«

Sylvain sieht aus, als ob er sich wünscht, Victoire wäre auch geopfert worden, aber er hält sich zurück. Lediglich die pochende Ader an seiner Schläfe weist darauf hin, wie sehr er sich ärgert. »Ganz wie Ihr wollt, Hoheit. Ihr sollt Euren Flüsterer haben, dann ist er Euer Problem. Aber in einer anderen Angelegenheit werdet Ihr nicht intervenieren. Im Namen des Zauberweberrates nehme ich Thierry Poitiers und das Schattenmädchen fest.«

»Was?«, rufe ich empört. »Das könnt …«

»Wir können«, antwortet er betont ruhig. »Zauberweber und ihre Angelegenheiten obliegen vollkommen uns, nicht der Krone. Indem er dich ohne unser Wissen befreit hat, hat Thierry unsere Gesetze gebrochen und wird folglich für seine Taten bestraft.«

»Ich habe ihm das aufgetragen«, mischt sich die Königin ein. »Als mein persönlicher Zauberweber hat er auf meinen Befehl hin gehandelt.«

Sylvain lächelt süffisant. »Ihr müsst ihn nicht schützen, Majestät. Uns ist bewusst, dass Ihr so einen Befehl niemals ohne einen *schlechten Rat* gegeben hättet.«

»So schlecht war der gar nicht«, zische ich und deute auf den Aschehaufen. »Das dahinten sind die Knochen eures früheren Kollegen.«

Sie sehen hinüber. Überrascht wirken sie nicht. Sie müssen gemerkt haben, dass Gauthier tot ist. Vielleicht, weil die Verfluchten verschwunden sind und mit ihnen die dunkle Magie. Ich erwarte keinen überschwänglichen Dank, aber der Rat könnte uns zumindest in Ruhe lassen.

»Der Fluch ist Geschichte, Sylvain«, sagt Thierry. »Lass es gut sein.«

Er schüttelt den Kopf. »Regeln müssen befolgt werden. Du wirst deine Strafe für das Missachten unserer Gesetze erhalten. Sie dagegen wird wieder in ihre Zelle gesperrt. Ihre Verbrechen sind nicht zu vergeben, ganz egal, ob sie für Gauthiers Ableben verantwortlich ist oder nicht.«

»Was?«, schreie ich.

Ich hätte es mir denken können. Im Prinzip habe ich von Anfang an erwartet, dass die Zauberweber mich erneut einsperren, selbst wenn es mir gelingt, den Fluch zu brechen. Sie können mir für das, was ich in ihren Augen getan habe, nicht vergeben. Es wird Zeit, dass sie die Wahrheit erfahren.

»Die Zauberweber im Kloster sind gestorben, weil einer euresgleichen mich mit schwarzer Magie dazu gebracht hat, sie zu töten«, rufe ich zornig.

Diese Offenbarung bringt Sylvain anscheinend nicht aus dem Konzept, denn er kneift lediglich seine Augen leicht zusammen. »Das ist Unsinn.«

»Ist es nicht«, erwidert Thierry. »Ich habe es gesehen. In einer Erinnerung.«

Sylvain schürzt die Lippen. »Ich weiß nicht, warum du dieses Ungeheuer in Schutz nimmst, aber ich werde …«

Das reicht mir jetzt wirklich. Ich gehe ihm einen Schritt entgegen. »Dann überprüft meine Aussage mit einem Wahrheitszauber. Wenn ich lüge, dürft ihr mich gern mitnehmen. Oder fürchtet ihr eine Überraschung?«

Er reckt das Kinn, starrt von oben auf mich herab. »Wenn das ein Trick ist, mach dich auf Konsequenzen gefasst, Schattenmädchen.«

Während er auf mich zukommt, bleiben die anderen Zauberweber ruhig, geradezu unbeteiligt. Als würden sie sich vor ihrem Anführer fürchten oder wären von den Strapazen des heutigen Tages zu müde, um auch nur ein Wort zu sprechen.

Ich reiche Sylvain die Hand, darauf bedacht, das verschwundene Bannzeichen hinter meinem Rücken zu verstecken. Er muss nicht alles wissen.

Sylvain ergreift mein Handgelenk und wirkt den Zauber. »Sprich.«

Ich werfe ihm ein provokantes Lächeln zu. »Jules Galliard, ein Zauberweber der Gemeinschaft des Klosters, hat mich mit schwarzer Magie dazu gebracht, jeden Zauberweber im Kloster zu töten. Dann hat er mich gezwungen, ihn ebenfalls zu töten. Er wollte, dass die Experimente aufhören, deshalb musste es so aussehen, als wäre ich sogar für euresgleichen unkontrollierbar und gefährlich.«

Ich höre auf zu erzählen. Das Licht von Sylvains Zauber färbt sich grün.

»Unmöglich«, murmelt er, lässt mich los und tritt einen Schritt zurück.

»Wirklich?«, frage ich. »Sagst du das, weil einer eurer eigenen Leute für dieses Massaker verantwortlich ist? Das lag wohl außerhalb deiner Vorstellungskraft, nicht wahr?«

Er presst die Lippen aufeinander. »Ich lasse nicht zu, dass dieses Wissen an die Öffentlichkeit gelangt.«

»Es ist die Wahrheit, Sylvain«, meint Thierry erbost und stellt sich neben mich. »Du kannst sie nicht für etwas einsperren, über das sie keine Kontrolle hatte.«

»Irgendjemand muss für diese abscheuliche Tat büßen. Sie war beteiligt, ganz egal, was vorgefallen ist, also wird sie auch bestraft.«

Das ist ja wohl unglaublich. Er hat gerade herausgefunden, wie es wirklich war, und will mich trotzdem einsperren? Will er das etwa unter Verschluss halten, damit die Zauberweber nicht ihr Ansehen einbüßen?

»Das kannst du nicht tun. Die Öffentlichkeit muss die Wahrheit erfahren«, redet Thierry auf ihn ein.

»Nein, das muss sie nicht. Ich werde persönlich dafür sorgen, dass das nicht geschieht. Niemand wird sich gegen mich stellen. Auch

Ihr nicht, Majestät.« Er sieht die Königin an. »Wir akzeptieren Eure Macht, aber Ihr solltet nicht vergessen, wie stark der Einfluss des Zauberweberrates ist. In diese Angelegenheit werdet Ihr euch nicht einmischen!«

Sein drohender Tonfall macht mich rasend. Scheint, als hätte der Rat doch mehr Macht, als ich ihm zugerechnet hätte, denn die Königin nickt stumm. Ist das ihr Ernst? Sie lässt sich von ihm einschüchtern?

»Gut«, sagt Sylvain und richtet seinen Blick auf Thierry und mich. »Es wird Zeit, dass das Schattenmädchen dorthin zurückkehrt, wo es hergekommen ist. Und falls es Einwände geben sollte …« Er lässt seine Hand gelb aufleuchten. »Werde ich Zwang anwenden.«

Auch die Hände der anderen Zauberweber erstrahlen nun in gelblichem Licht.

Verdammt, passiert das gerade wirklich?.

»Entschuldige, Victoire«, sagt Thierry zu seiner Herrscherin. »Aber ich fürchte, du musst dir einen neuen Zauberweber suchen.«

Sie antwortet nicht, sondern schenkt ihm ein kaum merkliches Lächeln, als wüsste sie, was er damit meint.

Will er etwa kämpfen?

»Das ist nicht nötig«, erwidert Sylvain. »Du kannst deine Position behalten, auch wenn der Rat dich bestrafen wird. Solange du kooperierst, lasse ich Milde walten, darauf hast du mein Wort. Hauptsache, dieses Ungeheuer wird nach …«

»Tut mir leid, Sylvain«, unterbricht Thierry ihn, wobei er nicht klingt, als würde ihm irgendetwas leidtun. »Aber ich kann sie dir nicht überlassen.«

»Was soll …«

Aus dem Nichts lässt Thierry eine Passage hinter uns erscheinen. Ohne zu zögern, packt er meinen Arm und zerrt mich hindurch, weg von seinen Leuten und hinein ins Ungewisse, so schnell, dass niemand uns folgen kann.

Ich klammere mich an ihm fest, während wir durch die magische Passage stürzen. Erst jetzt, inmitten dieses grellen Lichts, wird mir die Bedeutung von Thierrys Handlung vollkommen bewusst.

Er hat sich für mich entschieden.

Für eine Zukunft, die im Dunkeln liegt, aber nicht länger in den Schatten.

EPILOG

INSEL DER HOFFNUNG

Thierry lehnt sich über die Reling des Segelschiffs und beobachtet den Ozean. Die Wellen haben etwas Beruhigendes an sich, eine Art Konstanz und Berechenbarkeit, die ihm gefällt. Berechenbar ist sein Leben inzwischen nicht mehr, darum hilft es ihm, sie in den Dingen um ihn herum zu finden.

»Señor Poitiers«, sagt jemand und stellt sich neben ihn. »Genießt Ihr die Aussicht?«

Kapitän Felipe Moya stützt seine Unterarme auf die Reling und sieht mit einem selbstbewussten Lächeln in die Ferne. Zwei Wochen hat es gedauert, bis sie ihn ausfindig gemacht haben. Ein schwieriges Unterfangen, vor allem für zwei Menschen auf der Flucht. Letztendlich haben sie ihn ausgerechnet am Hafen von Pontilliard gefunden, wo ihr Abenteuer begonnen hat.

Was die lebende Legende angeht, hat Rafael nicht übertrieben. An den Docks von Pontilliard flüstert man ehrfürchtig Moyas Namen und erzählt die haarsträubendsten Geschichten über ihn. Er ist eine interessante Persönlichkeit, hat glänzendes schwarzes Haar, gebräunte Haut, ein verwegenes Grinsen und strahlt pure Lebensfreude aus. Seit drei Tagen stolziert er mit einem auffälligen jadegrünen Mantel an Deck herum, verziert mit allerhand Knöpfen und Goldfäden. An seinem Gürtel hängen ein vergoldeter Kompass und ein juwelenbesetzter Dolch.

»Ich genieße die Freiheit«, erwidert Thierry schließlich.

Moya lacht. »Das habe ich lange nicht mehr von einem meiner Passagiere gehört. Die meisten sind froh, in Saintoux anzulegen, statt von dort wegzufahren.«

Und das, obwohl bis vor Kurzem der Schattenfluch das Land beherrscht hat. Aber Moyas Passagiere sind größtenteils Flüsterer, die jeden anderen Ort ihrer Heimat vorziehen. Früher hätte Thierry sich darüber empört und diesen sonderbaren Kapitän dem Rat gemeldet, damit man ihn aus dem Verkehr zieht. Seitdem hat sich vieles geändert, deshalb hält er sich mit der Kritik zurück. Nun ist er selbst auf der Flucht und von diesem Mann abhängig.

»Zurückhaltung ist eine Tugend«, meint Moya gut gelaunt.

Thierry sieht ihn schockiert an. Hat er etwa seine Gedanken gelesen?

Der Kapitän wirft ihm ein geheimnisvolles Lächeln zu. »Eine dumme Angewohnheit. Aber sie schützt vor unangenehmen Überraschungen. Man kann niemandem trauen, dessen Gedanken man nicht kennt.«

Thierry weiß nicht, was er sagen soll. Ein Zauberweber ist dieser Mann nicht, denn die können unter normalen Umständen keine Gedanken lesen. Dafür muss man einen bestimmten Zauber nutzen oder eine magische Verbindung zu jemandem aufbauen. Ein Flüsterer dagegen …

Er muss ein Windflüsterer sein. Sie sind die Einzigen, die manche ihr Talente auch ohne ein Wort nutzen können und Fähigkeiten besitzen, die über die Beherrschung ihres Elements hinausgehen.

»Gut kombiniert«, lobt Moya.

Offensichtlich macht es dem Kapitän großen Spaß, in ihm zu lesen wie in einem Buch.

Thierry schließt seine Finger enger um die Reling. »Lasst das sein.«

»Das ist mein Schiff, Señor Poitiers. Hier gebe ich die Befehle und befolge selbst keinen einzigen.«

Ein trockenes Lachen kommt Thierry über die Lippen, bevor er wieder auf das Wasser sieht. Jetzt versteht er, warum Moya ein so begnadeter Kapitän ist und nie in einen Sturm gerät. Weil er den Sturm kontrollieren kann. Windflüsterer sind so selten wie eine Sonnenfinsternis und gelten als die gefährlichsten ihrer Art. Thierry hat noch nie von einem freien Windflüsterer gehört, der seine Fähigkeiten auch nur im Ansatz beherrscht.

»Ich bin etwas Besonderes«, meint Moya stolz. »Und besonders hilfsbereit bin ich auch.«

»An Arroganz mangelt es Euch jedenfalls nicht.«

»Ich nenne das Selbstbewusstsein. Damit kennt ihr Zauberweber euch ebenfalls gut aus.« Der Kapitän lehnt sich zurück und dreht sich um, jetzt mit dem Rücken gegen die Reling. »Wir beide haben eine Menge gemeinsam, Señor Poitiers.«

Thierry wirft ihm einen zweifelnden Seitenblick zu. »Ist das so?«

»O ja. Dort, wo wir herkommen, sind wir gesuchte Verbrecher.«

»Ist das der Grund, warum Ihr dieser Überfahrt zugestimmt habt?«

»Nicht ganz, ich musste ohnehin zurück in den Süden. Die Sehnsucht nach der Heimat treibt mich ständig um, wisst Ihr? Man trägt sie immer im Herzen, selbst wenn sie so unfrei ist wie meine.« Er zwinkert ihm zu.

»Obwohl dieses Schiff Euch dank Eurer Gaben überall hinbringen könnte?«

»Meine Gaben bringen vor allem andere dorthin, wo sie hinwollen. Wozu besitzen wir solche Talente, wenn wir sie nicht für das Richtige nutzen?«

Eine gute Frage.

»Ihr seid ein seltsamer Mann, Monsieur Moya.«

Er lächelt schief. »Die meisten würden mich einen Draufgänger nennen. Und das, obwohl ich noch nie draufgegangen bin. Ich meide den Kampf und liebe die Flucht. Ein Pazifist durch und durch.« Dann wird seine Miene ernst. »Lasst mich nur eine Warnung aussprechen, Señor Poitiers. Ralona, die Stadt, in der wir anlegen werden, ist ein unangenehmer Ort. Hauptstädte sind das immer, aber für ein Kaiserreich gilt das noch mehr als für Königreiche. Die Stadt hat eintausend Regeln und noch mehr Leute, die sie liebend gern brechen. Dort liegen absolutes Glück und schreckliches Pech nur eine falsche Entscheidung voneinander entfernt. Vielleicht solltet Ihr Euch nach der Überfahrt irgendwo ein nettes kleines Fleckchen Erde suchen und ein bescheidenes, anonymes Leben anstreben.« Er macht eine bedeutungsschwere Pause, zweifellos mit Absicht. »Andererseits seid Ihr ein Zauberweber und könntet in Ralona schnell aufsteigen.

Euresgleichen wird es dort kaum interessieren, welche Verbrechen Ihr in einem unwichtigen Land wie Saintoux begangen habt. Für diese Leute zählen Macht und Einfluss, und Eurem Ruf zufolge seid Ihr durchaus in der Lage, Euch beides anzueignen.«

Thierry weiß, wie wenig die Regierung von Sirvarien sich für Saintoux interessiert. Das haben sie hinreichend bewiesen, während der Fluch das Land heimgesucht hat. Diese Ignoranz wird ihm jetzt zugutekommen.

»Ralona ist wirklich perfekt für jemanden wie Euch«, bestätigt Moya. »Euch stehen in dieser Stadt alle Türen offen. Vergesst nur nicht meinen Rat, wenn Ihr dort Euer Glück finden wollt. Etwas sagt mir nämlich, dass Ihr genau das versuchen werdet. Nennt es eine … *Eingebung*.«

Thierry sieht ihn von der Seite an. »Habt Ihr prophetische Fähigkeiten, Monsieur Moya?«

Das wäre äußerst selten. Eine gefährliche Gabe, die nur wenige Windflüsterer besitzen und umso mehr Menschen für sich wollen. Ausgerechnet dieser Kapitän scheint sie zu haben.

Moya lächelt nebulös. »Die Zukunft ist nichts als ein Flüstern im Wind, Señor Poitiers. Aber die Richtung kann sich jederzeit ändern. Manchmal muss jemand nur ein paar Worte aussprechen und der Wind dreht sich.« Er sieht in den Himmel, dann flüstert er: »Nordwind.«

Sofort frischt der Wind auf.

»Ah«, ruft Moya erfreut. »Scheint, als wären die Winde uns heute gewogen.«

Dann geht er. Thierry sieht dem merkwürdigen Mann hinterher, unsicher, was er von ihm halten soll. Was mag jemanden wie ihn antreiben? Mit seinen Talenten könnte er überaus mächtig werden, doch danach strebt er offensichtlich nicht.

Nachdenklich wandert Thierry auf dem Schiff umher, bis er Alienor findet, die ebenfalls an Deck steht und die Matrosen bei ihrer Arbeit beobachtet. Als sie ihn erspäht, strahlt sie. Dieses Lächeln hat er vermisst. Sie sieht so wunderschön aus wie eh und je, so stolz und selbstbewusst. Die Erlebnisse der letzten Jahre, und vor allem der letzten Wochen, machen ihr immer noch zu schaffen, aber manchmal gibt es Momente wie diesen, in denen sie glücklich scheint. Das sind die besten von allen.

»Du wirkst irritiert«, ruft sie ihm zu. »Hast du dich wieder mit dem seltsamen Kapitän unterhalten?«

»Erwischt.«

»Dir sagt er wenigstens nur irgendwelche kryptischen Dinge, um dich zu ärgern. Bei mir beteuert er ständig, was für ein perfektes Paar wir doch abgäben. Dann erzählt er von seinen zehn Bastarden, die irgendwo in der Weltgeschichte herumlaufen, und behauptet, mit mir als Mutter wäre der elfte von ihnen der Allerschönste.«

Sie schüttelt den Kopf über so viel Schwachsinn.

Thierry geht auf sie zu und zieht sie an sich. Als er sie küsst, seufzt sie zufrieden. Es tut gut, sie zu berühren, sie zu küssen und zu lieben. Diese Frau ist jetzt seine Heimat, egal wohin es sie beide letztendlich verschlägt.

Alienor lehnt ihre Stirn gegen seine. »Wenn du so weitermachst, muss ich dich unter Deck bringen.«

»Tu dir keinen Zwang an.«

Schalk blitzt in ihren himmelblauen Augen auf. Sie sind wieder so wie früher, bevor Gauthiers Magie sie verändert hat. Auch jetzt noch fragt sich Thierry, wie sie den Kampf überleben konnte. Vielleicht, weil sie die schwarze Magie beherrscht hat, statt zu einer Verfluchten zu werden. Vielleicht, weil ihr Wille so unglaublich stark ist. Sie hat sich schon immer von anderen abgehoben, sogar damals, als er sie zum ersten Mal in dieser Schenke gesehen hat.

»Glaubst du, sie werden uns verfolgen?«, fragt sie, weil sie die Sorge in seinem Gesicht bemerkt hat.

»Moya behauptet, in Sirvarien interessiert sich niemand für die Belange von Saintoux, also werden sie dich nicht ausliefern, selbst wenn man uns verfolgt. Außerdem suchen sie nach einer Frau mit Schattenkräften. Die besitzt du aber nicht mehr.«

»Stimmt.« Sie sieht ihm tief in die Augen. »Du hast alles für mich aufgegeben. Deinen Posten als königlicher Zauberweber. Deine Heimat. Alles, was du dir erarbeitet hast. Für mich. Warum?«

Er streicht ihr über die Wange. »Ich habe schon einmal den Fehler gemacht, die Frau im Stich zu lassen, die ich liebe. Mein Vater hat immer gesagt, es sei nicht schlimm, Fehler zu begehen – solange man sie kein zweites Mal macht.«

»Was für ein kluger Mann«, erwidert sie und küsst ihn erneut.

Von dem Gefühl, ihre Lippen auf seinen zu spüren, wird er nie genug haben. Es wird eine Weile dauern, bis sie all die Probleme und den Schmerz der Vergangenheit hinter sich lassen können, aber trotzdem lieben sie einander, und nur das zählt.

Etwas landet auf seiner Schulter.

Er löst sich von Alienor und entdeckt einen weißen Fleck auf seiner schmucklosen Kleidung, gegen die er seine Robe eingetauscht hat, um nicht aufzufallen. Vogelkot. Irritiert sieht er in den Himmel. Über ihnen fliegt eine Möwe und kreischt schadenfroh, als würde sie ihn auslachen.

Das darf doch nicht wahr sein.

Alienor kichert. »Ein bisschen Demut hat dir schon immer gut gestanden.«

Ihm entfährt ein angestrengter Seufzer. Solche Missgeschicke zieht er seit seiner Kindheit an, und bis heute hat er nicht herausgefunden, woran das liegt. Mit manchen Dingen muss man wohl einfach leben, also gibt er sich gar nicht erst die Mühe, den Kot zu entfernen.

»Die Leute behaupten, das bringt Glück.«

Das Grinsen seiner Geliebten lässt ihn jeglichen Ärger vergessen. »Dann kann ja nichts mehr schiefgehen.«

Beim letzten Mal, als das passiert ist, hat Thierry es für ein böses Omen gehalten. Aber vielleicht stimmt das mit dem Glück ja doch. Sein gewagter Plan, Alienor aus dem Gefängnis zu befreien, hätte ihn alles kosten können. Stattdessen hat er ihm eine gemeinsame Zukunft mit ihr beschert, ein Leben voller Liebe und ein Abenteuer in einem fremden Land. Mehr, als er sich je hätte erträumen können, bevor er einen Fuß in das Gefängnis von Pontilliard gesetzt hat. Für ihn ist die Insel der Wehklagen zu einer Insel der Hoffnung geworden.

Danksagung

Manche Bücher brauchen Zeit, bis sie den Weg ins Regal finden. Schattensiegel ist so ein Buch, denn die erste Fassung habe ich bereits 2018 beendet. Dass es nun endlich erschienen ist, habe ich ein paar wundervollen Menschen zu verdanken. Allen voran Justine, ohne die das Skript wohl noch länger in meiner Schublade geblieben wäre. Dank Drachenmama Astrid hat die Geschichte dann schließlich Flügel bekommen, worüber ich nicht glücklicher sein könnte. In all die großartigen Drachen fließen eine Menge Liebe, Herz und Arbeit, und es ist einfach schön, als Autorin so viel Wertschätzung zu erfahren.

Bei der Buchgestaltung so stark miteinbezogen zu werden, war eine tolle Erfahrung. Meine Coverdesignerin Christin hat Schattensiegel ein wunderschönes Kleid verpasst, das ich mir nicht besser hätte vorstellen können. Die liebe Anika hat den Buchsatz übernommen und dieses Buch auch von innen zu einem Hingucker gemacht. Danke an euch beide! Außerdem geht ein großer Dank an meine Lektorin Alex und meine Korrektorin Michaela, durch deren tolle Arbeit ich viel lernen durfte.

Es macht mich unglaublich happy, durch das Schreiben so viele wunderbare Menschen kennengelernt zu haben, und mit der Drachenfamilie sind wieder ein paar mehr dazugekommen. Ohne euch wäre das alles nur halb so schön.

Zuletzt danke ich meiner Familie, meinen größten Fans, die mich definitiv öfter googlen als ich mich selbst. Eure Unterstützung bedeutet mir die Welt! Das gilt auch für meinen Partner, der mich quasi am Leben erhält, wenn ich mir mal wieder einen Wettlauf mit der Deadline liefere und für viele andere Dinge keinen Kopf habe. Du bist mein MVP!

Natürlich danke ich auch all meinen Leser:innen, die sich zusammen mit Alienor auf diese Reise begeben haben. Ihr macht meinen Traum wahr! Lasst mich gern wissen, wie euch die Geschichte gefallen hat. Ich freue mich immer über Feedback, ganz egal ob Lob oder Kritik.

Jetzt bleibt mir aber erstmal nur noch eins zu sagen: Macht's gut, ihr Lieben – ich hoffe, wir lesen uns ganz bald wieder.

Jenny
Pieper
KNOCHEN
FEUER
Das Geheimnis hinter
den goldenen Augen
DRACHENMOND VERLAG

Magali Volkmann

Die Magie des Abgrunds

ISBN: 978-3-95991-948-7, Klappenbroschur, EUR 14,90

Wer ein Verbrechen begeht, wird wiedergeboren: Dies ist eisernes Gesetz in Erydanne, der schwebenden Stadt im Abgrund. Elaria will mit Wiedergeborenen nichts zu tun haben, bis sie zufällig einen von ihnen rettet: Lorin, der gemeinsam mit seinem Freund Artana alles tut, um Erydanne für immer zu vernichten. Doch je tiefer sie sich in deren Welt verfängt, desto weniger scheint alles zusammenzupassen. Haben Lorin und Artana wirklich vor, die Stadt zu zerstören? Was hat die unsterbliche Königin Symea damit zu tun, die sie um jeden Preis tot sehen wollen?

Während Elaria nach Antworten sucht, gerät sie jedoch selbst in Gefahr. Denn wer einem Wiedergeborenen beisteht, wird ebenfalls verflucht – und obendrein droht sie ihr Herz an einen von ihnen zu verlieren …

DRACHENMOND VERLAG